Wilfried Rott

SACHS
Unternehmer, Playboys,
Millionäre

Wilfried Rott

SACHS
Unternehmer, Playboys, Millionäre

Eine Geschichte von
Vätern und Söhnen

Karl Blessing Verlag

1. Auflage
Copyright © by Karl Blessing Verlag GmbH München 2005,
in der Verlagsgruppe Random House GmbH
Umschlaggestaltung: Hauptmann und Kompanie
Werbeagentur, München – Zürich
Satz: Uhl + Massopust, Aalen
Dieses Buch wurde auf holz- und säurefreiem Papier gedruckt,
geliefert von Salzer Papier GmbH, St. Pölten.
Das Papier wurde aus chlorfrei gebleichtem Zellstoff
hergestellt und ist alterungsbeständig.
Druck und Einband: GGP Media GmbH, Pößneck
Printed in Germany
ISBN 3-89667-270-3

www.blessing-verlag.de

Meinen Söhnen Armin und Thorsten

Inhaltsverzeichnis

Vorwort – Familiengeschichte zwischen
   Vergessen und Verdrängen 9

Teil 1 – Der Patriarch
Ein Führer am schwäbischen Meer 15
Fahrradkarriere 20
Auf Krücken zum Erfolg 23
Firmengründung 26
Rücktritt als Fortschritt 33
Im Rausch des Erfolgs 42
Bruder Sachs 46
Der Krieg nährt seinen Mann 50
Skandal um Leutnant Willy 54
Herr auf Schloss Mainberg 60
Schwieriger Friede 67
Sturm und Drang 71
Des einen Krise des anderen Freud 76
Ehemann und Vater 80
Kugellagerkrieg 89
Der Konsul 96
Zu neuer Reputation in schwerer Zeit 99
Der Tod des Patriarchen 102

Teil 2 – Der Sohn
Ein Kronprinz wird König 109
Vom SA-Mann zum SS-Sturmführer 121
Goldene Jahre im braunen Reich 129
Leid in der Ehe – Streit nach der Scheidung 141
Zuflucht in der Schweiz 152
Hohe Herren und kleine Kinder 154
Hitler fern und Himmler nah 163
Guter Freund und edler Spender 166

Neue Ehe – alte Freunde 172
Kampf um den Erben 179
Rüsten für den großen Krieg 188
Der Glanz bröckelt 193
Fremd- und Zwangsarbeit 198
Bomben auf Schweinfurt 202
Dem Ende entgegen 206
Interniert und fern der Heimat 214
Der Beklagte und sein Helfer 217
NS-Aktivist oder Mitläufer? 224
Die Weißwäsche beginnt 228
Spruchkammer zum Ersten 232
Mutter Sachs und die Entnazifizierung 241
Spruchkammer zum Zweiten 244
Neuanfang in Schweinfurt 252
Im Glanz des Wirtschaftswunders 256
Später Vater – Söhne und Erben 260
Der bedrohliche Anwalt 269
Tod von eigener Hand 272
Schatten der Vergangenheit 282

Teil 3 – Die Playboys
Der junge Wilde 291
Nach bestem Vermögen 299
Jungunternehmer auf Zeit 303
Ikonenehe – Gunter Sachs und Brigitte Bardot 310
Das Erbe als Lust und Last 321
Abschied vom Erbe 333
Künstler und Ehemann 338
Jagdsorgen und Sternenglauben 345
Playboydämmerung 351
Was bleibt? 359

Danksagung 365
Texthinweise 367
Quellenverzeichnis 374

Vorwort – Familiengeschichte zwischen Vergessen und Verdrängen

Beim Namen Sachs denkt heute fast jeder an Gunter Sachs. Dominierend schiebt sich sein Bild vor das seiner Familie. Sein Glanz als ehemaliger Playboy, als markante Society-Figur, überstrahlt alles, was je den Namen Sachs trug. Seine Gegenwart verdrängt die Vergangenheit, lässt eine Familiengeschichte vergessen, die von ungewöhnlichen Persönlichkeiten und oft dramatischen Ereignissen erfüllt ist, beginnend mit Ernst Sachs, der es vom einfachen Handwerker zum Millionär schafft. Es ist auch die Geschichte von dessen Sohn Willy Sachs, der sich mit NS-Bonzen einlässt und am Ende von eigener Hand stirbt. Und es ist nicht zuletzt die Geschichte seiner Söhne Ernst Wilhelm und Gunter, die als Kinder im Schweizer Exil von Entführern bedroht werden und deren Leben als jugendliche Millionenerben bei dem einen in einen mysteriösen Tod mündet, beim anderen im legendären Ruhm als letzter und einzig wahrer Playboy Deutschlands.

Wenig ist von diesen Geschichten bekannt, und die Vergangenheitsvergessenheit rund um die Familie Sachs verblüfft, weil kein Sachs ohne das Gewesene das wäre, was er heute ist. Egal ob Gunter Sachs, seine Söhne oder die Töchter seines Bruders Ernst Wilhelm: Erben sind sie alle. Die Grundlage des Vermögens, das großen Lebensstil und Aufmerksamkeit sichert, wurde von früheren Generationen erarbeitet. Dass es ein familiäres Industrieunternehmen war, mit dem die Millionen erwirtschaftet wurden, blitzt manchmal noch im Wort vom »Erbe eines Kugellagerfabrikanten« auf, doch verblasst diese Erinnerung immer mehr, passt nicht ins gelegentlich täuschende Bild, das die Öffentlichkeit mit dem Namen Sachs verbindet. In Umfragen wird Gunter Sachs für einen der reichsten Deutschen gehalten, und doch ist er längst Schweizer, und sein ansehnliches, auf 400 Millionen Schweizer Franken geschätztes Vermögen reicht nicht an den Besitz etwa der weit weniger bekannten Familie Quandt heran.

Diskretion gehört von jeher nicht zu den Eigenschaften der Familie Sachs, wohl aber die Freude an der Selbstdarstellung, egal ob beim Großvater in der Pose des Großbürgers, dem Vater in der SS-Uniform oder dem Sohn und Enkel als schuh- und krawattenloser Partykönig. Was nicht zur jeweiligen Rolle passt oder den Glanz trüben könnte, wird ausgeblendet, und so zeigt Gunter Sachs heute nur geringes Interesse für die familiäre Vergangenheit. Eine gewisse Nonchalance, die er gegenüber den NS-Verstrickungen seines Vaters an den Tag legt, könnte darauf hindeuten, dass dunkle Stellen verdrängt oder mit gegenwärtigem Glanz überstrahlt werden sollen. Aber es ist wohl überwiegend eine grundsätzliche Gleichgültigkeit gegenüber allem, was nicht unmittelbar mit der eigenen Person zu tun hat, welche die Neugier von Gunter Sachs auf die familiäre Vergangenheit bremst.

Dabei sind die Ereignisse und Menschen seit jenen Tagen, da der Handwerksgeselle Ernst Sachs vom Bodensee aus zum Weg in Richtung Erfolg aufbrach, bewegend, interessant und oft schillernd. Sie sind darüber hinaus auch repräsentativ für ihre Zeit und fokussieren die Befindlichkeiten ihrer Epoche. Firmengründer Ernst Sachs verkörpert in seiner Energie das aufstrebende wilhelminische Kaiserreich, und er trägt begeistert zum wirtschaftlichen Kampf um den »Platz an der Sonne« bei. Ehrgeizig wird alles aus eigener Kraft geschaffen, auf die Beteiligung von fremdem Kapital verzichtet. Aus kleinsten Verhältnissen zum Großbürger aufgestiegen, tritt er als Schlossherr selbstbewusst an die Stelle abdankender Eliten. Er gerät in den wirtschaftlichen und politischen Strudel der Weimarer Republik, und schicksalhaft fällt sein Sterben mit deren Ende zusammen. Fast zeitgleich mit der Machtergreifung der Nationalsozialisten tritt sein Sohn Willy Sachs das Erbe an, lässt sich mit den neuen Herren intensiv ein und wird als SS-Obersturmbannführer zur Verkörperung der neuen Zeit. Das Private vermischt sich mit dem Politischen. Die Folgen seiner gescheiterten Ehe werden zu einem Politikum mit Interventionen von Heinrich Himmler und Hermann Göring. Alle Erfolge werden zu Pyrrhus-Siegen: 1945 ist das Werk weitgehend zerstört, und Willy Sachs ist erst Internierter, dann Angeklagter.

Aber auch danach ist die Familie Sachs wieder markanter

Teil der allgemeinen Entwicklung. Vom NS-Mitläufer wird Willy Sachs zum Wirtschaftswunderkapitän, dessen Unternehmen erfolgreich liefert, was die mobil gewordene Gesellschaft für ihre Mopeds und Autos braucht. Wenn sein Leben dennoch tragisch endet, dann wieder in einer Verquickung von persönlichen Motiven und objektiven Umständen, die der Adenauer-Zeit mit ihren zu Gesetzen geronnenen Spießigkeit geschuldet sind. Sohn Gunter bricht spektakulär aus den vorgegebenen Bahnen des Industriellenerbes aus. Als Teil des internationalen Jetsets verweigert er sich der arbeitswütigen Wiederaufbaugesellschaft und wird von ihr dafür gleichermaßen bewundert wie abgelehnt.

Heute ist das Playboyleben von Gunter Sachs selbst schon wieder Geschichte. Als Millionär, der sich längst von den ererbten Industriebesitzungen getrennt hat, ist er ganz Teil der aktuellen wirtschaftlichen und gesellschaftlichen Entwicklung. Wo der Großvater erst Erfinder und dann Unternehmer war, da ist der Enkel Kapitalverwalter, Investor. An die Stelle der Sorge um Fabrik und Arbeiter ist das Mühen um Bewahrung und Mehrung des Vermögens getreten.

Beim Versuch, diese Entwicklung zu ergründen und darzustellen, konnte nicht mit Unterstützung der Familie Sachs gerechnet werden. Aus unterschiedlichen Motiven wurde eine Mitarbeit abgelehnt. Es gehört aber zu den Sachs'schen Eigenheiten, das Leben auf offener Bühne zu vollziehen. Wird der Vorhang des Vergessens und Verdrängens weggezogen, dann wird der Blick frei auf eine ebenso ungewöhnliche wie beispielhafte Familiengeschichte.

Teil 1

Der Patriarch

Ein Führer am schwäbischen Meer

Obersulmetingen, Schnürpflingen, Plochingen, Laupheim – die Reise zu den Ursprüngen der Familie Sachs gleicht einer Fahrt mit der schwäbschen Eisenbahn. Wo die Lebensspuren eines Gunter Sachs heute mit Stationen wie Palm Springs, St. Tropez, Acapulco oder Gstaad weltweit über den Globus führen, da bewegten sich seine Vorfahren im engen Rahmen süddeutscher Provinz. Ländlich und bäuerlich war über Jahrhunderte das Milieu der Sachs', die als »Häusler und Tagelöhner« in die Geburtsregister eingetragen werden, nach Landesart katholisch sind und entsprechend Eustachius, Balthasar oder Kaspar heißen – und vor allem Josef.

So ist es denn wieder ein Josef Sachs, der Anfang Dezember 1867 seinen am 22. November geborenen Sohn in Konstanz zur Taufe bringt, der natürlich Josef genannt wird und außerdem noch Xaver nach seinem als Paten fungierenden Onkel. Als hätten die Eltern gewusst, dass das Schicksal mit diesem Sachs etwas Besonderes vorhat, erhält er zusätzlich noch den Namen Ernst. Neu ist auch, dass dieser Ernst Sachs nicht im elterlichen Laupheim zur Welt gekommen ist, sondern am Bodensee, in dem damals noch vor den Toren von Konstanz liegenden, inzwischen eingemeindeten Petershausen.

Um das Mechanikerhandwerk zu lernen, hatte Vater Josef Sachs schon in jüngeren Jahren die engere Heimat verlassen. Nicht nur jugendliche Unternehmungslust wird es gewesen sein, die ihn fort aus der dörflichen Enge trieb. Wie er verließen seit Jahrzehnten junge Männer ihre Dörfer aus schlichter Not. Der Sinnspruch »Bleibe im Lande und nähre Dich redlich« war für sie längst nicht mehr Handlungsanweisung, sondern vor allem ein frommer, aber unerfüllbarer Wunsch. Deutschland ist in der zweiten Hälfte des 19. Jahrhunderts Auswanderungsland, weil die Heimat ihre Kinder nicht mehr ernähren kann. Sie müssen anderswo ihr Auskommen suchen und finden in der Ferne manchmal auch den großen Erfolg wie der ebenfalls aus Laupheim stammende Karl Lämmle, der in Kalifornien die Universal Studios gründet und als Erfinder von »Hollywood« gilt.

Bis an den Pazifik schafft es Josef Sachs nicht, sondern nur ans schwäbische Meer, und dies soll ihm reichen, um ein neues Leben zu beginnen. Selbstbewusst gibt er bei der Taufe seines Sohnes »Werkführer« als Beruf an, antizipiert damit spätere Titel seines Enkels, der als »Betriebsführer«, gar als »Wehrwirtschaftsführer« firmiert. In den Adressbüchern von Konstanz schwanken die Berufsbezeichnungen für Josef Sachs zwischen »Werkzeugfabrikant« und »Schreiner«. Ein stattliches Gebäude, mehr Werkstatt als Wohnhaus, mit der Aufschrift »Dampf-Sägerei von Jos. Sachs« kündet vom neu erworbenen Wohlstand, der allerdings wenig beständig gewesen sein dürfte.

In Zeiten von Blut und Boden wird die Familie Sachs später mit ihrer Herkunft aus dem deutschen Südwesten in eine landsmannschaftliche Ahnenreihe besonderer Tüchtigkeit gestellt. Auf den als ausnehmend klug und beweglich gerühmten Germanenstamm der Sueven wird ihr Wesen zurückgeführt, und von Schiller bis Hans Holbein wird alles Schwäbische zu ihren geistigen Vorfahren erklärt. Auch wenn heute der Glaube an »seltsam wunderbar wirkende Kräfte« stammesgeschichtlicher Herkunft geschwunden ist, so rühmt sich Baden-Württemberg noch immer, ein Land der Tüftler zu sein, und Namen wie Drais, Benz, Bosch, Zeppelin und nicht zuletzt Sachs bestätigen dies.

Mit der technisch-handwerklichen Begabung, die Ernst Sachs zum Erfolg führt, kann sich sein Vater Josef nicht messen, aber er zeigt doch mit einer von ihm entwickelten Holzbearbeitungsmaschine, die Sägen und Bohren kombiniert, ähnliches Talent. Josef Sachs gelingt es aber nicht, diese Erfindung kommerziell zu nutzen. Fehlte es ihm nur an Mut, sich auf das Risiko eines Maschinenfabrikanten einzulassen? Wahrscheinlich besaß er nicht jene seltene Verquickung von wirtschaftlicher wie technischer Begabung, mit der sein Sohn eine Ausnahmestellung erringt.

Uneindeutig ist das Bild der frühen Jahre des Ernst Sachs und seiner familiären Verhältnisse. Da ist Vater Josef einerseits ein geschickter Handwerker und tüchtiger Unternehmer, andererseits muss Sohn Ernst in seiner Kindheit allerlei Entbehrungen ertragen. Schließlich sind es wirtschaftlich schwierige Zeiten, in welche die frühen Jahre des späteren Erfolgsunternehmers fallen. Dem Rausch der Reichseinigung von 1871, der auch die Wirtschaft erfasste, folgt 1873 eine schmerzhafte Ernüchterung. Die Jahre bis 1879 gelten als die längste und gravierendste Depression vor der Weltwirtschaftskrise von 1929. Auch im Hause Sachs musste von den überschäumenden Träumen Abschied genommen werden, welche die Unternehmer in den Jahren zuvor beflügelten, zum ständigen Ausbau ihrer Betriebe animierten, die nun mit Überkapazitäten und verfallenden Preisen zu kämpfen haben. Bis ins Alltägliche scheint die Not gereicht zu haben. Von »Schmalhans Küchenmeister« im Hause Sachs wird berichtet und davon, wie der junge Ernst Hunger litt. Mag sein, dass in den späteren Darstellungen die kindlichen Nöte mit etwas kräftigeren Farben gemalt werden, damit das Gebot »Durch die Dunkelheit zum Licht« erfüllt wird, das zu einer rechten Erfolgsgeschichte gehört. Wer tief anfängt, kann umso höher steigen.

Die lichten Seiten der Jugend von Ernst Sachs werden so strahlend überliefert, dass sich Zweifel melden könnten. Bei Sport und Spiel tummelt sich ein braungebrannter strahlender Junge in herrlicher Natur, immer voran im Treiben mit seinen Kameraden. Bricht einer von ihnen durchs Eis, ist Ernst Sachs schon rettend zur Stelle und übertrifft an Gewandtheit, Schlauheit und Ausdauer alle anderen. Ein »selbstverständlich anerkannter Führer« sei er gewesen. Als dies vermerkt wird, schreibt man das Jahr 1936, und der Autor Robert Allmers ist einer der besten Freunde von Ernst Sachs, zudem dem damaligen Regime durch Parteimitgliedschaft verbunden.

Was da und dort nach wohlwollender Übertreibung klingt, hat zweifellos einen wahren Kern und wird Jahrzehnte später durch Enkel Gunter Sachs beglaubigt. Die Berichte über dessen Jugend sind verblüffend deckungsgleich mit jenen über die frühen Tage des Großvaters. Auch bei Enkel Gunter ist derart intensiv die Rede vom Siegertyp, vom sportwütigen, allen voraneilenden Jungen, dass die Übereinstimmung als Ausweis familiärer Eigenart gewertet werden kann.

Glaubwürdig sind die Berichte über den jungen Ernst Sachs auch dort, wo von Misserfolgen zu berichten ist. In der Schule reicht es mit durchschnittlichen Zensuren bestenfalls zum Mittelmaß. Auch dies wird über Generationen ein Merkmal bleiben, dass ein Sachs nur begrenzt für die Schule lernt. Bestenfalls lernt er fürs Leben, aber vor allem durch das Leben selbst.

Zwei Episoden beweisen den früh und ungewöhnlich hoch entwickelten Sinn von Ernst Sachs fürs Praktische und Technische. Beide klingen verdächtig klischeehaft nach Wunderkind und dürfen doch beanspruchen, mehr zu sein als nachträgliche Beschönigung. Im ersten Fall erhält der etwa 13-jährige Ernst endlich von einem Onkel die heiß ersehnte Dampfmaschine, die ihm die Eltern mangels Geld nicht schenken konnten. Sie wird als Antrieb für ein Modellschiff genutzt, das über einen Meter lang ist und vom findigen Bastler mittels Kanonen aus Patronenhülsen zum Kriegsschiff ausgebaut wird. Dampfend und schießend wird es auf dem Bodensee als kindliches Beispiel der wachsenden Marine- und Flottenbegeisterung vorgeführt. Es ist eine fast unglaubliche Modellbauleistung, die der junge Techniker mit dem Namen »Esmeralda-Ernst« auf dem Schiffsbug krönt und damit dem Bericht über sein frühes handwerkliches Geschick Glaubwürdigkeit verleiht. Ernst Sachs ist, auch hier ganz Vorfahr von Kind und Kindeskind, ein begeisterter Karl-May-Leser. In dem just damals erschienenen *Wildtöter* liegt die Erklärung für die etwas bizarre Namensgebung. Ein Freibeuter taucht in diesem Buch auf, und seine Brigg hat den Namen »Esmeralda«.

Das zweite Beispiel früher technischer Fertigkeit besitzt ausgesprochen legendenhafte Züge. Eines Tages soll Ernst Sachs an einem merkwürdigen Fahrzeug vorbeigekommen sein, das einer pferdelosen Kutsche gleicht und hinten einen Motor aufgepackt hat. Das Gefährt, in dem Ernst Sachs schließlich eines der neuartigen Automobile erkennt, steht fahrunfähig vor der Werkstatt eines Dorfschmieds. Beherzt greift sich Ernst Sachs eine Mistgabel, schmiedet aus einer Zinke den Bolzen, mit dem die Kette wieder repariert werden kann. Als Dank erhält er von dem Fahrer, der niemand anderer als Gottlieb Daimler selbst ist, 20 Pfennig, den Gegenwert von zwei Bierflaschen. Außerdem darf er die folgenreiche Lehre mitnehmen, dass sich in der Automobilbranche als Zulieferer gut Geld verdienen lässt.

Bei so viel technischem Geschick verwundert es, dass die Eltern dem Wunsch des Kindes, Mechaniker zu werden, partout nicht entsprechen wollen. Wahrscheinlich von der eigenen Mühsal des Handwerkerdaseins geprägt, war es beim Vater die Vorstellung vom Bürokaufmann, in der sich für ihn der ewige Aufsteigergrundsatz »Mein Kind soll es einmal besser haben« erfüllt. Es spricht für das Durchsetzungsvermögen von Ernst Sachs, dass er sich mit seinem Berufswunsch schließlich doch gegen seinen eine handfeste Pädagogik bevorzugenden Vater behauptet, der das biblische Motto schätzt: »Wer sein Kind liebt, der züchtigt es!«

Mechanikerwerkstätten in Stuttgart, Schwenningen und Esslingen sind die Ausbildungs- und ersten Arbeitsstationen von Ernst Sachs. Neben allen technischen Fertigkeiten an Schraubstock und Drehbank lernt er die Mühsal abhängiger Lohnarbeit kennen: Um vier Uhr früh aufstehen, 16 Stunden am Tag arbeiten bei kurzer Mittagspause, dazu knappe Kost mit Fleisch nur am Sonntag – und dies alles bei geringem Lohn. Ausgleich bietet da nur eine Leidenschaft, die ihn wie ein Blitz trifft, nie mehr loslässt und einem eigentlich wenig ansehnlichen Objekt gilt.

Ernst Sachs sieht bei einem Stellmacher in Schwenningen ein aus Holz gezimmertes Fahrrad. So ungelenk das Gefährt ist, so laut es auf seinen eisenbeschlagenen Rädern über das Pflaster rattert – es wird für die nächsten Jahre bestimmend, fast zur Obsession. Er baut sich mit dem ersten ersparten Geld selbst ein solches Holzungetüm, kann schließlich ein eigenes Stahlhochrad erwerben, eines jener schwer zu handhabenden Konstruktionen mit dem riesigen Vorder- und dem winzigen Hinterrad.

Bald ist Ernst Sachs ein erfolgreicher Mechaniker, der nicht schlecht verdient und mit einer Präzisions-Fräsmaschine für Tresorschlüssel ein erstes Beispiel seines technischen Erfindungsgeistes liefert. Die Freizeit gilt ganz dem Fahrrad, das in seiner damaligen Form vom Fahrer besonderes Geschick und erhebliche Kraft verlangte. Ernst Sachs bringt beides mit und muss doch die Tücken des Geräts leidvoll erleben.

Noch ist kein wirksamer Mechanismus erfunden, der zuverlässiges Bremsen erlaubt, und so stürzt er bei einer Bergabfahrt, verletzt sich die Hüfte, erkrankt im Krankenhaus zusätzlich an Diphtherie und Scharlach. Schon wird ihm die Letzte Ölung erteilt, da zeigt Ernst Sachs einen für ihn charakteristischen Lebenswillen, macht sich kaum genesen auf nach Frankfurt. Dort lockt nicht nur die renommierte Feinmechanikerwerkstatt Lorch Schmidt mit fast atemberaubend hohen Löhnen. Hier gibt es auch den gesellschaftlich und sportlich hochangesehenen »Frankfurter Velocipedclub«.

Fahrradkarriere

Genauso fremd wie heute das Wort »Velociped« anmutet, so anders war das Fahrradfahren zu jener Zeit, als Ernst Sachs in diesem Sport zu Ansehen gelangt. Es ist eine elegante, primär den oberen Ständen vorbehaltene Sportart, eine Fortbewegungsart de luxe mit ausgesprochen hohem Ansehen. Das mag verwundern, nachdem das Rad fahren in der Folge allein durch die mit ihm verbundenen körperlichen Anstrengungen, ja schon durch die Körperhaltung des buckelnden und tretenden Radfahrers einen Ansehensverlust hinnehmen musste.

Noch sitzen die Radfahrer hoch zu Drahtross, denn das Hochrad ist um 1890, als Ernst Sachs seine Fahrradkarriere startet, das dominierende Modell. Ein solches zu fahren, erforderte Mut, Geschick, Kraft und Geld. Die Räder werden aus England importiert, sind teuer und machen ihrem Gattungsbegriff »Hochrad« alle Ehre. Auf einem Photo lehnt sich Ernst Sachs im Sportdress an sein Rad – und Lenker wie Sattel erreichen Schulterhöhe.

Solche Gefährte sind noch keine »Drahtesel«. Sie sind hochgezüchtete und für den Alltagsgebrauch ganz und gar untaugliche Sportgeräte, für deren Anschaffung mindestens das Jahresgehalt eines Arbeiters auf den Tisch des Fahrradhauses gelegt werden muss. In Fahrradschulen wird die nötige Fertigkeit gelehrt, sofern überhaupt jemand die Courage besitzt, sich auf das hohe Rad zu setzen, weil man mit ihm entsprechend tief fallen kann. Das Aufsitzen ist schwierig – und das Stehenbleiben und Absteigen noch schwieriger. Beim Fahren muss mit den Pedalen das Rad direkt angetrieben werden. Kettenantrieb und Übersetzung gibt es noch nicht.

Der Radsport hat immer etwas Athletisches an sich, ist aber in den Anfängen noch nicht mit dem Image von Schweiß und Schmutz behaftet, das in der »Tour de France« als Tour der Leiden zum archetypischen Inbegriff des Radfahrens werden wird. Etwas Spleeniges haftet diesem Sport an, der wie das aufkommende Fußballspiel seine englische, elitäre Herkunft noch nicht verleugnet. Wettrennen mit Hochrädern sind ein beliebtes Spektakel, bei dem nicht nur die Kraft der Fahrer zu bewundern ist, sondern auch ihre Geschicklichkeit.

Der dunkelhaarige Ernst Sachs mit seiner muskulösen Figur ist auf den Fahrrad-Rennbahnen nicht zuletzt bei den Damen gern gesehen und beim Publikum wie bei seinem Verein wohlgelitten. Unter seinen Clubkameraden erringt er sich mit seinen sportlichen Erfolgen schnelle Anerkennung. Bald ist selbst die stolzgeschwellte Brust von Ernst Sachs nicht mehr breit genug, alle Siegesplaketten und Ehrenketten aufzunehmen. Seine Siege machen ihn deutschlandweit bekannt und mehren den Ruf seines Clubs, in dem er sozial eine Ausnahmestellung einnimmt.

Als Handwerksgeselle gehört er einer anderen Schicht an als viele Clubfreunde, die erfolgreiche Unternehmer oder Söhne aufstrebender Industrieller sind, was bei der Aufnahme von Ernst Sachs zunächst innige Widerstände verursachte. Aber Sachverstand und unverbildete Intelligenz machen ihn zu einem gleichwertigen Gesprächspartner. Darüber hinaus kann Sachs das entfalten, was seine Familie generationenübergreifend auszeichnet: ein Talent zur Freundschaft. Über Jahre, ja Jahrzehnte halten sich die Beziehungen, die Ernst Sachs im »Frankfurter Velocipedclub« entwickelt. Immer sind sie von einer Gegenseitigkeit der Wertschätzung gekennzeichnet, und wenn sie auch für ihn da und dort handfeste Vorteile bringen mögen, so sind sie doch nicht vom Gedanken der Nützlichkeit bestimmt.

Willy Tischbein ist einer der Freunde, Mitbegründer der Continental Gummi-Werke, ein anderer Heinrich Kleyer, Begründer der in Fahrrad- und Autobau erfolgreichen Adlerwerke. Am wichtigsten und das Familienschicksal prägend, wird die Freundschaft zu den fünf Brüdern Opel aus Rüsselsheim. Sie sind Ernst Sachs sozusagen um eine Generation voraus. Noch ist es nicht so lange her, dass Vater Adam Opel als Schlossergesell in einem Viehstall damit begonnen hat, Nähmaschinen zu bauen. Mit kaufmännischem Geschick ausgestattet, hatte es Adam Opel nicht zuletzt dank guter Geschäfte während des Deutsch-Französischen Kriegs von 1870/71 zu erstem Vermögen gebracht. Seit 1886 produzierte er Fahrräder, und seine fünf Söhne verbreiten deren Ruhm. Auf einem fünfsitzigen Fahrrad machen sie gemeinsam ebenso gute Figur wie einzeln als Rennfahrer.

Für Ernst Sachs am wichtigsten wird Wilhelm Opel, der mit insgesamt 70 Siegen dicht an die 80 von Ernst Sachs herankommt. Im Laufe der Jahre holt Ernst Sachs seinen Freund auf der gesellschaftlichen Leiter fast ein, zieht mit ihm zu Ende des Ersten Weltkriegs, nunmehr auch Fabrikherr, nahezu gleich, so dass sogar gemeinsame Unternehmen gegründet werden. Fast gleichaltrig, berühren sich ihre Lebenswege auch familiär. Die Ehe der Opel-Tochter mit dem Sachs-Sohn wird als einer der markantesten Punkte in die Geschichte beider Familien eingehen.

Viel erfährt Ernst Sachs im Gespräch mit den Clubkameraden über Technik, Fabrikation, industrielle Möglichkeiten. Er erörtert mit den Freunden die Chancen neuer Entwicklungen und deren Fertigung, sieht hier, welche Aussichten sich einem technisch begabten Menschen bieten – und erfährt vom Nachholbedarf der deutschen Industrie und dem damit verbundenen Potenzial. Erste Pläne, sich mit eigenen Erfindungen in den Kreis der Industriellen einzureihen, mögen hier entstanden sein. Doch wird Ernst Sachs durch ein Missgeschick unsanft aus allen Träumen gerissen.

1893 trainiert er in Frankfurt mit einem Kollegen für einen Tandemwettbewerb in Amsterdam. Ein anderer Fahrer rammt ihn. Ernst Sachs stürzt, bricht sich den Unterschenkel, wird in jeder Hinsicht aus der Bahn geworfen. Vier Monate muss er im Bett liegen. Als er wieder aufstehen kann, gelingt das Gehen nur unter Schmerzen. Monate der Rekonvaleszenz stehen ihm bevor, was neben der körperlichen Unbill auch bedeutet, dass er auf Lohn verzichten muss.

In der Not bewährt sich die Freundschaft unter den Radsportlern. Der Freund Ludwig »Jupp« Huber, mit dem er schon in Esslingen einen Radfahrverein gegründet hat, bietet Hilfe an. Huber ist inzwischen ein erfolgreicher Fahrradhändler in Bad Kissingen, wo seine Schwiegereltern eine Pension besitzen. In ihr soll sich Ernst Sachs, behütet und ohne finanzielle Sorgen, auskurieren. Der Aufenthalt im Kurort wird ein halbes Jahr dauern, viel länger als Ernst Sachs gedacht hat, und überhaupt lässt ihn Unterfranken nicht mehr los. Für den Rest seines Lebens wird dieser Landstrich erst Wohnsitz, dann auch Heimat.

Auf Krücken zum Erfolg

Von Frankfurt nach Kissingen bedeutet geographisch einen kleinen Sprung und muss Ernst Sachs doch als ein großer Schritt zurück erscheinen, zurück in die Provinz, aus der er sich emporgearbeitet hatte. Die Vornehmheit des Kurorts mit seinem mondänen Publikum könnte den Rückschritt gemildert, ihm aber auch deutlich gemacht haben, dass er sich noch weit unten auf der gesellschaftlichen Leiter befindet. Bei allem Geschick, aller bereits erwiesenen Tüchtigkeit ist er doch nur ein Handwerksgeselle, einer wie jener junge Mann aus Magdeburg, der 20 Jahre zuvor in Kissingen versucht hatte, Geschichte zu schreiben. Er verübte ein hilf- und folgenloses Attentat auf Bismarck und lieferte damit nur den Beweis, dass sich ein Großer nicht durch Kleine irritieren lässt. Der Kanzler blieb seiner Politik und seinem Freizeitverhalten treu und machte als »eiserner Kurgast« fast trotzig den Ort des von ihm mit geringen Blessuren überstandenen Anschlags zu seinem bevorzugten Urlaubsort. Nicht auszuschließen, dass sich die Wege des kurenden Reichsgründers in seiner Kutsche und des auf Krücken mühsam seiner Genesung entgegenhumpelnden Ernst Sachs berührten, da sich Bismarck 1893 ein letztes Mal in Kissingen aufhielt.

Kissingen ist in den besseren Kreisen en vogue, und so ist die ansehnliche Pension, die Ernst Sachs als Rekonvaleszenz-Quartier dient, alles andere als ein Notquartier, aber auch kein Ort des beschaulichen Rückzugs. Rad fahren kann er mit dem lädierten Bein nicht, muss an Krücken gehen. Aber sein Hang zur Motorik wie sein Erfindungsreichtum lassen ihn ein dreirädriges Fahrzeug konstruieren, mit dessen Hilfe er auch mit einem kranken Bein dahinrollen kann.

Die Mühsal der Fortbewegung wie die Erinnerung an den Unfall beschäftigen Ernst Sachs während seiner Rekonvaleszenz und lassen aus ihr eine schöpferische Pause werden. Die erzwungene äußere Ruhe wird mit innerer Aktivität, intensivem Nachdenken und Planen ausgeglichen. Die Entwicklungen, Erfindungen, die er bald darauf an seiner nächsten und letzten Station auf den Weg bringt, erfahren in dieser Zeit ihren gedanklichen Vorlauf – und sie sind auffallend eng mit den Folgen der Karambolage auf der Radrennbahn verbunden: Seine bahnbrechende Konstruktion einer leicht rollenden Fahrzeugnabe verbunden mit der Lösung des Bremsenproblems bei Fahrrädern entsprechen dem durch die Krankheit beförderten Wunsch, sich möglichst mühe- und reibungslos fortzubewegen, aber auch der Einsicht, dass alle Schnelligkeit kontrolliert werden muss.

Fast ein Jahr erzwungener äußerer Untätigkeit liegt hinter Ernst Sachs, als er sich im April 1894, einigermaßen ausgeheilt, nicht mehr auf Krücken, aber doch noch etwas hinkend, in das nur 30 Kilometer entfernte Schweinfurt aufmacht. Wieder ist es die Fahrradleidenschaft, die seinen Weg bestimmt. Schweinfurt ist ihm in Erinnerung als Ort eines Auftritts als Radfahrer. Schon 1889 war hier ein Fahrrad-Klub gegründet und vor allem eine kleine Rennbahn errichtet worden, auf der Ernst Sachs als »einer der berühmtesten Rennfahrer« in Konkurrenz zu örtlichen Pedalrittern getreten war.

Beim Fahrradhändler Philipp Schüllermann verdingt er sich nun für ein Salär, das an seine frühere Spitzenbezahlung als Feinmechaniker nicht heranreicht. Aber die Zeiten sind schlecht; seit Jahren befindet sich die deutsche Wirtschaft in einer Depression. Mag sein, dass Ernst Sachs Schweinfurt nur als Zwischenstation angesehen hat, um sich von hier aus wieder auf den Weg zu machen. Vielleicht aber bot ihm die Stadt auch jene Überschaubarkeit, wie sie ihm von klein auf vertraut war, und vielleicht ahnt er, dass hier ein technisch-industrieller Aufschwung keimt, wenn auch ein Großteil der registrierten Unternehmen noch dem Agrarischen verhaftet ist, sich mit der Produktion von Malz, Zucker, Leder, Stärke oder Margarine beschäftigt.

Tief im Ländlichen ist Schweinfurt Ende des 19. Jahrhunderts verwurzelt. Es ist berühmt für seine Rinder- und Schafmärkte. 100 000 Tiere wechseln hier pro Jahr den Besitzer, was den Wohlstand der Stadt, nicht aber ihr Ansehen mehrt. Auch das sanfte Licht der romantischen Verklärung, in den das 19. Jahrhundert Franken mit seinen Burgen und Klöstern taucht, kann das Bild Schweinfurts nicht aufhellen. Weder Joseph Victor von Scheffels Wanderliederseligkeit noch Richard Wagners *Meistersinger*-Ruhm dringen hierher. Zwischen zwei Bischofsstädten liegt das städtische Weltkind unglücklich in der Mitten. Nichts da in Schweinfurt von der mittelalterlichen Würde Bambergs und auch nichts von der barocken Üppigkeit Würzburgs. Die ehemals freie Reichsstadt ist kaum dafür disponiert, sich vom agrarischen Zentrum zu einer Metropole der Metallindustrie zu wandeln. Der Gott, der Eisen wachsen ließ, hat seine Gaben an Rhein und Ruhr verteilt, nicht am Main. Es gibt keine Bodenschätze, aber es gibt das, was in neuerer Sprache Humankapital genannt wird. Menschen finden sich hier ein, die mit Unternehmergeist und Einfallsreichtum auszugleichen suchen, was die Natur vorenthält.

Wilhelm Sattler ist der Erste dieser Industriellen, und er verbindet mit seiner Entwicklung auch gleich den Namen der Stadt. Sein »Schweinfurter Grün« wird dank der Leuchtkraft überaus geschätzt, doch macht die giftgrüne Farbe ihrem Namen alle Ehren und zeitigt weit reichende Folgen, nistet sich sogar als kleine Fußnote in der Weltgeschichte ein. Napoleons Tod auf St. Helena wird vielfach mit der grünen Tapete seiner Behausung in Zusammenhang gebracht. Denn diese enthielt Arsen, wie es zum Schweinfurter Grün, einer Kupfer-Arsenik-Verbindung, dazugehört. Dass Gunter Sachs dereinst das »Schweinfurter Grün« seine Lieblingsfarbe nennen wird, ist ein ironisches Aperçu, das wohl weniger auf seine Herkunft anspielt, sondern darauf, dass Grün durch den Dollar als Farbe des Geldes schlechthin gilt.

Ernst Sachs steht jenen Industriellen näher, die letztlich Schweinfurts Ruf als Kugellagerstadt begründen, den Fischers, Fries' und Höpflingers. Grundlage ist die »Kugelmühle«, in jahrelanger Tüftelarbeit von Friedrich Fischer entwickelt, der erblich mit Erfindungsreichtum gesegnet war: Sein Vater Philipp Moritz Fischer gilt als Erfinder der für die Entwicklung des Fahrrads unentbehrlichen Tretkurbel.

Die »Kugelmühle« klingt poetischer, als sie ist. Zu ihr gehört kein Klappern an einem rauschenden Bach, sondern das sägende Kreischen einer fräsenartigen Maschine, in der Metallkugeln bis auf hundertstel Millimeter genau rund und glatt geschliffen werden können. Es ist ein kleiner Sieg im Wirtschaftskrieg zwischen dem Britischen Empire und dem Deutschen Reich, der da am Main errungen wurde. Fortan gab es hochpräzise Kugeln und Kugellager »Made in Germany«, wurden die Importabhängigkeit reduziert und die Exportfähigkeit des aufstrebenden Reiches gestärkt.

Der hochqualitative Stahl musste allerdings noch aus Sheffield bezogen werden, und die Abhängigkeit von Stahlproduzenten blieb über Jahrzehnte ein Problem der Schweinfurter Kugellagerproduktion auch dann noch, als sie ihren Rohstoff von den Hütten des Ruhrgebiets bezog. Vorerst galt es aber vor allem, aus dem Rohstoff, komme er von wo auch immer, unverwechselbare Produkte herzustellen, welche die neue Pflichtkennzeichnung »Made in Germany« zum Markenzeichen machen.

Firmengründung

Kugellager gehören nicht zu den attraktiven, massenwirksamen Industrieprodukten. Nähmaschinen, Kühlschränke, Fahrräder, Autos, ja selbst Autoreifen, mit denen die Freunde von Ernst Sachs aus dem »Frankfurter Velocipedclub« zu Wohlstand kommen, haben ein weitaus besseres Renommee. Kugellager verrichten ihr Werk unsichtbar im Inneren von Maschinen und Fahrzeugen, haben im wahrsten Sinne des Wortes möglichst lautlos zu funktionieren, sollen wie geschmiert laufen, ohne ständig geschmiert zu werden, und haben selbst in den Momenten äußerster Anforderung kühl zu bleiben. Sie sind Sklaven der Bewegung, die ständig um sich selbst kreisen und anderen zu Diensten sind.

Wie kommt Ernst Sachs dazu, sich gerade auf Kugellager zu konzentrieren, wo er mit seinem handwerklichen Geschick und seinem technischen Einfallsreichtum sicher auch mit anderen Produkten erfolgreich gewesen wäre? Am Anfang steht bei ihm selbstverständlich das Fahrrad. Schon bei seinem schwerfälligen, selbstgezimmerten Erstling dürfte in Ernst Sachs der Wunsch erwacht sein, das Gerät leichtgängiger zu machen. Als Rennfahrer triumphierte er zwar dank seiner athletischen Konstitution über die unvollkommene Materie seines Gefährts. Aber er erkannte, dass das Fahrrad nur dann ein Gerät des Volkssports, vielleicht sogar ein Massenverkehrsmittel werden kann, wenn es auch durch weniger kräftige Fahrer, vielleicht sogar durch Damen möglichst mühelos vorangetrieben werden kann.

Seiner Fortschrittsfreude mag es entsprochen haben, dass es sich beim Kugellager um eine ausgesprochen innovative Technologie handelte, die noch nicht einmal im umfassenden Grimm'schen Wörterbuch verzeichnet war. Als Letztes kommt noch jener Moment von Zufall und Privatem hinzu, ohne den Erfolgsgeschichten selten auskommen.

Nicht nur, dass Ernst Sachs ausgerechnet nach Schweinfurt findet, wo die Produktion präzise gefertigter Kugeln gelungen war. Er nimmt auch noch im Umfeld von Wilhelm Höpflinger Quartier, der zu der in Schweinfurt dicht gedrängten Schar gehört, die sich mit der Konstruktion von Kugellagern befasst, was ihm zu Unrecht sogar den Ruf einbringt, Erfinder des Kugellagers zu sein. Zu erfinden war das Kugellager nicht mehr, weil es im Prinzip bekannt war. Es konnte nur noch darum gehen, brauchbare Exemplare und diese möglichst in Massenproduktion herzustellen. »Das Kugellager hatte viele Bewerber, aber Sachs erst führt die Braut heim«, meint bildhaft Robert Allmers, der Freund und Biograph von Ernst Sachs, und die Metapher hat einen konkreten Aspekt. Fabrikant Höpflinger hatte eine Tochter – und sie sollte die Ehefrau von Ernst Sachs werden. Was das Kugellager betrifft, so war die Braut nicht im jungfräulichen Zustand. Schon etliche Konstrukteure hatten sich über sie hergemacht, an ihr herumprobiert, ohne sie allerdings zur vollen Blüte zu bringen.

Um 1894, als Ernst Sachs in einer kleinen Werkstatt mit relativ einfachem Gerät an seinen Lagern arbeitet, ist die Kugellagerkonstruktion noch eine Tüftlerangelegenheit. Heute sind Kugellager, egal ob übermannsgroß oder miniaturhaft klein, Gegenstand der Ingenieurwissenschaft und ohne komplizierte Berechnungen und mathematische Formeln nicht denkbar. Ernst Sachs ersetzt die Theorie durch Erfahrung und praktische Erprobung.

Auf einer Drehbank mit Fußantrieb baut er eine kugelgelagerte Fahrradnabe, verbessert sie und erhält am 22. November 1894 vom Kaiserlichen Patentamt in Berlin unter der Nummer 84 193 sein erstes Patent, dem noch viele folgen werden. Das Tor zur eigenen erfolgreichen Produktion ist damit aufgestoßen, aber auch das zur Ausweitung des Fahrradbaus, der nun endlich leichtläufige Fahrzeuge für jedermann anbieten kann.

Bei näherem Hinsehen handelt es sich bei dem ersten Patent von Ernst Sachs nicht um ein Kugellager im engeren Sinn. Man hat es nicht mit der heute vertrauten klassischen Anordnung zweier konzentrischer Metallringe zu tun, zwischen denen Kugeln rollend eine reibungsarme Rotation der Ringe und der mit ihnen verbundenen Bauteile ermöglichen. Sachs hat eine in Kugeln gelagerte Achse konstruiert, eine Nabe, die ausdrücklich für die Verwendung in Fahrrädern konzipiert war und sich als Weiterentwicklung bereits bestehender Konstruktionen verstand, wie die Patentschrift festhält: »Das den Gegenstand vorliegender Erfindung bildende Fahrrad-Kugellager unterscheidet sich von den bekannten Kugellagern....« Bei Ernst Sachs laufen die Kugeln nicht auf wulstigen Verdickungen, sondern zwischen Konussen, wodurch sich auch bei Verbiegung der Achse der Kugellauf selbst nachstellt.

Das Rad lässt sich nicht neu erfinden, aber Ende des 19. Jahrhunderts ging man daran, es zu revolutionieren. Die gleitend-reibende Bewegung des Rades rund um eine starre Achse sollte durch eine rollende Bewegung abgelöst werden. Schon beim Bau der Pyramiden hatte man sich das Prinzip zu Nutze gemacht, dass Rollen leichter als Gleiten vor sich geht, und rollte die riesigen Steinquader über Baumstämme.

Über Jahrhunderte haben sich Erfinder mit dem Kugellager befasst, beließen es oft bei skizzierten Gedankenspielen. Wurden sie realisiert, versagten sie in der praktischen Anwendung. Was schwer gelingen wollte: Eine sinnvolle Anordnung der als Rollmaterial verwendeten Kugeln mit praktischer Konstruierbarkeit und hoher Haltbarkeit zu verbinden. In diesem schwierigen Prozess erweist sich Ernst Sachs von seinem ersten Patent an als ein Meister, der gründliche Überlegung mit sorgfältiger Verwirklichung zu verbinden weiß.

Mit der Selbstsicherheit des Mannes, der sich des rechten Wegs bewusst ist, gründet Ernst Sachs mit dem ersten Patent in der Tasche auch schon eine eigene Firma. Am 1. August 1895 werden die »Schweinfurter Präcisions-Kugellager Werke Fichtel & Sachs« vom Königlichen Landgericht registriert, und das Adressbuch von Schweinfurt für 1895 vermerkt bei Ernst Sachs schon den Beruf »Fabrikant«, wo die Fabrik zunächst aus nicht mehr als einer Werkstatt mit einem Lehrling und zwei Gesellen besteht und am Jahresende mit zehn Arbeitskräften zwar gewachsen, aber in sehr überschaubarem Rahmen geblieben ist.

Auch in seinen bescheidenen Anfängen zeigt Ernst Sachs, dass er in seltener Weise über all die Gaben und Voraussetzungen verfügt, die den erfolgreichen Unternehmer in Zeiten der Industrialisierung ausmachen. Er vereint technisches und kaufmännisches Talent und ergänzt dies um eine spezifische Erfindung. Er hat das Wissen, welche Produkte benötigt werden. Damit nicht genug, weiß er auch die richtigen Kontakte zu pflegen und kommt in den Genuss jenes Quentchen Glücks, ohne das sich schwer der große Erfolg einstellt. Gesellen sich noch starkes Selbständigkeitsstreben und ein entwickelter Sinn für Macht und Herrschaft hinzu, sind fast alle Voraussetzungen für einen dominierenden Industrieherren gegeben – vorausgesetzt es fehlt nicht am Letzten und meist Entscheidenden: dem Kapital.

Nur wenige der so genannten Erfinderunternehmer vermögen die Hürde der Finanzierung zu überspringen. Der Name des neuen Unternehmens zeigt, wie Ernst Sachs das Problem bei der Firmengründung gelöst hat: Karl Fichtel, der in alphabetischer Reihenfolge weit über seinen frühen Tod hinaus den ersten Platz in dem zum Markenzeichen werdenden Namen behauptet, ist ihm zur Seite getreten. Karl Fichtel wird in der Erfolgsgeschichte von Fichtel & Sachs immer die Nebenrolle spielen, die noch im Stadtplan von Schweinfurt ihre Spur findet. Groß und breit zieht sich die Ernst-Sachs-Straße an den Sachs-Fabriken dahin, während eine Nebenstraße in einem idyllischen Wohngebiet Karl-Fichtel-Straße heißt.

In seiner Gegensätzlichkeit bildet der Spross einer alten Schweinfurter Patrizierfamilie die ideale Ergänzung zu Ernst Sachs, der noch ein Fremdling in der geschlossenen örtlichen Bürgergesellschaft ist. Anders als Sachs, dessen Leben sich bisher fast ausschließlich in der deutschen Provinz zugetragen hat, verfügt Fichtel über eine beachtliche Weltläufigkeit. Nach zehn Jahren im Ausland und zwei Weltreisen spricht er mehrere Sprachen und ist zugleich durch Abkunft aus der Industriellenfamilie Sattler und Mitgliedschaften in allen wichtigen Vereinigungen von Flottenverband bis Freimaurerloge örtlich fest verwurzelt. Vor allem ist er auch Mitglied im Schweinfurter Hochradclub, so dass er bei der Suche nach einer passenden Kapitalbeteiligung in seinem späteren Kompagnon Sachs einen Mann von übereinstimmendem Interesse findet.

Zu dieser Zeit ist es nicht einfach, Geld günstig zu investieren. Kapital ist reichlich vorhanden; die Zinsen sind niedrig wie noch nie. Aber in der schwersten Depression des deutschen Kaiserreichs wollen sich kaum florierende Unternehmen finden, die Kapitalbedarf haben. Die Kooperation mit Ernst Sachs entspringt weniger der Verlegenheit des Anlegers, sondern mehr der Einsicht, dass hier eine zukunftsweisende Geschäftsidee vorliegt und vor allem ein begnadeter Techniker. »Der Sachs hat Gold in den Händen«, meinte Karl Fichtel in präziser Prophetie, auch wenn diese sich nur langsam erfüllt.

Auf dem Fichtel'schen Grundstück stellt Mutter Fichtel zum Geld des Sohnes noch Terrain und Haus zur Verfügung. Der Fahrradfreund Jupp Huber, der Sachs schon den Rekonvaleszenz-Aufenthalt in Bad Kissingen ermöglicht hat, leistet noch einmal Beistand, diesmal mit einem 10 000-Mark-Kredit. Nun kann das junge Unternehmen einen ersten Maschinenpark anschaffen und mit der großzügigen Fabrikation von Fahrradnaben beginnen.

Als wären die ersten Schritte als Fabrikant nicht betriebsam genug, gründet Ernst Sachs drei Monate nach der Firma auch noch eine Familie: Er heiratet Barbara Sophie Höpflinger, Betty genannt, die Tochter seines Mentors Wilhelm Höpflinger. Betty Sachs könnte nach heutigem Verständnis als etwas tragische Erscheinung gelten, weil sich ihre Rolle ganz darin zu erschöpfen scheint, Tochter, Frau und Mutter zu sein. Im Familiensinn von Ernst Sachs schenkt sie ihm aber unendlich Wichtiges, für sein in Generationen denkendes Wesen Entscheidendes: einen Sohn und einen (Schwieger)Vater.

Betty Höpflingers Vater ist eine robuste Unternehmerfigur aus Thüringen, entstammt einer Familie, in der man es in Sachen Eheschließung nicht immer genau nimmt, was noch zu späterer Verwirrung in der Familie Sachs führen wird. Wilhelm Höpflinger wird unehelich geboren, aber von seinem Erzeuger Johann Höpflinger als Sohn anerkannt. Mit dem Erfinder der Kugelmühle, Friedrich Fischer, prozessiert er vergeblich um die Urheberschaft an dem Gerät, kommt aber auch so mit seinem Partner Engelbert Fries zu Erfolg und Unternehmen in der Kugellagerindustrie. Er ist selbst ein profunder Techniker, erkennt das Geniale in seinem Schwiegersohn, fördert ihn über das schwiegerväterliche Normalniveau hinaus, was den einen oder anderen Konflikt nicht ausschließt.

Zur Aufbruchstimmung im Haus des Jungunternehmers Sachs gehört, dass Frau Betty ein Kind zur Welt bringt, wobei es gar nicht schnell genug gehen kann. Nicht einmal ganze neun Monate sind seit der Hochzeit vergangen, als der Sohn geboren wird, dessen Leben von Anfang an eine nie abreißende Neigung zum Ungewöhnlichen, zum Zwischenfall aufweist. Er tritt ins Leben – und stolpert schon, überrumpelt mit seinem Erscheinen die Eltern. Zwar kommt wenige Tage nach der Geburt der »der Persönlichkeit nach bekannte Fabrikant Ernst Sachs« auf das Standesamt, um anzuzeigen, dass von seiner Ehefrau am 23. Juli 1896 nachmittags um zwölfeinhalb Uhr ein Kind männlichen Geschlechts geboren worden sei. Was er nicht angeben kann, ist der Name seines Sohnes.

Der Standesbeamte vermerkt, dass das Kind »einen Vornamen nicht erhalten habe«. Eine Woche später wird das Kind getauft, und nun weiß man auch, wie es heißen soll, nämlich so wie die Großväter: Josef und Wilhelm. Zum Rufnamen wird »Willy« mit dem etwas modischen »y«, wie es die Mutter in ihrem »Betty« verwendet. Noch einmal sechs Wochen dauert es, bis Ernst Sachs endlich Zeit findet, auch vor der Welt in Gestalt des Standesbeamten die Namen seines Sohnes zu Protokoll zu geben, die er vor Gott bereits erhalten hat.

Die Turbulenzen rund um den Neugeborenen verblüffen, weil ein Sohn für Ernst Sachs grundlegende Bedeutung besitzt. Der Unternehmertraum, dass sich der eigene Erfolg in einer Dynastie fortpflanzt, treibt auch Ernst Sachs um und wird immer mehr sein Planen und Denken bestimmen. Die Geburt eines Stammhalters verwandelt die Vorstellung von der Familie, die das Werk über Generationen hinweg bewahrt und ausbaut, vom Wunsch zur Wirklichkeit. Umso mehr verwundert es, dass der erste Schritt hin zur Unternehmerdynastie Sachs, die Namensgebung des Sohnes, nicht auf Anhieb gelingt. Ernst Sachs wird in der Folge seine Vaterrolle nicht nur annehmen, sondern mit prägender, fast erdrückender Kraft ausüben. Als Vater, der zunächst gar keinen Vornamen für seinen Sohn weiß, wirkt er anfänglich in seiner Vaterrolle überfordert, und die Erklärung kann darin gesucht werden, dass er als Unternehmer zu sehr gefordert ist, denn die kleine Fabrik entwickelt sich nicht so, wie es sich der immer vorwärts drängende Ernst Sachs wünscht.

Karl Fichtel reist zwar zu den Fahrradproduzenten, besucht Messen und Ausstellungen, doch kommen die Bestellungen nicht in erhoffter Zahl. Noch sehen die Fahrradfabrikanten nicht, dass sich das Angebot aus Schweinfurt in Qualität und Konstruktion vom Bisherigen abhebt. Sachs wird ungeduldig, verliert aber nicht die Nerven. Das Angebot, mit seiner Naben-Produktion als angestellter Techniker in eine Fahrradfabrik einzusteigen, lehnt er ab, gibt den Traum von der Selbständigkeit nicht auf und findet dafür natürlich ein Bild aus der Fahrradsprache: »Ich will die Lenkstange nicht aus der Hand geben, bloß weil die Straße gerade holprig ist.«

Rücktritt als Fortschritt

Mit einer Doppelstrategie versucht Ernst Sachs sein Unternehmen über alle Fährnisse zum Erfolg zu führen. Er forciert die Entwicklung von Kugellagern und sinnt darauf, das Herzstück seiner Produkte, die Fahrradnaben, weiter zu optimieren. Nichts könnte sinnfälliger dafür geeignet sein, dass alles Denken und Produzieren um diesen Gegenstand kreist. Sie ist Dreh- und Angelpunkt in den Überlegungen eines Unternehmers, der aus eigener Erfahrung weiß, dass dieses Bauteil inmitten des Rades für optimale Fahreigenschaften sorgen kann. Dazu muss die Fahrradnabe von ihrer herkömmlichen Starrheit befreit werden.

Noch ist sie fest mit dem Rad verbunden. Dreht sich das eine, muss sich das andere mitdrehen. Der Fahrradfahrer ist gezwungen, die per Kette mit der Hinterradnabe verbundene Tretkurbel im Takt seines Rades zu bewegen. Geht es zügig bergab, so muss der Fahrer Füße und Beine entsprechend der Flottheit seiner Tretkurbel bewegen, ohne dass dieser Energieaufwand zu irgendeinem Leistungsgewinn führen würde. Er kann aber auch die Füße von den Pedalen nehmen, wofür an den Fahrrädern jener Zeit sogar extra kleine Stützen am Rahmen befestigt sind, verliert aber damit weitgehend die Kontrolle über die Geschwindigkeit seines Gefährts, weil die gängigen, meist direkt auf die Reifen einwirkenden Bremsen, wenig effektiv sind.

Der Freilauf ist die prinzipielle Lösung des Problems – und heute eine Selbstverständlichkeit. Bei ihm kann sich das Rad weiterdrehen, auch wenn die Pedale in fester Stellung verbleiben. Tritt der Fahrer erneut an, erfolgt wieder die Kraftübertragung. In Amerika war dieses »free wheel« bereits 1869 entwickelt worden, war aber technisch noch unvollkommen und stieß in Europa auf vehemente Ablehnung, die heute, wo jedes Normalfahrrad über einen Freilauf verfügt, fast grotesk erscheint. »Der ›Freilauf‹ ist nichts als eine Modetorheit, die absolut keinen praktischen Nutzen bietet«, urteilt ein »Ingenieur Vulcanus« in einer einflussreichen Fachzeitschrift. Der Senior unter den österreichischen Fahrradfabrikanten, Johann Puch, äußert sich nicht minder ablehnend: »Jede Zeit, die mit dieser Erfindung vergeudet wurde, erachte ich für verloren. Ich wundere mich nur, dass viele und teilweise nicht unbedeutende Firmen einer solchen Erfindung, deren Erfolglosigkeit evident ist, Aufmerksamkeit schenken.«

Aus heutiger Sicht haben sich die Kritiker getäuscht und damit blamiert. Aber ihre Einwände verfügten zu ihrer Zeit über hohe Plausibilität. Tatsächlich erhöht der Freilauf die Unsicherheit des Fahrers, weil er unkontrollierte Geschwindigkeit erlaubt, die mit den um 1900 gängigen Bremsen schwer zu bändigen war. Es kennzeichnet den in jeder Hinsicht wagemutigen Unternehmer Ernst Sachs, dass er sich über solche Bedenken hinwegsetzte und mit seiner ebenso enthusiasmierenden wie klugen Öffentlichkeitsarbeit zu überzeugen weiß. Erstaunt müssen Kritiker registrieren, »dass fast die gesamte Fachpresse naiv genug ist, die von dem Fabrikanten dieser Konstruktion geschickt in Szene gesetzte Reklame nachzubeten«.

Ernst Sachs weiß selbst am besten, dass Geschwindigkeit beim Fahrrad eher schadet, denn nützt, wenn sie nicht zu bremsen ist, schließlich hatte er sich mehrfach Verletzungen zugezogen, weil er sein Rad nicht rechtzeitig zum Stillstand hatte bringen können. Parallel zu seiner Entwicklung des Freilaufs geht er also daran, diesen mit einem wirksamen Bremssystem zu kombinieren.

Es wird Jahre dauern, bis eine überzeugende Lösung gefunden ist, die aber dann so genial ist, dass sie über Jahrzehnte unverändert gebaut wird. Ehe es so weit ist und Ernst Sachs endgültig ein Kapitel Technikgeschichte schreibt, hat er sich schon den Ruf erworben, der Erfinder des Freilaufs zu sein. Auch er sieht sich so, lässt sich in einem etwas holprig geratenen Lobgedicht entsprechend preisen:

> Es sprach Jung-Ernst: »SELBST ist der Mann«,
> Bestieg sein Velo und begann
> Die Fahrt ins Leben ohne Frage,
> Wie bald er wohl das Glück erjage.
> Doch fuhr er nicht bloß, um zu fahren,
> Wie es die Art ist vieler Narren.
> Er hat es vielmehr überlegt,
> Wie man sich leichter fortbewegt.

»Dem freien Mann den freien Lauf«,
Das war sein Sinnen von Früh auf,
Statt mit der Tretmühl' sich zu schinden,
Wollt' er ein ander Ding erfinden,
Womit er Herr sei der Maschine
und nicht als Knecht ihr weiter diene.

Ernst Sachs – der Erfinder des Freilaufs, so lautet hinfort die gängige Charakterisierung, die gerade in Deutschland, wo freie Fahrt auf freien Straßen als bürgerliches Höchstgut betrachtet wird, einem Ehrentitel gleichkommt. Wie bei fast allen Erfindern bleibt aber auch Ernst Sachs nicht die Frage erspart, ob er tatsächlich der Erfinder und nicht eigentlich ein Nachahmer und Fortentwickler sei. Es ist jener Streitpunkt, der auch den Großerfinder Thomas Alva Edison zeit seines Lebens begleitet und im zwiespältigen Wesen einer technischen Erfindung begründet ist. Sie besteht immer aus Idee und Ausführung.

Wo Begeisterung für das schöpferische Genie den Blickwinkel bestimmt, wird dem neuen Gedanken das bestimmende Gewicht verliehen. Dann ist Leonardo da Vinci der größte Erfinder aller Zeiten: Fallschirm, Hubschrauber, Flugzeug, Motorrad – all dies hat er in seinen Notizbüchern skizziert. Aber dort sind die Wunderdinge der Technik auch geblieben, nichts davon wurde ausgeführt. Das Renaissancegenie war seiner Zeit nicht eigentlich voraus, sondern ein – allerdings besonders originelles – Kind einer sich neu entdeckenden Zeit. Erfinder der von ihm entworfenen Apparate war er nur in dem Sinn, dass er sie erdacht hat. Wird außer Acht gelassen, ob sie auch praktisch verwendet werden konnten, dann ist Jules Verne der Erfinder der Mondfahrt, da er sie höchst plastisch beschrieben hat.

In dem Streit, wer der wahre Erfinder einer technischen Entwicklung gewesen sei, darf letztlich der als Sieger hervorgehen, der die Idee in der Weise realisiert, dass sie praktisch verwendbar und in ausreichender Stückzahl herstellbar ist und von der Allgemeinheit als Neuerung erkannt und angenommen wird. Da diese Umstände eher selten zusammenkommen, ist die Technikgeschichte voll von einer Schar verkannter und verhinderter Erfinder. Nur jene, denen es tatsächlich gelingt, ihr Produkt in markanter und prägender Weise auf den Markt zu bringen, dürfen sich letztlich mit dem Ruhm schmücken, der wahre Erfinder zu sein. Souverän und mit dem ihm eigenen Witz reagierte Ernst Sachs, als ihm vorgehalten wurde, dass, bei allem Respekt für seine leichtlaufenden Naben, schon früher Kugellager existierten: »Aber ja! Es hat ja auch schon Eier vor dem Christoph Columbus gegeben.« Fachleute wie der »Nabenpapst« Hans Joachim Schweighöfer sehen das besondere Talent von Ernst Sachs generell nicht in der Originalität, sondern in der Gabe, die Technik anderer zu übernehmen und zu verbessern.

Ernst Sachs gehört zu jenen Persönlichkeiten, bei denen sich die gedankliche Innovationskraft mit technisch-handwerklicher Fähigkeit verbindet. Darüber hinaus hat er noch die Gabe, die von ihm entwickelten Produkte ökonomisch zu produzieren und erfolgreich zu vermarkten. Der Zusammenklang dieser Eigenschaften begründet den singulären Erfolg von Ernst Sachs und verleiht ihm eine genialische Note, auch wenn er dem landläufigen Geniebegriff vom Einzelgänger, der seinen Erfolg körperlicher und materieller Unzulänglichkeit abringen muss, nicht entspricht.

Die stattliche Statur, die Stehkragen-Bürgerlichkeit eines Ernst Sachs entsprechen einem solchen Bild von Genialität so wenig wie die Gabe, sein Werk gemeinsam mit tüchtigen Mitarbeitern zu verwirklichen. Außerordentlichkeit darf er dennoch für sich beanspruchen, muss es nicht zurückweisen, als Erfinder von Freilauf und dessen späterer Verbindung mit einer Bremse gerühmt zu werden. Angesichts des Erfolgs, der Vorläufer und Mitbewerber verdrängt, wirkt es wie Sophisterei, ob die Produkte des Ernst Sachs Erfindungen oder Fortentwicklungen waren. Er weiß das Patentrecht in über 100 Fällen auf seiner Seite, in denen er sich den Anspruch auf das geistige Eigentum an seinen Entwicklungen festschreiben ließ. Er erringt den Erfolg, der alle Ideen oder unzulänglichen Entwicklungen, die es vor ihm gab, vergessen oder vom Markt verschwinden ließ.

Bei der Weiterentwicklung der Freilaufnabe entfaltet Ernst Sachs seine Begabungen in geradezu virtuoser Weise. Auch wenn es ihm dank seines Verkaufs- und Überzeugungstalents gelingt, etliche Fahrradfabrikanten für seine Nabe zu interessieren, weiß er über deren Unzulänglichkeit, ja Gefährlichkeit Bescheid, so lange sie sich nicht mit der Möglichkeit paart, die Geschwindigkeit des Fahrrads wirksam zu kontrollieren. Das Ziel ist klar: Konstruktion einer Fahrradnabe mit integrierter Bremse – und dies in einer Qualität, mit der die Konkurrenz ausgeschaltet werden kann. Denn schon gibt es ein amerikanisches Patent für eine automatische Nabenbremse mit Freilauf, das einige deutsche Fahrradfabriken weiterentwickelt haben.

Die Zeiten sind vorbei, da ein Ernst Sachs selbst an der Drehbank stand, um seine Idee in die Wirklichkeit umzusetzen. An die 200 Mitarbeiter zählt die Firma. Die Techniker und Meister unter ihnen spornt Ernst Sachs zur Verwirklichung seiner Ideen an. Er weckt sie bei Nacht, wenn ihm ein Gedanke kommt, er steht mit ihnen stundenlang an den Zeichenbrettern und in den Werkstätten. Wie er für sich keine Rücksichten auf geregelte Arbeitszeiten kennt, so verlangt er dies auch von seinen Mitarbeitern.

Diese mit besonderem Geschick auszuwählen, gehört zu den besonderen Gaben von Ernst Sachs. Er erkennt die Talente von Menschen, weiß sie in wechselseitiger Loyalität an sich zu binden. Über Jahrzehnte prägen Männer der ersten Stunde das Bild und Geschick von Fichtel & Sachs, deren eigener Aufstieg mit dem des Werks symbiotisch verbunden ist. Als Lehrling Nr. 3 beginnt etwa Michael Schlegelmilch seine Tätigkeit im Werk. In einem fünf Seiten langen Aufsatz muss er die Frage beantworten »Warum ich Kaufmann werden will?« und legt damit den Grundstein für eine Karriere, die ihn am Ende zum Naben-Verkaufsleiter des Unternehmens macht. Noch Willy Sachs wird von der schier grenzenlosen Loyalität Schlegelmilchs profitieren, wenn sich dieser nach 1945 für ihn in die Bresche schlägt.

Karl Wütschner ist ein weiteres Beispiel dieser Männer der ersten Stunde. Ernst Sachs kennt ihn noch aus seiner Rennfahrerzeit – und erkennt sein Talent. Wütschner wird Werkmeister, damit »Lehrherr« von Willy Sachs und schließlich technischer Betriebsleiter. Wer bei Ernst Sachs von den Anfängen an dabei ist, trägt den Marschallstab im Tornister, und wie der siegreiche Napoleon die Mitstreiter seiner frühen Schlachten adelt und erhöht, so betraut Ernst Sachs seine engsten Mitarbeiter mit immer verantwortungsvolleren Aufgaben, so dass sie ihm zum Schluss als Meister und Direktoren zur Seite stehen.

Selbstloser Einsatz mit 15-Stunden-Tagen und Verzicht auf Wochenendruhe verhindern nicht, dass die Fortentwicklung der Freilaufnabe zunächst nicht richtig vorankommt. In London führt Ernst Sachs seine Neuheit vor, bei der die Nabe um eine Tellerbremse ergänzt wurde. 500 Exemplare davon kann Sachs verkaufen, womit die Reisespesen gedeckt sind, aber der große Durchbruch noch nicht geschafft ist.

Technisch wie kaufmännisch tendiert die Entwicklung bei Fichtel & Sachs eine Zeit lang zum Misserfolg. Die Nabe mit Tellerbremse funktioniert nicht wie erwartet. Regenwasser und Straßenschmutz beeinträchtigen die Bremse. Der Bremsbelag aus Vulkanfiber quillt bei Nässe auf und blockiert das Hinterrad. Es wird weiter konstruiert und experimentiert – und beides kostet Geld, das nicht mehr da ist. Das Startkapital ist verbraucht, und nur mit freundschaftlicher Hilfe des bewährten Radfahrfreundes Jupp Huber aus Bad Kissingen können die Engpässe überwunden und die eingehenden Aufträge ausgeführt werden.

Der Ruf von Fichtel & Sachs ist inzwischen so gut, dass auch Banken ihre keineswegs selbstlose Hilfe anbieten. Großzügige Kredite, die Umwandlung in eine mit fremdem Geld finanzierte Aktiengesellschaft werden mit Nachdruck offeriert, was zeigt, wie positiv die Perspektive des Werks eingeschätzt wurde. Ernst Sachs könnte Direktor eines Unternehmens werden, sich auf Konstruktion und Entwicklung technischer Erfindungen konzentrieren, müsste sich nicht mehr um Kapitalbeschaffung und Vertrieb kümmern. Er lehnt ab und offenbart damit sein Verständnis der Unternehmerrolle. Er ist ganz und gar jener Vertreter seines Standes, der in Selbständigkeit und Eigenständigkeit seine Verwirklichung findet. Ernst Sachs will sich seinem paternalistischen Selbstverständnis entsprechend von niemandem in sein Wirken hineinreden lassen. Er will sich selbst verwirklichen, in seinem Werk ganz er sein – und er will sein Reich gründen, das er an Kindes- und Kindeskinder weitergeben will.

Die Familie ist es auch, die hilft, die kritische Situation zu meistern. Schwiegervater Wilhelm Höpflinger steht ihm mit fast seinem gesamten Kapital zur Seite, riskiert mit dem möglichen Scheitern des Schwiegersohns auch das eigene. Er erkennt das Talent von Ernst Sachs, ist, selbst in der Kugellagerindustrie erfolgreich, von dessen Ideen und von der Möglichkeit ihrer Umsetzung überzeugt. Höpflinger muss auch erkannt haben, dass sein Schwiegersohn in genialer Weise nicht nur die technischen Möglichkeiten im Fahrradbau erfasst hat, sondern auch kaufmännisch den richtigen Weg einschlägt.

Ernst Sachs verzichtet nämlich darauf, selbst Fahrräder zu bauen wie sein Freund Wilhelm Opel. Er erkennt, dass sich damit keine einmalige Marktposition erobern lässt. Fahrräder kann im Prinzip jeder bauen, vor allem zusammenbauen. Ein Fahrrad lässt sich aus standardisierten Einzelteilen einfach fertigen, so dass die Produktionsweisen von großen Fabriken wie Opel bis hin zu Werkstätten reichen, die in kleiner Stückzahl für den örtlichen Markt Räder montieren. Es ist ein Geschäft, bei dem die Konkurrenz entsprechend groß und damit gefährlich ist. An August Lehr, einem Freund aus Frankfurter Zeiten, findet Ernst Sachs ein abschreckendes Beispiel. Lehr war der populärste Radrennfahrer seiner Zeit, gründete eine Fahrradfirma, die in einem Konkurs endet, der auch Ernst Sachs in Schwierigkeiten bringt. Gelieferte Naben können nicht mehr bezahlt werden, womit die ohnedies kapitalschwache Firma Fichtel & Sachs in Schwierigkeiten gerät.

Der Wettbewerb auf dem Fahrradmarkt ist Ende des 19. Jahrhunderts hart und unerbittlich, weil es sich um einen Zukunftsmarkt handelt. Noch wird er von amerikanischen Firmen beherrscht, aber die deutsche Fahrradindustrie beginnt sich zunehmend auf die Konkurrenz einzustellen. Die Kleinbetriebe mit ihrer handwerklichen Produktionsmethode verschwinden vom Markt, während die Großunternehmen wie Opel oder die Wander-Werke mit energischer Rationalisierung und Serienfertigung den deutschen Markt für sich zu erobern beginnen. Wurden 1888 in Deutschland bloß 7000 Räder erzeugt, so waren dies zehn Jahre später bereits 200 000.

Ernst Sachs glaubt an die massenhafte Verbreitung des Fahrrads, auch wenn die Umstände oft dagegen sprechen. Genau zu der Zeit, als er seine erste Freilaufnabe vorstellt, musste sein Freund Wilhelm Opel für sein Werk eine ausgesprochene Absatzkrise bei Fahrrädern konstatieren. Aber Opel wie Sachs setzen auf das Fahrrad als Massenverkehrsmittel, und Ernst Sachs weiß: Jedes dieser Fahrräder wird mit Naben ausgestattet sein, und wer sie erzeugt, wird an jedem Fahrrad verdienen, wer immer es auch baut.

Ein Prinzip, das Ende des 20. Jahrhunderts Bill Gates zu einem der reichsten Männer der Erde macht, nutzt auch Ernst Sachs für sich. Mag im Fall Gates ein Konzern wie IBM oder sonst wer die Personal Computer bauen – sie brauchen sein Betriebssystem. Genauso kann es sich mit einem zentralen Bauteil des Fahrrads verhalten, vorausgesetzt, es ist von ähnlich unersetzlicher Qualität und wird mit monopolartigem Anspruch vertrieben.

Mit der Torpedo-Nabe, die den Freilauf mit der Rücktrittbremse verbindet, wird es Ernst Sachs gelingen, weltweit die marktbeherrschende Stellung auf dem speziellen Sektor des Nabenbaus für die Fahrradindustrie zu erringen. Millionenfach wird diese Nabe verkauft werden, gut zwei Generationen von Radfahrern in aller Welt ihren unverwüstlichen Dienst erweisen. Bis es aber so weit ist, vergehen fünf Jahre intensiver Entwicklungsarbeit, bei der Ernst Sachs alle seine Talente vom Konstrukteur bis zum begnadeten Marketing- und PR-Fachmann voll zur Geltung bringen kann.

»Torpedo in Sicht!« Mit einem Aufmerksamkeit heischenden Signal weckt Ernst Sachs 1903 allgemeine Neugier. In einer Vielzahl von Zeitungen erscheinen Inserate mit nur diesem einen Satz. Er trifft auf ein Publikum, das für alles Militärisch-Maritime hoch sensibilisiert ist. Kaiser und Marineleitung betreiben Propaganda für ihre Marinepolitik, wecken die Überzeugung, dass bewaffnete Seefahrt dem Deutschen Reich Not tut. Welches Torpedo auf welches Ziel? Bewusst werden die Leser im Unklaren und in Spannung gehalten. Ernst Sachs betreibt das Spiel mit der öffentlichen Neugier auf virtuose Weise. Er weckt Aufmerksamkeit, ohne alles preiszugeben, und hält das geweckte Interesse mit Informationshäppchen wach. Noch Enkel Gunter wird diese Kunst etwa in seiner Beziehung mit Prinzessin Soraya oder Brigitte Bardot ähnlich perfekt vorführen, sein Talent aber der eigenen Person widmen, nicht wie einst der Großvater einer Sache.

Geschickt werden zur selben Zeit Nachrichten verbreitet, dass ein Entwicklungsteam von Fichtel & Sachs an neuen Modellen arbeite und diese in den Alpen erprobe. Am Stilfser Joch sei eine Zeltwerkstatt errichtet worden, die im Austausch mit Schweinfurt Tag und Nacht arbeite. Bald werden die Berichte konkreter. Eine Fahrradkolonne wird beobachtet, die sich in ungewohnt schnellem Tempo bewegt, deren Fahrer aber auch imstande sind, auf der Stelle zu halten, ohne dass eine Bremse an ihrem Gefährt sichtbar ist. Dann ein neues Inserat: »Torpedo bereits 8000 Kilometer zurückgelegt!«

Spätestens bei einer weiteren Anzeige mit dem Text »Torpedo durchfährt die Alpen« wird jedem klar, dass es sich hier nicht um ein maritimes Gerät handelt. Schließlich wird das Geheimnis gelüftet: »Torpedo« ist der Markenname für eine neue Nabe der Fichtel & Sachs Werke, die gleich drei Funktionen vereint: Antrieb beim Vorwärtstreten der Pedale, Freilauf beim Stillstand der Kette und Bremse beim Rückwärtstreten.

Die Sicherheit, mit der Ernst Sachs sein neues Produkt vorstellt, verblüfft, wird aber aus sehr rationalen Überlegungen und praktischen Erfahrungen gespeist. In vielen Jahren waren Fehlkonstruktionen verworfen, war nach neuen Lösungen gesucht worden, immer geleitet vom Gedanken der Perfektion. Präzise Fertigung war ebenso Prinzip wie die Wahl bester Materialien. In härtester Belastung hatte sich die neue Nabe zu bewähren, weshalb das Stilfser Joch als Teststrecke gewählt wurde, das mit 15 Prozent Gefälle zu den steilsten Alpenstraßen überhaupt zählt. Hier musste die Nabe zeigen, dass ihre Bremskraft auch bei Dauerbelastung weder verschleißt noch durch Erhitzung verloren geht.

Ungewöhnlich wie das Produkt ist sein Name. Als 1942 die 50-millionste Nabe ausgeliefert wird, erklärt Willy Sachs, dass sein Vater durch den Russisch-Japanischen Krieg zu der Namensgebung gefunden hätte, weil damals die Unterwassergeschosse erfolgreich angewandt und als technische Wunderwerke in aller Munde gewesen seien. Eine solche Erklärung passt in die kriegerischen Zeiten, verträgt sich aber nicht mit der Wirklichkeit, weil die Torpedo-Nabe längst getauft war, als es 1904 zum Russisch-Japanischen Krieg kam. Die deutsche Flottenrüstung genügte als Anregung – und der Name beweist über das Kriegsgerät hinaus seine Stimmigkeit und den Bildungsanspruch von Ernst Sachs. »Torpedo« bedeutet im Lateinischen »lähmen«, weshalb die Gattung der Zitterrochen mit ihren lähmenden Stromschlägen in der systematischen Zoologie die Bezeichnung »Torpedo« trägt. Die entscheidende Funktion der Torpedo-Nabe, das Fahrzeug zu bremsen, zum Stehen zu bringen, ist mit ihrem Namen trefflich erfasst, ohne so wenig ansprechende Wörter wie »Bremser« oder »Lähmer« verwenden zu müssen.

Im Rausch des Erfolgs

Schwäbische Bodenständigkeit und Gelassenheit bewahren Ernst Sachs in den nächsten Jahren davor, sich von dem Rausch der Geschwindigkeit, mit der sein Werk wächst, fortreißen zu lassen. Der ehemalige Radfahrer und Freund des Motorsports liebt das Tempo, weiß aber nicht nur bei der Entwicklung seiner Torpedo-Nabe, dass alle Mobilität auch beherrscht werden muss. Hektik, wie sie sein Enkel Ernst Wilhelm in Geschäftsführung, im Sport und im privaten Leben nicht zu bändigen wissen wird, ist dem Großvater fremd. Jetzt, wo sich die Fachpresse im Lob für die Torpedo-Nabe überschlägt, behält Ernst Sachs den Überblick, auch wenn schlagartig eine Flut von Bestellungen im Hause Fichtel & Sachs eintrifft. 86 000 Torpedo-Naben werden bereits in der Saison 1903/1904 abgesetzt. Ein Jahr später sind es schon 250 000 Naben und noch eine Saison später schon 382 000.

Nur schwer gelingt es, die Fertigungsanlagen dem rasant steigenden Bedarf anzupassen. Grundstücke werden gekauft, Hallen gebaut, Maschinen konstruiert. Die finanzielle Lage verändert sich schlagartig. Kein Bangen mehr, ob das Geld für Gehälter und Materialien reicht. Ernst Sachs und sein Kompagnon werden fast schlagartig zu reichen Männern, und Ernst Sachs hat eine Freude daran, seine Wohlhabenheit zu zeigen. Aus dem Fabrikchef, dem seine Vergangenheit als Handwerksgeselle anzumerken ist, wird ein Patron, ein Herr. Härte paart sich mit Jovialität. Er hortet seinen neuen Reichtum nicht, weiß abzugeben und wahrt doch die Strenge. »Für verpfuschte Arbeit wird der Wert des Materials vom Lohn abgezogen!«, steht auf den Schildern, die in den Werksälen aufgehängt sind.

Die täglichen Inspektionsgänge des Fabrikherrn werden mit einer den Mitarbeitern Angst einflößenden Sorgfalt vorgenommen. Ernst Sachs weiß, wie produziert wird. Er ist kein Chef vom Schlage eines Friedrich Flick, bei dem vor allem die Direktoren bei Fabrikbesichtigung wegen betrieblicher Unzulänglichkeiten abgestraft werden, die unmittelbare Fabrikation aber den Besitzer wenig interessiert. Minutenlang kann Ernst Sachs neben der Werkbank stehen bleiben, um dann seiner Unzufriedenheit mit lauten und derben Worten Luft zu machen – und es nicht bei einer Strafpredigt zu belassen. Quietscht eine Freilaufbremse bei der Vorführung, dann wird das Fahrrad mit solcher Wut auf den Boden geschleudert, dass es mit verbogenen Rädern reif für die Schrottpresse ist.

Selbstgefällige Zufriedenheit ist nicht die Sache von Ernst Sachs. Technisch wie kaufmännisch setzt er auf Fortschritt. Schon 1903 kommt eine verfeinerte Torpedo-Nabe auf den Markt, sie hat zwei Übersetzungen, kann während der Fahrt mit einem Handgriff geschaltet werden. Weiter zur Dreigangnabe entwickelt, wird sie zum Klassiker ihrer Art. Vergeblich versucht die Konkurrenz Schritt zu halten, und Ernst Sachs ist gewillt, sie völlig auszuschalten.

1907 versucht der amerikanische Geschäftsmann Fred O. Warrick sich neben Fichtel & Sachs zu positionieren. Um die Jahrhundertwende war er ein erfolgreicher Anbieter von Fahrradnaben, setzte in einem Jahr in Deutschland 40 000 Stück ab. Mit der Torpedo-Nabe sank sein Umsatz rapide, so dass er den größten Nabenproduzenten Amerikas bedrängte, ein konkurrenzfähiges Produkt zu entwickeln. Mit einem neuen Stahlfreilauf der Firma Morrows will Warrick den deutschen Markt wieder für sich gewinnen. Das blitzende Stück verkauft sich gut, bewährt sich aber nicht in der Praxis. Reklamationen häufen sich. Warrick versucht es mit anderen Konstruktionen amerikanischer und englischer

Hersteller und muss erkennen, dass diese dem Vergleich mit der Torpedo-Nabe nicht standhalten. Schließlich gibt er auf, so wie viele Produzenten es aufgeben, eigene Naben zu entwickeln, und muss auf die Patente von Fichtel & Sachs zugreifen. Warrick verfährt nach dem Prinzip »If you can't beat them join them!« – und wird deutscher Generalvertreter von Fichtel & Sachs.

Der neue Industriegott duldet keine anderen Götter neben sich. Ernst Sachs hat ein Monopol errungen, begründet in der Qualität seiner Fahrradnaben. Wird ihm seine Alleinstellung streitig gemacht, handelt er, selbst wenn dies nur unter großen Opfern geschehen kann. 1909 taucht die amerikanische Firma New Departure in Deutschland mit eigenen Patenten auf und beginnt in Berlin Fahrradnaben zu bauen. Das Monopol von Sachs ist gefährdet, langwierige Patentstreitigkeiten drohen. Ernst Sachs stößt auf einen verhandlungsbereiten Kontrahenten, der weiß, wie mühsam es sein wird, sich auf dem deutschen Markt gegen Fichtel & Sachs zu behaupten. Gegen eine »entsprechende Entschädigung« ist man bereit, sich aus Deutschland zurückzuziehen. Drei Millionen Mark finden die Herren aus USA für angemessen, und Ernst Sachs stimmt schweren Herzens zu. Alleinherrscher zu sein, hat seinen Preis, der Fichtel & Sachs noch einige Jahre belastet.

Zur gleichen Zeit, abgelenkt vom amerikanischen Deal oder von familiärer Rücksicht gehemmt, versäumt der Erfolgsunternehmer einen entscheidenden Zukauf. Die Firma des Erfinders der Kugelmühle Friedrich Fischer steht 1909, zehn Jahre nach dessen Tod, zum Verkauf. Fischer war ein begabter Tüftler, aber ein glückloser Unternehmer, dem es nicht gelungen war, seine Produktion von Kugellagern auf eine wirtschaftlich solide Basis zu stellen. Der Kauf der Fabrik wäre für den vom Erfolg verwöhnten Ernst Sachs finanziell kein Problem. Aber möglicherweise will er seinem Schwiegervater Höpflinger und dessen Produktion von Stahlkugeln keine Konkurrenz machen. Vielleicht lässt ihn in einem entscheidenden Moment sein vorausschauender Machtinstinkt im Stich. Nicht Ernst Sachs kauft, sondern der ehemalige Schlossermeister Georg Schäfer. Ihm und seinen Söhnen wird es gelingen, die Firma »Kugelfischer« zu einem führenden Unternehmen der Kugellagerindustrie aufzubauen, in Konkurrenz, auf Abstand und teilweise im klaren Gegensatz zur Familie Sachs, wobei »Kugelfischer« im wirtschaftlichen Interesse die Nähe zum NS-Regime deutlicher pflegen wird als »Fichtel & Sachs«. Die Grabstätten der beiden Familien auf dem Schweinfurter Friedhof sind bis heute steinerner Ausweis ihrer Gegensätzlichkeit. Ragt das Grabmal der Familie Sachs monumental in die Höhe, duckt sich das der Familie Schäfer in bewusster Bescheidenheit. Kontrastreich sind auch die Orte, die heute den Namen der Kontrahenten tragen. Dem »Ernst-Sachs-Bad« und dem »Willy-Sachs-Stadion« stehen das »Museum Georg Schäfer« und die »Bibliothek Otto Schäfer« mit feinster Kunst vor allem des 19. Jahrhunderts und wertvollsten Büchern gegenüber.

Eine gebändigte Rastlosigkeit treibt Ernst Sachs über den Erfolg mit seiner Torpedo-Nabe hinaus. Parallel zu den Fahrradnaben werden Kugellager entwickelt, und auch dabei wird Pionierarbeit geleistet. Noch ist das Kugellager in seiner praktischen Anwendung eine Novität, die zwar im Prinzip für richtig erkannt, in ihrer Belastbarkeit aber skeptisch beurteilt wird. Fichtel & Sachs setzt auch hier auf Qualität, sucht unermüdlich nach den geeigneten Stahlsorten, die bei hoher Beanspruchung die Maßhaltigkeit der Kugellager garantiert und ein Heißlaufen verhindert. Der Name ist Verpflichtung: »Präcisions-Kugellagerwerke«. Im eigenen Werk werden bei Fichtel & Sachs zunächst die genau gearbeiteten Lager eingesetzt und getestet. Mit Feuer und Flamme wird der Durchbruch geschafft. Die städtische Branddirektion Leipzig rüstet ihre tonnenschweren Feuerwehrwagen mit Fichtel & Sachs-Kugellagern aus. Sie bewähren sich, und bald laufen die Lager aus Schweinfurt in allem, was sich dreht und bewegt, ob Auto, Flugzeug, Eisenbahn oder Maschine.

Bruder Sachs

Am 18. Juni 1911 machen sich die Brüder der Freimaurerloge »Brudertreue am Main« an die maurerische Arbeit zum Johannisfest, vollziehen die dabei fälligen Neuaufnahmen. Es sind in diesem Jahr mehr als sonst, nachdem die Loge in den zurückliegenden Jahren nicht allzu viele Neuzugänge zu verzeichnen hatte. Zu denen, die bereit sind, »sich den Gesetzen und Gebräuchen des Bundes willig zu unterziehen«, gehört auch Ernst Sachs. Ein zweites Mal in seinem Leben wird er Geselle, macht sich noch einmal auf die Wanderschaft – diesmal jedoch alles in überschaubarem Rahmen. Weiter als in die »Kammer des stillen Nachdenkens«, das lärmdicht und dunkel ausgeschlagene Meditationszimmer, und von dort in den Tempel führt ihn der Weg bei der Aufnahme in die Loge nicht. Nach Ablegen des Gelöbnisses mit seiner Verpflichtung zu unablässiger Vervollkommnung darf Ernst Sachs die Genugtuung empfinden, einen weiteren Schritt in die Honoratiorengesellschaft getan zu haben. Bei der »Tafelloge«, dem geselligen Mahl der Logenbrüder im Anschluss an die rituelle »Arbeit« im Tempel – trockenes Gedeck 3,50 Mark – kann Ernst Sachs entspannt die neue Würde genießen.

Es gibt Hinweise, dass für Ernst Sachs seine Mitgliedschaft bei den Freimaurern über das Gesellige hinaus von Bedeutung war. Als er wenige Jahre später eine Festschrift über das von ihm erworbene Schloss Mainberg verfassen lässt, wird ihr auf ausdrücklichen Wunsch von Ernst Sachs ein Kapitel über die Geschichte der Freimaurerei eingefügt. Die Loge war ihm nicht nur ein weiterer Ausweis seines Aufstiegs in die Großbürgerlichkeit, sondern auch eine Möglichkeit, mit dem ihn allem Anschein nach belastenden Bildungsdefizit fertig zu werden. Nun gehört er einem Zirkel an, der sich der geistigen Arbeit verschrieben hat, bildungsbürgerlichen Vorträgen lauscht und diskutiert.

Was von der Schweinfurter Loge überliefert ist, lässt nicht auf intellektuelle Höhenflüge schließen. Eher deutet einiges auf etwas vereinsmeierliche Zusammenkünfte, bei denen es auch schon mal galt, das sittliche Verhalten eines Bruders zu werten, der sich als Arzt über das Diagnostische hinaus einer Patientin gewidmet hat.

Schließlich geriet die Loge während des Ersten Weltkriegs in eine Krise, weil sich niemand fand, der als Meister vom Stuhl amtieren wollte. Ernst Sachs ist nicht unter jenen, denen das Amt angetragen wird. Offensichtlich ist es bekannt, wie sehr ihn die Geschäfte fesseln. Statt Zeit hatte Ernst Sachs allerdings Geld anzubieten, und so wird er zu einem von fünf »Ehrenmeistern« der Loge, darf sich mit dem Winkelmaß im Lorbeerkranz schmücken.

Das Personaltableau der »Johannisloge Brudertreue am Main« in Schweinfurt zeigt, dass die Freimaurerei ihren Mitgliedern personelle Bekanntschaften und nützliche Beziehungen ermöglichten. Es begegnen uns Namen, die auch im Geschäftsleben von Ernst Sachs eine Rolle spielen und auch noch für Sohn Willy von Bedeutung sind, wie beispielsweise der Justizrat Ferdinand Jüllich. Er führt mancherlei Prozesse für Vater und Sohn, agiert am Ende des Zweiten Weltkriegs als Aufsichtsratsvorsitzender von Fichtel & Sachs und muss als solcher pikanterweise seinen Logenbruder Heinz Kaiser wegen dessen nationalsozialistischer Verstrickung entlassen. Auch Bernhard Georgii, der nach dem Ende des Dritten Reiches Willy Sachs bei der Entnazifizierung beisteht, war seit 1921 Logenbruder von Ernst Sachs.

Ernst Sachs muss, noch keine drei Monate Mitglied der Freimaurerloge, von einem der Brüder Abschied nehmen, der ihm wie kein anderer verbunden war. Karl Fichtel, der finanzielle und wirtschaftliche Begleiter, der große Ermöglicher und gewandte Verkäufer, stirbt am 8. September 1911. »Heil dem Sieger« verkündet ein Transparent über einem Auto, in dem Ernst Sachs hinter dem Steuer sitzt, umgeben von einer großen Gratulantenschar, die den Sieg eines mit Sachs-Lagern ausgestatteten Autos bei einem Autorennen im Jahr 1909 feiert. Etwas abseits, auf einem zur Szene gar nicht passenden Stuhl, sitzt Karl Fichtel, spitzbärtig, ein wenig oberstudienrätlich und sichtlich schon krank. Den großen Erfolg des von ihm gegründeten, durch seinen Einsatz überhaupt erst möglich gewordenen Unternehmens hat er noch miterleben dürfen. Jahrzehnte über seinen Tod hinaus wird sein Name Teil des Markenzeichens »Fichtel & Sachs« sein.

Die Freimaurerei bedeutete für Ernst Sachs nicht nur gesellschaftliche Anerkennung, geistige Heimat und Befriedigung seines

Bildungsstrebens und dürfte ihm auch bei seinen internationalen Kontakten behilflich gewesen sein. So fest er in der süddeutschen Provinz in Herkunft, Habitus und Sprache verankert war, so drängt es ihn doch hinaus in die Welt, vor allem in die USA. 22-mal überquert er den Atlantik, um in der Neuen Welt als Verkäufer, Beobachter, aber auch Investor tätig zu sein. Er ist von der Dynamik der USA hingerissen, bewundert ihre modernen Fertigungsmethoden, die er am deutlichsten bei Henry Ford erleben kann. Den Revolutionär des Automobilbaus lernt der deutsche Fabrikant als Vertreter der eigenen Produkte kennen, die er in dem mit Samt ausgeschlagenen Musterkoffer in die USA mitgenommen hat. Dass Henry Ford wie er Mitglied der Freimaurer war, hat den Kontakt der beiden Fabrikanten gewiss erleichtert.

Ernst Sachs erlebt in den USA, wie rückständig die deutsche Autoindustrie mit ihrer betulichen Handwerkstradition im Vergleich zur amerikanischen produziert. Als Prediger des technischen Fortschritts kehrt Ernst Sachs jeweils aus dem gelobten Land der Industrialisierung zurück, ermuntert nicht nur seinen Freund Wilhelm Opel zu moderneren Produktionsweisen, sondern bestürmt die Autoindustrie überhaupt. Floriert diese, dann blüht auch Fichtel & Sachs, weil kein Fahrzeug ohne seine Kugellager auskommt. In Amerika selbst wird ein Tochterunternehmen gegründet. Ernst Sachs versteht es, gute Beziehungen zu amerikanischen Kugellagerproduzenten zu pflegen. Als die Star Ball Retainer Company ihr deutsches Zweigwerk, die »Deutsche Star-Kugelhalter GmbH 1909« von Berlin nach Schweinfurt verlegt, wird Ernst Sachs zusammen mit Karl Fichtel Gesellschafter des Unternehmens. 1925 geht das Werk vollständig in den Besitz von Ernst Sachs und der Witwe von Karl Fichtel über und bleibt bis zum Verkauf der Firma an Mannesmann im Jahr 1987 ein gemeinsames Eigentum der Erben von Fichtel und Sachs.

Ernst Sachs gründet zwar in Lancaster (Pennsylvania) eine Firma, vergisst darüber nicht den europäischen Markt. Um die Zollschranken zu umgehen, wird in Tschirnitz an der Eger ein Werk errichtet, das Torpedo-Naben, Kugellager und Stahlkugeln für den österreichisch-ungarischen Bereich produziert. In der Nähe von Sedan wird Gelände für eine Produktionsstätte in Frankreich erworben.

Der nachhaltigste Grundstückskauf erfolgt durch Ernst Sachs 1912 in einer Gegend, die für industrielle Fertigung wenig geeignet ist. In Oberbayern, nahe der österreichischen Grenze bei Kufstein, erwirbt er vom Münchner Kaufmann und Industriellen Georg Oberhummer ein rund 700 Hektar großes Anwesen, das Gut Rechenau oberhalb von Oberaudorf. Weit erstrecken sich die Wälder der romantischen Gegend, gekrönt vom Hausberg, dem Brünnstein. Ein Gutshaus, das großzügig ausgebaut wird, gehört ebenso zum Besitz wie eine Reihe von Jagdhütten, die teilweise selbst schon die Größe von Häusern haben.

Ernst Sachs wird damit zum Jagdherren eines sich weit dahinstreckenden Reviers, das die Hochgebirgsjagd auf Gämsen und Hirsche erlaubt und mit dieser Besonderheit eine große Schar von Jagdgästen herbeilockt, welche die Großzügigkeit eines freigiebigen Jagdherrn genießen. Sohn Willy Sachs wird diese Gewohnheit von seinem Vater mit schicksalhaften Konsequenzen übernehmen. Überhaupt wird die Rechenau über die Jahre immer mehr zum eigentlichen und wesentlichen Stammsitz der Familie Sachs. Die Sehnsucht des sterbenden Ernst Sachs gilt seiner Rechenau. Betty Sachs verbringt ihre letzten Lebensjahre in Oberbayern, der Sohn hält sich hier immer häufiger auf, macht es zuletzt zu seinem Hauptwohnsitz. Enkel Ernst Wilhelm frönt hier seiner Jagdleidenschaft, und sein Bruder lebt und feiert gerne auf der Rechenau. Auch Urenkel Rolf Sachs liebt die Rechenau, so dass, als alle Besitzungen in Schweinfurt längst verkauft sind, das Erbe des Gründers auf der Rechenau bewahrt, gepflegt und lebendig gehalten wird.

Der Krieg nährt seinen Mann

Eigentlich sollte der Sommer 1914 für die Familie Sachs nur eine kleine private Zäsur bedeuten. Sohn Willy wird am 23. Juli 18 Jahre alt, hat einen Schulabschluss mit Ach und Krach geschafft, soll nun die vom Vater festgelegte Bildungsbahn beschreiten: erst mechanisch-handwerkliche Ausbildung im eigenen Betrieb, dann Studium an einer technischen Universität und Praktika in befreundeten Unternehmen. Aber das Attentat auf den österreichisch-ungarischen Thronfolger Franz Ferdinand am 28. Juni macht alle Planungen hinfällig. Was zunächst nur nach einem lokalen Unwetter auf dem Balkan aussieht, verdichtet sich zu einem europäischen Gewitter. Wenige Tage nach dem Geburtstag von Willy Sachs geht der alles entzündende Blitz nieder: Deutschland erklärt Russland den Krieg, zwei Tage später auch Frankreich. Am 4. August folgt die Kriegserklärung Englands an Deutschland, das sich innerhalb kürzester Zeit mit seinem österreichischen Verbündeten im Mehrfrontenkrieg befindet. »Viel Feind, viel Ehr« verkündet der bayerische König Ludwig III. trotzig und spricht damit Ernst Sachs aus der Seele, der mit diesem Satz sein Heim schmückt, auch wenn für ihn die Variante »Viel Feind, viel Geld« zutreffender wäre.

Dieser große Krieg wird ein Krieg der Technik, nährt seinen Mann, sofern er an der rechten Stelle sitzt. Ernst Sachs braucht als erfolgreicher Unternehmer mit einem Zukunftsprodukt den Krieg nicht, aber er kann ihn nutzen. Er ist nicht einer jener Fabrikanten vom Schlage des Tuchmachers Günther Quandt, die als Armeelieferanten nach oben gespült werden und zu einem Vermögen kommen, das sie in Friedenszeiten kaum und schon gar nicht in so kurzer Zeit erworben hätten.

Mit seiner Metall verarbeitenden Produktion ist Ernst Sachs genau in dem Sektor tätig, der besonders vom Krieg profitiert. Denn dieser Krieg wird ein Krieg, in dem gilt: »Räder müssen rollen für den Sieg!« Die rollende Bewegung ist exakt das, was Ernst Sachs mit seinen Kugellagern schätzt. Immer von Motorik erfasst, ist er ein Mann der Stunde, der auf die Mobilität des Krieges mit seinen Produkten vorbereitet ist, während sich Politiker wie Militärs auf die neue Beweglichkeit erst mühsam einstellen müssen, was sie nur bewältigen, indem sie die letzten Friedensreserven einsetzen.

Französische Einheiten fahren »mit dem Taxi an die Front« und können so den deutschen Vormarsch auf Paris aufhalten, ihm eine letztlich kriegsentscheidende Wende geben. Auch in Deutschland, wo es bei Kriegsausbruch rund 80 000 PKW und knappe 10 000 LKW gibt, wird requiriert und zunehmend neu gebaut. Kraftfahrzeugkorps werden aufgestellt – und Willy Sachs, nach Familienart immer Avantgarde, wird in diese neuartige Truppe eintreten. Es ist eine weit über den traditionellen Begriff hinausgehende Mobilisierung, die Entente wie Mittelmächte ihren Armeen befehlen. Der rasche und massenhafte Transport von Mensch und Material wird kriegswichtig. Selbst als der Krieg in den Schützengräben in Flandern und der Picardie zum Stehen kommt, Fronten sich auch bei blutigstem Einsatz oft nur um wenige 100 Meter verschieben, ist es entscheidend, die Truppen mit Unmengen von Nachschub zu versorgen. Allein vor Beginn der Schlacht von Verdun lässt Generalstabschef Erich von Falkenhayn zweieinhalb Millionen Artilleriegeschosse heranschaffen.

Deutschland ist auf die Technisierung des Krieges kaum vorbereitet, besitzt für die Materialschlachten keine Ressourcen. Bereits Ende 1914 ist der Großteil der Vorräte an Waffen und Munition verbraucht. Die Transportkapazitäten sind unzulänglich, beruhen auf Eisenbahn und Pferdewagen. Die Umstellung der Industrie auf die Erfordernisse des Krieges geschieht nach dem Motto: Koste es, was es wolle. Bei Krupp verdoppeln sich die Gewinne von 1914 bis 1917, bei der »Deutschen Waffen- und Munitionsfabrik« verdreifachen sie sich nahezu und bei »Rheinmetall« wird drei Jahre nach Kriegsbeginn fast 15-mal so viel verdient wie vor 1914. Die Gewinnmargen erreichen exorbitante Ausmaße, und hilflos versucht eine Reichstagskommission noch während des Krieges den Profiten auf die Spur zu kommen, doch verhallt ihr Ruf von den »skandalösen Kriegsgewinnlern«. Bis heute ist der dunkle Fleck der deutschen Industriegeschichte auch ein weißer in der Forschung. Die genaue Höhe der Kriegsprofite ist bislang nicht erklärt.

Ernst Sachs ist als Kriegsgewinnler in der guten Gesellschaft von Daimler, Quandt und Flick. Aber nicht nur Rücksicht auf noch immer wohlklingende Namen könnte für die Zurückhaltung bei der Aufklärung der Rüstungsprofite eine Rolle spielen, sondern auch die Furcht, antisemitische Klischees zu bedienen. Der »vaterlandslose jüdische Raffke« war nicht erst bei den Nationalsozialisten ein attackiertes Feindbild. Karl Kraus scheut sich nicht, in seinen *Letzten Tagen der Menschheit* die Schacherer und Wucherer durch jüdischen Jargon zu denunzieren. Als Ende des Krieges Ernst Sachs wegen seiner Profite ins Gerede kommt, ist es seinen Verteidigern ein Anliegen, ihn von »galizischen« Kriegsgewinnlern zu unterscheiden.

Die Kriegsbegeisterung im August 1914 wird auch von Ernst Sachs geteilt und dies mit durchaus patriotischen Motiven. Das Pickelhauben-Wilhelminische ist ihm als Süddeutschem fremd, vaterländisches Denken aber eine Selbstverständlichkeit. Mitten im Krieg schmückt er sein neues Heim mit dem kaiserlichen Wort: »Ich kenne keine Parteien mehr, ich kenne nur noch Deutsche.« Der Krieg beschleunigt den wirtschaftlichen Aufstieg der letzten Friedensjahre. Rasch wird das bereits geplante Werk vollendet, und es ist auch sein Glanzstück, die Torpedo-Fahrradnabe, die von Kriegsbeginn an zu den vom Militär begehrten Produkten zählt.

Das Fahrrad wird als leichtgängiges Transportmittel für den militärischen Einsatz erkannt und zugleich überschätzt. Eigene Fahrradkompanien werden aufgestellt, Truppenteile mit Fahrrädern ausgestattet. Bald stellt sich heraus, dass Fahrräder den Soldaten zwar schneller und beweglicher machen, ihn aber im entscheidenden Augenblick, bei Kampfhandlungen, behindern. Ernst Sachs muss dies nicht anfechten, denn er hat das für alle Arten von Fahrzeugen unentbehrliche Erfolgsprodukt »Kugellager« im Programm und weiß sich auf neue Fertigungen einzustellen. Maschinen und Werkbänke werden auf die Produktion von Geschossen, Gewehrläufen und anderem militärischen Gerät umgestellt – oder gleich dafür angeschafft, wobei staatliche Förderung genossen wird.

Das fern der Front gelegene Schweinfurt bleibt anders als im Zweiten Weltkrieg von Kampfhandlungen und Zerstörungen verschont, doch müssen massive Entbehrungen hingenommen werden. Die Versorgungslage wird auch in Schweinfurt mit jedem Kriegsjahr katastrophaler. Es fehlt an Brennstoff, Reinigungsmitteln, Textilien und Schuhen, aber nicht so sehr an Lebensmitteln wie in anderen Teilen des Reiches. Ein Manko des Standorts inmitten des ländlichen Unterfranken wird nun zum Vorteil. So nachteilig es in den Gründerjahren von Fichtel & Sachs war, keine qualifizierte Arbeiterschaft vorzufinden, so vorteilhaft ist es nun, dass viele der Beschäftigten noch immer bäuerlich verwurzelt sind. Die Versorgungslage nimmt nicht die katastrophalen Formen an, die in den Großstädten, den Industriegebieten im berüchtigten »Steckrübenwinter« ihren legendären Höhepunkt findet. Not herrscht dennoch. Auch hier sind gefallene Söhne und Väter zu beklagen, tauchen Invalide immer öfter im Stadtbild auf. In den Lazaretten der Stadt werden die Verletzten der Front zu Mitbewohnern.

Ernst Sachs ist bemüht, die Nöte zu mildern, und unterstützt fast 1000 Familien von einberufenen Werksangehörigen. An den Wochenenden sieht man die Frauen der an der Front stehenden Soldaten zum Fichtel & Sachs-Werk ziehen, um Geld und Lebensmittel in Empfang zu nehmen. Eine Gemeinschaftsküche wird eingerichtet, ein Hofgut bei Mainberg erworben, dessen Naturalien den Arbeitern zugute kommen. Die Löhne bei Fichtel & Sachs steigen während des Kriegs. Metallarbeiter sind begehrt und wegen des Kriegsdiensts rar. Für den Unternehmer kommt es dennoch nicht zu erheblich höheren Aufwendungen, weil immer mehr Frauen in den Werkshallen bei niedrigeren Löhnen als die Männer arbeiten.

Auch Betty Sachs wird während des Krieges aktiv, beschränkt sich nicht auf ihren häuslichen Bereich. Sie sorgt sich um die Verwundeten in den Lazaretten, müht sich um deren Angehörige – und ergänzt damit das Bild der wohltätigen Patriarchenfamilie, deren Lebensart sich durch die kriegsbedingten Profite vom eben erst errungenen großbürgerlichen Niveau hin zu einem fast feudalen Lebensstil entwickelt. In einem ganz elementaren Bereich aber können Ernst und Betty Sachs darauf verweisen, genauso Eltern wie alle Eltern in diesen Zeiten zu sein: Auch ihr Sohn ist Soldat.

Skandal um Leutnant Willy

Schwierig ist es, im Leben des Willy Sachs seinen freien Willen auszumachen. Zu sehr sind Wollen des Vaters und Einflüsse von Freund und Feind wirksam. Im Juni 1915 bei seinem Eintritt ins Militär aber unterstreicht er die Freiwilligkeit. Als Zivilberuf nennt er »Volontär«, und den Wechsel in den Soldatenstand vollzieht er als »Kriegsfreiwilliger«. 19 Jahre wird er alt, steht eigentlich am Anfang der Kavalierstour eines jungen Industriellen. Die Schule liegt hinter ihm, und beim Werkmeister Karl Wütschner, einem Mitarbeiter der ersten Stunde von Vater Ernst Sachs, wird er in die Grundlagen der Metallbearbeitung eingeführt. Man kann nicht sagen, dass er das Handwerk von der Pike auf lernt, weil nach der Pike nichts mehr kommt. Mehr als die Grundlagenkenntnisse und -fertigkeiten werden nicht erworben. Immerhin kennt er die Arbeitswelt doch von innen, wechselt nicht direkt von der Schulbank ins raue Kriegsgeschäft.

Die Karriere des Soldaten Willy Sachs beginnt unspektakulär, gewinnt aber vor allem gegen Ende eine für ihn charakteristische Turbulenz. Als junger Herr mit elterlichem Autopark wird er für den Dienst in einer Kraftfahrzeugeinheit eingeteilt und nach seiner Grundausbildung zum Kraftwagenpark im Großen Hauptquartier versetzt. Das Etappendasein währt nicht lange. Er wird zur bayerischen Munitionskraftwagenkolonne 186 abgeordnet und nimmt mit ihr an der Champagne-Herbstschlacht von 1915 und an der Frühjahrsschlacht von 1916 vor Verdun teil. Später macht er den Vormarsch und Stellungskrieg in der Bukowina mit, und sein Wehrbuch notiert ausdrücklich seine Beteiligung an Gefechten. Ruhiger geht es in den Zeiten zu, in denen Willy Sachs in der Militärfahrschule tätig ist. Systematisch steigt er über den Gefreiten, den Unteroffizier und Vizefeldwebel zum Offiziersaspiranten auf.

Im Dezember 1917 ist es so weit: Er soll zum Leutnant der Reserve befördert werden. Die Voraussetzungen dafür sind in jeder Hinsicht günstig. Die Führungskader des deutschen Heeres sind nach drei Jahren verlustreichen Kriegs ausgedünnt. Willy Sachs hat den gehobenen sozialen Hintergrund, der ihn auch in Friedenszeiten zum Reserveleutnant qualifiziert hätte. Wenn sein Leutnantsdasein dennoch von Wirrungen und frühem Leid erfüllt ist, dann liegt es vor allem an dem etwas leichtfertigen Umgang des jungen Herrn mit der Wahrheit.

Allgemein wird ihm »strammes militärisches Verhalten« attestiert, womit die Übereinstimmung der diversen Beurteilungen durch vorgesetzte Offiziere schon ein Ende hat. Das Urteil des Regimentsführers, wonach das Auftreten von Willy Sachs vor den Soldaten »sicher und gewandt« sei und er über »gute Umgangsformen und ein offenes, frisches Wesen« verfügt, wird nicht von jedem geteilt. Ein Stabshauptmann meint über den nun schon zwei Jahre Dienst tuenden Offiziersanwärter: »Besitzt wenig technische Kenntnisse und wenig Erfahrung im Kraftfahrzeugdienst.« Immerhin habe er guten Willen und sei aufnahmefähig, brauche aber auf Grund seiner Jugend noch Schulung durch einen Älteren, um ein brauchbarer Kolonnen-Offizier zu werden. Am treffendsten und den Charakter von Willy Sachs fast prophetisch erfassend urteilt jener Vorgesetzte, der zum Schluss kommt: »In seiner Dienstauffassung neigt er zuweilen etwas zur Bequemlichkeit.«

Die Vorschriften verlangen, dass der Offiziersaspirant drei Gewährsmänner benennt, die über seine persönlichen Verhältnisse und seine gesellschaftliche Stellung Auskunft geben. Die benannten Herren sind gleichermaßen von hohem Stande wie einig in ihrem Urteil. Die vaterländische Gesinnung steht für den Bürgermeister von Schweinfurt und kgl. Hofrat Wilhelm Söldner ebenso außer Zweifel wie für den Oberhofjagddirektor Ritter Franz von Hörmann. Beide finden, dass die Umgangsformen tadellos seien und Willy Sachs in den besten gesellschaftlichen Kreisen verkehre. Klar ist das Urteil über den Vater, der als »einer der hervorragendsten bayerischen Großindustriellen« eingestuft wird, so dass die Einkommensverhältnisse des angehenden Leutnants als »sehr vorteilhaft« zu bezeichnen seien. Wilhelm von Opel, enger Freund des Vaters, wird deutlicher: »Der Vater des Angefragten gilt als mehrfacher Millionär.« Eine Aussage von Gewicht in Zeiten, da der Durchschnittslohn in Schweinfurt 3,40 Mark am Tag betrug. Alles in allem: Hier wird ein junger Mann beschrieben, wie ihn sich

Eltern zum Schwiegersohn wünschen – und für Wilhelm von Opel wird der Wunsch in Erfüllung gehen.

Bei solchen Beurteilungen ist es geradezu eine Selbstverständlichkeit, dass Willy Sachs am 12. Dezember 1917 zum Leutnant ernannt wird, eine sicher stolz machende Weihnachtsfreude für die Eltern, die aber erleben müssen, wie ihr Sohn bald wieder an die Westfront muss, wo er für einige Monate Dienst tut. Auffälliges ist dabei nicht zu vermelden. Das Eiserne Kreuz 2. Klasse und der Bayerische Militärverdienstorden 4. Klasse mit Schwertern, die den Offizier schmücken, als er im Frühsommer nach Würzburg versetzt wird, gehören zur dekorativen Grundausstattung eines königlich-bayerischen Leutnants, deuten nicht auf besondere Vorkommnisse oder Verdienste.

Ausgerechnet in Würzburg, in der fränkischen Heimat, fern vom Schuss, gerät Willy Sachs in Schwierigkeiten. Die Bischofsstadt ist für ihn vertrautes Gelände. Er kennt die Stadt, in der er zur Schule gegangen ist – und in der Stadt kennt man ihn. Ein Millionärssohn aus dem benachbarten Schweinfurt kann gar keine unbekannte Größe sein, schon gar nicht, wenn es sich um einen vom Temperament des Willy Sachs handelt.

In der Nacht vom 22. zum 23. Juli 1918 trägt sich ein Vorfall zu, der wie ein Vorbote bevorstehender Soldatenaufstände anmutet. Auf dem Bahnhof von Würzburg kommt es zu einer Massenschlägerei solchen Ausmaßes, dass selbst die Polizei überfordert ist und sich nicht getraut, den Streitenden Einhalt zu gebieten. Zentral beteiligt an den Unruhen: Willy Sachs. Schnell machen Gerüchte in der Stadt die Runde, dass sich der Leutnant Sachs mit gemeinen Soldaten geprügelt habe und von ihnen geschlagen worden sei. Noch kein Jahr Offizier wird Willy Sachs schon in die Offiziers-Speiseanstalt des 9. Infanterie-Regiments zur Vernehmung vor dem Ehrenrat geladen, der von ihm Folgendes zu hören bekommt.

Kurz vor Mitternacht war es, als Willy Sachs mit einem Bekannten, dem Gefreiten Brische, in der Bahnhofsrestauration I. und II. Klasse einkehrte. Die Herren trugen Zivil, wollten offensichtlich ungezwungen in den Geburtstag von Willy Sachs hineinfeiern. Dass sie nur eine Tasse Kaffee bestellten, wie Willy Sachs erzählt, klingt deutlich nach einer Schutzbehauptung. Zu den Lokalgästen gehörten ein Gefreiter und einige Soldaten, die angeblich auch nur Kaffee trinken, dennoch angetrunken sind. Einer der Soldaten sagte zur Kellnerin: »Sie saudumme Gans, Sie dreckige!«, was der Freund von Willy Sachs nicht im rauchgeschwängerten Raum stehen lassen wollte: »Zu einer Frau sagt man doch nicht saudumme Gans.« Das wieder sagt man zu diesen Zeiten besser nicht zu einem Soldaten, wenn man selbst keine Uniform trägt. Mit dem Ruf »Das sind Zivilisten, nur drauf. Die waren noch nicht im Feld«, stürzte sich der Soldat auf den Gefreiten Brische, warf ihn gegen das Büffet.

Willy Sachs versuchte den geordneten Rückzug Richtung Bahnsteig, wurde dabei aber von rund 50 Soldaten und Frauen verfolgt: »Dieser Zivilist gehört auch zu dem! – Das sind Offiziere, schlagt sie kaputt, lyncht sie!« Willy Sachs suchte die Hilfe eines Schutzmanns, der ihn sichernd zur Bahnhofskommandantur begleitete, wo der Dienst habende Sergeant und seine zwei Mann sich aber weigerten, hinauszugehen und die Personalien der attackierenden Soldaten aufzunehmen: »Die Menge ist zu groß, das würde nur eine große Schweinerei geben.« Das sieht Willy Sachs ein, versteckte sich eine halbe Stunde lang mit seinem Freund Brische in einem Bahnhofsbüro, um sich dann durch den Rot-Kreuz-Ausgang ohne Aufsehen zu verdrücken.

Willy Sachs ist in seiner Darstellung des Vorfalls bemüht, sich selbst eine durch und durch passive Rolle zuzuordnen. Er nimmt es in Kauf, nicht eben als Held dazustehen, wenn er, und sei es in bester Absicht, das Hasenpanier ergreift und seinen Freund der wütenden Menge überlässt. Jeder Verdacht muss abgewehrt werden, dass er, der Leutnant, von einem Feldwebel geschlagen worden wäre oder sich mit diesem geprügelt hätte. Der Schutzmann kommt Willy Sachs in dieser Absicht zu Hilfe. Zwar stellt er in einigen Punkten fest: »Hier irrt Leutnant Sachs.« Aber im zentralen Punkt gibt er ihm Recht. Nein, Leutnant Sachs sei nicht geschlagen worden, nur sein Freund Brische, der habe gesagt, dass er selbst »einige Spritzer, also Ohrfeigen« abbekommen habe.

Das Ehrengericht glaubt Willy Sachs und befindet, dass in seinem Verhalten nichts war, was »gegen seine Ehre und die besonderen Verhältnisse des Offiziersstandes gewesen wäre«. Bei Willys Temperament und seiner aktiv gepflegten Vorliebe für den Boxsport erscheint es fast unglaublich, dass er sich derart passiv verhalten hat, wie er es dem Ehrenrat geschildert hat. Aber es geht für ihn nicht einfach um eine Wirtshausrauferei, es geht nicht einmal nur um seine Ehre als Offizier, sondern auch um die Ehre seines Vaters.

Um dessen Ansehen reinzuhalten, bittet er um Versetzung und kann es nicht lassen, seiner Schulzeit höhere Würde zu verleihen. Er habe in Würzburg »studiert«, und dort sei nun die Darstellung in Umlauf, dass er durch die Verbindungen seines Vaters vom Wehrdienst befreit sei. Willy Sachs will deutlich nicht den Eindruck eines väterlich protegierten Drückebergers aufkommen lassen, der bei seinem langen Wehrdienst tatsächlich ungerechtfertigt ist, aber durch seinen frontfernen Dienst und sein Tragen von Zivil gegen Ende des Krieges gefördert wird.

Der junge Leutnant hat zu dieser Zeit besonderen Anlass, jede Aufregung um seine Person zu vermeiden. Wie immer wieder in seinem Leben ist Willy Sachs auch als Soldat sehr großzügig im Umgang mit der Wahrheit, da er dazu neigt, mit ihr so wenig kleinlich zu sein wie bei Geld und Gaben. In den Fragebögen, die Willy Sachs für seine Offiziersbewerbung auszufüllen hatte, gab er dieser Neigung nach und verzeichnete auf seinem Streifzug durch die von ihm besuchten Bildungsanstalten größere Erfolge, als sie in Wirklichkeit zutreffen. Er gibt sich als »Abiturient« aus und bezeichnet sich als »stud. ing.«, obwohl zu diesem Zeitpunkt nichts auf ein Studium hindeutet und er gewiss nicht mehr als das so genannte »einjährige Freiwillige« erworben hat, eine zum verkürzten Militärdienst berechtigende mittlere Reife. Vor allem gibt er an, sechs Jahre lang die Grundschule Würzburg und zwei Jahre lang die Oberrealschule Cannstatt bei Stuttgart besucht zu haben und an dieser Schule die Unterprima erfolgreich absolviert zu haben.

Zwar beginnen die deutschen Fronten im Westen bereits zu wanken, aber die Herren im Bayerischen Kriegsministerium lassen sich davon nicht ablenken, forschen der Schulvergangenheit von Willy Sachs akribisch nach. Beim Direktorium der Oberrealschule

Cannstatt wird angefragt, ob Willy Sachs die Schule besucht und mit der Reife für eine Fachschule absolviert habe. Die Antwort kommt prompt: Ein Schüler Willy Sachs ist weder in den Oberklassen noch unter den Abiturienten zu finden. Das Kriegsministerium hakt nach, gibt genauere Jahreszahlen an und erhält wieder die Antwort: Schüler Sachs ist unbekannt. Inzwischen ist es Ende September 1918, die Niederlage des Deutschen Reiches zeichnet sich immer deutlicher ab, und das Kriegsministerium korrespondiert noch immer mit der Oberrealschule Cannstatt, die letztlich fündig wird, allerdings nicht in den Abschlussklassen, sondern in den Klassen I und II, also weit von jeder Abschlussprüfung entfernt.

Nun wird es eng für den Leutnant Sachs, der zur Stellungnahme zu den unrichtigen Angaben im Fragebogen aufgefordert wird. Leugnen hat keinen Sinn. Seine Angaben waren schlicht falsch. Am 9. Oktober, britische Truppen stoßen bereits auf die deutschen Rückzugslinien vor, bekennt er seinen Irrtum und rechtfertigt ihn. In Thonne le Thil, 50 Kilometer nördlich von Verdun, habe er den Fragebogen ausgefüllt, gerade im Aufbruch zu einer neuen Stelle, in Eile und im Stehen. Dazu sei die von den damaligen Kampfhandlungen ausgelöste Nervosität gekommen, so dass ihm der Irrtum unterlaufen sei. Pflichtschuldigst fügt er gleich einen neu ausgefüllten Fragebogen bei – und übertreibt nun in die andere Richtung, erklärt, dass er gar keinen Abschluss besitzt. Am 2. November, die deutschen Truppen befinden sich an der Maas auf dem endgültigen Rückzug, schließt das Kriegsministerium seinen Waffenstillstand mit Leutnant Sachs. Er habe den Eintrag nicht bewusst gemacht, es jedoch bei der auf Pflicht und Ehre erstatteten Meldung an der gebotenen Sorgfalt fehlen lassen. Sein Offizierspatent darf er in den heraufdämmernden Frieden mitnehmen.

Kaum ist diese Klippe umschifft, taucht die nächste am Horizont auf. Am 5. November wird Strafanzeige gegen einen Hauptmann Reverdis erstattet. Schiebereien werden ihm vorgeworfen, an denen Willy Sachs beteiligt gewesen sein soll. Ja, er habe mit Hauptmann Reverdis verkehrt, erklärt Willy Sachs. Nein, von Schiebereien, sei es in Zucker oder anderen Sachen, sei ihm aber nicht das Geringste bekannt. Den letzten Verdacht räumt er mit jenem Hinweis auf seine Wohlhabenheit aus, wie er ihn noch Jahrzehnte später gebrauchen wird, als ihm wieder eine Straftat vorgeworfen wird: »Ich habe es wohl nicht nötig, mich an irgendwelchen unlauteren Schiebereien zu beteiligen, nachdem ich mich doch nur an meinen Vater zu wenden brauche, um von ihm, wenn notwendig, Geldmittel zu erhalten.«

Tatsächlich kann sich Willy Sachs darauf verlassen, von seinem Vater mit mehr als dem Nötigsten versorgt zu werden. Denn der hält an seiner Vision der Unternehmerdynastie fest, steht zu seinem Kronprinzen, dem er nun sogar das Ambiente bieten kann, das einem solchen zusteht: ein Schloss.

Herr auf Schloss Mainberg

Mitten im Ersten Weltkrieg und damit etwas zur Unzeit holt Ernst Sachs nach, was ihm andere Industrielle mit gründerzeitlicher Attitüde vorgemacht haben: Er schafft sich einen dominanten, den Wohlstand und damit verbundenen Anspruch dokumentierenden Wohnsitz. Legendär ist die Villa Hügel der Familie Krupp, die in ihrer neureichen Monstrosität auch ein abschreckendes Beispiel abgibt. Vor solch nachgebauter Geschmacklosigkeit hilft der Rückgriff auf seit Jahrhunderten Vorhandenes, das die leidige Frage des architektonischen Historismus hinfällig macht, in welchem Stil denn gebaut werden solle.

Schlösser, Burgen oder zumindest deren Nachbauten sind um 1900 bei den Fabrikherren besonders beliebt. Klöckner erwarb Schloss Hartenfels bei Mühlheim, August Thyssen machte sich das Schloss in Landsberg zu Eigen, und Stumm wurde auf Schloss Halberg heimisch. Zu Beginn des Ersten Weltkrieges war es schon etwas aus der Mode gekommen, sich derartige architektonische Stilmöbel zu kaufen. Der Trend ging zur großzügigen Villa. Der Landhausstil löste den Historismus ab, und schüchtern machte sich schon ein Zug zu neuer Sachlichkeit bemerkbar, als der Kriegsausbruch solchen privaten Ausbauplänen vorerst ein Ende bereitete. Erst nach Kriegsende werden die Kriegsgewinnler ihren Neureichtum als Wohnsitz zur Schau stellen, wie der Mühlenbesitzer Kampffmeyer mit seiner protzenden Potsdamer Villa.

Ernst Sachs will nicht warten. Mitten im Krieg erwirbt er ein Schloss von ausladender Größe. Die Gelegenheit dafür ist günstig und der Wunsch danach heftig. Schloss Mainberg, wenige Kilometer vor den Toren Schweinfurts, ist zu auffällig, als dass es der Aufmerksamkeit und dem Begehren von Ernst Sachs hätte entgehen können. Stolz und mächtig thront es über der sich flach zu seinen Füßen dahinstreckenden Landschaft. Wein schmückt die Hänge des Schlossbergs, und der Main schwingt sich silbrig-grau Richtung Schweinfurt. Zusammen mit den sich zwischen Fluss und Berg duckenden Häusern ergibt dies ein poetisches Bild, dem ein romantisches Gemüt schwer widerstehen kann und für welches ein dichterisches wie Friedrich Rückert die Wendung vom »schönsten Berg- und Stromverein« findet.

Bis auf das Geschlecht der für Schweinfurt im Mittelalter wichtigen Grafen von Henneberg geht das Schloss zurück, das in seiner Mächtigkeit die ursprüngliche Burg nicht verleugnen kann. Nach wechselvollem Geschick mit gräflichen und bischöflichen Eigentümern, nach Zerstörungen im Bauernkrieg und Verwüstungen im Dreißigjährigen Krieg war es 1822 in den Besitz des ersten Schweinfurter Großindustriellen Wilhelm Sattler gekommen.

Der umtriebige Mann, der mit der Maisstärke Sago und dem »Schweinfurter Grün« zu Erfolg gekommen war, musste das heruntergekommene Schloss, in dessen dachlosen Räumen sich Büsche und Bäume breit gemacht hatten, weitgehend neu aufbauen. Gleich dreifach nutzte er das Gebäude: als Wohnhaus, Depot für seine Kunstsammlung und als Fabrikationsstätte für Tapeten und Farben. Heute lebt kein Sattler mehr in Mainberg, und doch beweist die gepflegte Grabstätte, dass die Familie sich noch immer dem »Stammsitz« verbunden fühlt, wo die betagte Schwiegertochter Susette als letzte Sattler in Mainberg im Jahr 1900 starb, nachdem sie zuvor nach Augenzeugenberichten »mehr geisterte als lebte«. Die berühmte Sammlung von Riemenschneider-Kunstwerken war schon zuvor in Berlin mit einigem Aufsehen versteigert und von Ernst Sachs gewiss registriert worden, der in Sattler ein lokales Vorbild für einen Industriepatriarchen sehen konnte.

Wieder war es ein Industrieller, der 1902 das Schloss kaufte. Mit diesem Vorbesitzer nähert sich die Biographie von Ernst Sachs einem Mann, der in Verbindung mit Karl Marx Weltgeschichte schrieb. Friedrich Engels war mit Alexander Erbslöh verschwägert, der für gut zehn Jahre Besitzer von Mainberg war, es aber selbst nicht nutzte. Der pietistisch orientierte Unternehmer aus Barmen schuf ein Heim für den von ihm verehrten Dr. Johannes Müller. Diese charismatische Persönlichkeit predigte ein freisinniges Christentum, und seine »Heimstatt persönlichen Lebens« wurde ein beliebtes Ziel der zivilisationsmüden gehobenen Stände, erst in Mainberg, später im oberbayerischen Elmau. Im Oktober 1914 wird Schloss Mainberg in ein Lazarett umgewandelt, was kaum mehr als eine humanitäre Notlösung bedeutet. Mittelalterliche Säle taugen nicht sonderlich als Operationsraum, und der in finanziellen Nöten befindliche Besitzer Erbslöh kann auf diese Weise keinen Gewinn aus dem alten Gemäuer ziehen. Schloss Mainberg liegt ihm zunehmend auf der leerer werdenden Tasche.

Die Not von Alexander Erbslöh wird zur Freude des hart kalkulierenden Ernst Sachs. Die Käufer für ein Anwesen dieser Größenordnung stehen in kritischen Zeiten nicht gerade Schlange, was den Preis drückt. Nie wieder würde er ähnlich günstig eine seinem gewachsenen Anspruch gerecht werdende Immobilie erwerben können. Ende 1915 greift er zu und löst das Lazarett auf. Die Kranken, meist von Nervengas Geschädigte, werden auf andere Krankenhäuser in der Stadt verteilt, was bei Ernst Sachs nicht als Gleichgültigkeit gegenüber den Verletzten zu deuten ist, da er sofort zu Kriegsbeginn ein Lazarett in der Schützenhalle von Schweinfurt eingerichtet hat. Das Tun des neuen Schlossherren zeugt von einiger Unerschütterlichkeit: Eben beginnt an den Fronten im Westen wie im Osten das große Massensterben, schleichend, aber unübersehbar verschlechtert sich die Versorgungslage. Sein eigener Sohn Willy erlebt die Hölle von Verdun, und Ernst Sachs geht mit großer Gelassenheit daran, seine Vorstellungen vom eigenen Schloss zu verwirklichen, allen kriegsbedingten Schwierigkeiten zum Trotz.

Arbeitskräfte sind knapp, weil alles in der oder für die Armee beschäftigt ist. Es herrscht Baustoffmangel. Linoleum, Kupfer und

Farben sind für Privatbauten nicht mehr erhältlich. Wie es Ernst Sachs dennoch gelingt, seinen Prachtbau zu vollenden – darüber schweigen die lobrednerischen zeitgenössischen Quellen, sehen aber doch einen gewissen Rechtfertigungsbedarf. Sie sprechen davon, dass man es doch »begreifen und begrüßen« müsse, wenn sich ein überanstrengter Industrieller »fern von Lärm und Maschinen« ein Refugium schaffen wolle. Im Übrigen beweise Ernst Sachs seine »angeborene vornehme Gesinnung«, wenn er Künstlern und Kunsthandwerkern in den für sie auftragsarmen Kriegszeiten in Lohn und Brot bringe.

Trotz aller kriegsbedingten Einschränkungen begnügt sich nämlich Ernst Sachs nicht damit, die Räume zu nutzen, um seine Sammlung historisierender Möbel unterzubringen. Er lässt das Schloss von Grund auf renovieren und radikal um- und nach seinem rückwärtsorientierten Geschmack ausbauen. Gewaltig entfaltet sich der Schönheitssinn einer fast schon dahingeschiedenen Epoche. Eine vergoldete Stuckdecke überspannt das im Stil der spanischen Renaissance gestaltete Speisezimmer. Im grün-weißen Jagdzimmer dominiert das Rokoko mit ovalen Spiegeln, die von Hirsch- und Rehgeweihen umkränzt sind. Das Fürstenzimmer im Stil der italienischen Renaissance dient als Gemäldegalerie. Das Speisezimmer glänzt in Gold und Rot, und von der graublauen Decke hängt ein krönender Ringlüster mit einem mittelalterlichen Schiff in der Mitte, das auf die Stellung des Bauherrn als wichtiger Persönlichkeit der bayerischen Industrie verweisen soll. Im Damenzimmer mit fein gegliederter Stuckdecke und gemalten Blumenstücken in den Ecken zeigen Gemälde die Frauentugenden in Amorettengestalt, während Glasleuchten in der Halle mit Produkten aus dem Hause Fichtel & Sachs dekoriert sind.

Freund Erwin Allmers, der selbst eine Burg besitzt und diese behutsam erneuert, ist von der Radikalität des Umbaus verblüfft und moniert, dass es nicht gelungen sei, den historischen Charakter der Burg voll zu wahren. Aber er zeigt Nachsicht und Verständnis, dass hier ein »wohnliches Heim mit allen Errungenschaften unserer Zeit« geschaffen wurde, zu dem Aufzug und zeitgemäße Sanitäranlagen gehören. »Nicht knausrig« ist die freundschaftliche Umschreibung dafür, dass Ernst Sachs reichlich Maurer und Zimmerleute beschäftigt und darüber hinaus Kunsthandwerker, Maler und Bildhauer verdingt. An nichts muss gespart werden, auch nicht bei der Inneneinrichtung mit ihren wertvollen Möbeln und Gemälden.

Die Energie verblüfft, mit der Ernst Sachs seinen Herrensitz gestaltet, während er zur selben Zeit auch als Fabrikherr voll gefordert ist. Sein Werk wächst und wächst dank eines Stroms von Rüstungsaufträgen. Die neue Fabrik in Oberndorf wird gebaut, ausgebaut. Die Zahl der Mitarbeiter schießt in die Höhe, wird am Ende des Krieges das Vierfache der Friedenszeit betragen. Für dieses Offizielle hat Ernst Sachs seine bewährten, ihm verschworenen Mitarbeiter, auf die er sich verlassen kann. Um das Dynastische seiner Existenz, um seine private Verwirklichung muss er sich selbst kümmern, geht es doch nicht einfach darum, Wohnraum und Repräsentanz zu schaffen. Hier soll sich ein Geschlecht manifestieren; für Generationen soll dieses Bauwerk von der Größe seines Begründers künden.

Der Handwerkersohn mit seinen kleinbäuerlichen Ahnen erschafft sich eine neue Vergangenheit. Schließlich hat er nicht einfach viel umbauten Raum gekauft, sondern mit ihm die Ahnherren des Gebäudes, die nun auch die seinen werden. Ernst Sachs beauftragt einen emsigen Lokalhistoriker, ihm eine Geschichte von Mainberg zu schreiben. Der trägt zusammen, was Bücher und Urkunden hergeben, findet auch noch einen Grafen Poppo von Henneberg (1140–1191) erwähnenswert. Ein 400 Seiten starker Foliant kündet von ruhmreichen Herrschern, blutigen Schlachten und brausendem Leben auf Mainberg. Vergangene Größe macht für Ernst Sachs die eigene noch größer.

Jetzt kann er das Leiden an seiner schlechten schulischen Bildung kompensieren, lässt sich extra ein voluminöses Kapitel über die Geistesgeschichte von Mainberg ausarbeiten, das zu einem merkwürdigen Gebräu abendländischer Geistesgrößen gerät und in einer Würdigung der von Ernst Sachs so geschätzten Freimaurerei kulminiert. Eine gespenstische Brücke vom Vergangenen zum Zukünftigen schlägt die Beschreibung eines nicht lange zurückliegenden Treffens von Anhängern des Druiden-Kults, die sich in weißen Gewändern nach Art des Ku-Klux-Klan in einem Hain bei

Mainberg treffen. Sie verleihen an ihre Mitglieder silberne Hakenkreuze und sind damit die Ersten und zugleich Harmlosesten, die diesem Zeichen in Mainberg huldigen.

Das Glück des Schlossherrn könnte vollkommen sein. Haus und Hof sind prächtig geraten. Zu seinem 50. Geburtstag beschenkt er sich mit dem großartigen Familiensitz und macht der Stadt, die zur Heimstatt seines Erfolgs geworden ist, ein Geschenk: 100 000 Mark zum Bau eines Schwimmbades. Als Zuschuss gedacht, wird es zur Anzahlung für ein schließlich vollständig von Ernst Sachs finanziertes Projekt, das rund 20 Jahre später vollendet werden wird.

Für den neuen Wohnsitz legt sich die Familie Sachs ein über den bürgerlichen Stand hinausweisendes Wappen zu, das erst recht deutlich macht, dass zum wahren Glück eines Herrn auf Mainberg ein keineswegs unerreichbarer Adelstitel fehlt. Ernst Sachs darf sich berechtigte Hoffnungen darauf machen in den auszeichnungswütigen Zeiten des Weltkriegs, in dem allein über fünf Millionen Mal das Eiserne Kreuz II. Klasse verliehen wird. Ein erblicher »Ritter von« scheint nicht unmöglich für einen Mann, der sich im Rüstungswettlauf große Verdienste erworben hat und mit großzügiger Hand in Zeiten der Not Wohltaten verteilt.

Obwohl es nicht aktenkundig wird, dass Ernst Sachs zur Nobilitierung vorgesehen ist, spricht es sich doch in der überschaubaren Residenzstadt München herum und ruft Kritiker und Neider auf den Plan. Der katholische *Bayerische Kurier* berichtet mit polemischem Unterton, dass der Schweinfurter Industrielle zum »Ritter Sachs von Mainberg« geadelt werden soll. Welche Motive dahinter stehen, diese Nobilitierung zu hintertreiben, wird nie geklärt werden. Ist es der Freimaurer Sachs, der das katholische Blatt irritiert? Ist er der Zeitung zu wenig katholisch, weil mit einer Protestantin verheiratet, die dafür sorgte, dass der Sohn evangelisch getauft wird? Oder ist es schierer Populismus, der die Stimmung in der Bevölkerung aufgreift, die zunehmend darüber verärgert ist, dass die Kriegsgewinnler Profit machen und sich damit noch Titel und Ansehen kaufen können?

Es mag sein, dass Ernst Sachs seinen neu erworbenen Reichtum und seine Würden allzu offen zur Schau gestellt hat, allzu sichtbar die Spendierhose getragen hat und dies alles noch mit neiderregender Eleganz. Ernst Sachs ist keiner von jenen meist von strengem Protestantismus geprägten Unternehmern, die ein Millionenvermögen erwerben und sich dennoch einer den Geiz streifenden Kargheit befleißigen. Keine der Anekdoten außerordentlicher Sparsamkeit, wie sie zu den Thyssens, Quandts und Flicks gehören, findet sich bei Ernst Sachs, keine Erzählung vom Millionär in der Holzklasse der Eisenbahn oder von Wanderungen im Sauerland als Gipfel der Vergnügen.

Ernst Sachs hat Freude an der Darstellung seiner selbst und seiner Wohlhabenheit – und er hat Talent dazu. Wie schon sein Vater als eleganter Bonvivant posiert, so macht auch Ernst Sachs immer eine blendende Figur, ob als junger Radrennfahrer oder gestandener Millionär. Haar und Bart wechseln zum Weiß, sind aber immer wohl gestutzt, schmücken ein ebenmäßiges Gesicht. Inmitten der Schweinfurter Honoratioren ist dies eine Ausnahmeerscheinung, der nichts Derbes, oft fast Bäuerisches anhaftet, das seinen Standeskollegen noch als Zeichen ihrer Herkunft eingeschrieben ist. Auch von seinen Unternehmerfreunden in Stuttgart und Rüsselsheim unterscheidet sich Ernst Sachs. Nichts da vom schwäbischen Sonderling mit wallendem Bart, wie ihn Robert Bosch verkörpert, und auch nichts von der brillenbewährten Oberstudienrätlichkeit eines Wilhelm Opel. Ernst Sachs ist stets ein Herr, der gar nicht anders kann, denn als solcher zu agieren und sich als solcher zur Schau zu stellen. Von einem Sachs Unauffälligkeit zu verlangen, würde in jeder Generation dieser selbstbewussten Familie heißen, ihm einen Teil seines auf Eindruck und Wirkung bedachten Wesens zu rauben.

Im Streit um seine Nobilitierung findet Ernst Sachs in der *Bayerischen Landeszeitung* einen Fürsprecher. Sie geißelt, dass »der einzige große katholische Fabrikherr in unserem Lande von der ersten katholischen Zeitung grundlos wie ein galizischer Kriegsgewinnler angepöbelt wird«. »Herr Sachs« habe schon vor dem Kriege die größten Wohltaten geleistet, der Stadt Schweinfurt zum Aufschwung verholfen. In französisierendem Antisemitismus empört sich die *Bayerische Landeszeitung* darüber, dass einem Mann von großer Noblesse »die Schoflesse« minderwertiger Kriegsgewinnler an die Rockschöße gehängt werde.

Weder die Aufzählung aller Wohltaten von Ernst Sachs noch die journalistische Aufregung helfen. Es kommt nicht zur Nobilitierung. Der freundschaftliche Biograph Allmers erklärt später, Ernst Sachs habe die Erhebung in den Adelsstand mit der Begründung abgelehnt, solange er nicht wisse, ob sein einziger Sohn gesund und lebend aus dem Felde zurückkehre, wolle er davon nichts hören. So edel die Begründung klingt, so hat sie doch etwas vom sauren Geschmack zu hoch hängender Trauben. Denn derart gleichgültig gegenüber Titeln, wie Allmers behauptet, war Ernst Sachs keineswegs. Als ihm König Ludwig III. 1917 in Schweinfurt die Aufwartung macht, da hält er es alles andere als geheim, dass ihn Majestät mit dem »Geheimen Kommerzienrat« und seine Frau mit dem Ludwigskreuz bedenkt. Den Ehrendoktor setzt er in der Unterschrift vor seinen Namen, was nicht für Desinteresse an der Auszeichnung spricht.

Freund Wilhelm Opel, sozial immer etwas voraus, schafft die Nobilitierung im Duodezfürstentum Hessen-Darmstadt ohne öffentlich Debatte. Er wird 1917 vom Großherzog geadelt, erreicht eine Würde, die mit der bald danach stattfindenden Abschaffung von Königen, Herzögen und Fürsten kein Sachs mehr je erreichen kann. Allerdings wird die Familie Sachs später an der Nobilität derer von Opel partizipieren, von der bald vergessen ist, dass es sich um eine kurz vor Torschluss des Adelswesens errungene Würde handelt.

Schwieriger Friede

»Im Krieg gebaut, auf Sieg vertraut!« Dieses Motto hatte Ernst Sachs als Schmuck für einen Kamin in seinem Schloss gewählt, als es an die Planung ging, und die Kampfeslage schien ihm so klar zu sein, wie sie eine für sein Herrenzimmer geschaffene Plastik darstellt: Ein germanischer Recke kämpft mit einer dreigestaltigen Hydra, deren Köpfe der englischen Bulldogge, dem gallischen Hahn und dem russischen Bären gleichen. Als Ernst Sachs sein Schloss in Besitz nimmt, stimmen Bild und Siegeszuversicht nicht mehr. Im April 1917 erklären die USA Deutschland den Krieg – und damit schwindet für Ernst Sachs jede Hoffnung, dass Deutschland den Krieg noch gewinnen kann. Er ist ein Bewunderer der amerikanischen Wirtschaft, der fortgeschrittenen Fertigungstechnik in der Neuen Welt – und er kennt die Kraft der jungen Nation aus eigener Anschauung. So weiß Ernst Sachs besser als die meisten seiner Landsleute, dass gegen die von ihm so bewunderte dynamischste Wirtschaftsmacht auf dem Globus kein Krieg zu gewinnen ist, in dem es, je länger er dauert, auf industrielle Kraft und technische Überlegenheit ankommt.

England – das war für Ernst Sachs ein Kriegsgegner gewesen, mit dem zu kämpfen sich mit Aussicht auf Sieg gelohnt hat. Ihn kannte er aus den eigenen wirtschaftlichen Schlachten, er hatte der britischen Markenfirma Sturmey & Archer das Rücktritt-Patent aufgezwungen. Einen englischen Bulldoggen, der auf einem Felsen sitzend von deutschen U-Booten angegriffen wird, ließ Ernst Sachs als Flachrelief in der großen Halle seines Schlosses anbringen, wohl in der Hoffnung, dass viele deutsche Waffen des Hundes Tod sein würden. Es waren dann genau diese U-Boote, die den Gegner USA auf den Plan riefen und zum Kriegseintritt Anlass gaben.

Der für Deutschland verheerende Kriegsausgang kommt für Ernst Sachs Ende 1918 also nicht überraschend, zieht ihn dennoch in Mitleidenschaft. Die deutsche Kugellagerindustrie, die bis 1914 den Weltmarkt dominiert hat, sieht sich plötzlich der wichtigen Exportmärkte beraubt. Ihre Produkte sind zu teuer, denn noch während des Krieges waren mit amerikanischem und englischem Kapital in neutralen Ländern neue Kugellagerindustrien entstanden, die mehr und billiger produzieren konnten. Ernst Sachs muss einen Teil seiner Auslandsproduktion aufgeben. Ausgerechnet in den von ihm so geliebten Vereinigten Staaten muss er seine »Ball Bearing Company« in Lancaster (Pennsylvania) als Verlust verzeichnen, nachdem der Versuch gescheitert war, noch während des Krieges durch Aktienverkauf an einen Verwandten in der Schweiz das Werk für sich zu retten. Immerhin konnte das Werk in Tschirnitz, das nun im neuen Staat Tschechoslowakei liegt, gehalten werden. Im heimatlichen Schweinfurt geht die Arbeit in beiden Werken weiter, doch müssen 3000 Arbeiter entlassen und mit den verbleibenden manche Konflikte durchgestanden werden.

Die Friedensglocken, die in Europa das Ende des Krieges verkünden, sind zugleich die Totenglocken ganzer Reiche und Dynastien – und die Sturmglocken für die Revolutionen, die den Kontinent überziehen und förmlich in jede Ritze der vom Umsturz betroffenen Länder dringen. Von Kiel ausgehend erfasst die Bewegung der Soldatenräte Deutschland, die Reichshauptstadt und nicht zuletzt das jetzt jede Gemütlichkeit abstreifende Bayern. In Schweinfurt erklärt ein »Rat der Arbeiter und Soldaten«, dass die gesamte Macht in seinen Händen ruhe, kündigt an, dass »reaktionäre Elemente« beseitigt werden, und lässt vom Rathaus die rote Fahne wehen. In Verhandlungen mit den Leitungen der großen Betriebe werden Achtstundentag und Mindestlöhne durchgesetzt.

Bei den Wahlen zeigt die ehemals freie Reichsstadt ausgesprochen linkes Profil. Hier erreicht die radikale USDP fast die Hälfte aller Stimmen, während sonst in Bayern die gemäßigteren Mehrheitssozialisten dominieren. Von Ernst Sachs wird berichtet, dass ihn die große Zuneigung seiner Arbeiter »vor jenen groben Belästigungen« bewahrt habe, wie sie in anderen Werken vorgekommen seien. Die Ausrufung der Räterepublik in Schweinfurt im April 1919 bleibt folgenlos, auch wenn die neuen Machthaber einen Funkspruch an den revolutionären Zentralrat in München richten, sich für die Durchführung der Sozialisierung einzusetzen. Nach vier Wochen bereiten reguläre Truppen und Freikorps der Schweinfurter Räterepublik ein Ende.

Zu einer richtigen Kraftprobe mit den Arbeitern wird das folgende Jahr 1920, in dem die enger werdenden Grenzen paternalistischen Unternehmertums deutlich werden. Dieses demonstriert aber zugleich seine Härte. Die Stadt der in Rüstungszeiten florierenden Metallbetriebe geriet nun in den Strudel der Wirtschaftskrise. 5000 Arbeiter verlieren ihre Stelle, und jene, die noch in Lohn und Brot sind, haben Lohnsenkungen und Kurzarbeit hinzunehmen, worauf sie mit Protestdemonstrationen reagieren. Als die Arbeitgeber das Auslaufen des Tarifvertrags dazu nutzen wollen, aus Kriegszeiten stammende übertarifliche Leistungen zu kürzen, wächst die Unruhe. Als am 1. August 1920 zum 25-jährigen Bestehen von Fichtel & Sachs im Fabrikhof der älteste Arbeiter geehrt werden soll, sieht sich Ernst Sachs mit einer großen Menschenmenge konfrontiert. »Was soll das, ich habe mir doch Ovationen verboten«, äußert sich der irritierte Fabrikherr, muss aber erkennen, dass nicht an Jubel, sondern an Streik gedacht ist. »Zerrt'n doch ro, schlagt'n dot!«, tönt es in breitem Fränkisch aus der Arbeiterschaft, und als ein Gewerkschafter noch mit Schimpfworten eins draufsetzt, fährt ihn Sachs in seinem Schwäbisch an: »Wenn du nit so a dürrer ausgemergelter Kerle wärst, dann haute ich dir eine rei, dass du an der Wand klebe bliebst.« Worauf angeblich Ruhe einkehrt und die Versammelten beschämt an ihre Arbeitsplätze zurückkehren.

Selbst wenn es wahr ist, was hier aus der Freundesfeder von Robert Allmers fließt, ist es nur die halbe Wahrheit. Längst ist die Lage so angespannt, dass sie sich nicht mehr mit verbalen Faust- und Donnerschlägen beruhigen lässt. Im September kommt es zu spontanen Arbeitsniederlegungen von Maschinisten und Heizern, auf welche die Arbeitgeber mit der Androhung von fristlosen Kündigungen und Aussperrung für die gesamte Belegschaft reagieren, worauf es tatsächlich zum Streik kommt, den die drei Kugellagerfabriken mit Fichtel & Sachs an der Spitze mit fristloser Entlassung beantworten. Über neun Millionen Mark soll der Lohnverlust der Arbeiter in dem zehnwöchigen Streik betragen. Was noch härter wiegt: Ein Drittel der Arbeiter wird nicht mehr eingestellt. Die Einstellung der Übrigen zieht sich noch ein Vierteljahr hin, wobei Ernst Sachs mit besonderer Konsequenz und Härte reagiert.

Als paternalistischer Arbeitgeber reinsten Wassers kann er im Strafen zu seinen von ihm als Kinder betrachteten Arbeitern ebenso hart sein wie in der Zuwendung. Er hat den Grundsatz seines Vaters: »Wer sein Kind liebt, der züchtigt es«, am eigenen Leib erfahren und wendet ihn nun auf seine Mitarbeiter an. Zwischen Abhängigkeit und Anhänglichkeit wird das Personal gehalten, so wie beispielsweise ein gewisser Wilhelm Trapp, der als Gewerkschaftsfunktionär beim Streik 1920 entlassen wird. Erst nach dringender Bitte und Hinweis auf seine wirtschaftliche Notlage wird er ein Jahr später wieder eingestellt – und kann später dem Sohn Willy Sachs mit einer entlastenden Aussage behilflich sein. Der sieht zwar zu, wie sein Betriebsrat Trapp 1933 in Schutzhaft genommen wird, beschäftigt ihn aber nach der Freilassung bis zum Kriegsende weiter, wofür Wilhelm Trapp nach 1945 seinem Arbeitgeber bei dessen Entnazifizierung mit einem »Persilschein« dankt.

Im Persönlichen lässt sich Ernst Sachs durch die Unruhen der unmittelbaren Nachkriegszeit nicht irritieren. Er geht auf Distanz, wozu ihm sowohl sein Schloss Mainberg wie auch das Gut Rechenau Gelegenheit geben. Angst, wie sie seinem Sohn Willy zum Verhängnis wird, scheint er nicht zu kennen, nicht für seine Person und nicht für sein Werk. In aller Ruhe feiert er auf der Rechenau mit Jägern und Gästen, rühmt den Frieden im Hochland, wo man nichts von der Revolution in München spüre, wo »Spartakisten und andere Misten« ihr Unwesen treiben.

Sturm und Drang

Eine Entlassung ist Anfang 1919 eine doppeldeutige Angelegenheit. Für viele Mitarbeiter von Fichtel & Sachs ist sie der Verlust des Arbeitsplatzes. Für Unternehmersohn Willy Sachs heißt dies Abschied vom Militär und Rückkehr in ein Zivilleben, von dem er bisher nicht viel mehr als Schule und ein wenig handwerkliche Lehre im väterlichen Betrieb kennen gelernt hat. Nun wird Realität, was er in seinen Militärpapieren nur behauptet hat: Er wird Student der Ingenieurwissenschaften und volontiert gleichzeitig in Industriebetrieben.

Erste Studienstation ist Darmstadt unweit der in Rüsselsheim residierenden Familie Opel. Dies hat gewiss die Wahl des Studienorts mitbestimmt, weil Willy Sachs sich damit im Werk des ihm so wohlgesinnten Wilhelm von Opel mit der Unternehmenswelt eines Industriebetriebs unabhängig vom väterlichen Unternehmen vertraut machen kann. Außerdem erlebt er hier eine familiäre Einbindung. Mit ihm zusammen beginnt der etwa gleichaltrige Fritz von

Opel im Wintersemester 1919/20 an der Technischen Hochschule Darmstadt, allerdings weitaus erfolgreicher und konsequenter. Schon nach zwei Semestern verlässt Willy Sachs die Technische Hochschule Darmstadt, während Fritz von Opel sein Studium zu Ende führt und 1923 mit der Diplom-Hauptprüfung in Maschinenbau abschließt.

Folgenreicher als das Schnupperstudium, wenn auch zu diesem Zeitpunkt noch nicht absehbar, sind zweifellos die privaten Kontakte von Willy Sachs zur Familie Opel. In ihren Kreisen tummelt sich ein eleganter junger Mann, der es im Großherzoglich-Hessischen-Leibgarde-Regiment vom Fahnenjunker zum Leutnant gebracht hatte und nun dabei ist, in der Zivilgesellschaft einen Platz zu finden, der seinen elitären Vorstellungen entspricht. Adeliges zieht ihn an. Statt seines etwas alltäglichen Namens führt er zeitweise den Namen seiner Frau, einer geborenen von Römhild.

Letztlich macht er doch als Karl Wolff Karriere und zwar in der SS, die keine Adelstitel zu vergeben hat, aber seinem Bedürfnis nach Elite entspricht. In der SS wird er bald Adjutant von Heinrich Himmler, womit sich auch das Schicksal seines Jugendfreundes Willy Sachs entscheidet, weil Karl Wolff die folgenreiche enge Bekanntschaft von Willy Sachs mit Heinrich Himmler herbeiführen wird. Noch kann niemand etwas von solchen Entwicklungen ahnen, und Willy Sachs misst der Begegnung kaum mehr Bedeutung bei als der mit der kleinen Tochter seines väterlichen Mentors Wilhelm von Opel. Das Mädchen heißt Elinor Else Sigrid von Opel, ist gerade mal zwölf Jahre alt und für den 24-jährigen Studenten der Ingenieurwissenschaften ein Kind, noch nicht einmal ein Backfisch. Nur fünf Jahre später wird Elinor von Opel die Ehefrau von Willy Sachs sein.

Schon 1920 wechselt Willy Sachs an die Technische Hochschule Stuttgart. Er inskribiert sich im Fach »Allgemeine Wissenschaft« und das nur als außerordentlicher Student, weil sein Schulabschluss mehr nicht erlaubt. Willy Sachs hatte an dem immer etwas verschämt behandelten Adam'schen Institut in Würzburg nur einen der Mittleren Reife vergleichbaren Schmalspurabschluss erreicht, mit dem die »wissenschaftliche Befähigung für einjährig-freiwilligen Militärdienst« erworben wurde, der aber nicht zum ordentlichen Hochschulstudium berechtigte. Auch jetzt spielen familiäre Beziehungen eine Rolle. Robert Bosch gehört zu den besonders geschätzten Freunden von Ernst Sachs. Daher liegt es nahe, dass Willy Sachs in dessen Unternehmen volontiert, das er ausdrücklich als »Weltunternehmen« benennt und damit andeutet, dass er hier Betriebswirtschaft unter einem weiteren Blickwinkel erleben kann als im heimatlichen Schweinfurt.

Auch in Stuttgart hält es Willy Sachs nur ein Jahr an der Technischen Hochschule, und mit dem Weggang aus Stuttgart enden auch seine rudimentären Ansätze zur universitären Bildung. Das Akademische und Systematische ist seine Sache nicht, und die Stippvisiten im Hochschulbereich entsprachen gewiss mehr väterlichem Wunsch als eigenem Antrieb. Ernst Sachs ist ein Vater der klassischen Art, der vom Wunsch geleitet ist: »Mein Kind soll es besser haben.« An seinem eigenen Bildungsdefizit hat Ernst Sachs schwer getragen. Sein Freund Robert Allmers erzählt, dass Ernst Sachs im Nachdenken über seine fehlende Bildung in tiefe Depression verfallen konnte, aus der ihn nur der Hinweis befreite, dass Karl der Große viel ungebildeter war und nicht einmal schreiben konnte. Daher hat er sich für seinen Sohn Willy ein Ausbildungsprogramm erdacht, das universitäre und praktische Bildung vereinen soll.

Zu einem fundierten Studium kommt es bei Willy Sachs nicht. Es deutet aber nichts darauf hin, dass sein Vater deswegen gegrollt hat. Wichtiger schien ihm gewiss, dass der Sohn in praktischen Belangen der Betriebsführung Erfahrung sammelt. Die nächste Station der Ausbildungs-Kavalierstour von Willy Sachs ist denn auch ein Finanzinstitut und zwar das Bankhaus Sponholz & Co in Berlin, ein hoch angesehenes Unternehmen, besonders versiert bei Aktiengeschäften, das etwa dem Hause Quandt zur Seite stand, als es sein Industrieimperium aufbaute. Wie sein junger Volontär Willy Sachs geriet auch Sponholz & Co in den Strudel des Dritten Reiches, betrieb Handel mit Nazigold, ehe das Unternehmen 1945 von den Sowjets wie alle Privatbanken in deren Besatzungsgebiet liquidiert wurde.

In Berlin wird Willy Sachs bald zu einer markanten Erscheinung, allerdings nicht als Banker, sondern als Lebemann. Er kommt gerade rechtzeitig in die Reichshauptstadt, um an deren wilden Zeiten zu partizipieren. Man weiß heute, dass die aufregenden goldenen Zwanzigerjahre mit Inflation und politischer Radikalisierung verbunden und für den Großteil der Bevölkerung eher trübe Jahre waren. Aber man konnte sich die Zeit in Berlin vergolden – und für einen Angehörigen der Jeunesse dorée, einen finanziell gut ausgestatteten Industriellensohn war dies kein Problem. Vater Ernst Sachs alimentiert seinen Sohn offensichtlich großzügig, und im Übrigen gilt, was Willy Sachs schon vor dem Offiziersgericht erklärt hat: Wenn ich Geld brauche, muss ich mich nur an meinen Vater wenden.

Voll Elan kann sich Willy Sachs am Tanz auf dem Vulkan beteiligen, der Inflationsgeld in immer größeren Mengen ausspeit. Millionär – einst Ehrfurcht gebietende Würde von Vater Ernst Sachs, wird zum Massenphänomen in einer Zeit, da selbst Milliardenmarkscheine zu Mustern ohne Wert mutieren. Wer gutes Geld hat, der kann mehr als gut leben. Revuen, Theaterplätze, Lokale für alle Arten auch des sexuellen Vergnügens offeriert die Stadt. Der Sport erlebt als Massenphänomen wie als Show seine erste Blüte. Vorbei die Zeiten von Vater Ernst, wo Sport etwas für spleenige Sonderlinge, für Wohlhabende oder für Profiathleten war. Der neu eingeführte Achtstundentag gibt den Menschen freie Zeit, die sie mit Sport füllen können. Das Heer der Freizeitsportler weiß nun seine Idole zu schätzen, weil es deren Leistung im Vergleich zur eigenen richtig zu schätzen weiß. Sport wird zur Show, kulminierend im legendären Sechstagerennen, das die Berliner erleben, als wäre es Oktoberfest, Fasching und Heuriger in einem. Für den jungen Herren aus der Provinz, dessen Vater mit Fahrradzubehör seine Millionen verdient, ist eine solche Veranstaltung ein attraktives Muss.

Sein Lieblingssport ist freilich das Boxen. Willy Sachs freundet sich mit dem »blonden Hans« an, mit Hans Breitensträter, dem kaum weniger populären Vorläufer von Max Schmeling. Er fährt mit ihm hinaus ins Trainingslager im Brandenburgischen, er reist mit ihm nach Heringsdorf an der Ostsee, wo Sommerboxen als populäre Sportveranstaltung Kurgäste anlocken und unterhalten soll. Im Box-Studio Weiß in der Innsbrucker Straße trainiert Willy

Sachs, lernt selbst den Faustkampf, den er später in Mainberg noch gerne ausübt.

In Hoppegarten, Ruhleben, Mariendorf, wo immer in Berlin Pferdesport betrieben wird, ist Willy Sachs anzutreffen, und es ist gewiss weniger hippologisches Interesse, das ihn zu den Galopp- und Trabrennbahnen lockte, sondern der gesellschaftliche Glanz und der Kitzel des Wettens. Vergnügungen der intimeren Art dürften ebenso zum flotten Lebenswandel von Willy Sachs gehört haben, doch schweigen darüber die offiziellen Berichte.

Willy Sachs, der Kronprinz des Industriellen Ernst Sachs, führt das gleiche Leben wie der Kronprinz des abgedankten Hohenzollern-Herrscherhauses. Selbst trockene Historiker klassifizieren das Treiben des Preußenprinzen als das eines Playboys, so dass es keine platte Parallele ist, zwingende Ähnlichkeiten zwischen der Jugend des Vaters Willy Sachs und der seines als Playboy par excellence in die Geschichte eingehenden Sohnes Gunter zu sehen. Verblüffend sind die Ähnlichkeiten zwischen dem Lebemann der 20er Jahre und dem Playboy der 50er und 60er Jahre, sieht man davon ab, dass der Vater im Amourösen diskreter ist als der Sohn. Im Stil ihrer jeweils eigenen Zeit führen beide ein sehr ähnliches Leben.

Nichts ist bekannt davon, dass Ernst Sachs an dem flotten Treiben seines Sohnes Kritik geübt hätte, das gewiss auch in Schweinfurt nicht unbekannt geblieben ist. Es ist unwahrscheinlich, dass er so naiv war zu glauben, sein Sohn sei vor allem damit beschäftigt, bei Sponholz & Co Bilanzen zu lesen und Kurszettel zu studieren. Es ist durchaus vorstellbar, dass er es seinem Sohn gegönnt hat, den Sturm und Drang auszuleben. Vielleicht hat er im Blick auf eine kommende bürgerliche Existenz es sogar für angebracht gehalten, dass sich der stürmische Sohn die »Hörner abstößt«, damit er dann ausgelebt und abgeklärt im heimatlichen Schweinfurt den seriösen Fabrik- und Schlossherren geben kann.

Ein echter Sachs hat allem Anschein nach auch ein echter Mann von bezwingender Körperkraft zu sein, muss verstehen, sich eine Frau gefügig zu machen. Bei einem 24-stündigen Geburtstagsmarathon für Vater Ernst auf dem Gut Rechenau hat Sohn Willy dies unter dem wohlwollenden Auge seines Vaters unter Beweis zu stellen. Er tanzt und schuhplattelt allen voran. Und dann muss er auf Anweisung des Vaters mit der für ihre Kraft bekannten Sennerin Leni ringen. Im Sonntagsrock mit weißem Mieder tritt die junge Tirolerin zum Kampf an, lässt die schwarzen Zöpfe fliegen, die dunklen Augen blitzen und die Muskeln der Arme spielen. »Ein Prachtweibstück«, wie es im Augenzeugenbericht heißt. Mit zäher Verbissenheit wird der Ringkampf ausgetragen, bleibt unentschieden. Wenn sich unter dem väterlichen Dach vor aller Augen Manneskraft in solcher Weise bewähren muss, wird das aushäusige Verhalten des jungen Herrn gewiss nicht weniger zimperlich, sondern von noch draufgängerischer Art gewesen sein.

Anfang 1924 verordnet des Vaters Erziehungsplan für Willy Sachs einen halbjährigen Aufenthalt in den USA. Ernst Sachs als begeisterter Anhänger der amerikanischen Fertigungsmethoden und großer Bewunderer der Vitalität der amerikanischen Wirtschaft will die transatlantische Effizienz auch im heimischen Schweinfurt verwirklicht sehen. Willy Sachs erfüllt das väterliche Vermächtnis, wendet die amerikanischen Erfahrungen an, so dass Fichtel & Sachs unter seiner Ägide für die moderne Produktionsmethode berühmt, wegen der streng zeitorientierten Arbeitsplanung bei Gewerkschaften und Betriebsrat wenig beliebt ist. 1923/24 finden die wilden Jahre von Willy Sachs zumindest äußerlich ein Ende. Der Vater und die Heimatstadt rufen, und neue Aufgaben warten. Willy Sachs hat nicht nur die Verantwortung eines Vorstandsmitglieds in der väterlichen Firma zu übernehmen. Für einen auf die 30 zugehenden Herren ist es auch an der Zeit, einen bürgerlichen Hausstand zu gründen.

Des einen Krise des anderen Freud

Als Krisenjahr geht das Jahr 1923 in die Geschichte der Weimarer Republik ein. Gegen Anfang die Besetzung des Ruhrgebiets durch französische Truppen, gegen Ende Hitlers Putsch in München mit dem Marsch auf die Feldherrnhalle – und dazwischen eine Inflation, die mit ihren Bergen von wertlosem Papiergeld alles unter sich zu begraben droht.

Während ein Heer von Sparern und Lohnempfängern um Erspartes und Einkommen gebracht wird, bringt Ernst Sachs sein Vermögen in Sicherheit. Als Besitzer von Sachwerten ist er in Zeiten der Geldentwertung ohnedies in einer privilegierten Position. Um diese zu sichern, das persönliche Risiko zu minimieren, verwandelt er seine Firma, in der er nach dem Tod von Karl Fichtel allein die Verantwortung trägt, am 25. Januar 1923 in eine Aktiengesellschaft. 100 Millionen Mark beträgt inflationsbedingt das Aktienkapital, das im folgenden Jahr den geänderten Währungsverhältnissen entsprechend auf 5,6 Millionen Mark umgestellt wird. Die neue Fichtel & Sachs AG ist nichts für Spekulanten, denn das Aktienpaket hält überwiegend Ernst Sachs selbst, einen kleineren Teil übernimmt die Witwe seines ehemaligen Geschäftspartners Fichtel.

Ausgesprochen familiär geht es bei der Gründung der AG zu. Neben Ernst Sachs gehören seine Frau Betty und seine Mutter Pauline zu den Gründern. Es ist eine Formalie, weil keine der Damen wirtschaftlich engagiert, wahrscheinlich auch an betrieblichen Dingen nicht sonderlich interessiert ist. Von Betty Sachs wird übereinstimmend berichtet, dass Haus und Familie ihre Welt sind. Dies zu hüten und zu entwickeln, dem Ehemann ein geordnetes Heim zu bieten und ihn bei seinen repräsentativen Aufgaben zu begleiten, sieht sie als ihre Aufgabe an. Beim Tod ihres Mannes tritt sie sofort alle ihr zufallenden Rechte der Betriebsführung an Sohn Willy ab. Mutter Pauline Sachs ist zu diesem Zeitpunkt bereits 85 Jahre alt. Alle ihre fünf Kinder sind zumindest ins gehobene Bürgertum aufgestiegen, und sie lebt in Friedrichshafen am Bodensee in einer überaus repräsentativen Villa, die im Ort nur die »Sachs Villa« heißt, selbst als sie später vom Autoproduzenten Maybach gekauft wird. Es ist anzunehmen, dass vor allem Sohn Ernst ihr diesen repräsentativen Alterssitz ermöglicht hat.

Die Familie ist unverrückbar der zentrale Orientierungspunkt der unternehmerischen Tätigkeit von Ernst Sachs. So wird sein Schwiegervater Wilhelm Höpflinger, der Mann, der ihn anfänglich so tatkräftig unterstützt hat, nun Aufsichtsrat in der neuen AG, und Sohn Willy tritt in den Vorstand ein. Er wird auch Teilhaber der neugegründeten Sachs GmbH, die in München angesiedelt ist, wo Banken, Verbände und Politik ihren Sitz haben und von wo das Gut Rechenau günstig zu erreichen ist.

1923 muss Ernst Sachs erfahren, dass sein inoffizieller Ehrentitel »Millionär« mit rasender Geschwindigkeit entwertet wird. Bald sind Millionenmarkscheine im Umlauf, schließlich sogar Milliardenmarkscheine. Die Einführung der Rentenmark macht solcher Entwicklung 1923 ein Ende. Die finanziellen Relationen normalisieren sich, und wieder ist es etwas Besonderes, wenn einer wie Ernst Sachs ein Millionär ist. 1925 erhält er einen inflationsresistenten Titel. Er wird »Dr. ing. e.h.« der Technischen Hochschule München, was er nicht nur seiner mäzenatischen Rolle zu danken hat, sondern auch Anerkennung eines Mannes ist, der ohne akademische Ausbildung die technische Entwicklung entscheidend gefördert hat.

Auch politisch sind diese Zeiten mit ihren Turbulenzen für Ernst Sachs eine gute Zeit. Die Deutsche Volkspartei (DVP), politische Heimat von Ernst Sachs, stellt mit Gustav Stresemann erst den Reichskanzler, dann den Außenminister und gewinnt mit der allseits gerühmten, anerkannten und sogar mit dem Friedensnobelpreis geehrten Persönlichkeit, Einfluss und Ansehen. Dass in diesem Jahr ein Adolf Hitler mit seinem bombastischen Marsch zur Feldherrnhalle samt dilettantischem Putschversuch Aufsehen erregt, kann ihn nicht erschüttern. »Für solche Spielereien sind die Zeiten doch zu ernst«, äußert sich dazu einer seiner Direktoren und befindet sich damit im Einklang mit dem Firmenbesitzer.

Es sind erfahrene Männer, die Ernst Sachs schon über Jahre begleiten und nun das Unternehmen in diesen unruhigen Zeiten leiten. In ihre Mitte tritt Willy Sachs als Vorstandsmitglied. Schon ist er so etwas wie ein Juniorchef und ist doch noch vor allem ein Lernender, der bereits Mitverantwortung zu übernehmen hat. Immer ist er an der Seite seines Vaters zu sehen, wobei sie ein ungleiches Bild abgeben. Ernst Sachs wächst immer mehr in die Figur des fast filmreifen Patriarchen, der in bayerischer Jagdkleidung mit Lederhose genauso eine Ehrfurcht gebietende Figur macht wie im Frack mit Zylinder bei offiziellen Anlässen. Etwas Keckes zeichnet dagegen Willy Sachs aus. Sein Markenzeichen wird die sehr schräg aufgesetzte Kopfbedeckung. Ob Bürger- oder Jägerhut oder auch

SS-Mütze – solche Schrägheit verleiht ihm etwas Flottes und Draufgängerisches. Geht er zur Jagd, dann lässt er sich mit der Hand am Abzug seiner Flinte photographieren, während der Vater sich auf den Bergstock stützt, als wollte er demonstrieren, dass sicheren Halt haben muss, wer zum Schuss kommen will.

Die feste Basis für die weitere Entwicklung des Unternehmens besitzt Ernst Sachs mit seiner Torpedo-Nabe. Sie ist Best- und Steadyseller. Mit ihr werden zwei Drittel des Mitte der 20er Jahre ansteigenden Umsatzes gemacht. Ernst Sachs kann ernten, was er um die Jahrhundertwende gesät hatte. Sein Glaube an das Fahrrad als Massenverkehrsmittel bewahrheitet sich und trägt reiche Früchte. Mit Sorge sieht er dagegen, dass andere deutsche Industrielle den Trend zur Massenmobilisierung nicht im gleichen Maße wahrnehmen wollen. Die deutsche Autoindustrie ist sein Sorgenkind. »Für Fahrzeuge aller Art« baut er seine prädikatsgeschmückten Kugellager. Wenn wenige Autos aus den Fabrikhallen rollen, dann rollen auch wenige Lager von Sachs.

Von seinen Amerikareisen weiß Ernst Sachs, dass mit der individualistischen Bauweise der deutschen Konstrukteure und Fabrikanten die Zukunft des Autobaus nicht zu gewinnen ist. Zulieferbetriebe wie Fichtel & Sachs oder Bosch liegen durchaus eigennützig, wenn auch folgenlos den Autobauern mit dem Ruf nach Umstellung auf Massenproduktion in den Ohren. Ernst Sachs bewundert die Ford-Autoproduktion, die er aus eigener Anschauung kennt mit ihrer Fließbandfertigung und ihrer hohen Standardisierung. Dagegen wird in Deutschland noch immer entworfen und gebaut, als gelte es vor allem, ein gut betuchtes Publikum mit Edelkarossen zu versorgen. Von Massenfabrikation will man nichts wissen und glaubt, sie auch nicht nötig zu haben, solange Schutzzölle die amerikanische Konkurrenz außen vor lassen.

1925 stellen 43 der 51 in Deutschland existierenden Kfz-Fabriken bei der ersten großen deutschen Automobilausstellung 88 verschiedene Modelle vor. Solchem Individualismus macht die offene Handelspolitik des Deutschen Reiches mit Zollsenkungen ein rasches Ende. Die Zahl der Autoproduzenten sinkt rapide, und jene, die bis zur bald einsetzenden Weltwirtschaftskrise reüssieren, entstehen oft durch Fusion. Daimler und Benz bilden eine gemeinsame Firma im Württembergischen, und im Sächsischen bilden sechs Firmen die Auto-Union.

Vorreiter der Serienfertigung preiswerter PKWs ist das noch in Familienbesitz befindliche Opel-Werk. Seine Umstellung auf Massenfertigung beobachtet Ernst Sachs aus nächster Nähe. Mit seinem Freund Wilhelm von Opel kann er sich Gedanken darüber machen, welche wirtschaftlichen Perspektiven auch für ihn ein Ausbau der Autoindustrie mit sich bringt, welche Produkte er für den aufstrebenden Industriezweig erzeugen könnte. Vor allem bei Kupplungen, deren Konstruktion und Fertigung noch im Argen liegt, bieten sich Entwicklungsmöglichkeiten, die Ernst Sachs nutzen wird. Bevor es allerdings so weit ist, sind er und Wilhelm von Opel mit einer privaten Fusion beschäftigt.

Ehemann und Vater

Die Braut spricht Jahre später von einer Zwangsheirat, für die Eltern ist es eine Traumhochzeit. Am 6. Oktober 1925 heiraten Elinor von Opel und Willy Sachs, und von Anfang an liegt über ihrer Verbindung ein Hauch von Zwiespältigkeit und Unklarheit. Ist es die Vereinigung eines liebenden Paares oder Konsequenz eines dynastischen Kalküls, das die beiden Menschen zusammenführt? Wenig deutet darauf hin, dass hier eine Liebesbeziehung in einer Ehe mündet. Die Väter mit ihren Überlegungen und Wünschen dürften Regie geführt haben, und in einer »Geschichten- und Anekdotensammlung« von Carlo von Opel ist die Rede davon, dass Elinor »in die Ehe gedrängt« worden sei. Volkstümlicher sagt es ein anderer Verwandter: »Die sind zusammengeschmust worden.«

Die Familiengründung von Opel-Sachs ist ein Ereignis en famille. Wilhelm von Opel und Ernst Sachs sind einander vielfältig verbunden, und die Beziehungen von Ernst Sachs zum Hause Opel sind so eng, dass er es sich gerne gefallen lässt, als ideeller sechster Sohn des Firmengründers Adam Opel zu gelten. Zwei seiner fünf Söhne verliert Adam Opel relativ früh, so dass noch Platz ist für einen dynamischen Mann an Sohnes statt, vor allem, da er sich mit den Brüdern Opel seit seinen Rennfahrertagen aufs Beste versteht. Die gemeinsame Liebe zum Fahrrad geht über in eine allgemeine Leidenschaft für alles Fahrende und seine Produktion. Intensiv begleitet Ernst Sachs den Wandel des Nähmaschinen- und Fahrradherstellers hin zum führenden Automobilbauer. Sachs erfährt von seinem Freund Opel, was die Kfz-Hersteller brauchen und er ihnen liefern könnte, und revanchiert sich mit Informationen, wie effiziente Produktion und Vermarktung aussehen kann.

Wenn sich die Väter mögen, verfallen sie leicht in den Glauben, ihre Kinder könnten sich lieben, besonders wenn praktische Gründe für eine solche Verbindung sprechen. Elinor von Opel sowie Willy Sachs sind angehende Erben, werden dereinst über beträchtliche Vermögen verfügen. Wie in der ländlichen Gesellschaft die Kinder der reichen Bauern einander vermählt werden, auf dass der Besitz sich mehrt, so gesellt sich auch in der Industriegesellschaft Besitz zu Besitz. Der Geld- und Wirtschaftsadel übernimmt bewusst-unbewusst die feudalen Handlungsweisen, findet in einer geschickten Heiratspolitik seine Erfüllung.

Die Eheschließung von Elinor von Opel und Willy Sachs trägt denn auch alle Züge einer Prinzenhochzeit alten Stils. Eine unmündige Braut wird einem deutlich älteren Mann angetraut, zieht mit ihm wortwörtlich auf sein Schloss. Ein Photo der Ankunft der Brautleute auf Mainberg ist überliefert. Junge Männer bilden Spalier, der junge Ehemann führt mit ernstem Blick die etwas unsicher dreinblickende Gemahlin ins neue Domizil – und Vater-Schwiegervater Ernst Sachs blickt im pelzgekrönten Paletot beiden mit selbstbewusstem Auge über die Schulter.

Zu Hochzeiten regierender Herrscherhäuser in der Welt der Wirtschaft gehören ganz selbstverständlich Freundschaftsbekundungen höfischen Zuschnitts. Andere Regenten, Lehensherren und Vasallen stellen sich als Gratulanten ein. Kristallgläser, silberne Tabletts, Leuchter, Schalen und Gemälde werden von Geschäftspartnern, Konkurrenten, Lieferanten und Tochterfirmen als Geschenk überreicht. Selbst die ewigen Lokalrivalen in der Kugellagerproduktion, Geheimrat Schäfer und Sohn, sind mit einem Champagner-Kübel zur Stelle. Geschenke von »Tante Geiß«

und »Tante Lina« registriert die Mutter des Bräutigams penibel in der Aufstellung der Hochzeitsgaben, und die Decken und Kissen der Laupheimer Verwandtschaft erinnern an die bäuerlich-ländlichen Wurzeln des jungen Industrieadels. Der Hausstand von Elinor und Willy Sachs verträgt Mengen von edlem Hausrat, die selbst gutbürgerliche Haushalte überfordern würden. Auf Mainberg wird in großem Stil gelebt, zu dem auch die einen guten Herrscher auszeichnende Mildtätigkeit gehört.

Schon wenige Wochen nach der Hochzeit kann sich Elinor von Opel davon ein Bild machen, wenn die traditionelle »Christbescherung« im Schloss durch das junge Paar eine besondere Note erhält. Im weihnachtlich geschmückten Rittersaal ist auf langen Tischreihen der »Gabentempel« aufgebaut. Im Lichterglanz des Christbaums strahlen die Augen der Kinder aus dem Ort; der Geheimrat Sachs setzt sich selbst an die Orgel, markiert aber nur den Organisten, denn für ihn spielt ein Lochkartenmechanismus das Instrument. Die Schlossherrin verteilt die Geschenke, und die Lokalpresse vermerkt: »Überreich flossen die Gaben.« Noch heute schimmert in den Augen der alten Herrschaften, die einmal als Kind Weihnachtsbescherung auf Schloss Mainberg erlebt haben, etwas vom Glanz des Ereignisses. Die Weinbergfrauen, die Häckerinnen, in deren Kreis sich Willy Sachs gerne photographieren lässt, werden extra beschenkt – und der Männerchor trägt eine neue Komposition seines Leiters vor, »dem jungen Schlossherrn und seiner verehrten Frau Gemahlin verehrungsvoll zugeeignet«. Beim abschließenden Tänzchen drehen sich der Schlossherr mit der ältesten Häckerin und die Schlossfrau mit dem ältesten Bediensteten im Takt.

Man liebt es auf Schloss Mainberg, nicht nur im großen Stil zu feiern, sondern überhaupt großzügig zu leben. Damit dies auch für das junge Paar gilt, haben sich die Eltern von Elinor und Willy Sachs zusammengetan. Die Väter bereiten das Nest für das junge Glück und können dies gar nicht intensiv genug betreiben. Per Eilgutsendung werden Möbel, Kunstwerke und Materialien für die neue Wohnung herangeschafft. Wilhelm von Opel gibt die Mitgift für seine Tochter nicht in bar, sondern als zahlungskräftige Mithilfe beim Umbau des Schlosses, damit die Kinder Elinor und

Willy eine angemessene eigene Wohnung in dem weitläufigen Gebäude besitzen. Ernst Sachs steht nicht zurück, übertrifft noch die Ausgaben seines Freundes erheblich.

Mehr als 120 000 Mark zahlt Vater Sachs an Architekten und Handwerker für den Ausbau der Wohnung von Sohn und Schwiegertochter. Wilhelm von Opel gibt 44 000 Mark, überwiegend für Einrichtungsgegenstände, die teilweise das klare Signal geben, dass hier in eine auf Dauer angelegte Gemeinschaft investiert wird. Wandschränke lässt der Brautvater auf seine Kosten ins Mauerwerk einlassen, Vertäfelungen aus finnländischer Birke mit Palisanderbrüstung anbringen und die Wände mit wertvollen Stoffen bespannen. Wer das Geld gibt, schafft an, und so herrscht stilistisch mit schwerer Üppigkeit der väterliche Geschmack, wie er Schloss Mainberg seit dem Umbau 1917 auszeichnet und in seiner gründerzeitlichen Opulenz nicht so recht zu den jungen Eheleuten passt.

Wilhelm von Opel finanziert den Einbau eines massiven Geldschranks, für dessen Inhalt allerdings Willy Sachs zu sorgen hat. Elinor von Opel bringt über das wertvolle Mobiliar hinaus keine Barschaften in die Ehe mit. 4000 Mark, sein Grundsalär in der väterlichen Firma, kann Willy Sachs monatlich seiner Frau für den Haushalt bereitstellen, was in Zeiten, da ein Facharbeiter bei Fichtel & Sachs kaum eine Mark in der Stunde verdient, selbst für einen großen Haushalt reichen müsste. Väterliche Zuwendungen erlauben es Willy Sachs, darüber hinaus großzügig zu sein. Pelze und Juwelen werden geschenkt; muss Elinor von Opel wegen einer Blinddarmoperation ins Krankenhaus, bittet Willy Sachs seine Schwiegermutter sofort, ihm eine Reihe alter Stiche zu kaufen, damit er für jeden seiner Besuche am Krankenbett ein geeignetes Mitbringsel besitzt.

Schon als Verlobter schenkt er seiner Braut die Einrichtung seines bisherigen Junggesellenzimmers als Grundstock für ein angemessenes Damenzimmer. Auch dies ist eine Gabe im Vertrauen auf Beständigkeit der Beziehung. Sind doch die wertvollen Biedermeiermöbel für Willy Sachs ein besonders teures Geschenk seines Vaters. Sich reichlich zu beschenken, gehört zum Lebensstil des Ehepaars Sachs, wobei jeder gerne das gibt, was ihm selbst gefällt. Bei Elinor von Opel ist dies eine Terrassenschaukel für ihren Mann, ähnlich jener, auf der sie sich 40 Jahre später mit ihrem zweiten Mann und den beiden Söhnen ablichten lässt, nur heißt das Gerät dann Hollywoodschaukel.

»Liebe und Leidenschaft, der Wunsch nach Kindern, die Sehnsucht nach Glück und Geborgenheit und manchmal vielleicht sogar der Drang zur Mitgift«, nennt Sohn Gunter als Gründe für eine Ehe. Alle diese Motive dürften bei der Ehe seiner Eltern eine wechselnde Rolle gespielt haben, da sich die Wertigkeiten im Laufe der Jahre merklich verändern.

Temperament und Leidenschaft ist beiden Partnern gegeben. Keiner von ihnen lässt seine Emotionen auf kleiner Flamme dahinköcheln. Wie weit die Leidenschaft auch in der Zuneigung füreinander eine Rolle spielt, muss offen bleiben. Zur Liebe sind beide befähigt, und zumindest in den Anfängen der Beziehung könnte sie eine Rolle gespielt haben. Die Heftigkeit des Streits, die am Ende der Ehe vorherrscht, deutet auf enttäuschte Gefühle und Hoffnungen hin.

Sohn Gunter errechnet später, dass die Partnerschaft seiner Eltern der astrologischen Wahrscheinlichkeit entspricht. Löwe-Männer wie Willy Sachs heiraten danach signifikant häufig eine Widder-Frau wie im Fall von Elinor von Opel. Was so gesehen die Sterne zusammengefügt haben, wird allerdings durch das irdische Leben geschieden. Die Photos des Paares zeigen eine auffällige Ungleichheit: Der Ehemann, in der Statur deutlich nach seiner nicht sehr hoch gewachsenen Mutter geraten, wirkt erkennbar kleiner als die große, schlanke Gattin, die auf etlichen Photos versucht, eine kleinere Figur zu machen, als ihr von Natur gegeben.

Vom sozialen Herkommen sind sich beide ähnlich und sind doch verschieden. Der Reichtum des Vaters von Elinor von Opel ist nicht so neu wie jener des Vaters von Willy Sachs, auch wenn ihr noch keine zehn Jahre altes Adelsprädikat mehr Ehrwürdigkeit suggeriert als tatsächlich gegeben ist. Die noch als schlichte »Opel« geborene Elinor ist auf dem Fabrikgelände groß geworden, spielte mit Arbeiterkindern, besaß – ungewöhnlich für Alter, Geschlecht und Zeit – eine Kamera, mit der sie einfühlsam ihre Spielkameraden und ihren Chauffeur porträtierte. Bei Familie Sachs wird mehr auf Abstand und nicht erst mit dem Wegzug nach Schloss Mainberg auf herrschaftliche Distanz geachtet.

Ein erkennbarer Altersunterschied trennt die Eheleute. Noch keine 18 Jahre alt ist Elinor bei der Hochzeit. Ihr Mann geht auf die 30 zu. Der noch fast mädchenhaften Frau, die mit dem rechten Leben erst beginnt, steht ein Mann gegenüber, der sich in einem recht bewegten Junggesellenleben eingerichtet hat, die Welt und nicht zuletzt deren Freuden kennt. Das mag ihn für seine Braut attraktiv machen, so wie umgekehrt die Jugendlichkeit seiner Frau Willy Sachs glauben lassen kann, hier eine sich sanft hingebende und anpassende Gattin zu gewinnen. Interessant hat man sich gewiss gefunden, und hat sich doch im anderen getäuscht.

Willy Sachs mit seiner auftrumpfenden, aufschneiderischen Art, die oft Ängstlichkeit und Unsicherheit überdeckt, strahlt im alltäglichen Leben weniger, als es der öffentliche Eindruck erwarten lässt. Elinor von Opel ist als Frau Sachs nicht geneigt, die demutsvolle, im Dasein für Mann und Familie sich erschöpfende Frauenrolle zu übernehmen, die Willy Sachs bei seiner Mutter als nahezu selbstverständlich erlebt hat. Es ist keine Beziehung, in der einer von beiden disponiert ist, Zweiter zu sein, was bei unterschiedlichen Neigungen und Prägungen zu Konflikten führen muss.

Es gibt Gemeinsamkeiten zwischen den Partnern, die vor allem in den ersten Jahren helfen, Unterschiede auszugleichen. Am großen, repräsentativen Haushalt finden beide Gefallen ebenso wie an Reisen, ja sogar an der Jagd. Gewehr, Jagdglas und dekorativ auf Schloss Mainberg angebrachte Beutegeweihe von Elinor zeigen, dass sie der Jagdleidenschaft ihres Mannes zumindest zeitweise aktiv verbunden war. Ein verbindendes Element könnte der Sport darstellen, doch scheidet er auch. Elinor von Opel ist eine begabte und begeisterte Sportlerin, während Willy Sachs ein Freund des Sports ist, ohne ein rechter Sportsmann zu sein. Nur beim Boxsport kann er mit Steherqualitäten reüssieren, während er beim Bewegungssport keine gute Figur macht. Reitet Elinor von Opel hoch zu Ross aus, so muss Willy Sachs zu Hause bleiben, und die Mainberger spötteln: »Der tät doch gleich vom Pferd fallen.« Elinor von Opel ist eine kühne Autofahrerin, die schon ihren Vater in Sorgen gestürzt hat, weil sie ohne Führerschein gefahren ist.

Beim Motorbootfahren auf dem Main braust sie ihrem Mann davon, der mit gewagten Manövern aufzuholen versucht und dabei schon einmal krachend gegen die Ufermauer schlägt, aus dem Boot fällt und mit Motorschaden und Ansehensverlust beim örtlichen Publikum triefend den Weg auf das Schloss antreten muss.

Gemeinsam betreibt man auch den Skisport, wozu man in die Rhön fährt, wo Carlo Kirchner, ein guter Freund von Willy Sachs, eine Spielwarenfabrik betreibt. 1929 wird dieses Unternehmen Opfer der Wirtschaftskrise, und Carlo Kirchner findet bei Fichtel & Sachs eine Anstellung als Prokurist. Nach dem Tod von Willy Sachs wird Carlo Kirchner als zweiter Ehemann der nachmaligen Elinor Kirchner von Opel nachhaltig in die Familiengeschichte Sachs-von Opel eintreten. Aber noch ist es nicht so weit, noch sind Elinor von Opel und Anna Kirchner gut befreundet, und so manches Buch wie *Das Freundschaftsbüchlein* oder *Das Lied vom Kinde* trägt in der Bibliothek von Elinor von Opel eine Widmung von Anna Kirchner.

Der Buchbesitz von Elinor und Willy Sachs weist in sehr unterschiedliche Richtungen. Die Bücher von Elinor versammeln den bürgerlichen Bildungsschatz, verraten besondere Freude an Kunst und Schönem, während die Bücher von Willy Sachs ins Praktische, Sportliche oder Abenteuerliche verweisen. Mit Photographie samt schlosseigener Dunkelkammer pflegt Elinor von Opel ein gestalterisches Hobby, das Sohn Gunter übernehmen und perfektionieren wird.

Der ehestiftende Wunsch nach Kindern wird von den Eheleuten, vielleicht noch mehr von deren Eltern gehegt. Wie ein roter Faden zieht sich bei Elinor von Opel die Liebe zu Kindern durch ihr Leben. Sie ist den Kindern in Rüsselsheim von klein auf und mit einer Stiftung über den Tod hinaus verbunden. Sie hängt mit äußerstem Einsatz an den eigenen Söhnen, kämpft um sie ohne Rücksicht auf rechtliche Schranken. Ihren Enkelkindern ist sie eine aufmerksame Großmutter, bei Gunters Sohn Rolf übernimmt sie sogar die Mutterrolle.

Zweieinhalb Jahre nach der Eheschließung kommt der erste Sohn zur Welt, mit dem die Idee der Familienzusammenführung Opel-Sachs seine Vollendung und in der Namensgebung seinen

Niederschlag findet. Ernst Wilhelm wird das Kind genannt und vereint damit die Vornamen der beiden Großväter. Vor allem Ernst Sachs darf einen Traum erfüllt sehen. Sein Werk wird in der Familie fortleben: Alle Lust will Ewigkeit, auch die des eigenen Erfolgs, und ein Kindeskind verlängert die eigene Existenz in eine ferne Zukunft. Das Glück könnte vollkommen sein, doch lässt ein Photo Schwierigkeiten ahnen. Der kleine Ernst Wilhelm, noch kein Jahr alt, sitzt auf dem Schoß der Großeltern, die voller Freude und Genugtuung in die Kamera blicken und nicht sehen, nicht sehen wollen, was sich hinter ihnen abspielt. Willy Sachs ist offensichtlich künstlich durch eine Unterlage erhöht worden, während sich seine Frau duckt, klein macht, und mit grimmiger Miene vieles ausdrückt, nur nicht Mutterfreude, Gattinnenglück.

Zunehmendes Unbehagen beschleicht Elinor von Opel offensichtlich im Laufe ihrer Ehe. Die Schwiegereltern wohnen auch auf dem Schloss, und die Dienstboten beobachten ein schwieriges Verhältnis zwischen Betty Sachs und Elinor von Opel. Die Frau Geheimrat pflegt anders als ihr Mann und ihr Sohn einen sehr zurückhaltenden Umgang mit Geld, was bei der die Großzügigkeit schätzenden Elinor von Opel wenig Gegenliebe findet. Die Allgegenwart von Schwiegervater Ernst Sachs kann für eine Unabhängigkeit gewohnte junge Frau belastend sein. Ihr Mann – ein ewiger Sohn im Schatten des Vaters und sie selbst wiederum in dessen Schatten, Begleitperson des begleitenden Sohnes. Elinor von Opel pflegt weiter die Verbindung zur eigenen Familie hin nach Rüsselsheim, wird ihre dortige Verwurzelung bis ans Lebensende bewahren. Bruder Fritz von Opel kommt mit dem Flugzeug angeflogen, landet bestaunt auf den nahen Mainwiesen, nimmt mit Willy Sachs am Rhön-Rennen teil.

In Mainberg ist Elinor von Opel eine geschätzte, geachtete junge Schlossherrin, für ihre unprätentiöse Freundlichkeit gemocht, wegen ihrer willensstarken Entschiedenheit respektiert. Kinder von damals rühmen heute noch ihre spontane Großzügigkeit. Gefällt einem von ihnen etwa der ungewöhnliche Boxer-Hund, den sie bei sich hat, kann er schnell zum Geschenk für das überraschte Kind werden. Aber kann eine Frau sich in ihrer neuen Familie, an ihrem neuen Ort letztlich heimisch fühlen, die bei der Glockenweihe in

Mainberg gerade mal die Patin für die Totenglocke sein darf, während Schwiegereltern und Mann als Paten der drei großen Glocken figurieren?

Elinor von Opel kann schwer verbergen, dass sie nicht geneigt und nicht dazu geeignet ist, sich in unangemessene Rollen zu fügen, klein beizugeben und sich als sanfte Ehefrau zu bescheiden. Beim Spiel auf dem im Ort gelegenen Tennisplatz der Schlossherrschaften wird dies auch für die Dorfbewohner sichtbar. Immer öfter enden die von Balljungen in blau-roten Uniformen assistierten Spiele mit einem Aplomb. Elinor von Opel wirft dann wütend das Racket auf den Boden, begibt sich aufs Schloss unter Zurücklassung eines betretenen Ehemannes.

Der Lebensstil von Willy Sachs divergiert deutlich von den Vorstellungen von Elinor von Opel. Vom Vater angehalten, ist er früh und viel im Werk, nimmt an allen geschäftlichen Aktivitäten von Ernst Sachs teil, widmet seiner Frau und den Kindern nicht die Aufmerksamkeit, die Elinor von Opel erwartet. Die zuerst noch geteilten Jagdvergnügungen werden zu eigenständigen, männlichgesellig gelebten Aktivitäten von Willy Sachs, dem außerdem ein universelles Pirschverhalten nachgesagt wurde und der in Schweinfurt wie auf der Rechenau im Ruf eines Schürzenjägers stand.

Vor Elinor von Opel können die Liebschaften ihres Mannes nicht verborgen bleiben, von denen die Stadt tuschelt. Die Verletzungen, die solche Affären bei ihr auslösen, sprechen noch aus ihrem donnernden »Abfindungen können Sie anderen zahlen. Mir nicht!«, das sie ihrem Ehemann entgegenschleudern wird, wenn ihr Willy Sachs einige Jahre später im Zuge der Scheidung Geld für Mobiliar und Hausrat in Schloss Mainberg anbietet.

Wo die Gefühle schwinden, wächst die Bedeutung des Materiellen; wenn die Freundschaft endet, beginnt die Debatte ums Geld. Willy Sachs wirft seiner Frau vor, nichts in die Ehe außer Hausrat und Mobiliar eingebracht zu haben. Elinor von Opel hält ihrem Mann vor, dass er doch selber nichts habe. Was sei er schon? Ein Angestellter seines Vaters, der sich Direktor nenne, aber nicht so viel wie die »echten« Direktoren verdiene. Falsch, kontert Willy Sachs. Er sei auch Teilhaber der Fichtel & Sachs GmbH, und später werde ihm das alles gehören, was jetzt noch seinem Vater gehört. Wie ein Lohengrin schmettert er von seiner Abkunft, redet von Glanz und Wonne des väterlichen Besitzes. Aber letztlich ist es das triumphal vorgetragene Eingeständnis, dass die eigene Macht von der Allmacht des Vaters abgleitet ist, die dieser mit nicht nachlassender Energie mehrt und sichert.

Kugellagerkrieg

Als »gute«, wenn nicht sogar »goldene« Jahre geht die Zeit der Weimarer Republik von 1924 bis 1929 in die Geschichtsbücher ein. Zwar wechseln die Regierungen mit erheblicher Geschwindigkeit, herrscht politische Zerrissenheit. Aber mit dem Vertrag von Locarno gibt es ein Arrangement mit den westlichen Nachbarn, und insgesamt wächst die internationale Akzeptanz Deutschlands. Kredite fließen ins Land, die Wirtschaft nimmt einen Aufschwung, die Löhne steigen, die Arbeitslosenzahl liegt 1927 für einen kurzen Augenblick bei nur 630 000.

Für Ernst Sachs und seinen nun als Direktor fungierenden, zunehmend in die Geschäfte von Fichtel & Sachs hineinwachsenden Sohn Willy sind die allgemein guten Zeiten auch im Besonderen sehr erfolgreiche. Mit rund 9000 Beschäftigten wird sogar die Zahl der Mitarbeiter aus der florierenden Kriegszeit übertroffen, und dies, obwohl der Rationalisierungs- und Effizienzanhänger Ernst Sachs die Produktion nach amerikanischem Vorbild verschlankt. Wie viel Geld in die Kasse kommt, lässt sich daran erkennen, wie viel abgegeben wird. 1927 ist ein Jahr großer sozialer Leistungen. Die Ernst-Sachs-Hilfe wird als firmeneigene Altersversorgung mit 450 000 Mark Gründungskapital eingerichtet, das bald auf fast eine Million Mark erhöht wird. Zu seinem sechzigsten Geburtstag spendet Ernst Sachs wieder für das geplante Schwimmbad, diesmal gleich 400 000 Mark in Ergänzung der 100 000 Mark beim fünfzigsten Geburtstag, was noch immer nicht für den Bau reicht.

Die 1927 kulminierende kurze Glanzzeit der deutschen Wirtschaft überhaupt, aber auch von Fichtel & Sachs im Besonderen ist bereits von Krisenzeichen begleitet. Für Ernst Sachs und sein Unternehmen münden diese schließlich in einen hart geführten »Kugellagerkrieg« mit etlichen Niederlagen. Am Ende wird Ernst Sachs die Waffen strecken und das Wunder vollbringen, die momentane Kapitulation in einen lang andauernden Sieg zu verwandeln.

Die Schwierigkeiten der Kugellagerproduzenten in Deutschland sind ein Tribut an das Bemühen des Deutschen Reiches, international wieder als gleichberechtigter Partner zu den anderen Weltmächten aufzuschließen. In diesem Bemühen betreibt das Deutsche Reich eine relativ offene Handelspolitik. Günstige Bedingungen für Kapital und Waren aus dem Ausland sollen umgekehrt der deutschen Wirtschaft den verstärkten Eintritt in den internationalen Markt öffnen, ihr dabei helfen, wieder an glanzvollere Zeiten anzuschließen. In der für Fichtel & Sachs so wichtigen Kugellagerindustrie war die vor dem Ersten Weltkrieg erworbene beherrschende Weltmarktstellung auf dramatische Weise verloren gegangen. Der Exportanteil, der einst stolze 40 Prozent betragen hatte, war auf 10 bis 12 Prozent gesunken.

Mit Kartellabsprachen versuchen die Kugellagerhersteller der bedrohlichen Situation Herr zu werden. Ihre bereits vor dem Ersten Weltkrieg geschaffene Preis- und Absatzregulierungskonvention wird rigoros fortgesetzt, ein strenges Marktordnungssystem wird entwickelt, und es werden einheitliche Einkaufspreise für Stahl festgelegt, um sich von den Stahlproduzenten nicht gegeneinander ausspielen zu lassen.

Aus dem Miteinander der Kugellagerindustrie wird Mitte der 20er Jahre zunehmend ein unübersichtliches Gegeneinander, weil der Konkurrenzdruck infolge der deutschen offenen Zollpolitik immer größer wird. Während sich die deutschen Fabrikanten hohen Zollmauern gegenübersehen, öffnet das Deutsche Reich in Vorleistung auf liberalisierende Zugeständnisse anderen Staaten seine Zollschranken, hofft darauf, im Gegenzug ähnliche Konditionen zu erreichen, was aber auf Grund der schwachen politischen Position des Deutschen Reiches misslingt.

Durch die billige Importware erodiert schleichend die Kugellager-Konvention. Was helfen interne Preisabsprachen, wenn sich das Ausland nicht daran hält? Etliche inländische Firmen brechen aus der Unternehmer-Einheitsfront aus, versuchen sich durch Billigangebote zu behaupten. 1928 droht die Selbsterhaltungs-Organisation der deutschen Kugellagerindustrie zusammenzubrechen, als eines ihrer bis dahin konsequentesten Mitglieder aussteigen will. Es sind nicht einfach die Norma-Kugellagerwerke in Stuttgart, die nicht länger etwas von Konventionen und Kartellen wissen wollen. Dahinter steht deren Mutterkonzern, die Schwedische Kugellagerfabrik (SKF) in Göteborg.

Verlässt SKF die Kugellager-Konvention, so droht ein Preiskrieg, bei dem die Schweden mit ihrer eindrucksvollen Wirtschaftsmacht fast zwangsläufig den Sieg davontragen müssen. SKF hat ein Bankguthaben von 30 Millionen schwedischen Kronen, verfügt über eigene Wälder zur Erzeugung von Holzkohle, eigene Erzgruben und Stahlwerke, kann sich selbst den Rohstoff der Kugellager zu Preisen erstellen, bei denen die Lieferanten eines Ernst Sachs aus dem Ruhrgebiet nicht Schritt halten können.

Die Gemeinschaft, die gegen solche Bedrohung helfen könnte, will sich unter den deutschen Kugellagerfabrikanten nicht herausbilden. Ein so genannter »deutscher Block« kommt nicht zustande, und nicht einmal die drei Schweinfurter Fabrikanten Fichtel & Sachs, Kugelfischer und Fries & Höpflinger können sich einigen, woran Ernst Sachs nicht unschuldig ist.

Ein nie endender Gegensatz besteht zwischen ihm und der Familie Schäfer, der die Firma Kugelfischer gehört. Alles an ihnen ist Gegensatz. Hier der mächtige, barocke Ernst Sachs mit seinem temperamentvollen Sohn Willy, dort Georg Schäfer und seine Söhne Georg und Otto, Menschen von eher zarter Statur und zurückhaltendem Wesen. Im Kugellagerkrieg können sich Schäfer und Sachs nicht einigen. Die Brüder Georg und Otto Schäfer, seit 1925 Firmeninhaber von Kugelfischer, fürchten wohl nicht zu Unrecht den Expansionsdrang von Ernst Sachs. Schon ist er neben ihnen Hauptaktionär bei Fries & Höpflinger, und schon wird gemunkelt, dass er auch bei Kugelfischer beteiligt sei. Mit einer offiziellen Demarche muss die Firma via Zeitung ihre Eigenständigkeit betonen: »Niemand ist an der Firma Kugelfischer beteiligt, auch nicht die Fichtel & Sachs AG oder die Fries & Höpflinger AG.«

Die Kontrahenten, die im Kampf gegen die Schweden Kombattanten sein sollten, treffen sich zweimal im Hause Sachs – und können sich nicht einigen. Keiner offenbart sich dem anderen ganz, jeder liegt auf der Lauer – beargwöhnt den anderen, mit SKF gemeinsame Sache zu machen. Eine geschickte Pressepolitik von SKF, in der die Übermacht von SKF bedrohlich ausgemalt wird, verunsichert die Kugellagerfabrikanten, raubt ihnen den Mut, sich den Schweden durch Blockbildung entgegenzustellen oder sich auf eine modifizierte Konvention einzulassen.

Als Ernst Sachs davon erfährt, dass etliche Konkurrenzfirmen, auch Kugelfischer, erwägen, ihrerseits mit SKF einen Block zu bilden, sich im Verbund mit den mächtigen Schweden zu behaupten, belebt er seinerseits seine Verbindungen zu SKF, kauft mit ihnen gemeinsam ein Kugellagerwerk, bietet anderen Firmen eine Beteiligung an und hofft auf diese Weise die Konvention in modifizierter Form zu erhalten. Als auch dieser Versuch einer Einigung scheitert, die Uneinigkeit der Kugellagerfabrikanten kein Ende nimmt, ist für Ernst Sachs der Moment der Entscheidung gekommen. Entweder offener Preiskrieg gegen einen an Ressourcen weit überlegenen Gegner – oder dem Gegner in einem Friedensschluss das Feld, die eigene Kugellagerfabrikation überlassen, sich dabei aber so teuer wie möglich zu verkaufen, wofür ihm sein Freund Wilhelm von Opel zur selben Zeit ein nachahmenswertes Beispiel gibt. Der verkauft am 17. März 1929 das Rüsselsheimer Autowerk an General Motors für 120 Millionen Goldmark. Warum? »Gegen diese Macht kommen wir nicht an!«, ist die Erklärung, die Wilhelm von Opel seiner Tochter Elinor gibt, als sie an den Kölner Ford-Werken vorbeifahren.

Auch Ernst Sachs ist sich seit seinen Amerikabesuchen immer dessen bewusst, was wirtschaftliche Macht bedeutet, und beim Kriegseintritt der USA hatte Ernst Sachs gelernt, dass ein starker, übermächtiger Gegner alle Ehrpusseligkeit obsolet macht. So stellt er sich auf die Stärke seines schwedischen Kontrahenten ein und fährt nach Berlin, um dort mit den Herren aus Göteborg zu verhandeln. Nicht nur die Zukunft seines Unternehmens steht dabei auf dem Spiel. Streng mahnt die *Schweinfurter Zeitung*: »Wir hoffen, dass Geheimrat Sachs, der Ehrenbürger von Schweinfurt, nicht nur den Stand der Aktien, sondern auch an die Interessen der Stadt denken wird.«

Schwierig sind die Verhandlungen im Hotel »Kaiserhof«, und Ernst Sachs ist sicher kein leichter Verhandlungspartner. Er lässt den Eindruck erst gar nicht aufkommen, dass hier einer um jeden Preis verkaufen will, und er hat über den persönlichen Vorteil hinausgehende Interessen, die er schließlich durchsetzt. Am 16. Mai 1929, weit nach Mitternacht, genau um 1.42 Uhr, unterschreibt er die Gründungsurkunde für die »Vereinigten Kugellagerfabriken AG« (VKF), womit sein Werk I mit der Kugellagerfabrikation in das Eigentum von SKF übergeht. Diese arrondiert damit ihren durch Ankäufe bereits stark vergrößerten deutschen Besitz und wird zum größten Kugellagerfabrikanten Europas.

Für Schweinfurt wie für Ernst Sachs wird der Verkauf mittelfristig ein Gewinn sein; kurzfristig bedeutet er für den erfolgverwöhnten Unternehmer einen schmerzlichen Ansehensverlust. Er, dieser überzeugte Nationalist, sieht sich unisono mit der Anschuldigung konfrontiert, ein deutsches Werk ans Ausland »ausgeliefert« zu haben. In dem noch immer an seiner Weltkriegsniederlage, am Friedensvertrag von Versailles und den Reparationszahlungen an die Siegermächte leidenden Deutschen Reich hat die Anschuldigung, das Vaterland zu verraten und zu verkaufen, großes Gewicht.

Als Totengräber einer deutschen Kugellagerindustrie sieht sich Ernst Sachs klassifiziert, als einer, der auf den »Bluff« einer übermächtigen Wirtschaftskraft des schwedischen Konkurrenten hereingefallen ist. »Die Schweden sind kumma, hamm alles mitg'numma...«, zitiert eine Zeitung ein auf Erfahrungen des Dreißigjährigen Krieges anspielendes fränkisches Kinderlied. Schließlich ist die Befürchtung groß, die Wahrscheinlichkeit hoch, dass SKF aus Gründen von Synergie und Effizienz den Standort Schweinfurt vernachlässigen wird.

Dem großen Ernst Sachs, der Schweinfurt wesentlich zu dem gemacht hat, was es ist, der schalten und walten konnte, wie er wollte, weil es doch letztlich immer zum Wohl der Stadt beitrug, ihm wird auf einmal nicht mehr getraut. Er hatte doch versprochen, dass Schweinfurt Hauptproduktionsstätte der VKF sein werde. Warum nur glaubt man ihm auf einmal nicht mehr? Sicher zum Teil, weil diese Aktion von einem PR-Supergau begleitet wird. Erst schweigt die Sachs-Verwaltung, und als dieses Schweigen fatalen Behauptungen über Sachs Tür und Tor öffnet, schweigt auch Ernst Sachs.

Ein Bündel von Motiven kann dieses merkwürdige Verhalten eines sonst sich gerne und unbefangen in der Öffentlichkeit darstellenden Menschen erklären. Sein Selbstbild als unabhängiger Unternehmer ist mit dem Verkauf an SKF und dem negativen öffentlichen Echo beschädigt. Sein patriarchalisches Selbstverständnis, dass er das Recht auf eigene Entscheidungen hat, weil er doch immer auch das Gemeinwohl, das Wohl seiner Arbeiter im Auge hat, gerät ins Wanken. Gewährte Wohltaten zählen wenig im Moment der Krise, und Ernst Sachs dämmert es, dass er vielleicht mehr gefürchtet denn geliebt wird und die ihm erwiesene Zuneigung und Dankbarkeit, der permanent erlebte Respekt in dem Moment schwindet, da er nicht mehr Wohltaten zu verteilen hat.

Auch taktisch-praktische Gründe können das Schweigen erklären. Während die Menschen in Schweinfurt bei heraufdämmernder Wirtschaftskrise um ihre persönliche Zukunft fürchten, die Arbeitslosenzahlen steigen, hat Ernst Sachs seine Schäfchen ins Trockene gebracht. Er tut dies mit jener Mischung von Selbstbewusstsein und Gespür für wirtschaftliche Entwicklungen, die später auch Enkel Gunter beim Verkauf des gesamten Werks an den Tag legen wird. Millionen fließen beim Verkauf an SKF in die Kasse von Ernst Sachs. Nur fünf Monate später wäre das Geschäft in gleich gewinnbringender Weise unmöglich geworden. Der Schwarze Freitag an der New Yorker Börse stürzt die Weltwirtschaft auf Jahre in eine Krise, lässt die Kurse schlagartig purzeln, Aktionäre in den Tod springen und Vermögen von heute auf morgen dahinschmelzen. Ernst Sachs ist davon nicht betroffen. Er hat zum guten Preis der Vorkrisenzeit verkauft.

Dies erlaubt Ernst Sachs, die Familie seines verstorbenen Kompagnons Karl Fichtel auszubezahlen. Zehn Jahre über den Tod ihres Mannes hinaus war die Witwe in vollem Umfang am Unternehmen beteiligt, und auch danach hielt die Familie Fichtel einen namhaften Anteil. »In wahrhaft generöser Weise« seien die Erben bedacht worden, erklärt Sachs-Freund Robert Allmers, womit er seinen freundschaftlich beschönigenden Darstellungen eine weitere Facette hinzufügt. Die Trennung von der Familie Fichtel kann nämlich nicht ganz problemlos vonstatten gegangen sein, da es noch nach dem Zweiten Weltkrieg eine rechtliche Auseinandersetzung Fichtel-Sachs gab.

Die finanziellen Transaktionen rund um den Verkauf der Kugellagerfabrikation könnten auch ein Geheimnis bergen, das den Vater Ernst in der Affäre mehr als bei ihm üblich schweigen lässt und den Sohn Willy Sachs bis ans Ende seiner Tage belastet. 15 Jahre später wird Willy Sachs damit bedroht werden, dass Vorgänge an die Öffentlichkeit gebracht werden könnten, die geeignet seien, seine bürgerliche Existenz zu zerstören. Willy Sachs wird sich mit seinem Anwalt beraten, ihm davon erzählen, dass er wegen einer »von seinem Vater herrührenden Devisensache« angezeigt werden könnte. Um ein Kavaliersdelikt kann es sich dabei nicht handeln, wenn das Ansehen der Familie davon abhängt. Noch zu Lebzeiten von Ernst Sachs sind demnach womöglich unerlaubt Devisen verschoben, Gelder an der staatlichen Aufsicht vorbeigeschmuggelt worden. Es drängt sich die Vermutung auf, dass beim Verkauf an die Schweden finanzielle Transaktionen jenseits des Erlaubten stattfanden. Verständlich, dass Ernst Sachs und der mit allen Vorgängen vertraute Sohn Willy eine vielleicht nicht ganz saubere Weste mit dem Mantel des Schweigens zu bedecken versuchten.

Privates, die Beziehung von Vater und Sohn, die Frage des zukünftigen Erbes spielt beim Verkauf SKF jenseits möglicher unsauberer Praktiken zweifellos eine Rolle. Ernst Sachs sagt später, es sei die schwerste Entscheidung seines Lebens gewesen und das wohl nicht nur aus Verantwortung für die Stadt und ihre Bewohner, wie er gerne betont. Er gibt mit der Kugellagerfabrikation ein Herzstück des Werks und seiner eigenen Geschichte auf. Mit Kugellagern hatte alles begonnen, sie waren im Firmentitel bei der Gründung festgeschrieben. Ernst Sachs, nunmehr 52 Jahre alt, trennt sich von einem wesentlichen Teil seiner Geschichte – und er tut es, um die Zukunft seines Familienunternehmens zu sichern.

Denn da ist noch der Sohn Willy Sachs, der an all den Verhandlungen um den Verkauf teilgenommen hat und sein Erbe antreten soll. Kenner von Firmen- wie Familiengeschichte beteuern, dass hier ein nie offiziell genannter Grund für den Verkauf der Kugellagerfabrikation durch Ernst Sachs liegt. Der habe wohl einfach nicht daran geglaubt, dass Willy Sachs das schwierige Kugellagergeschäft auf Dauer in den Griff bekommt. Um einen Kugellagerkrieg durchzuhalten, dafür fehlen Willy Sachs Durchhaltewillen und Härte. Für Verhandlungen in einem möglichen Kugellagerblock fehlt ihm schon wegen seiner Jugend, aber auch wegen seines Wesens die nötige Autorität. Er ist keiner, der sich in Gremien und Räten wohl fühlt. Verbandsarbeit liegt ihm nicht. Seine Talente kommen in Verkaufsgesprächen zur Geltung, im Gewinnen neuer Kunden, nicht aber im harten Kleinkrieg um Verträge und Paragraphen. Auch hat er zu Kugellagern nicht mehr das Verhältnis wie sein Vater, der noch selbst an der Drehbank stand, sich den Kopf über sinnreiche Patente zerbrach. Zulieferer für die Autoindustrie, Produzent von Motoren – das entspricht weit eher dem unruhigen Temperament eines Willy Sachs.

Mit dem Verkauf an SKF muss sich Ernst Sachs eingestehen, dass sein Erbe nicht von jenem Schlag sein wird, den er sich im Innersten gewünscht hat. Der Sohn wird das Werk nicht in dem Umfang weiterführen können, wie es der Vater aufgebaut hat. Solche Überlegungen und Enttäuschungen sind nicht an die große Glocke zu hängen und lassen Ernst Sachs auch nicht grundsätzlich an seinem Sohn irre werden, verstärken eher das Bemühen, ihm eine Statur zu geben, die ihm Ansehen und Respekt verschafft – und dazu gibt das Geschäft mit den Schweden eine gute Gelegenheit.

Der Konsul

Ein schmückendes Nebenprodukt des Verkaufs der Kugellagerfabrikation an die schwedische Konkurrenz wird im Auswärtigen Amt in Berlin am 15. Mai 1930 in einer Notiz festgehalten: »Die schwedische Regierung beabsichtigt, Herrn Sachs zum konsularischen Vertreter in Schweinfurt zu ernennen.« Die engen Beziehungen zur schwedischen Industrie tragen über die wirtschaftlichen Folgen hinaus persönliche Früchte für die Familie Sachs. Vater Ernst nutzt hier nicht einfach eine günstige Gelegenheit, sondern vollendet damit den schon länger gehegten Plan, seinem Sohn zu einem mit markanter Würde versehenen Amt zu verhelfen und dessen gesellschaftliche Position unverwechselbar zu festigen.

Der Außenamtsvermerk zeigt, dass Vermögen und Titel von Ernst Sachs allein nicht bemerkenswert genug sind. »Sachs ist Schwiegersohn des alten Herrn von Opel«, notiert der Beamte und unterstreicht den Satz mit Rotstift. Vom Vater, dem geheimen Kommerzienrat und Dr. ing. – keine Rede. Der Sohn soll es besser haben, ein Prädikat bekommen, das zum unverwechselbaren Markenzeichen taugt.

Der Titel eines Konsuls scheint genau das Richtige zu sein, denn noch besitzt ihn in Schweinfurt niemand, während der Kommerzienrat für die Industriehonoratioren Schäfer, Fries und Höpflinger geradezu selbstverständlich ist. Bereits im Mai 1929 wird in Berliner Diplomatenkreisen davon gesprochen, dass bald ein Sachs den Titel eines Konsuls tragen werde. Die tschechoslowakische Regierung habe dies beschlossen. Fichtel & Sachs hat ein Werk im tschechischen Tschirnitz an der Eger. Die dort erzeugten Naben und Kugellager werden im Stammwerk zwar etwas geringschätzig betrachtet, aber das Werk gilt als wichtiges Tor zum osteuropäischen Markt – und bei Gelegenheit auch zur Prager Regierung, die das Amt eines Konsuls zu vergeben hat. Mit dem Auftauchen der Schweden als Geschäftspartner verliert die tschechoslowakische Option an Glanz und Bedeutung. Mit einem alten Königreich kann die gerade mal zehn Jahre alte tschechoslowakische Republik nicht konkurrieren.

Aber selbst ein Gustav V., »von Gottes Gnaden König der Schweden, Goten und Wenden«, kann nicht ohne weiteres in Schweinfurt einen Konsul ernennen. Schließlich existiert die fränkische Industriestadt auf der diplomatischen Landkarte bislang überhaupt nicht. Das Auswärtige Amt des Deutschen Reiches möchte, dass dies so bleibt. Wird es Schweden erlaubt, hier ein Konsulat einzurichten, dann muss dies auch anderen Staaten gestattet werden. Diplomatische Kleinstädterei aber soll vermieden werden.

Die deutschen Bedenken stoßen auf schwedischer Seite auf hartnäckigen Widerstand. Unmissverständlich erklärt Baron Koskull als Vertreter der schwedischen Botschaft, dass seine Regierung »einen ganz besonderen Wert auf die Einrichtung eines Vizekonsulats in Schweinfurt legt«, weil dies zum Ausbau der wirtschaftlichen Beziehungen zwischen beiden Staaten und angesichts der engen Geschäftsverbindungen nach der Kugellagerfusion erforderlich sei. Offensichtlich ist die schwedische Seite Ernst Sachs im Wort und tut alles, um dies einzuhalten.

Schließlich willigen das Auswärtige Amt in Berlin und das Bayerische Außenministerium in München ein. Am 6. Mai 1930 teilt die schwedische Botschaft per Verbalnote mit, dass Willy Sachs zum Vizekonsul mit dem Amtsbezirk Stadt Schweinfurt ernannt und als solcher dem Konsulat Nürnberg unterstellt sei. Wenn auch amtlich nur Vizekonsul, so ist doch der »Konsul Sachs« geboren. Der unorthodoxe Fabrikerbe ist noch unverwechselbarer als bisher und in fränkischer Aussprache schlicht als »der Konsuul« unabhängig vom Amt über den Tod hinaus präsent.

Unter Kennern ist der frisch gebackene Vizekonsul nicht ganz so prächtig, wie er den Schweinfurtern erscheinen mag. Mit seiner auf die Stadt beschränkten Befugnis ist er fast ein Herrscher ohne Land. Die Ausweitung seiner Kompetenz nach zwei Jahren auf Würzburg und Bad Kissingen macht den Mangel eher deutlicher, als dass dies das Ansehen erhöht. Erst im Sommer 1933, sozusagen als Geburtstagsgeschenk, geht Schweden daran, seinen Repräsentanten in Schweinfurt aufzuwerten, für ihn das Wahlkonsulat Unterfranken einzurichten und diesen Bereich aus der Zuständigkeit von Nürnberg herauszunehmen. Am 22. September 1933 wird Willy Sachs schließlich vom schwedischen König zum Konsul ernannt. An den folgenden Auftritten ihres diplomatischen Vertreters in Parteiuniform, an seiner SS-Mitgliedschaft scheint man sich in Stockholm nicht zu stören. Weiß niemand davon oder will niemand davon wissen?

Zu neuer Reputation in schwerer Zeit

Vor einer doppelten Aufgabe stehen der angehende Konsul und sein Vater Mitte 1929 nach dem Verkauf der Kugellagerfabrikation. Sie müssen den erlittenen Ansehensverlust wettmachen und sich nach neuen Produkten umsehen, mit deren Fabrikation sie das Unternehmen zu alter Größe führen können. Die Reputation in Schweinfurt wächst, als deutlich wird, dass SKF die Produktion nicht abzieht, seine Deutschlandverwaltung in der Industriestadt am Main belässt. Unübersehbar ist, dass Ernst Sachs daran seinen Anteil hat. Er erhält den Vorsitz im Aufsichtsrat der neuen VKF, beteiligt sich mit einem Aktienanteil von fast 15 Millionen Mark an den insgesamt 40 Millionen Mark Grundkapital der Gesellschaft. Solcher Einfluss erlaubt es Ernst Sachs, sein Versprechen wahr zu machen, dass – allerdings erst zwei Jahre nach dem Verkauf – die gesamte Verwaltung von VKF in Schweinfurt konzentriert wird, die Zentralverwaltung und sämtliche Verkaufsabteilungen aus Berlin hierher verlegt werden. Nachdem er durch das Tal der Geringschätzung gegangen ist, wird nun Ernst Sachs mehr denn je als großer Sohn der Stadt und ihr Wohltäter gepriesen. »Schweinfurt hat die Berliner Zentrale an sich gerissen«, textet stolz das *Schweinfurter Volksblatt*.

Geschickt nutzt Schweinfurts Oberbürgermeister Benno Merkle zuvor das Meinungstief, in das Ernst Sachs geraten ist. Merkle ist die prägende Figur der Schweinfurter Zwischenkriegszeit, der erste sozialdemokratische Bürgermeister und ein Mann mit politischer Vergangenheit in der Münchner Räterepublik. Nach dem Verursacherprinzip bemüht er sich, die durch die Industrialisierung entstandenen Lasten zum Teil auf die Urheber, die Fabrikherren, abzuwälzen, stößt dabei aber auf wenig Gegenliebe. Seine Idee, dass sich die Inhaber der großen Firmen mit Sozialeinrichtungen nützliche Denkmäler setzen, findet nur bei Ernst Sachs Anklang, wobei es zu einem Kräftemessen zwischen Stadtrat, Bürgermeister und Ernst Sachs kommt. Der Stadtrat pocht auf kommunale Eigenständigkeit, will das von Parteien, Sportvereinen und Bevölkerung gewünschte Bad in eigener Regie durch die Stadt errichten. Merkle will städtisches Geld sparen, und es gelingt ihm,

»Ernst Sachs und seine Familie« als Mäzene zu gewinnen, was darauf hindeutet, dass Sohn Willy in jugendlicher Sportlichkeit das Unternehmen unterstützt.

Damit sich das Projekt nicht im Gestrüpp der städtischen Bauverwaltung verheddert, übernimmt Ernst Sachs den Bau in Eigenregie, besteht darauf, dass er den Standort bestimmt. Mitten in der Stadt, leicht erreichbar, will er das Bad haben, was den Widerstand des Stadtrats weckt, der dem Geheimen Kommerzienrat nicht zu Willen sein will und für seine Eigenständigkeit auch die Biersteuer zu opfern bereit ist. Dem politisch überhaupt nicht mit Ernst Sachs harmonierenden Benno Merkle gelingt es, ein Treffen von Haupt- und Finanzausschuss mit dem potenziellen Spender zu arrangieren, bei dem Ernst Sachs überzeugt und sich durchsetzt. Am 10. Juni 1931 wird der Grundstein an dem von Ernst Sachs ausgewählten Standort gelegt. Der Bürgermeister verliest in der Baugrube die Gründungsurkunde, und Ernst Sachs lauscht, als gälte es, eine Huldigungsadresse entgegenzunehmen.

In den Grundstein werden nicht nur Bilder des Oberbürgermeisters und der Familie Sachs eingemauert, sondern auch die »Klassiker« von Fichtel & Sachs: die Torpedo-Nabe und schon fast Geschichte gewordene Kugellager aus hauseigener Produktion. Eine Neuigkeit ergänzt das traditionelle Sortiment: die Beschreibung und Abbildungen eines Zweitaktmotors.

Auf der Suche nach Ersatzprodukten für die Kugellager hatte sich Ernst Sachs, in diesem Fall kräftig von Sohn Willy unterstützt, für die Entwicklung eines Kleinmotors entschieden, gedacht als Grundstock für die Motorisierung des kleinen Mannes. Zum zweiten Standbein machte Ernst Sachs die Produktion von Bauteilen für den Automobilbau, Kupplungen und Stoßdämpfern. Einmal mehr beweist er damit Weitblick und wendet wieder einmal seinen Grundsatz an: Egal, wer etwas baut, Hauptsache, er braucht dazu meine Bauteile. Es störte ihn daher gar nicht, dass sein Freund Wilhelm von Opel sein Werk verkaufte. Auch der neue Inhaber, General Motors, braucht Kupplungen für den Autobau. Werden die Fahrzeuge aber nach amerikanischen Prinzipien gebaut, werden sie billiger, es werden mehr davon gebaut – und es werden mehr Kupplungen gebraucht.

Wie sich nun herausstellt, hat Ernst Sachs schon vor dem Verkauf an SKF Vorbereitungen für eine Umstellung seiner Produktion getroffen. Bereits 1926 hatte Fichtel & Sachs die Stempel-Werke in Frankfurt/Main gekauft, in denen Kupplungen für die Firma Mecano hergestellt wurden. Im März 1929, fast drei Monate vor Unterzeichnung des Kaufvertrags mit den Schweden, wird aus der Lohnfertigung eine selbständige Produktion. Die Kupplungsrechte werden von der Firma Mecano an die Stempel-Werke übertragen, die nach Schweinfurt verlegt werden. Der bisherige Inhaber von Mecano und deren Kupplungspatenten erhält Lizenzgebühren für die unter seiner Leitung entwickelten Patente und wird darüber hinaus Vertreter der Firma Fichtel & Sachs.

Der Handel mit Patenten und der Kauf von Unternehmen gehört zu den üblichen Vorgängen bei Fichtel & Sachs, gewinnt aber in diesem Fall gleich doppelte Bedeutung. Zum einen wird mit der Kupplungsproduktion der Grundstock für eine dominierende Stellung auf diesem Markt und damit für den wirtschaftlichen Erfolg gelegt. Zum anderen wird der Inhaber von Mecano, Max Goldschmidt, zu einem ganz besonderen Geschäftspartner, der zwanzig Jahre später als Mac Goldsmith dem aus den Wirrungen des Dritten Reiches emportauchenden Willy Sachs als leibhaftiges Menetekel begegnen wird.

Goldschmidt gehört zu der nicht großen Zahl von Juden, die sich bei der Wahl eines akademischen Berufes für eine Ingenieurlaufbahn entschieden haben. Er verbindet seine technische Begabung mit kaufmännischem Geschick. Er verbessert von ihm gekaufte Kupplungspatente zu den Spitzenprodukten, die einem Ernst Sachs ins Auge stechen. Daneben entwickelt er ein Verfahren zur Verbindung von Gummi und Metall, das bei Motoraufhängungen eine große Rolle spielt und ihn zu einem wichtigen Partner von Daimler-Benz macht.

Qualität hat ihren Preis, und so sind die Lizenzgebühren für die Goldschmidt-Kupplungen den Managern bei Fichtel & Sachs ewig ein Dorn im Auge. Als Opel seine dominierende Stellung im Automobilbau ausnützt und die Preise für Kupplungen drückt, denkt Ernst Sachs daran, sich bei den Zahlungen an Goldschmidt schadlos zu halten. »Herr Goldschmidt, wir müssen Ihnen leider die Tantiemen beschneiden«, teilt er dem Geschäftspartner mit. Worauf der antwortet: »Herr Geheimrat, ich bin schon beschnitten genug.« Die Familie Goldschmidt/Goldsmith hält die Anekdote bis heute lebendig und kennt deren vorerst guten Ausgang. Ernst Sachs, ein Freund von Humor und Schlagfertigkeit, gibt sich geschlagen. Es bleibt bei den bisherigen Konditionen, bis der Nationalsozialismus alles verändert und man sich bei Fichtel & Sachs die neuen Umstände kaltblütig zunutze macht.

Der Tod des Patriarchen

Etwas Unerschütterliches bestimmt zu allen Zeiten das Bild von Ernst Sachs. Zielstrebig hat der junge Erfinder seine Ideen in die Wirklichkeit umgesetzt und mit einer nicht zu irritierenden Konsequenz baut er sein Werk auf und aus. Er hat Krisenzeiten nach dem Ersten Weltkrieg, er hat die Inflation, den Verlust seiner Kugellagerfabrikation gemeistert. Auch Anfang der 30er Jahre zeigt er sich von der allgemeinen Unruhe unerschüttert. Flexibel reagiert sein Unternehmen auf die unterschiedliche Wirtschaftslage mit schwankenden Mitarbeiterzahlen und neuen Produkten. Ernst Sachs scheint in jeder Hinsicht dem Lehrbuch des Nationalökonomen Joseph A. Schumpeter entsprungen zu sein. Nicht nur verkörpert er in fast idealtypischer Weise dessen Bild des virilen, patriarchalischen Unternehmers, der sich in der Gründung eines »privaten Reiches« verwirklicht. Er zeigt auch, dass Innovation eine wirtschaftliche Elementarkraft darstellt.

Voller Energie stürzt er sich auf die Entwicklung eines Kleinmotors, möglicherweise ahnend, dass dies sein letztes großes Werk, sein Vermächtnis sein wird. Wie bei Freilauf und Rücktritt spielen persönliche Motive gewiss eine Rolle. Ernst Sachs ist älter geworden, hat die Schwelle ins siebente Lebensjahrzehnt überschritten. Das Alter, bald auch die Gesundheit fordern von dem für seine imponierende Körperlichkeit berühmten Mann ihren Tribut. Da liegt es nahe, sein Denken darauf zu richten, wie das Fahrrad als Alltagsfahrzeug des kleinen Mannes mit weniger körperlicher Mühsal betrieben werden kann. Mit seinen Lagern, mit dem Torpedo-Rücktritt hat er es leichtgängiger gemacht. Getreten aber muss noch immer werden, doch könnte damit ein Ende sein, wenn ein Motor die Arbeit abnimmt. Verständlich, dass auch Sohn Willy von der Idee begeistert ist, wo ihm ein aktenkundig gewordener Hang zur Bequemlichkeit eigen ist.

Klein muss der Motor sein, leistungsfähig, dauerhaft belastbar und so leicht, dass er auch in einfache Fahrradrahmen ohne allzu viel zusätzlichen Aufwand montiert werden kann. Wieder werden die Grundsätze befolgt, mit denen Ernst Sachs zum Erfolg gekommen ist: durchdachte Konstruktion, präzise und hochqualitative Fertigung und hohe Verlässlichkeit. Der erste Versuch mit einem 74 ccm kleinen Motor von 1,25 PS Stärke überzeugt noch nicht: zu schwach und zu laut.

1931 gelingt der große Wurf. Auf 98 ccm vergrößert und mit 2,3 PS wird der Motor vorgestellt, der für Jahrzehnte den Inbegriff des Kleinmotors darstellt und wesentlich dazu beitragen wird, dass Fichtel & Sachs nach dem Zweiten Weltkrieg zu alter Größe aufsteigt. 1932 beträgt der Anteil von Fahrradmotoren an der Produktion bereits fast 20 Prozent. Trotz Wirtschaftskrise und Massenarbeitslosigkeit beginnt Fichtel & Sachs mit dem Neubau eines Verwaltungsgebäudes, das noch heute in seiner schwungvollen und doch nüchternen Eleganz überzeugt. Auch für mäzenatisches Handeln reichen Geld und Kraft. Eine neue Kirche soll zu Füßen des Schlosses in Mainberg das alte Kirchlein ablösen. Ernst Sachs finanziert und sorgt dafür, dass Arbeitslose aus dem Ort beim Abriss des alten Baus Arbeit finden.

Das politische Donnergrollen ist um diese Zeit nicht zu überhören, der Erfolg der Nationalsozialisten nicht zu übersehen. Die politische Heimat von Ernst Sachs, die DVP mit ihrer liberalnationalen Ausrichtung und unternehmerfreundlichen Politik, schwindet dahin. Ernst Sachs aber hält sein Werk für unerschütterlich, und von seinem eigenen Leben denkt er mit fast kindlicher Naivität, dass es lange währen wird. Stramm ist er bei offiziellen Anlässen dabei und auch mit fast 65 Jahren treibt er Sport. Unglaublich daher für die Freunde, die ihn noch im Februar 1932 auf dem Feldberg beim Skifahren erlebt haben, dass er bald darauf ein vom Tod gezeichneter Mann ist.

Ein rasches und heftiges Siechtum erfasst ihn, der sich selbst für unverwüstlich hält und diesen Glauben auch noch in seiner Krankheit behält. Die Diagnose »Leukämie« und die damit verbundene aussichtslose Prognose wird dem Kranken und seiner Familie lange vorenthalten. Ernst Sachs unterzieht sich in Heidelberg schmerzhaften Bestrahlungen, will nicht aufgeben, auch als die Endgültigkeit der Krankheit für seine Umgebung nicht mehr zu übersehen ist. Betty Sachs pflegt ihren Mann selbst, der in Mainberg bis zuletzt auf Heilung hofft.

Jeden Tag lässt er sich in den letzten Wochen vor seinem Tod für eine Stunde ans Fenster tragen, um vom Lehnstuhl aus einen Blick über die Mainlandschaft hin nach Schweinfurt zu werfen, wo im Dunst die Schlote seiner Fabrik zu sehen sind. Oberaudorf, die Rechenau sind seine letzte Hoffnung. Aber vergeblich baut er darauf, so weit zu gesunden, dass er wieder in sein Jagdrevier fahren kann, um dort durch Licht und Sonne des Hochgebirges zu genesen. Zuletzt muss er sich doch mit dem Gedanken befassen, dass er, weit früher als gedacht, sein Werk nicht mehr würde weiterführen können. Seinen Sohn Willy Sachs hat er für diesen Fall vorbereitet, doch will er darüber hinaus Vorsorge treffen. Er ruft nach Herrscherart seine Vasallen ans Sterbebett, um den Sohn ihrem Schutz anzuvertrauen und mit ihnen zu besprechen, wie es unter dem Infanten weitergehen soll.

Am 2. Juli 1932 stirbt Ernst Sachs, und fassungslos versucht die fernere Umgebung, die sein Siechtum nicht miterlebt hat, zu begreifen, dass dieser immer Kraft verströmende Mann mitten aus seinem von Plänen, Vorhaben erfüllten Leben gerissen wurde. Das Schwimmbad harrt der Vollendung und Eröffnung, das neue Verwaltungsgebäude ist noch im Bau wie auch die von ihm geförderte Kirche in Mainberg. Auch privat ist alles auf Entwicklung eingestellt. Schwiegertochter Elinor ist wieder schwanger, soll im Herbst ihr zweites Kind zur Welt bringen.

Noch am Todestag ergeht an die Mitarbeiter von Fichtel & Sachs die offizielle Mitteilung vom Tod des Seniorchefs, und es erfolgt der Hinweis, dass anlässlich der Beerdigung am 5. Juli die

Arbeit ruhen wird. Mit einem weiteren Satz scheint es, als würde Ernst Sachs noch über den Tod hinaus zeigen, welch strenger Herr er zu sein vermag: »Am folgenden Freitag wird die ausgefallene Arbeitszeit nachgeholt.« Zwei Tage dauert es, bis sich die Geschäftsleitung eines Besseren besinnt und erkennt, dass es nicht gerade für die bei dem Toten zu preisende Mildtätigkeit gegenüber seinen Arbeitern spricht, wenn diese auf ihre eigenen Kosten trauern müssen. Am 4. Juli heißt es, dass »irrtümlich« vom Nacharbeiten die Rede gewesen sei. Der Verdienstausfall durch die Arbeitsruhe während der Trauerfeier werde vergütet.

So steht die durch die Wirtschaftskrise arg geschmolzene Mitarbeiterschaft an den Straßen des Fabrikgeländes Spalier, während ein Flieger mit Trauerwimpel der ganzen Stadt signalisiert, dass Ernst Sachs zu Grabe getragen wird. In der großen Turbinenhalle ruht der Sarg auf einem hohen Podest und droht unter einem Meer von Kränzen und Blumen unterzugehen. Drei Stunden dauert die Trauerfeier, zu der alles gekommen ist, was in der deutschen Auto- und Fahrradindustrie Rang und Namen hat. Oberbürgermeister Benno Merkle, der bereits am Vormittag bei einer außerordentlichen Stadtratssitzung den Ehrenbürger Schweinfurts gewürdigt hat, spricht als Erster. Direktoren, Betriebsleiter und Betriebsrat folgen und danach in schier endloser Reihe Geschäftspartner, Vereinsfreunde, Vertreter der Freimaurer, der DVP und natürlich der Jägerschaft. Vierspännig wird der Sarg zum Friedhof gefahren, hält noch einmal am Verwaltungsgebäude von Fichtel & Sachs, ehe es zum städtischen Ehrengrab geht. Hohe Pylonen mit flackernden Feuerschalen überragen das kleine Holzkreuz, das sich auf der großzügig bemessenen Fläche des Ehrengrabs fast verliert.

Allen Beteiligten ist klar, dass hier nicht nur ein Großer dahingeht, sondern auch ein Letzter. Die Generation der industriellen Gründerväter tritt ab, und dies gilt nicht nur für Schweinfurt. In der hoch angesehenen *Frankfurter Zeitung* intoniert der mit Ernst Sachs befreundete renommierte Schriftsteller Kasimir Edschmid den Abgesang auf Ernst Sachs und seinesgleichen. »Er war einer der Männer jenes großen Bürgertums in Deutschland, die weder eingebildet noch machthungrig waren, sondern ihren Lebensumkreis genau so vornehm und genau so einfach lebten, wie es ihnen angemessen, vorgeschrieben und wie es richtig war.« In Zeiten, da sich die Straße längst darangemacht hat, nach der Macht zu greifen, rühmt Edschmid »Wohlwollen, Klarheit und Anständigkeit des Tuns und Denkens«. Er würdigt auch die »ungemeine Kraft, die von Güte durchdrungen war« und den »Mannesglauben an Deutschland... jenen Glauben, der in seinem Herzen und in der kraftvollen Herzlichkeit seines Wesens begründet war«.

Die heute fremd und pathetisch anmutenden Worte beschwören immer wieder Stärke, beginnend bei der Beschreibung des hünenhaften Körpers des Verstorbenen mit seiner »Athletenfigur«. Kaum tot, wächst die Größe von Ernst Sachs schon fast ins Übermenschliche, die davon ablenken kann, dass auch das Werk des Verstorbenen zu dieser Zeit schweren Gefährdungen ausgesetzt ist, die der Vertreter der Belegschaft bei der Trauerfeier am klarsten benennt. Er spricht von der »heutigen schweren Notzeit, die uns Arbeiter und Arbeiterinnen mit unerbittlicher Grausamkeit schlägt«. Sein in unseren Ohren merkwürdig klingendes, vielleicht als Absage an heraufziehende Mächte gemeintes höchstes Lob für den Verstorbenen lautet: »Er war uns ein Führer, zu dem wir voller Hochachtung aufblicken konnten.«

Teil 2

Der Sohn

Ein Kronprinz wird König

Durch den Tod des Vaters wird Willy Sachs gemeinsam mit seiner Mutter Erbe des Millionenvermögens. Da sich Betty Sachs für alles Wirtschaftliche außerhalb der Hauswirtschaft für unzuständig erklärt, wird ihr Sohn Alleinverantwortlicher des Unternehmens, schmückt sich mit dem Titel eines »Generaldirektors«. Er darf vollenden, was Ernst Sachs begonnen hat. Die Einweihung der Kirche in Mainberg steht an, das neue Verwaltungsgebäude wird bezogen und schließlich wird am 7. Februar 1933 das Ernst-Sachs-Bad eröffnet. Zu den glanzvollen Ereignissen in des Vaters Nachfolge gesellt sich das freudige Ereignis der eigenen Vaterschaft: Am 14. November 1932 wird Sohn Gunter Sachs geboren. Von der wenig erfreulichen wirtschaftlichen Lage, die auch Fichtel & Sachs erfasst, kann all dies nur schwer ablenken.

Nur noch 2300 Mitarbeiter stehen bei Fichtel & Sachs in Lohn und Brot, und der Bericht der Geschäftsleitung spricht von einer anhaltenden Flaute. Bei sieben Millionen Arbeitslosen im Deutschen Reich kann Fichtel & Sachs selbst von seinem Long- und Bestseller, der Torpedo-Nabe, im Jahr nicht einmal mehr die Hälfte jener vier Millionen Stück pro Jahr verkaufen wie noch wenige Jahre zuvor. Erst recht hat niemand Geld für den neuen Kleinmotor, der eigentlich den Aufschwung bringen sollte. 12 000 Stück, ein Drittel der Vorjahresproduktion, werden 1932 erzeugt – und die sind kaum zu verkaufen. Kupplungen, Stoßdämpfer, als gewinnträchtige Zukunftsprodukte nach der Aufgabe der Kugellagerproduktion gedacht, finden keine Abnehmer, wo die PKW- und LKW-Produktion im Deutschen Reich seit 1929 auf die Hälfte gesunken ist und gerade mal 50 000 PKW und 20 000 LkW produziert werden.

Auch im Export ist wegen der weltweiten Wirtschaftskrise das Heil nicht zu finden. Der aussichtsreiche asiatische Markt ist durch Schmutzkonkurrenz gefährdet. Billige Nachbauten der Torpedo-Nabe machen unter dem plagiierten Fichtel & Sachs-Markenzeichen von Japan aus den Originalprodukten Konkurrenz. Aus Schweinfurt muss sich ein Direktor nach Peking aufmachen, um hier Einhalt zu gebieten, den Markt zurückzuerobern und den guten Ruf der Produkte »Made in Germany« zu retten.

Die politische Lage ist mindestens so dramatisch wie die wirtschaftliche. Der Tod von Ernst Sachs ist in die krisenhafte Endphase der Weimarer Republik gefallen. Der 30. Mai 1932 mit dem Abgang des Reichskanzlers Brüning gilt Historikern als Schlüsseldatum, mit dem das Präsidialsystem mit Hindenburg an der Spitze in seine autoritäre, offen antiparlamentarische Phase eintritt, die zur Machtergreifung durch die NSDAP führt. Noch im April hatte eine breite Front unter Einschluss der SPD Hindenburg gegen Hitler als Präsidenten durchgesetzt. So unterschiedliche politische Charaktere wie Ernst Sachs und Oberbürgermeister Merkle hatten sich gemeinsam für Hindenburg stark gemacht. Einen Monat nach dem Tod von Ernst Sachs erringen Hitler und seine NSDAP bei der Reichstagswahl einen Wahlsieg, der die liberale Mitte und gemäßigte Linke im Kern trifft. Die DVP von Ernst Sachs rutscht von bescheidenen 4,5 Prozent der Stimmen auf marginale 1,2 Prozent.

Bei neuerlichen Reichstagswahlen nach nur drei Monaten sinkt der Stern Hitlers. Die NSDAP erhält nur noch 33 Prozent der Stimmen statt früher 37. Die Angst vor einem Abdriften gerade jüngerer Wähler hin zur KPD lässt nicht nur den Kanzler Franz von Papen und seinen intriganten Reichswehrminister General Kurt von Schleicher an Hitler festhalten, sondern auch Teile der Industrie dem ihnen etwas suspekten »Führer« Sympathien abgewinnen. Führende Persönlichkeiten aus der Wirtschaft schreiben an Hindenburg und sprechen sich für einen Reichskanzler Hitler aus. Etliche von jenen, die nicht unterzeichneten, lassen verlauten, dass sie ähnlich denken. Andere, wie Robert Bosch, halten auf Distanz, ohne in dezidierte Gegnerschaft zu verfallen.

Von all dem merkt Willy Sachs angeblich nichts, durchlebt ahnungslos jene Zeit, in der sich Deutschlands Schicksal entscheidet und andere Industrielle darum ringen, wie sie sich verhalten, auf welche Seite sie sich schlagen sollen. Willy Sachs sei »völlig unpolitisch« erzogen worden, »Politik war ihm etwas Fremdes«, »parteipolitisch war er ungeschult«. So lauten unisono die Urteile, die bei aller Einstimmigkeit problematisch sind. Abgegeben werden sie nach 1945, als es ratsam und hilfreich erscheint, den wegen NSDAP- und SS-Mitgliedschaft belasteten Willy Sachs zu entlasten und für den Beklagten auf Unschuld aus Ahnungslosigkeit zu plädieren.

Glaubwürdig klingen solche Urteile nur insofern, als Willy Sachs, der zur naiven, unreflektierten Handlungsweise neigte, eine theoretische Auseinandersetzung mit politischen Fragen nicht lag. Intellektuelle Trennschärfe zählte gewiss nicht zu seinen prägenden Merkmalen. Absolut unwahrscheinlich mutet es aber an, dass Willy Sachs in einem Kokon des Unpolitischen aufgewachsen, im Werk wie auf dem Schloss in den Gesprächen mit seinem Vater das Politische außen vor geblieben sei. In die Verhandlungen mit den schwedischen Kugellagerfabrikanten hat Ernst Sachs seinen Sohn genau eingeweiht und ihn daran beteiligt. Bei der Entwicklung der neuen Produktpalette von Kupplung bis Zweitaktmotor hat man sich intensiv ausgetauscht, ist gemeinsam zur Jagd gegangen, war mit Wilhelm von Opel oder Robert Bosch zusammen. Ist es vorstellbar, dass bei einem solchen Verhältnis zwischen Vater und Sohn nicht über Politik gesprochen wurde und Willy Sachs ahnungslos die folgenreiche Entscheidung traf, in die NSDAP einzutreten?

Mit Datum vom 1. Mai 1933 wird Willy Sachs mit der Nummer 2 547 272 Mitglied der NSDAP. Dieser in den Parteiakten festgehaltene Vorgang suggeriert eine nicht gegebene Eindeutigkeit. Der Stempel auf der NSDAP-Mitgliederkartei zeigt den 1. Mai 1933 – und sagt doch wenig über den tatsächlichen Termin des Eintritts aus. Es ist ein fiktives Datum, von der Partei vorgegeben, um der Flut der Anträge auf Mitgliedschaft nach der gewonnenen Reichstagswahl vom 5. März 1933 Herr zu werden, als die »Märzgefallenen« begierig auf den Zug in die politische Zukunft aufsprangen. 1,6 Millionen Anträge auf Parteimitgliedschaft werden zwischen dem 30. Januar und dem 1. Mai 1933 registriert. So verfügt die NSDAP ab dem 1. Mai für sechs Jahre eine Aufnahmesperre. Damit aber trotzdem noch weiter Mitglieder aufgenommen werden können, werden deren Eintritte auf den 1. Mai 1933 rückdatiert.

Mit diesem Eintrittsdatum befindet sich Willy Sachs in großer und prominenter Gesellschaft. Die Großindustriellen Fritz Thyssen und Günther Quandt, Vorstandskollegen von ihm bei VKF, sind genauso wie ein Großteil des Direktoriums der Bosch-Werke ab 1. Mai 1933 als Parteimitglieder registriert. Der Tag scheint für einen Parteieintritt von Industriellen wie geschaffen zu sein und verleitet immer wieder dazu, ihn als tatsächlichen Eintrittstag zu betrachten. Hitler hatte den 1. Mai zum arbeitsfreien »Tag der nationalen Arbeit« erklärt, und Goebbels sorgte mit allem propagandistischen Aufwand dafür, dass dieser neue Feiertag als Verschmelzung von Kapital und Arbeit erscheint. Dazu passen Unternehmer als neue Mitglieder einer sich sozialistische Arbeiterpartei nennenden Gemeinschaft bestens ins Bild.

Die symbolische Stimmigkeit des Tages deckt sich aber nicht mit den realen Vorgängen. Die meisten der zum 1. Mai registrierten Parteigenossen waren erst später eingetreten und hatten zum »Tag der nationalen Arbeit« keinerlei spezifische Beziehung, wofür der Dirigent Herbert von Karajan mit seinem 1935 erfolgten, aber ebenfalls auf den 1. Mai 1933 datierten Parteieintritt ein namhaftes Beispiel liefert. Formal am selben Tag wie Willy Sachs Parteigenosse geworden, erhielt er doch die um mehr als eine halbe Million höhere Mitgliedsnummer 3 183 016.

Da von Willy Sachs kein Antrag auf Parteimitgliedschaft überliefert ist, lässt sich sein tatsächliches Eintrittsdatum nicht mehr feststellen. Als gewiss kann gelten, dass er nicht schon vor der »Machtergreifung« am 30. Januar 1933 Mitglied der Partei oder der SS geworden ist. Diese Behauptung taucht 2001 in einem auch das Schweinfurter »Willy-Sachs-Stadion« behandelnden Buch über deutsche Stadien auf. Sie wird vom *Spiegel* übernommen, findet Eingang auch in seriöse Nachschlagewerke und wird in Auseinandersetzungen über die NS-Vergangenheit von Willy Sachs als Faktum zitiert. Nicht nur, dass es völlig der NS-Praxis widerspräche, ein späteres Eintrittsdatum in den Karteien zu registrieren, wo doch ein früher Eintritt nach NS-Selbstverständnis die Mitgliedschaft aufwertete. Es gibt auch keinen Beleg für eine NSDAP-Mitgliedschaft von Willy Sachs vor dem 1. Mai 1933.

Die Antwort auf die Frage nach dem genauen Beginn der

NSDAP-Mitgliedschaft von Willy Sachs ist von beschränkter Aussagekraft, weil der Parteieintritt gering wiegt gegenüber dem weitaus gewichtigeren, eindeutig zu fixierenden Eintritt in die SS. Als Parteigenosse des Jahres 1933 könnte er als Teil einer Massenbewegung durchgehen, zum Heer der »Märzgefallenen« zählen. Was zuvor wankte, fiel nunmehr, und vieles, was fest zu stehen schien, geriet ins Wanken. 1948 meint der erfahrene Vorsitzende im Entnazifizierungsverfahren zu Willy Sachs: »Parteigenosse waren Sie nicht allein. Damit wäre die Sache gar nicht so schlimm.«

Bei derselben Gelegenheit erklärt Willy Sachs: »Als das Jahr 1933 kam, wusste ich von der NSDAP so gut wie nichts.« Was ließ ihn dann in diese ihm so unbekannte Partei eintreten? Bei aller Massenhaftigkeit der damaligen Eintritte hatte doch jeder seine eigenen Gründe, wofür allein seine VKF-Aufsichtsratsmitglieder Thyssen und Quandt ein beredtes Beispiel abgaben. Fritz Thyssen war über Jahre ein glühender Verehrer Hitlers und ein offensiver Vertreter der Sache des Nationalsozialismus. Ende 1932, Anfang 1933 war er in den Kreisen der von Nazis umworbenen Schwerindustrie ein fast einsamer Befürworter der neuen Bewegung, der mit seinem verstolperten »Sieg Heil, Herr Hitler!« aus seinen Sympathien kein Hehl machte. Günther Quandt dagegen, Ex-Mann der Goebbels-Ehefrau Magda, gehörte zur größeren Zahl der lange Abwartenden, sprang aber umso heftiger auf den zur Macht fahrenden braunen Zug auf. Schon am 5. Februar 1933 machte er Goebbels seine schmeichlerische Aufwartung.

Willy Sachs erklärt sich nie genau über seine Motive für die Annäherung an die NSDAP, so dass ihr vor allem beim Blick auf seine Herkunft zunächst etwas Unerklärliches anhaftet. Denn in einem sind sich alle Zeugen einig: Vom Vater hat er es nicht. Das verwundert, wo es doch andererseits heißt: »Die Erziehung lag in den Händen seines Vaters.« Von Ernst Sachs wird übereinstimmend beteuert, dass er mit dem Nationalsozialismus nichts im Sinn gehabt habe, ja, mit ihm auf Grund seiner gesamten weltanschaulichen Einstellung gar nichts gemein gehabt haben könne. Schließlich sei er von humanistischer Gesinnung gewesen, was schon allein die Mitgliedschaft bei den Freimaurern dokumentiere, deren Integrität allein dadurch ausgewiesen scheint, dass sie von den

Nationalsozialisten wegen Geheimbündelei und Internationalismus verboten wurden.

Wie aber auch die Schweinfurter Loge »Brudertreue am Main« beweist, war die deutsche Freimaurerei nach dem Ersten Weltkrieg primär national orientiert. »Sei deutsch!«, rief der Schweinfurter Großmeister 1919 am Ende einer Festrede, und Anfang der 30er Jahre hielt einer der Logenbrüder wenig von Brudertreue und polemisierte gegen die »Vermischung mit Andersrassigen«. Als 1933 die Abschaffung der Freimaurerei drohte, schwand die Solidarität. Im Anschluss an die letzte Arbeitsloge der »Brudertreue am Main« vor ihrer Auflösung wurde noch die »Judenfrage« erörtert, und man kam zu der Ansicht, dass dem Austrittsbegehren jüdischer Brüder stattzugeben sei, weil dies dem Erhalt der Loge dienen könnte.

Widerstand gegen den Nationalsozialismus war in diesen Kreisen nicht beheimatet. Die Mitgliedschaft bei den Freimaurern rückt Ernst Sachs nicht in solche Ferne zum Nationalsozialismus, wie später behauptet wurde. Eher ist sie ein Hinweis auf ein in mancherlei Richtungen offenes national-konservatives Milieu, aus dem der eine oder andere seinen Weg zu Hitler und seiner Partei fand, wofür es im Umkreis von Ernst Sachs ein eklatantes Beispiel gibt. Unter jenen, die Ernst Sachs auf dem Sterbelager damit beauftragte, seinem Sohn beizustehen, war Heinz Kaiser, der selbst Freimaurer war. Er stellte sich Willy Sachs bei dessen Eintritt in die Partei nicht nur nicht in den Weg, sondern wurde, allerdings wegen seiner Logenzugehörigkeit erst 1941, per Gnadenerweis von Hitler NSDAP-Mitglied.

Das Beispiel Kaiser zeigt allerdings, dass der frühe Eintritt seines Sohnes in die NSDAP verhindert worden wäre, hätte Ernst Sachs dafür gesorgt, dass sein Sohn Freimaurer wird. Es war in der Schweinfurter Loge nicht unüblich, dass Söhne oder Schwiegersöhne in die Loge der Väter aufgenommen wurden. Solche Mitgliedschaften wurden sogar als besonderer Ausweis der Verbundenheit gewertet. Ernst Sachs, der sonst bedacht war, seinen Sohn in allen Dingen als Nachfolger aufzubauen, verschaffte ihm kein Entree in die maurerische »Arbeit«. Schien ihm sein Sohn zu ungebärdig für das ernsthafte Anliegen der Freimaurer? Gerade der

»unbehauene Stein« verlangt aber nach maurerischem Verständnis der Bearbeitung. Hatte Willy Sachs keine Neigung zu dem ihm möglicherweise etwas spießig erscheinenden Ritual, verweigerte er sich gar dem verehrten Vater?

Eine gewisse Distanz gegen den noch nicht lange verstorbenen Vater könnte zumindest theoretisch auch hinter dem Parteieintritt von Willy Sachs liegen, ja, sie könnte ein Stück Vatermord, Abnabelung vom übermächtigen Vorbild bedeuten. »Bewegung« nennt sich die neue Partei und entspricht damit der Dynamik, der oft fast hektischen Unruhe des jungen Betriebsherrn. Betrachtet man die Zeugnisse, die Ernst Sachs jede Nähe zum Nationalsozialismus absprechen, dann wäre der Eintritt des Sohnes in die NSDAP tatsächlich ein Aufbegehren, ein Bruch mit der Vergangenheit.

Solches würde dem impulsiven Wesen von Willy Sachs entsprechen, das auch nach seinen eigenen Worten bei der Zuwendung zur NSDAP eine Rolle gespielt hat. Allerdings war dieser Schritt auch von Prüfung und Überlegung begleitet. Willy Sachs konnte nicht einfach den politischen Weg des Vaters weitergehen. Dessen politische Heimat war innerhalb weniger Monate völlig erodiert. Die DVP war im parlamentarischen System zu einer Randerscheinung geworden, der erst die Wähler und am Ende auch die Mitglieder davonliefen. Vergeblich suchte sich der letzte DVP-Chef Eduard Dingeldey gegen den Exodus hin zur NSDAP zu stemmen, der oft noch unter Mitnahme von Parteivermögen erfolgte.

Eine vom Vater vorgegebene politische Heimat gibt es also für Willy Sachs nicht mehr, und er kann durchaus meinen, sich im Fall der NSDAP zumindest partiell in der Gedanken- und Vorstellungswelt des Vaters zu bewegen. Dessen DVP galt als rechts-liberal, was bei Ernst Sachs im politischen Sinn mit seiner Ablehnung linker Einstellungen eine Entsprechung fand, während liberal für ihn vor allem Freiheit eines unbeschränkten Unternehmertums bedeutete.

Orientierung sollte Willy Sachs eigentlich eine vom Vater handverlesene Schar von Ratgebern geben. Ernst Sachs war bei aller Liebe von den Fähigkeiten des Sohnes nicht sonderlich überzeugt. Vertrauten gegenüber klagte er, dass es mit seinem Sohn »nichts Rechtes« sei. Aber, was solle er machen. Er habe nur diesen einen

Nachkommen. So soll das mangelnde Vertrauen in die geschäftlichen Talente des Sohnes mit dazu beigetragen haben, dass sich Ernst Sachs vom schwierigen Kugellagergeschäft trennte. Noch auf dem Sterbebett verpflichtete er Direktor Michael Schlegelmilch, seinen Sohn »zu betreuen und im guten Sinne zu führen«. Die Direktoren Heinz Kaiser und Rudolf Baier, kaum älter als Willy Sachs, sind weitere Männer, die Ernst Sachs sozusagen zum Vormund seines Sohnes bestimmte. Sie alle sollten dem jungen Fabrikherrn dabei helfen, das Unternehmen zu erhalten, den Arbeitern Lohn und Brot zu garantieren.

Auffällig ist das spätere Urteil dieser Herren, dass Willy Sachs nicht nur politisch unerfahren war, als er die Firmenleitung übernahm, sondern noch sehr jung, eigentlich zu jung für das schwere Amt. Von allen wird das Bild eines fast tumben, zumindest naiven Halbwüchsigen so drastisch gezeichnet, dass in Vergessenheit geraten könnte, dass der Erbe zu diesem Zeitpunkt schon zweifacher Vater und 36 Jahre alt ist, also älter als ein Goebbels oder Himmler und etwa gleich alt wie Göring, denen kaum jemand unterstellt, 1932/33 im Stande jugendlicher Unbedarftheit gehandelt zu haben. Willy Sachs muss aber unabhängig von seinem Alter den Eindruck der Unreife erweckt haben. Wenn eine Mitarbeiterin bei Direktor Baier Unzulänglichkeiten des neuen Fabrikherrn mit der Bemerkung »Er muss es halt noch lernen!« entschuldigen will, gibt dieser zurück: »Wie alt will er denn noch werden, bis er es lernt?«

Die Hinweise auf die allzu große Jugendlichkeit des Erben haben den wahren Kern, dass dieser zeit seines Lebens in seiner Spontaneität und seiner Unüberlegtheit einen Zug der Unreife besitzt. Dies bildet die Grundlage für jene Melange von Entschuldigung und Erklärung, die in den Nachkriegsjahren zur Reinigung des lädierten Ansehens von Willy Sachs gemixt wurde. Bis heute ist in Schweinfurt die Erinnerung an Willy Sachs in jener Form wach, dass er ein leutseliger, großzügiger Mensch gewesen sei, der aber mit der Führung des Werks eigentlich überfordert war und ohne den Rat und die Anleitung des noch von seinem Vater rekrutierten Führungspersonals der Aufgabe nicht gewachsen gewesen wäre. Bei der schwierigen Aufgabe der Entourage von Willy

Sachs, ihren Chef nach 1945 von möglichst viel Schuld freizusprechen, wird beteuert, hier liege ein Fall von fast an Dummheit grenzender Ahnungslosigkeit vor, die sich aus jugendlicher Unschuld erkläre. Andererseits müssen die Direktoren die eigene Verantwortung herunterspielen, wollen sie negative Folgen für sich vermeiden.

Willy Sachs macht es seinen Wegbegleitern leicht, von ihrer eigenen Rolle abzulenken. Er ist nach 1945 bereit, für seine Parteimitgliedschaft die Verantwortung zu übernehmen. Dies erfordert nicht allzu großen Mut, weil die reine Parteimitgliedschaft im Vergleich zu seiner Zugehörigkeit zur SS fast zur Nebensächlichkeit herabsinkt, bedeutet aber doch eine Rarität in den Entnazifizierungsverfahren, in denen jeder Beschuldigte eisern beteuert, dass jede Nähe zum Nationalsozialismus auf Fremdeinwirkung zurückzuführen und entweder durch Zwang oder ohne eigenes Wissen zustande gekommen sei.

»Ich habe mich von der allgemeinen Zustimmung, die diese Partei damals hatte, hinreißen lassen und bin beigetreten«, lautet das Bekenntnis von Willy Sachs, das seinem impulsiven Charakter entspricht. Dann stiehlt er sich aber doch ein wenig aus der Verantwortung: »Ich muss aber bemerken, dass dieser Eintritt vom damaligen Betriebsobmann mir direkt aufgedrängt worden ist.« Und schließlich: »Mein Beitritt erfolgte natürlich nur im Betriebsinteresse. Ich glaubte, damit für das Werk mehr tun zu können, als wenn ich abseits stand.«

Dieser Dreiklang der Begründung klingt mit der Nennung des Betriebsobmanns etwas dissonant. Nicht nur, dass an anderer Stelle der Ortsgruppenleiter als treibende Kraft genannt wird, ist Willy Sachs in diesem Punkt auffällig unbestimmt. Im Verhör durch einen amerikanischen Sicherheitsoffizier kann er sich an den Namen des Betriebsobmanns nicht mehr erinnern, bezeichnet ihn ausdrücklich als »feinen Menschen« und gibt an, dass er später gefallen sei. Hat Willy Sachs den Namen seines Betriebsobmanns Michael Flierl wirklich vergessen? Den Mann, der vor dem frisch gebackenen SS-Mann Sachs beim Appell zum 1. Mai 1934 antrat, der zum erlauchten Kreis gehört hatte, der mit roter Ehrenkarte neben Himmler und Epp bei der Stadion-Einweihung auf der

Ehrentribüne stehen durfte, der am 25. Mai 1942 fiel und in der Hauszeitschrift *Feldpost vom Sachs* mit einem gefühlvollen Nachruf gewürdigt wurde. Vielleicht anonymisiert Willy Sachs, um konkrete Nachfragen und Nachforschungen zu verhindern.

Ein Betriebsobmann war im Dritten Reich oberster Vertreter der Deutschen Arbeitsfront (DAF) in den Betrieben, der in der nach Auflösung der Gewerkschaften gleichgeschalteten Arbeiterschaft die Position einnahm, die zuvor einem Betriebsratsvorsitzenden entsprach. Die Hierarchie war dabei klar: »Das Verhältnis des Betriebsobmannes als des Vertreters der DAF und damit der NSDAP zum Betriebsführer ist das des Oberfeldwebels zum Kompaniechef.« Ein Rest von Merkwürdigkeit haftet der Version an, nach der Kompaniechef Willy Sachs vom Oberfeldwebel am Gängelband geführt worden sein soll. Herren seines Ranges wurden wie im Fall des fast geschlossen in die Partei eintretenden Bosch-Direktoriums auf der Ebene des Gauleiters zur NSDAP-Mitgliedschaft angehalten.

Beim Eintritt von Willy Sachs in die NSDAP ist weniger Unbedachtheit im Spiel, als er und seine Umgebung im Nachhinein beteuern. Vielmehr stehen hinter dem Schritt Überlegung und Beratung. »Es ist mir allgemein erklärt worden, ein Betriebsführer mit 7 bis 8000 Arbeitern könne sich nicht lange halten, wenn er nicht dabei ist«, erklärt er nach 1945. Abgesehen davon, dass die Mitarbeiterzahl bei seinem Parteieintritt wesentlich kleiner war: Wer hat »allgemein« erklärt? Etliche kommen in Frage: Direktor Kaiser, über den in einem Parteiakt lobend hervorgehoben wird, dass er schon vor 1933 für die NSDAP gespendet hat? Robert Allmers, der Wilhelm von Opel zur Parteimitgliedschaft riet? Oder wirklich nur der unbedeutende Betriebsobmann Michael Flierl, der so wenig Einfluss hatte, dass später sein Antrag auf Lohnerhöhungen für »alte Kämpfer«, langgediente Parteimitglieder, von der Firmenleitung abgelehnt wurde? Ihm die Anregung für den Parteieintritt zuzuschreiben, hat nachträglich einen entscheidenden Vorteil. Flierl unterscheidet sich von all den NSDAP-Mitgliedern in der Umgebung von Willy Sachs dadurch, dass seine Mitgliedschaft keinen Hauch von Opportunität besitzt, sondern auf Überzeugung beruht. Dafür bezahlt er im freiwilligen Fronteinsatz mit dem Leben und wird damit zu einem toten Zeugen, der nicht widersprechen und nicht berichtigen kann.

Der unsichere junge Generaldirektor hat viele Einflüsterer, und er hat nicht nur die Interessen seines eigenen Betriebs im Auge zu behalten, sondern auch die von VKF, wo er noch immer einen erheblichen Aktienanteil besitzt. Unter neuem politischen Vorzeichen sieht nämlich der alte Konkurrent Georg Schäfer, der sich bei den Verhandlungen über eine Neuordnung der Kugellagerproduktion 1929 so sperrig verhalten hat, die Chance, den Mitbewerber zu diskreditieren und aus dem Geschäft zu drängen, indem er die nationale Karte ausspielt.

Im Mai 1933 weist er in der Lokalpresse darauf hin, dass seine Firma Kugelfischer seit Jahren gegen die »kapitalstarke ausländische Konkurrenz« kämpfe, dass er sich als »letzte rein deutsche Kugel- und Kugellagerfabrik dem Auslandstrust entgegengeworfen hat«, und betont sein Deutschtum und sein Nationalbewusstsein. Der Angriff verpufft und das wahrscheinlich nicht zuletzt, weil VKF mit Thyssen, Quandt und Sachs ausgesprochen parteinahe Männer im Aufsichtsrat vorzuweisen hat. Eine Parteimitgliedschaft von Willy Sachs hat in jeder Hinsicht Gewicht und Bedeutung bei einem Mann, der sich als »wirtschaftlich und gesellschaftlich nicht unbekannte Persönlichkeit« tituliert.

Der väterliche Mentor Michael Schlegelmilch erzählt nach dem Krieg davon, wie er mit seinem Schützling zu Kunden und Geschäftspartnern in der Fahrrad-, Motorrad- und Automobilindustrie gefahren sei, um Willy Sachs in seiner neuen Funktion als Generaldirektor einzuführen, aber auch, um Meinungen zu sammeln, zu erfahren, wie sich andere Industrielle in der Frage des Beitritts zur NSDAP verhalten. Die Auskunft? »Herr Sachs, was wollen Sie machen. Sie müssen es tun als Inhaber eines solchen Betriebs, Sie müssen es Ihren Arbeitern gegenüber tun.« So habe sich denn Willy Sachs zu der Erkenntnis durchgerungen: »Ich kann den Arbeitern mehr nützlich sein, wenn ich dazugehe, als wenn ich nicht zur Partei gehe.«

Die amerikanische Entnazifizierungsbehörde hält 1948 von solcher Argumentation wenig und zieht außerdem dazu den ewigen Sachs-Konkurrenten Schäfer heran. Der sei ja auch erst 1935 in die

Partei eingetreten, habe wohl 1933 keine dringende Notwendigkeit dafür gesehen. Was US-Leutnant Mellmann nicht weiß: Schäfer war wohl für den »rechtzeitigen« Parteieintritt zu spät gekommen, hat auch ohne Mitgliedschaft heftig die Sache der NSDAP vertreten und war spätestens seit Kriegsbeginn ein weit offensiverer Vertreter der nazistischen Sache als Willy Sachs.

Ernst Sachs hatte zu Lebzeiten einen Freundeskreis namhafter Persönlichkeiten, mit denen Willy Sachs über den Tod des Vaters hinaus Verbindung hielt. Es ist nicht überliefert, ob er 1932/1933 zu ihnen wegen einer Parteimitgliedschaft Kontakt aufgenommen hat. In einigen Fällen ist es sehr wahrscheinlich. Warnungen wird er von ihnen gewiss nicht gehört haben. Robert Bosch lehnte zwar persönlich eine Parteimitgliedschaft ab, fand die seiner Direktoren im geschäftlichen Interesse in Ordnung. Franz Ritter von Epp, Jagdfreund des Vaters, war schon seit 1928 in der Partei und wurde am 10. April 1933 sogar zum Reichsstatthalter in Bayern ernannt.

Und wie verhielt sich der geschätzte Schwiegervater Wilhelm von Opel, seit 1933 im Aufsichtsrat von Fichtel & Sachs? Sein Eintrittsdatum in die NSDAP lautet wie bei Willy Sachs 1. Mai 1933 bei allerdings wesentlich höherer Mitgliedsnummer. Nach 1945 ließ er sich bestätigen, ebenso wie sein Schwiegersohn politisch völlig ahnungslos gewesen zu sein. Parteimitglied sei er nur geworden, weil ihm als Vorstandsmitglied der Opel AG vom »Reichsverband der Automobilindustrie« (RDA) dazu geraten worden sei. Präsident des RDA war der Ernst-Sachs-Freund und -Biograph Robert Allmers, ein konservativer Burschenschafter, dem mit einer Mensurnarbe auf der linken Wange seine Überzeugung vom Gesicht abzulesen war. 1945 wird Robert Allmers für Willy Sachs einen Persilschein ausstellen. Danach habe sich Willy Sachs 1933 »in idealer Auffassung politisch überrumpeln lassen«. Er habe »das Pech gehabt«, Inhaber eines bedeutenden Werkes zu sein und sich als solcher den Anforderungen des Naziregimes gar nicht entziehen können. Im Übrigen sei dem »offenen Wesen« von Willy Sachs »Politik etwas Fremdes«.

Aus Goethes *Faust* tönt hier die alte, sehr deutsche Weise herüber, dass politisch Lied ein garstig Lied sei. Wer sich mit Politik einlasse, mache sich eben die Hände schmutzig, und Willy Sachs habe naiv und verdienstvoll zugleich im Interesse des Betriebs die Drecksarbeit gemacht und sich mit den Schmutzfinken von der NSDAP eingelassen. Das Merkwürdige: Derjenige, der Willy Sachs so vehement aus dem Dunstkreis des Nationalsozialismus befreien will, war selbst Mitglied der NSDAP. Auch bei Robert Allmers ist der ominöse 1. Mai 1933 als Eintrittsdatum vermerkt, und seine Mitgliedsnummer 2 655 423 liegt nicht allzu weit entfernt von jener von Willy Sachs.

Es war kein Aufstand von Willy Sachs gegen Vater und Vaterfreunde, als er sich der neuen Bewegung anschloss und Parteimitglied wurde. Im Gegenteil: Willig hat er getan, was ihm das väterliche Milieu riet oder gar vormachte. Halt gegen die heraufziehende braune Diktatur konnten die alten Herren nicht geben, wo sie doch selbst im entscheidenden Augenblick an ihren alten, nationalkonservativen, postmonarchistischen Vorstellungen keinen Halt fanden und sich in einer Mischung aus ideeller Nähe und Opportunität dem Nationalsozialismus anschlossen.

Willy Sachs selbst bagatellisiert später den Eintritt in die Partei. Mitgliedsbeiträge? Darum habe er sich nicht gekümmert. Das sei von seinem Sekretariat festgelegt und abgeführt worden. Was er letztlich bezahlt habe, das kann er später nicht mehr sagen. Wie so vieles in der Spruchkammerverhandlung ist auch dies eine selbstentlastende Zweckbehauptung, die einen wahren Kern hat. Wichtiger und bedeutsamer als die Mitgliedschaft in der NSDAP waren andere Zugehörigkeiten, und relevant selbst für einen Großspender wie Willy Sachs waren ganz andere Zahlungen während des Dritten Reichs.

Vom SA-Mann zum SS-Sturmführer

Viel ist nach 1945 vom NSDAP-Mitglied Willy Sachs die Rede, viel vom SS-Mann Willy Sachs. Übergangen wird der SA-Mann Willy Sachs, obwohl dieser allem anderen voranging. Etwas Genierliches scheint der Vorstellung anzuhaften, dass Willy Sachs im Braunhemd herumgelaufen und den proletarisch-rabaukenhaften Massen unter der Führung von Ernst Röhm zuzurechnen sei. Dabei gibt es hier den Hinweis für ein frühzeitiges nationalsozialistisches Engagement, wofür allerdings keine Parteimitgliedschaft Voraussetzung war.

In einem Verhör zeigt der US-Offizier Willy Sachs ein Photo, auf dem er in Gesellschaft von Röhm zu sehen ist. »Wann wurde das Bild aufgenommen?«, fragt der verhörende Oberleutnant Mellmann, und Willy Sachs antwortet: »1932.« Hat er sich verraten oder geirrt? Wellmann muss ihn aus der selbstgelegten Schlinge einer frühen SA-Mitgliedschaft befreien: »Herr Sachs, ich hatte nicht die Absicht, Sie hereinzulegen, aber Sie haben selbst einen Fehler gemacht. Sie sagen, das Bild wurde 1932 aufgenommen?« Und nun besinnt sich Willy Sachs einer in jeder Hinsicht treffenderen Jahreszahl: »Nein, ich meinte 1933.« Aber, was er gesagt hat, hat er gesagt: Es hätte auch 1932 sein können.

Im Entnazifizierungsverfahren wird Willy Sachs damit konfrontiert, dass er mit dem SA-Führer in Klingenberg bei Würzburg gewesen sei, was der biedere Spruchkammervorsitzende für den Herrn Konsul aus eigener Anschauung kompromittierend findet: »Ich habe auch Röhm in Würzburg gesehen, wie er am Abend in seinem Rausch gestanden hat, und der ist in seinem Rausch im Auto umgefallen, weil er so viel gesoffen hatte in Klingenberg. Ich habe am anderen Tag meinen Arbeitskameraden gesagt, was Röhm war, dass er 175er war, schon vor 1933 und bis erst der geliebte Führer draufgekommen ist, bis er ihn weggeputzt hat und nicht bloß den Röhm, sondern auch den ganzen Zauber.«

Es verblüfft, schockiert, dass noch 1948 ein erklärter Nazigegner wie der Spruchkammervorsitzende Verständnis dafür aufbringt, dass Hitler den homosexuellen Röhm und seine nähere Umgebung ermorden ließ. Es zeigt aber auch, für wie diskreditierend, unangemessen eine SA-Mitgliedschaft von Willy Sachs betrachtet wurde. Wahrscheinlich sah er dies ähnlich, so dass ihm der baldige Wechsel zur SS wie ein angenehmer Abgang aus einer unangenehmen Umgebung erscheinen konnte.

Am 1. Mai 1933, dem neuen »Tag der nationalen Arbeit«, ist von der Distanz zur SA noch nichts zu merken. Willy Sachs nimmt ihn fast begeistert zum Anlass, sich im Stil und Gewand der neuen Zeit zu gebärden. Im Braunhemd steht er vor »seinen« Arbeitern, verkörpert mit vollem Einsatz, was das neue Regime zur Schau stellen will: Volksgemeinschaft, Betriebsgemeinschaft. Nichts erinnert an einen Generaldirektor, wenn er mit der Hakenkreuzbinde am Arm vor der Belegschaft steht. Alles Honoratiorenwesen, das seinen Vater ausgezeichnet hat, ist abgestreift. Bilder vom denkwürdigen 1. Mai 1933 zeigen einen Condottiere im Braunhemd, herabgestiegen aus seinem Kastell in Mainberg, die Truppe hinter sich scharend.

Die Freude am Spektakel, der Spaß, wieder wie in Leutnantszeiten einen Trupp hinter sich zu versammeln, motiviert Willy Sachs. Die Überlegung »Den Krampf mach ich mit, das gibt eine Gaudi!«, die ein ehemaliger Betriebsratsvorsitzender seinem Chef unterstellt, trifft zwar die Sache, doch gibt es noch weitere Gründe. Die Vorstellung der Nationalsozialisten vom »Betriebsführer« und seiner »Gefolgschaft« entspricht durchaus dem Weltbild von Willy Sachs. Die Ideologie, die in dem am 20. Januar 1934 veröffentlichte »Gesetz zur Ordnung der nationalen Arbeit« zu Paragraphen geronnen ist, deckt sich in neuer Terminologie mit vielem, was Ernst Sachs im Kern gedacht und sein Sohn von ihm übernommen hat.

Der Unternehmer besitzt danach weitgehende Entscheidungsbefugnis gegenüber seinen Beschäftigten. Arbeitsbedingungen, Arbeitszeit und die Modalitäten der Lohnzahlung kann er festlegen. Als »Gefolgschaft« haben die Arbeiter in erster Linie zu folgen. Umgekehrt hat sich der Unternehmer um das Wohl der Arbeiter zu kümmern. Dies alles ist nicht sehr verschieden vom feudalistisch-paternalistischen Selbstverständnis von Vater und Sohn Sachs. In der Folge wird Willy Sachs zwar Konflikte mit der kanalisierte Arbeitnehmerinteressen verfolgenden Deutschen Arbeitsfront (DAF) haben, die den Betriebsführer mit praktischen und ideologischen Forderungen bedrängt. Aber prinzipiell kann er sich als Unternehmer bestens mit den die Betriebsführung betreffenden NS-Vorstellungen identifizieren.

Darüber hinaus darf er sich nach den wirtschaftspolitischen Ankündigungen Hitlers Hoffnungen auf einen Aufstieg aus der ökonomischen Talsohle machen. Tatsächlich wird die Zahl der Beschäftigten bei Fichtel & Sachs den Tiefstand von 2300 Mitarbeitern bald überwinden. Als Zulieferbetrieb der Autoindustrie muss Fichtel & Sachs nicht erst auf die Aufrüstungsprogramme warten, sondern profitiert sofort von der das Automobil fördernden NS-Politik, die gleich am 1. April 1933 alle fabrikneuen zugelassenen Fahrzeuge von der Kfz-Steuer befreit und damit den Autoherstellern wie den Zulieferern einen Auftragsregen bescherte.

Für eine Anpassung an das neue Regime und eine Absicherung des eigenen Betriebs würde die Parteimitgliedschaft von Willy Sachs ausreichen und würde der »Normalität« nach 1933 entsprechen. Aber es bleibt nicht dabei. Am 18. August ergeht die Mitteilung an die Gruppe Franken der SA: »Reichsführer-SS erbittet Genehmigung zum Übertritt des SA-Mannes Willy Sachs-Schweinfurt von der SA zur SS.« Himmlers Bitte um den Wechsel zur SS ist zwar ungewöhnlich, aber doch kaum mehr als eine Formalie mit Rücksicht auf die zu diesem Zeitpunkt noch gegebene Vorherrschaft der SA. Die Genehmigung der SA-Führung wird ohnedies nicht abgewartet, denn schon einen Tag zuvor wird in den SS-Akten der Übertritt von Willy Sachs zur SS verbunden mit der Ernennung zum »SS-Untersturmführer« registriert.

Merkwürdig diskret äußert sich Willy Sachs nach 1945 über die Umstände seines Eintritts in die SS. Er verweist auf persönliche Bekanntschaften, die ihrerseits wieder zum Kontakt mit Himmler geführt haben. Namen will er keine nennen, deutet nur auf den Bekanntenkreis seiner Frau Elinor von Opel hin. Will er deren Familie nicht kompromittieren oder sich selbst schützen?

Die geheimnisvolle, beschwiegene Person ist niemand anderer als jener Karl Wolff, den Willy Sachs schon in den 20er Jahren im Hause Opel kennen gelernt hat. Er ist nicht Leiter eines Werbebüros geblieben, sondern hat in der SS eine Blitzkarriere absolviert als Adjutant Himmlers, Verbindungsmann zu Hitler und dann Höherer SS- und Polizeiführer in Italien. Als Willy Sachs sich wegen seiner NS-Vergangenheit zu verantworten hat, läuft gegen Karl Wolff ein Verfahren wegen Kriegsverbrechen, so dass er zum unbefangenen Gewährsmann für Willy Sachs nicht taugt. Seine

Rolle wird jedoch durch eine Reihe von Zeugenaussagen im Spruchkammerverfahren glaubwürdig sichtbar.

Karl Wolff weiß von den ausgedehnten Latifundien der Familie Sachs in Oberbayern, und er kennt jemanden, dem er das besondere Vergnügen einer Hochgebirgsjagd vermitteln kann: Heinrich Himmler. Der möchte, so die spätere Erzählung, einem englischen Admiral eine echt deutsche Jagd offerieren, und Karl Wolff bittet Willy Sachs, die Jagdgesellschaft bei sich aufzunehmen. Mit dabei ist noch ein alter Bekannter von Willy Sachs, der auch seit jüngerer Zeit für Karl Wolff eine Rolle spielt: Franz Ritter von Epp. Der Freund von Ernst Sachs hatte sich bei seiner Ernennung zum Reichsstatthalter in Bayern Karl Wolff zum Adjutanten auserkoren, wobei sich dieser so vorzüglich bewährt hat, dass Himmler den talentierten Mann in sein eigenes Vorzimmer holt.

Ein Photo der Jagdgesellschaft ist erhalten, auf dem Himmler, Sachs und Epp in jagdlicher Montur zu sehen sind. Karl Wolff wird seinem Ruf als Höfling gerecht: Er hält sich etwas seitwärts und verzichtet auf Gewehr und Jägerhut. Himmler, zu diesem Zeitpunkt ein begeisterter Jäger und noch nicht wie in späteren Jahren vom Mitleid für das gejagte Wild erfasst, stellt eine ausgesprochen entspannte Miene zur Schau, und gute Laune soll den gesamten Jagdausflug geprägt haben.

Wie bei Willy Sachs auf der Rechenau üblich, wird Waidmannsheil und Waidmannsglück am Abend im Jagdhaus gefeiert, bei dem es nicht nur beim »kleinen Essen« bleibt, sondern auch einige Bocksbeutel geleert werden. Das will zwar nicht zum Bild des angeblich Alkohol und Nikotin meidenden Himmler passen, korrespondiert aber mit Berichten über dessen geselliges Burschenschaftsleben als Student. Nach dem Weingenuss erklärt Himmler: »Herr Konsul Sachs, Sie gefallen mir. Ich ernenne Sie hiermit zum Untersturmführer der SS!« Rähmisch, ein wirklich treuer Diener seines Herrn, beteuert, dass sich Willy Sachs »gegenüber dieser Ernennung ablehnend verhielt«. Folgender Dialog soll sich entsponnen haben. Sachs zum Reichsführer-SS: »Herr Himmler, ich bin Wirtschaftler, habe außerordentlich viel zu tun und kann in der SS keinen Dienst machen.« Darauf Himmler: »Herr Sachs, das spielt gar keine Rolle. Ihre Ernennung ist ja nur ehrenamtlich, und irgendwelcher Dienst in der SS kommt für Sie gar nicht in Frage.«

An dieses Wort hält sich der Reichsführer-SS. Willy Sachs wird zwar zunächst dem Sturm 6/56 zugeteilt, aber »Dienst« hat er dort nie getan. Am 1. Mai 1934 tritt Willy Sachs schon in SS-Uniform vor seine Mitarbeiter, noch als Sturmführer, doch wird er schon im Herbst zum Obersturmführer ernannt und »Führer z.b.V.«.

Grundverschieden erscheinen der joviale Pykniker Sachs und der verkniffene Leptosome Himmler, und doch gibt es zwischen ihnen ein Band des Verstehens. Das Bayerisch-Landsmannschaftliche verbindet ebenso wie die gemeinsame Freude an der Jagd. Himmler, der hinter seiner sauertöpfischen Miene durchaus ein der Unterhaltung und Geselligkeit fähiges Wesen verbarg, wird sich durch den großzügigen und freimütigen Willy Sachs angesprochen gefühlt haben. Vielleicht hat Himmler an seinem Gastgeber auch gefallen, dass der Linkshänder war. Für Himmler, der fest davon überzeugt war, dass die Menschheit ursprünglich linkshändig war, bedeutete dies ein Zeichen kräftiger Urwüchsigkeit.

Der Reichtum von Willy Sachs muss auf Heinrich Himmler besondere Anziehungskraft besessen haben. Ständig war er auf der Suche nach Zuwendungen für seine SS wie auch für sich persönlich. Durch seinen Adlatus Fritz Kranefuß ließ er sich einen »Freundeskreis Heinrich Himmler« aufbauen, der nicht zuletzt, aber keineswegs ausschließlich, der Geldbeschaffung diente. In Willy Sachs hatte Himmler gewissermaßen einen Goldfisch an der Angel, und entsprechend eilig hatte er es, diesen Fang durch die baldige Mitgliedschaft zu sichern.

Willy Sachs hatte offensichtlich keine grundsätzlichen Bedenken dagegen, der SS anzugehören. Sein Einwand beschränkt sich allein auf einen möglicherweise damit verbundenen Zeitaufwand. Es wird ihm nicht unlieb gewesen sein, auf Distanz zu der an Ansehen verlierenden SA gehen zu können. Statt einer von zwei Millionen SA-Männern zu sein, bescherte ihm bei der SS die niedrige Mitgliedsnummer 87 064 Exklusivität. Eine SS-Mitgliedschaft war 1933 im landläufigen Verständnis nicht kompromittierend, sondern bedeutete im Gegenteil eine gewisse Nobilitierung. In der schwarzen SS-Uniform herumzulaufen, hatte in besseren Kreisen durchaus Schick, zu ihren Spendern zu gehören, war gerade in den Anfängen der NS-Zeit ein Zeichen gesellschaftlichen Ansehens.

Führt Willy Sachs für seinen Parteieintritt an, dass er damit sein Unternehmen sichern wollte, so verzichtet er auf solche Argumente beim SS-Eintritt. Er spricht nicht davon, dass er den Schutz des SS-Chefs gesucht habe, um Unheil vom Werk oder von sich abzuwenden. Dazu hätte er auf seinen Aufsichtsratskollegen bei VKF Günther Quandt verweisen können, der sogar unter etwas ungeklärten Umständen festgenommen wurde, gegen den eine NS-Clique in seinem Unternehmen zu putschen versuchte. Aber das tut Willy Sachs nicht, sondern führt nur Umstände des SS-Eintritts an, aber keine Gründe. Es habe sich eben so ergeben. Die SS – das ist bei solcher Einstellung eine jener »Gaudis«, bei denen Willy Sachs nicht abseits stehen konnte.

Wusste Willy Sachs nicht, mit wem er sich da einließ, wenn er sich zum Gefolgsmann von Heinrich Himmler machte und bald auch mit dessen mörderischem Handlanger Reinhard Heydrich in nähere Beziehung trat? Ja und nein. Himmler war Mitte 1933 eine noch relativ unbekannte Person, die allerdings in Bayern seit kurzem als Polizeipräsident von München und Kommandeur der politischen Polizei zu brutal genutzter Macht gekommen war. Ende Juni waren in Bayern bereits 20 000 Menschen verhaftet, und das von Himmler in Dachau eingerichtete KZ war berüchtigt. Selbst Franz Ritter von Epp war irritiert, was er in Dachau bei einer Besichtigung am 4. Mai 1933 zu sehen bekam. Auch Willy Sachs wusste davon, dass etliche der Gewerkschafter und Kommunisten aus seinem Betrieb nach Dachau gebracht worden waren. Aber wenn des Vaters Freund Ritter von Epp trotzdem mit Himmler kooperierte und zur Jagd ging, dann konnte auch ein zur Naivität neigendes Gemüt wie Willy Sachs nicht allzu viel dabei finden, sich mit Himmler einzulassen.

Und Heydrich? Er war nicht nur zu diesem Zeitpunkt für die Öffentlichkeit ein weitgehend Unbekannter. Er fuhr später ein Auto mit dem Kennzeichen »SS 3«, womit er seine Position in der Hierarchie des Dritten Reiches ausdrücken wollte. Aber überrascht musste sein Sicherheitsdienst (SD) nach dem Attentat auf

Heydrich und anschließender großer Trauerfeier feststellen, dass er in weiten Kreisen der Bevölkerung unbekannt war.

Unabhängig von rationalen Überlegungen und allzu viel Kalkül scheint Willy Sachs von der Nähe zu den Männern der neuen Macht fasziniert und hingerissen zu sein, was ihn später nicht daran hindert, diese Nähe sehr wohl für sich zu nutzen. Auch der Attraktivität des barocken Machtmenschen Hermann Göring kann sich Willy Sachs nicht entziehen, als er ihn noch im Jahr 1933 in Berlin kennen lernt. Auch hier verbindet die gemeinsame Jagdleidenschaft, aber darüber hinaus noch bayerisch-fränkische Kindheit und Jugend. Hermann Göring ist in Rosenheim geboren, nicht sehr weit vom Sachs'schen Jagdsitz bei Oberaudorf. Aufgewachsen ist er in der Burg Veldenstein bei Nürnberg, hat dort seine wohl prägendsten Kindheitserlebnisse erfahren, seine Leidenschaft für prächtige Anwesen und prunkvolle Kostüme entwickelt. Da ist einer wie Willy Sachs als Besitzer eines burgähnlichen Schlosses ein passender Partner, noch dazu, wo Willy Sachs großzügig ist, was dem raffgierigen Göring nur recht sein kann.

Kaum an der Macht absolviert Göring noch 1933 einen Besuch auf der Rechenau und lässt sich mit einer Jagdhütte beschenken. Warum die großzügige Gabe? Hat sich Willy Sachs Vorteile versprochen von dem Mann, der dabei ist, sich zum Wirtschaftskapitän des Dritten Reiches aufzuschwingen? Wohl eher war es eines jener spontanen Geschenke, die für ihn typisch sind. Wer einer Arbeiterin in Not schnell einen 50-Mark-Schein gibt, der hat für einen Preußischen Ministerpräsidenten eine Jagdhütte bereit, wenn dieser sie wünscht – und mit ihr wohl sentimentale Erinnerungen verbindet.

Genau in dieser Gegend zwischen Oberaudorf und Bayrischzell hat Hermann Göring Anfang der 20er Jahre so etwas wie Vor-Flitterwochen mit seiner späteren Ehefrau Carin Gräfin von Fock verlebt und zwar in einem kleinen Jagdhaus. Ob es genau jenes gewesen ist, das er nun von Willy Sachs zum Geschenk erhält, lässt sich heute nicht mehr feststellen. Es muss diesem zumindest so ähnlich gewesen sein, dass bei Göring Erinnerungen und der Wunsch nach Besitz wach werden. Der generöse Willy Sachs knausert nicht, schenkt – und ärgert sich später höchstens ein wenig, weil Göring, der weitaus prächtigere Anwesen zu sammeln beginnt, sein oberbayerisches Jagdhäuschen nie wieder besucht. Das Besondere an Willy Sachs: Er kann mit allen, ist gleichermaßen vertraut mit Himmler, Göring, Heydrich, Wolff – die alle untereinander in höchst verzwickten Beziehungen stehen. »Freund« war er wohl keinem, aber irgendwie jedem zu Gefallen, selbst wenn der Gegensatz so groß war wie zwischen ihm und Heydrich. Hier der großgewachsene, schlanke SS-Führer, der kaum ein Wort mehr spricht als notwendig – dort der kleine, rundliche, plauderfreudige Industrielle. Die Jagd schafft auch hier Verbindung und dazu noch das weibliche Element. Heydrichs Ehefrau Lina rühmt sich später, dass sie Willy Sachs dazu gebracht habe, ihnen mit dem auszuhelfen, was bei Willy Sachs immer und in seinem Verhältnis zur SS eine besondere Rolle spielt: Geld.

Goldene Jahre im braunen Reich

Noch keine zwei Wochen im Amt des Reichskanzlers eröffnet Hitler am 11. Februar 1933 die Internationale Automobil- und Motorradausstellung in Berlin. Bei dieser Gelegenheit gibt er ein anspruchsvolles Programm für diesen Wirtschaftssektor bekannt: Straßenbauten werden angekündigt, Steuererleichterungen zur Unterstützung der Automobilhersteller verfügt. Von der Idee der »Volksmotorisierung« geradezu besessen, verfolgt Hitler ohne Beteiligung der Militärs, ja teilweise gegen deren Willen, Ziele, die den Automobilherstellern goldene Zeiten bescheren, noch ehe die Aufrüstung zum Motor des Wirtschaftsaufschwungs wird. Die Automobilindustrie hat zu danken: Der Absatz von Kraftfahrzeugen ist 1935 bereits viermal so hoch wie vor Beginn der NS-Herrschaft.

Auch Fichtel & Sachs profitiert von der Motorisierungswelle. Der Kampf darum, wer das von Hitler erstrebte Billigauto, den späteren »Volkswagen« bauen soll, muss den Zulieferbetrieb nicht irritieren. Wer immer Autos baut, kann Produkte aus dem Hause Fichtel & Sachs brauchen.

Willy Sachs leitet ein für die Massenmobilisierung gut vorbereitetes Haus. Die weitsichtige Planung des Vaters bewährt sich, so dass jede Schicht der neuen Mobilität bedient werden kann. Unten sind nach wie vor die Torpedo-Naben das unschlagbare Produkt, das mit steigender Kaufkraft die Produktionstalsohle der letzten Jahre hinter sich lassen kann. Mit dem Sachs-Motor steht im mittleren Bereich der Fahrzeugtechnik für Leichtmotorräder und die Motorisierung von Fahrrädern ein hochwertiges Aggregat zur Verfügung. Für die Oberklasse der Mobilität, den Autobau, offeriert Fichtel & Sachs Stoßdämpfer und vor allem Kupplungen.

Die von Max Goldschmidt erworbenen Patente tragen nun Früchte, die aber in Schweinfurt als zu gering betrachtet werden. Denn nach wie vor müssen an Goldschmidt Lizenzgebühren bezahlt werden. Außerdem bezieht er als Vertreter für Fichtel & Sachs Provisionen. Was Ernst Sachs noch etwas widerwillig, aber auch in freundschaftlicher Verbundenheit zu Max Goldschmidt hingenommen hat, will Fichtel & Sachs nun nicht mehr akzeptieren. Fichtel & Sachs? Es scheinen anonyme Kräfte zu sein, die Max Goldschmidt aus dem Geschäft drängen wollen, würde man den Darstellungen folgen, die nach 1945 verbreitet werden. Auf keinen Fall hat danach Willy Sachs mit dem Geschäft irgendetwas zu tun, war alles Sache seiner Direktoren und Chefingenieure.

Willy Sachs war allerdings kein Frühstücksdirektor, sondern Generaldirektor, der Letztverantwortliche in seinem Unternehmen. Die absichtsvolle, jede Schuld auslöschende Selbstentmündigung, die Willy Sachs nach 1945 betreibt, ist zumindest teilweise Geschichtsklitterung, bei der der Eindruck eines diffusen Verantwortungsgeflechts im Hause Sachs erweckt wird, bei dem niemand richtig belangt werden kann. Fest steht, dass sich schlagartig mit dem Tod von Ernst Sachs das Geschäftsverhältnis zu Max Goldschmidt radikal abkühlt. Von Willy Sachs und den ihm vom Vater beigegebenen Direktoren wird gegenüber ihrem Lizenzgeber eine radikale repressive Gangart gewählt, so dass Max Goldschmidt den neuen Vertrag als »Versailler Diktat« empfindet. Staunend wendet er sich an Willy Sachs und konstatiert in freundschaftlichem Ton »einen... unklaren Umschwung der Stimmung bei Euch«. Im April 1933 wird die Stimmung noch frostiger. Fichtel & Sachs will den Vertretervertrag mit Max Goldschmidt kündigen, sicher nicht zufällig zu diesem Zeitpunkt. Am 31. März hatte in Schweinfurt die erste große Boykottaktion gegen Juden stattgefunden.

Aber Max Goldschmidt hat eine Karte im immer unschöner werdenden Spiel, die nicht so leicht zu stechen ist: sein Eigentum an den durch Lizenzvertrag an Fichtel & Sachs abgetretenen Patenten. Das eine ist nicht ohne das andere zu haben. So gibt man bei Fichtel & Sachs noch einmal nach, akzeptiert das Junktim, beginnt aber systematisch, Max Goldschmidt aus dem Geschäft zu drängen. Korrespondenz wird ihm vorenthalten, und 1934 wird nochmals die Kündigung versucht, diesmal bereits mit deutlich politisch-antisemitischem Hintergrund: Max Goldschmidt habe sich im Ausland negativ über die deutsche Regierung geäußert, so dass mit ihm nicht länger Geschäftsbeziehungen zu unterhalten seien. Es seien außerdem »Entwicklungen im Gange, die es unmöglich machten, ihn als Juden darüber zu informieren«. Max Goldschmidt ist unerschrocken genug, gegen seine Ausbootung und kalte Enteignung zu klagen, und kann erfahren, dass die Autoindustrie zu diesem Zeitpunkt keineswegs generell die Zusammenarbeit mit einem Juden ablehnt, wie Fichtel & Sachs behauptet. Mercedes besteht ausdrücklich auf den Geschäftsbeziehungen zu ihm.

Max Goldschmidt stimmt letztlich einem Vergleich zu, mit dem sein Vertretervertrag gegen eine Zahlung von 208 000 Mark aufgehoben und der Lizenzvertrag auf zehn Jahre begrenzt wird. Anfang 1937 akzeptiert er, inzwischen bereits nach England emigriert, eine Abfindung für seine Kupplungspatente in Höhe von 485 000 Mark, was einer partiellen Enteignung gleichkommt, wie nach 1945 offenbar wird. Die Behauptung von Direktor Kaiser, dieser Betrag sei »ein absolut angemessenes Äquivalent für die Aufgabe der Lizenzrechte« gewesen, wird durch das erfolgreiche Wiedergutmachungsverfahren widerlegt, das Max Goldschmidt nach 1945 betreibt und das ihm eine Million Mark zuspricht. Fichtel & Sachs musste sich nach dem Krieg mindestens noch einem weiteren Wiedergutmachungsverfahren stellen. Jenes von Goldschmidt ist penibel und fachkundig durch den Historiker

Gerhard Wolf rekonstruiert, so dass es die Instrumentalisierung der guten politischen Beziehungen von Willy Sachs evident werden lässt.

Im Zuge der rechtlichen Auseinandersetzungen um Vertreter- und Lizenzvertrag wird Max Goldschmidt nämlich von Direktor Wittig von Fichtel & Sachs nicht nur etwas kryptisch auf die für Juden negativen Entwicklungen hingewiesen, sondern auch sehr direkt auf die guten Beziehungen von Willy Sachs, der schließlich »Ehrenadjutant« von Himmler sei. Wenig glaubwürdig ist es daher, wenn Willy Sachs nach dem Krieg behauptet, er habe seine Mitarbeiter strikt angewiesen, bei geschäftlichen Besprechungen nicht auf die guten Beziehungen des Fabrikherrn zu den Machthabern Bezug zu nehmen. Vielleicht war dies auch gar nicht nötig, weil in Berlin nur allzu bekannt war, wer bei Konsul Sachs verkehrte und mit ihm zur Jagd ging. Nur der ahnungslose Jude Goldschmidt musste direkt darauf gestoßen werden, dass sich Fichtel & Sachs höchster Protektion erfreute.

Derart stetig schreitet der Aufstieg von Willy Sachs in der SS-Hierarchie voran, dass es unter Parteigenossen und SS-Leuten in Schweinfurt zu Unruhe kommt. Der Gauleiter von Unterfranken, der Zahnarzt Dr. Otto Hellmuth, kann jedoch Himmlers Adjutanten Karl Wolff letztlich beruhigen, dass »SS-Kameraden sowie die Bevölkerung« die Beförderung von Willy Sachs hingenommen hätten und man jetzt einsehe, »dass Willy Sachs andere Aufgaben als ein einfacher SS-Mann für die Bewegung zu verrichten« habe. Es wird aber vorsichtshalber zu »langsamer« Beförderung geraten, die dennoch schnell zum Obersturmführer und zum Sturmbannführer führt und von Willy Sachs entgegen späteren Behauptungen sehr sorgfältig registriert und durch Einsenden des SS-Ausweises bestätigt wird.

Dies alles geschieht unter Wahrung der Etikette, verbunden mit kleinen Aufmerksamkeiten. Heinrich Himmler schenkt zu den Geburtstagen von Willy Sachs regelmäßig Porzellanfiguren oder das von ihm überaus geschätzte Buch *Stielauge der Urkrebs*, von dem Willy Sachs im Dankesbrief verspricht, es in seinen »Mus(!)estunden« gerne zu lesen. Selbst bei der Ausfertigung des dräuenden Totenkopfringes lässt das Vorzimmer von Heinrich Himmler höchste

Sorgfalt walten, fragt im Sekretariat von Willy Sachs nach der Stärke des linken Ringfingers an und erhält die Antwort von Direktor Kaiser: »Es ist hier nur das Maß des rechten Ringfingers von Herrn Konsul Sachs bekannt. Dasselbe ist 59,60. Der hiesige Juwelier sagte mir aber, dass man für das Maß des linken Ringfingers ca. 2 Nummern abrechnen müsste.«

Willy Sachs erhält auch den obligaten Julleuchter, den SS-Männer statt des Weihnachtsbaums beim neuheidnischen Julfest illuminieren sollten. Die Verleihung des SS-Dolchs ist eine weitere Selbstverständlichkeit für einen SS-Mann, nicht aber der Ehrendegen. Er galt als Zeichen besonderer Wertschätzung durch den Reichsführer-SS. Willy Sachs gehörte zu den Auserwählten und muss den Degen vor dem 1. Dezember 1938 erhalten haben, wie die Dienstaltersliste der SS ausweist.

Die Wertschätzung, die Willy Sachs durch Heinrich Himmler erfährt, beruht auf einer offensichtlichen wechselseitigen Sympathie der beiden Männer füreinander, auf dem Wohlwollen, das der Himmler-Adjutant Karl Wolff dem Bekannten aus Jugendtagen erweist, und nicht zuletzt auf dem Vermögen von Willy Sachs.

Er ist ein Mann von großer und rasch wachsender Finanzkraft. Umsatz und Gewinn von Fichtel & Sachs explodieren nach 1933 geradezu. Betrug der veranlagte Gewinn 1933/34 noch etwas über 2 Millionen Mark, so liegt er 1934/35 bereits bei 4,2 Millionen und 1937 bei 6,1 Millionen. Von den »sehr glänzenden Vermögensverhältnissen« der Sachs GmbH profitieren die NSDAP und ihre Organisationen, die SS und auch die Öffentlichkeit in unterschiedlicher Weise.

Zahlungen für die Adolf-Hitler-Spende der deutschen Wirtschaft, die Spenden für das Winterhilfswerk sind Selbstverständlichkeiten für ein Unternehmen dieser Größenordnung. Gaben für das Nationalsozialistische Kraftfahrkorps (NSKK) sind so etwas wie Werbeausgaben für einen Betrieb, der wesentlich von der Motorisierung lebt. Die SS kommt erst ab 1937 in den Genuss von direkten Spenden, dann allerdings in auffälliger Höhe. »Parteileitung der NSDAP und ihre Gliederungen« ist bereits ab 1933 ein erkennbarer Posten in der Spendenaufstellung, wenn auch mit stark schwankenden Beträgen. Der im Geldverteilen immer spontane und großzügige Willy Sachs zeigt hier wenig Stringenz und dürfte selbst nicht immer den Überblick behalten haben, wie die so genannte »Astel-Spende« zeigt.

Eigentlich ist sie nicht mehr als eine Sternschnuppe im reich bestirnten Spendenkosmos von Willy Sachs, die dennoch immer wieder als Fixstern in Veröffentlichungen über ihn auftaucht. Das mag vor allem daran liegen, dass sie leicht mit freiem Auge auszumachen ist, handelt es sich doch um die einzige Akte im Bundesarchiv in Berlin, die in den übersichtlichen Findbüchern dieser Institution unter dem Stichwort »Willy Sachs« zu finden ist. Es geht um 15 000 Mark, auf die ein gewisser Karl Astel Anspruch erhebt, der sich in Briefen an Heinrich Himmler darauf beruft, dass ihm dieser Betrag aus einer Spende von Willy Sachs an die SS zustünde. Anfang 1936 erhält Astel tatsächlich 8000 Mark vom Büro des Reichsführers überwiesen, und seither lässt er nicht nach, die restlichen 7000 Mark zu beanspruchen.

Der Spendenvorgang ist trotz der vergleichsweise niedrigen Summe geeignet, Willy Sachs nachhaltig zu diskreditieren. Denn Prof. Dr. med. Karl Astel ist eine in Wesen und Denken abstoßende Figur, ein Rassehygieniker fanatischen Zuschnitts, der als Präsident des Thüringischen Landesamts für Rassewesen in obsessiver Weise Forschungsziele verfolgt, die mit ihrer Fokussierung auf Homosexuelle oder das Sexualverhalten fremdländischer Bevölkerungsgruppen deutliche Züge einer neurotisch-verklemmten Besessenheit zeigen. Heinrich Himmler findet Interesse an den Arbeiten von Astel, versorgt ihn mit den Namen von »mindestens 100 spezifischen Homosexuellen in Thüringen durch die Gestapo«. Mit Interesse verfolgt er den Vorschlag von Astel, Kriminelle präventiv zur Verhinderung weiterer Straftaten zu ermorden. Was Himmler nicht macht: Astel das geforderte, von Willy Sachs stammende Geld in vollem Umfang zukommen zu lassen.

Nach einigem Hin und Her teilt Adjutant Karl Wolff dem »Forscher« mit, dass es die restlichen 7000 Mark nicht gebe, da der von Konsul Sachs zur Verfügung gestellte Betrag »durch widrige Umstände« nicht dem Reichsführer-SS zur freien Verfügung übergeben wurde. Die ganze Angelegenheit sei »durch die von einer Parteidienststelle gemachte Auflage über den Verwendungszweck schief gelaufen«. Himmler könne über das Geld nicht verfügen. Schon die bisher gezahlten 8000 Mark habe er aus seinem eigenen Verfügungsfonds finanziert. Den Rest könne Himmler nicht finanzieren, »da ihm die Mittel hierzu fehlen«.

Ob dem tatsächlich so war oder Himmler einfach das restliche Geld für sich behalten wollte, ist nicht mehr festzustellen. Tatsache ist, dass aus dem Hause Fichtel & Sachs 15 000 Mark für Astel bestimmt waren, wie ein Brief von Direktor Kaiser an Karl Wolff bestätigt. Dass Willy Sachs ausgerechnet jemanden unterstützt, der sich mit Homosexuellen und der Verfolgung von abtreibenden Ärzten beschäftigt, muss verwundern, weil das eine nie und das andere nicht zu diesem Zeitpunkt ein Willy Sachs tangierendes oder interessierendes Thema darstellt und nichts an ihm auf geistige Nähe zu einem Rassefanatiker hindeutet.

Der Geburtsort von Karl Astel liefert die wahrscheinliche Erklärung für die Spende. Astel amtiert zwar in Thüringen, wo er auch die Universität Jena in eine SS-Hochschule verwandeln möchte, aber er stammt aus Schweinfurt. Astel ist ungefähr ein Jahr älter als Willy Sachs, könnte ihm aus Jugendtagen bekannt gewesen sein. Außerdem hat er im Freikorps des Ritters von Epp gedient, dem NS-Statthalter in Bayern und Jagdfreund von Ernst Sachs. Alles verweist auf eine für Willy Sachs typische Verquickung von Persönlichem mit Offiziellem, so dass die »Astel-Spende« weder in ihrer Höhe noch in ihrer Zweckbestimmung sonderlich dazu taugt, Aufschluss über die Spendentätigkeit von Willy Sachs für Partei und SS zu gewinnen. Am ehesten ist sie ein Beweis für eine gewisse Bedenkenlosigkeit, die Willy Sachs beim Spenden eigen ist, da ihm die von Astel verfolgten Interessen deutlich fremd waren.

Die 15 000 Mark der »Astel-Spende« sind fast nichts im Vergleich zu dem, was Willy Sachs später für die SS geben wird, und erst recht sind sie eine Kleinigkeit im Verhältnis zu der Million, die Willy Sachs 1935/1936 für jenes Bauwerk ausgibt, mit dem er sich namentlich in der Stadt verewigt und über seinen Tod hinaus für Ansehen, aber auch für Diskussion und Streit sorgt: das Stadion in Schweinfurt.

Es ist ein ehrgeiziges Projekt, das Willy Sachs mit nationalem

Pathos ankündigt und das doch von einem privaten Motiv getragen wird und einen praktisch-konkreten Anlass hat. Mit der Erkenntnis, dass »eine intensive sportliche Betätigung breiter Massen unseres deutschen Volkes eine unbedingte Voraussetzung für die gesunde Entwicklung der Nation ist«, begründet Willy Sachs im Mai 1934 die Absicht, auf seine Kosten ein Stadion errichten zu lassen. »Neben der hochherzigen Stiftung meines Vaters, dem Ernst-Sachs-Bad«, soll das Stadion bestehen – und dem örtlichen, von Willy Sachs über alles geschätzten FC 05 endlich eine seiner fußballerischen Qualität entsprechende Spielstätte verschaffen. Denn der FC 05 war seit kurzem in die höchste Spielklasse, die Gauliga, aufgestiegen. Der bisherige unzulängliche Fußballplatz des FC 05 war für Vereine wie Bayern München, 1860 München oder den 1. FC Nürnberg eine Zumutung und für den gastgebenden FC 05 eine Schande. Das Schweinfurter Stadion wird parallel zum Olympiastadion in Berlin errichtet und so pünktlich fertig gestellt, dass es wenige Tage vor Eröffnung der 11. Olympischen Sommerspiele seiner Bestimmung übergeben werden kann.

Mit dem »Willy-Sachs-Stadion« wird bewusst dem »Ernst-Sachs-Bad« ein Pendant zur Seite gestellt, wobei der Sohn mehr als die Nachfolge des Vaters antritt. Er übertrifft ihn noch. Er lässt sich nicht wie der Vater lange bitten, zahlt nicht in Raten, sondern gibt spontan und auf einmal. Auch ist ein Stadion publikums- und prestigeträchtiger als ein Schwimmbad. In ihm können viele Sport treiben, aber es können auch viele dabei sein, wenn sich wenige sportlich betätigen. Zwar ist es ein ganzer Sportcampus, den Willy Sachs bauen lässt, mit Nebenkampfstätten und Trainingsanlagen, aber im Herzen ist das Stadion eine Freizeit- und Vergnügungsstätte für Zuschauer.

Wieder wird nach dem beim Ernst-Sachs-Bad angewandten Prinzip verfahren: Die Stadt gibt das Grundstück, Sachs baut. Dabei wird auf jene Architekten zurückgegriffen, die schon den neuen Verwaltungsbau an der Ernst-Sachs-Straße gebaut haben, so dass auch hier eine unaufdringliche Sachlichkeit, ein fast kühler Funktionalismus das Bild bestimmen. Von Naziarchitektur keine Spur und keine Ähnlichkeit mit der herrischen Gestik des Reichssportfeldes in Berlin. Ausgerechnet das kleine Denkmal vor dem

Stadion zu Ehren des Stifters erinnert in seinen getürmten Sandsteinblöcken am ehesten an die zeittypische Bauweise. Der krönende, etwas martialische Adler ist jedoch kein NS-Hoheitszeichen, sondern das Firmenzeichen von Fichtel & Sachs.

Im Juli 1936, mit der Einweihung des Stadions, erreicht das Leben von Willy Sachs, sieht man von seinen privaten Malaisen ab, einen Höhepunkt, von dem sich nachträglich herausstellt, dass es auch der Gipfelpunkt war. Er hat das Werk seines Vaters bewahrt, ja dank der günstigen Umstände von Wirtschaftsaufschwung im Allgemeinen und Prosperität der Automobilindustrie im Besonderen glanzvoll ausgebaut. Er hat sich mit einem Bauwerk für die ganze Stadt sichtbar dem Vater ebenbürtig zur Seite gestellt – und er wird zum Dank dafür wie sein Vater zum Ehrenbürger von Schweinfurt ernannt.

Am 23. Juli 1936, seinem 40. Geburtstag, erhält Willy Sachs aus der Hand des NS-Bürgermeisters Ludwig Pösl die Urkunde überreicht. Viel ist darin von den mäzenatischen Leistungen für Schweinfurt die Rede, aber nichts von besonderen Verdiensten für die NSDAP, mit denen zu dieser Zeit Ehrenbürgerwürden gerne begründet werden. Vom großen Augenblick ergriffen steht er vor dem Funktionär stramm, der ein ihm eigentlich fremdes Milieu verkörpert. Die Ärzte, Lehrer, Ingenieure und kaufmännischen Angestellten, welche in Schweinfurt den harten Kern der NSDAP-Funktionäre bilden, sind nicht seine Welt, ihr Hang zum Fanatismus ist ihm fremd. Auch der zur Stadioneinweihung gekommene Gauleiter Otto Hellmuth ist nicht eigentlich sein Fall. Der spricht zwar schon mal in einem Brief vom »Freund Willy Sachs«, weiß den finanzkräftigen Parteigänger in seinem Gau zu schätzen, aber nichts deutet auf eine engere Nähe von Willy Sachs zu diesem Vertreter eines rabiat-obskuren Antisemitismus, der eisern an jüdische Ritualmorde glaubte.

Ganz nach dem Geschmack von Willy Sachs sind jene 65 ausgewählten Gäste, die mit roten Eintrittskarten für die Ehrentribüne bedacht werden. Die Fliegerlegende Ernst Udet gehört ebenso zu ihnen wie der Panzergeneral Heinz Guderian. Reichsstatthalter Franz Ritter von Epp wirkt in seiner knorrigen Kantigkeit ein wenig wie eine altväterliche Last, die qua Amt und Freundschaft zu Ernst Sachs eben hingenommen wird. Den wahren Glanz bringt ein Paar in auffälligem Schwarz-Weiß-Kontrast. Heinrich Himmler erscheint im einschlägigen SS-Schwarz und Hermann Göring im Weiß einer sommerlichen Phantasieuniform. Er, der gleich fünf Ehrenkarten beansprucht, ist schon am Tag vor der Einweihung nach Schweinfurt gekommen und persönlicher Gast von Willy Sachs in Mainberg. Als preußischer Ministerpräsident genießt er auch offizielle Anerkennung, trägt sich ins Goldene Buch der Stadt ein, macht freundliche Bemerkungen über das Ernst-Sachs-Bad. In Mainberg bringt eine Reichsarbeitsdienstkapelle dem »hohen Gast« ein Ständchen dar, der seinem jagdbesessenen Gastgeber ein passendes Präsent in Gestalt eines Ehrentitels mitbringt.

Wieder einmal wird Willy Sachs Mitglied, diesmal im höchst harmlosen »Reichsjagdrat«. Das Gremium soll den Reichsjägermeister Göring in allen Fragen des Jagdwesens beraten. Über die Tätigkeit des Reichsjagdrates ist nichts bekannt, was nicht nur daran liegt, dass die Akten des Reichsforstministeriums einem Bombenangriff zum Opfer fielen, sondern auch an seiner Bedeutungslosigkeit. Willy Sachs wird es aber bis zum Kriegsende nicht versäumen, sein Briefpapier mit dem Hinweis »Mitglied im Reichsjagdrat« zu schmücken.

Heinrich Himmler, offizieller Gast der Stadt, lässt sich zusammen mit Göring vorneweg das neue Stadion zeigen, wobei Göring, wie Filmaufnahmen dokumentieren, kein sonderliches Interesse an den mit Vehemenz vorgetragenen Erläuterungen von Willy Sachs bekundet. Schon scheint Göring in Gedanken bei der Jagd zu sein, die ihn im Revier Hausen nahe von Mainberg erwartet.

Himmler dagegen ist ganz bei der Sache und hält sich an Willy Sachs, von dessen Popularität in Schweinfurt der nunmehr mächtige Mann durchaus profitieren kann. Der Tag der Stadioneinweihung ist in Schweinfurt teilweise arbeitsfrei. Im offenen Auto fährt Heinrich Himmler durch die Stadt, kann sich an der Zustimmung der Bevölkerung erfreuen, die gewiss überwiegend dem Spender der schönen Sportstätte gilt. Bei der Stadioneinweihung sitzt Himmler entspannt neben Willy Sachs, applaudiert wohlwollend, die Hände in weißen Zwirnhandschuhen. Der Chef der SS befindet sich auf dem Höhepunkt seiner Macht zu Friedenszeiten. Erst im Juni war er zum Chef der Deutschen Polizei ernannt worden, hat endlich die lang erstrebte exekutive Gewalt.

Willy Sachs, der am Vortag bei der Vorbesichtigung des Stadions durch Göring und Himmler seine Gäste noch in Zivil begleitete, trägt zur Eröffnung SS-Uniform. Es ist nicht das erste und nicht das letzte Mal, dass er sie trägt. Aber sehr oft zeigt er sich im schwarzen Tuch nicht, diesmal allerdings voller Stolz. Schließlich ist er zu seinem Ehrentag überraschend zum Sturmbannführer ernannt worden. Die 500 000 Exemplare der Festschrift zur Stadioneröffnung, die sämtlichen Zeitungen Nordbayerns beigelegt werden, zeigen ihn noch als Hauptsturmführer mit fröhlichem Gesicht unter der bei ihm obligat keck schräg aufgesetzten Mütze mit dem Totenkopf, als wäre die SS etwas Ähnliches wie eine Studentenverbindung.

In dem Exemplar der Festschrift, das Willy Sachs an Heinrich Himmler schickt, korrigiert er seinen SS-Rang handschriftlich und schmückt mit rotem Stift die Titelseite mit der Widmung »Meinem verehrten Reichsführer in treuer Kameradschaft zugeeignet von seinem Bayern-Willy«. Keine Spur von dem Widerwillen, den er rückblickend nach dem Ende des Dritten Reiches im Verkehr mit den NS-Oberen empfunden haben will, und schon gar nichts von der angeblichen Gleichgültigkeit gegenüber seinen SS-Beförderungen. Wie könnte auch ein Mann wie Willy Sachs, der selbst die Auszeichnung mit einem Rot-Kreuz-Orden zum Anlass nimmt, sich mit voller Ordensbrust ablichten zu lassen, den Auszeichnungen widerstehen, die ihm die schwarze Eminenz des Reiches zukommen lässt.

Bereits 1935 hatte Willy Sachs ein privates Bauwerk errichten lassen, das, kleiner als das Stadion, dieses an Monumentalität dennoch übertrifft. Zu Ehren von Ernst Sachs entsteht ein Grabmal, das Experten für das größte privaten Charakters auf einem deutschen Friedhof halten. Durch Blumenrabatten, von schweren Metallketten eingegrenzt, führt der Weg zum eigentlichen Monument. Im Steinsockel ist ein Flachrelief mit dem Bild von Ernst Sachs eingelassen. Darüber erhebt sich die Metallplastik eines segnenden Christus. Der geöffnete Sargdeckel darunter und die sich duckenden römischen Soldaten in Lebensgröße zeigen an, dass die

Auferstehung dargestellt ist. Ein Rondell von schlanken Säulen, die einen Ring tragen, gibt dem Kunstwerk einen Rahmen und zusätzliche Größe.

Der religiöse Impetus der Plastik mit dem auferstehenden und segnenden Christus kennt keine Konzession an den herrschenden Zeitgeist der Nationalsozialisten. Mit seiner alle herkömmlichen Maße sprengenden Monumentalität ist es auch eine Huldigungsstätte für den Verstorbenen. Willy Sachs, der oft schwer das rechte Maß finden kann, zeigt auch im Gedenken an seinen Vater die Sucht nach Opulenz. 60 000 Mark werden für den Bau des Grabmals ausgegeben, womit zugleich aufgetrumpft wie übertrumpft werden sollte. Denn es gibt in der Familie ein Grabmal repräsentativer Größe, das sich zum Vergleich anbietet. In Rüsselsheim hat die Familie von Opel nämlich zwölf Jahre zuvor ein Mausoleum errichtet, das nun vom Ex-Mann der Elinor von Opel mit dem Grabmal für seinen Vater in Größe und Wirkung übertroffen wird.

Bewusst oder unbewusst ist auch die Stadioneröffnung die Huldigung eines Sohnes an seinen Erzeuger. »Willy Sachs seiner Vaterstadt« steht über dem Tor, durch das die Sportlerinnen und Sportler in strahlend weißem Dress zur Eröffnung ins Stadion einziehen. Das Stadion ist eine Stiftung von Willy Sachs an die Stadt, und so wird der Stadtrat ihm auch nach 1945 trotz NS-Verstrickung die Ehrenbürgerwürde nicht absprechen, weil sie für die finanzielle Großzügigkeit verliehen worden war.

Die ganze Stadt steht am 40. Geburtstag von Willy Sachs im Banne des edlen Spenders. Die Einzelhandelsgeschäfte schließen schon um 15.00 Uhr, die Nachmittagszustellung der Post entfällt, ab 15.30 Uhr dürfen die Gäste ins Stadion strömen. Die SS-Kapelle Bamberg spielt auf, sportliches Personal marschiert ein, um mit Fahnenschwingen, Massenfreiübungen und Gruppentanz das neue »Kampf- und Sportfeld« zu beleben.

Nach der Einweihungsfeier ziehen sich die Ehrengäste nach Mainberg zurück, um oben im Schloss bei einem kalten Büffet weiterzufeiern. Wie jeder Besuch von NS-Prominenz in Mainberg überhaupt, vollzieht sich auch dieser relativ diskret und abgeschirmt. Für alle sichtbar ist der krönende Abschluss des Festtages.

Um 22.30 Uhr wird das Schloss festlich illuminiert, und es zischt ein Höhenfeuerwerk unter dem Motto »Deutsche Arbeit. Deutsche Technik« in den Himmel über der Mainlandschaft. Als Überraschung gibt es zuletzt Adolf Hitler so sprühend und feurig, wie ihn die Schweinfurter und Mainberger noch nicht erlebt haben. Ein Profil des »Führers« erglüht an der Front des Schlosses als pyrotechnisches Meisterstück.

Leid in der Ehe – Streit nach der Scheidung

Die Sonne seines Glücks, die über Willy Sachs mit Ehrenbürgerwürde und Stadioneinweihung zum 40. Geburtstag für jedermann sichtbar strahlt, sie überglänzt die Schatten seines privaten Unglücks. Dass er ganz allein an allen Feierlichkeiten teilnimmt, ist keineswegs der männlichkeitsstrotzenden NS-Gesellschaft geschuldet. Er ist ein Mann ohne Frau und, was ihn weit mehr trifft, ohne Kinder – und dies, obwohl er inzwischen zweifacher Vater ist.

Sieben Jahre alt ist der Erstgeborene Ernst Wilhelm, und auch Gunter Fritz wird bald vier Jahre. Dessen Geburt ist eine letzte Manifestation der Gemeinsamkeit der Eheleute Willy und Elinor von Opel. Zur Geburt erhält Elinor, von wem ist nicht überliefert, ein Buch mit dem beziehungsreichen Titel *Am Anfang war die Liebe*. Erinnerung? Mahnung? Pate des zweiten Sohnes ist der Bruder von Elinor, Fritz von Opel, dem er auch einen seiner Vornamen verdankt. Die etwas ungebräuchliche Schreibweise »Gunter« ohne »h« führt immer wieder zu Irrtümern. Schon im Taufbuch ist »Gunther« eingetragen, und auf der Todesanzeige für Willy Sachs ist ebenfalls fälschlich von »Gunther« die Rede. Der Name scheint dem Paten wie der Mutter gefallen zu haben. Gleich zwei Exemplare des *Nibelungenliedes* gehören zur Bibliothek von Elinor von Opel, und eines davon ist als Besitz von Fritz von Opel ausgewiesen. Gunter gehört zu den populären Figuren aus dem *Nibelungenlied*, ist aber nicht eben die überzeugendste Figur in der alten Dichtung. In der Hochzeitsnacht wird er von seiner Frau

Brunhild kurzerhand an einen Wandhaken gehängt, und am Ende werden er und seine Getreuen von den Hunnen hingemetzelt. All diese negativen Konnotationen wird der auf Schloss Mainberg geborene Gunter Sachs in seinem Leben weit hinter sich lassen.

Am 16. Juli 1935, knapp drei Jahre nach seiner Geburt, wird die Ehe der Eltern geschieden. Eine schon seit geraumer Zeit in die Krise geratene Gemeinschaft ist endgültig zerbrochen. Schon lange war in Schweinfurt und Mainberg über die schwierige Beziehung der Eheleute Sachs gemunkelt worden. Von lautstarken Auseinandersetzungen war die Rede. Willy Sachs war gewiss nicht der Typ, der sein eruptives Temperament in privaten Dingen zügelte und Ehekonflikte so diskret austrug, dass sie innerhalb der Mauern von Schloss Mainberg blieben. Eheliches Leid und außereheliche Freud des Schloss- und Fabrikherrn waren auch für Außenstehende zu merken. Willy Sachs liebte die Frauen, womit er nicht der Letzte in seiner Familie blieb. In bürgerlichen Kreisen Schweinfurts wird davon gesprochen, dass Willy Sachs in punkto ehelicher Treue »nicht sehr diszipliniert« gewesen sei. Diener Rähmisch formuliert drastischer, was nach seiner Meinung zur Scheidung geführt hat: »Das war wegen die Weibergeschichten. Der Konsul war in der Beziehung damals ein doller Teufel.«

Nicht nur Kummer und Ärger einer des Betrogenwerdens überdrüssigen Ehefrau führen zur Scheidung. Zwei sehr verschiedene Temperamente und Charaktere waren in dieser Ehe aufeinander geprallt, beginnend beim Altersunterschied und ungleicher Herkunft, auch wenn beider Eltern als Großindustrielle nicht unähnlich waren. Die Familie von Opel war etablierter, bürgerlicher als die noch tief in Handwerk und Bodenständigkeit verwurzelte Familie Sachs. War Willy Sachs von seinem Vater zum haudegenhaften Erben erzogen worden, so Elinor von Opel von ihren Eltern zur höheren Tochter. Die von ihr gesammelte Kunst, ihre Bücher zeigen sie als eine den schönen Dingen zugeneigte Person mit bildungsbürgerlichem Anspruch, was sie mit einem energisch-zupackenden Wesen zu vereinen weiß.

Willy Sachs dagegen ist ein gemütvolles Rauhbein, das Kunst eher als Wertanlage schätzt. Als es nach der Scheidung um die Frage geht, wem eine Sammlung kleiner Buddhafiguren gehört, meint Elinors Mutter Martha von Opel: »Meinen Schwiegersohn hat derlei sicher nicht interessiert.« Was Willy Sachs bewegt und gefällt, ist Sport, bevorzugt in seiner draufgängerischen Form, wobei ihm die Gesellschaft der Wagemutigen oft wichtiger ist als eigene Betätigung. Am wohlsten fühlt er sich in männerbündischer Geselligkeit, die für ihn als Jagd die höchste Ausformung findet. Wenig bis nichts hat das zu tun mit dem, was Elinor von Opel als Familienleben vorschwebt. Sie, die überzeugte, fast leidenschaftliche Mutter, muss feststellen, dass ihr Mann wenig Talent zu einem ihren Vorstellungen entsprechenden Familienvater besitzt.

Manches deutet darauf hin, dass die Ehe spätestens nach der Geburt von Gunter in eine finale Krise geriet, wobei sich Privates und Politisches vermengt und den Konflikt potenziert haben dürften. Die Entscheidung von Willy Sachs, der NSDAP beizutreten, hat den Dissens in dieser Ehe zweifellos erhöht. Wie Elinor von Opel später in der Schweiz erzählt, habe sie kein Verständnis dafür gehabt, dass ihr Mann, und sei es aus vermeintlich betrieblichem Interesse, der Partei beitrat. Vor allem dürfte sie eine tiefe Aversion gegen die Herren gehabt haben, mit denen Willy Sachs nun freundschaftlich verkehrt. Sie soll sich dezidiert geweigert haben, Himmler auf Mainberg zu empfangen, schon gar nicht in Gesellschaft seiner nicht nur von ihr gering geschätzten Ehefrau: »Diese Putzfrau kommt mir nicht ins Haus.« Jemand mit dem sozialen Hintergrund einer Elinor von Opel kann sich leicht von der NSDAP-Gesellschaft abgestoßen gefühlt haben, in der ein Obskurant wie Himmler von Frau Heydrich bereits als »Intellektueller« eingestuft wird. Der Umgang von Willy Sachs mit diesen Männern, der sich dann noch mit den von ihr wenig geschätzten Jagdgesellschaften mischte, dürfte die schon länger schlummernden Differenzen in dieser Ehe zur Unerträglichkeit gesteigert haben.

Die Aussagen darüber gehen auseinander, ob 1933 oder 1934 zum letzten Mal Familienweihnacht auf Mainberg gefeiert wurde. Willy Sachs verweist nachdrücklich darauf, dass er noch Weihnachten 1934 seiner Frau das großzügige Geschenk einer auf 200 000 Mark lautenden Lebensversicherung auf den Gabentisch gelegt habe, allerdings nicht mehr aus den selbstlosesten Motiven. Er habe dies nur getan, um »Ruhe zu bekommen«, weil er Elinor von Opel einen immer wieder vorgetragenen Wunsch nicht erfüllen konnte. Die von ihr gewollte Beteiligung an der Sachs-Holding, die den gesamten Familienbesitz umfasst, konnte oder wollte er ihr nicht gewähren. 1934 äußert sich Willy Sachs schon zu einem Verwandten aus der Opel-Linie über Konsequenzen, die eine Scheidung haben könnte, und meint, dass es eine Sünde wäre, die Kinder Ernst Wilhelm und Gunter auseinander zu reißen.

Die ehelichen Auseinandersetzungen gehen so weit, dass sie auch die Bewohner von Mainberg erfassen. Noch heute wird im Ort von einem Haberfeldtreiben im Umfeld des Schlosses erzählt, einem jener derb-aggressiven Volksgerichte, die das bayerische Volkstum kennt – allerdings nicht das fränkische. Die Spur für dieses Ereignis, bei dem ein »Sünder« lautstark behelligt wird, führt nach Oberbayern. Dort ist das Haberfeldtreiben zu Hause und wurde von der Obrigkeit bekämpft und zwar mit fränkischen Polizisten, weil diese genügend Abstand zu diesem Treiben haben. Wenn also im fränkischen Mainberg ein Haberfeldtreiben stattfindet, muss dazu jemand angestiftet haben, der im Oberbayerischen zu Hause ist. Am ehesten kommt dafür der Mainberger Schlossherr persönlich in Frage, weil dieser als Jagdherr auf der Rechenau mit den dortigen Gebräuchen vertraut ist. Elinor von Opel wird bei ihrem Auszug aus Schloss Mainberg zum Objekt des beschämenden Treibens. Auf Töpfe und Deckel schlagende Ortsbewohner säumen ihren Weg vom Schloss zu dem im Tal wartenden Auto. So unüberhörbar ist das Spektakel, dass auch die Unbeteiligten in ihren Häusern aufgeschreckt werden und neugierig den schmachvollen Abgang der Schlossherrin bestaunen.

Auf einen nachhaltigen Groll von Willy Sachs über seine geschiedene Ehefrau deutet auch ein Beschluss des Gemeinderats von Mainberg im Zusammenhang mit der Verleihung der Ehrenbürgerwürde an den Schlossherrn. »In Anbetracht der besonderen Umstände« werden die Spuren der Familie von Opel im Ort getilgt. Wilhelm von Opel hatte sich am Bau der Wasserleitung beteiligt, doch wird diese Leistung nun allein Ernst Sachs zugeschrieben. Ein extra aus Schweinfurt herbeibeorderter Kunstschlosser muss den Namen »von Opel« vom Gedenkbrunnen entfernen.

Die Scheidungsverhandlung vor dem Landgericht Schweinfurt

verweist darauf, was den besonderen Groll von Willy Sachs provoziert haben dürfte. Denn nicht nur Frau Elinor hat über ihren Mann zu klagen, sondern auch Ehemann Willy über sie. Die Trennung erfolgt »aus beiderseitigem Verschulden«, wie Willy Sachs von nun an betont. In den Auseinandersetzungen nach der Scheidung taucht denn auch ein Name im Umfeld von Elinor von Opel auf, der Willy Sachs ein Ärgernis bedeutet. Ausdrücklich verbittet er sich, dass ein »Herr Reinhardt« als Vertrauter seiner Ex-Frau nach Schloss Mainberg kommt, um dort zwecks Gütertrennung eine Besichtigung vorzunehmen. »Herr Reinhardt«, der den Vornamen Albert trägt und Angestellter im Haus von Opel ist, wird in Gesellschaft von Elinor von Opel in den nächsten Jahren immer wieder auftauchen, wobei seine Rolle sehr unterschiedlich beurteilt wird.

Das Sorgerecht wird vom Vormundschaftsgericht Schweinfurt nicht unbedingt zum Wohl der Kinder, aber entsprechend den unterschiedlichen Interessen der Eltern geregelt. Willy Sachs erhält das für Ernst Wilhelm, Elinor jenes für Gunter, was nicht heißt, dass damit alles endgültig geregelt wäre. Elinor von Opel denkt offensichtlich nicht daran, eines ihrer Kinder beim geschiedenen Ehemann zu lassen, sondern begibt sich mit beiden nach Bad Schwalbach, versucht allerdings ihre Spur zu verwischen, gibt an, sich ausgerechnet in jenem Stuttgart-Cannstatt aufzuhalten, in dem der Schüler Willy Sachs wenig ruhmreich zwei Jahre am Gymnasium absolviert hat.

Die Wege der Elinor von Opel werden aktenkundig, weil es zu einer juristischen Auseinandersetzung zwischen den beiden frisch geschiedenen Eheleuten kommt, wie sie für diese Phase einer Beziehung nicht untypisch ist, in diesem Umfang allerdings auf Grund des Vermögens der beiden ein ungewöhnliches Maß erreicht. Es wird nach der Fragestellung »Was gehört wem?« um Hab und Gut gestritten und darum, bei wem sich die Kinder aufhalten.

Zwei Monate nach der Scheidung beginnt über die Anwälte die Auseinandersetzung, die zunächst noch von vielen Beteuerungen und Erwartungen begleitet wird, dass alles möglichst rasch vonstatten geht und »beide Teile großzügig verfahren«. Allerdings: Wenn ein Beauftragter der Frau Konsul nach Mainberg kommen sollte, um die Sachen der Frau Konsul abzuholen, dann wird die Erwartung ausgesprochen, dass »Herr Reinhardt mit dieser Mission nicht betraut wird«. Aber dann will es doch nicht so schnell mit dem Abtransport der von Elinor von Opel beanspruchten Dinge vonstatten gehen, weil die ehemalige Schlossherrin erst genau feststellen will, was ihr gehört, dabei durchaus auch an Teile der Schlosseinrichtung denkt, die als Einbauschränke und Vertäfelungen fest mit dem Gebäude verbunden sind. Willy Sachs lässt durch seinen Anwalt vorschlagen, sich doch auf eine Ablösesumme zu verständigen, schließlich sei es aus »Vernunftgründen, aber auch aus rechtlichen Erwägungen« geboten, die fest eingebauten Gegenstände im Schloss zu belassen.

Aber Elinor von Opel ist nicht mehr das schüchterne, mädchenhafte Wesen, das einst auf Schloss Mainberg Einzug gehalten hat. Eine energische, tiefverletzte Frau kennt keine Kompromisse, will ihr Eigentum zurück. Gewiss auf andere Damen anspielend donnert sie dem Ex-Ehemann im distanzierten »Sie« entgegen: »Abfindungen können Sie anderen Persönlichkeiten zahlen. Mir nicht!«

Verständlich, dass sich eine zur Ängstlichkeit neigende, wenig konfliktfreudige Natur wie Willy Sachs nicht einem solchem Donnerwetter aussetzen will und, wie Frau Elinor vorwurfsvoll vermerkt, seine Position durch »Dritte und Vierte« übermitteln lässt und im Zweifel unansprechbar ist. »Die Schweinfurter Herren« sind unerreichbar, weil zu »dringenden und wichtigen Verhandlungen« in Berlin, teilt der Anwalt mit und trifft in seinem nächsten Brief die Sache wohl genauer: »Herr Konsul Sachs hat sich bereits mit Personal zur Gamsbrunft nach Oberaudorf begeben.« Elinor von Opel weiß allzu genau, dass der Herr auf der Rechenau im Herbst nur ein Sinnen und Trachten kennt: die Jagd. Keine Gnade findet daher das Angebot ihres Ex-Mannes, ihr den Sohn Ernst Wilhelm bis zum 1. Dezember zur Obhut zu überlassen. »Herr S. hat leicht ersichtlich, nicht aus der ihn rühmenden Großzügigkeit den 1.12. gewählt, sondern da ihm momentan – wie gewöhnlich – jagdliche Interessen sonstigen Verpflichtungen vorgehen.«

Der Streit um die Dinge vermischt sich mit dem um Menschen,

um die Kinder Ernst Wilhelm und Gunter. Sie denkt nicht daran, eines, geschweige denn beide Kinder zu Weihnachten 1935 dem Vater zuzugestehen. »Sein Weihnachtsfest kann Herr S. seinem Charakter entsprechend gestalten. Er hat bis jetzt noch nie zu erkennen gegeben, dass ihm daran gelegen ist, die Kinder gemeinsam erzogen zu sehen... Er braucht nicht gerade Weihnachten Familiensinn zu pflegen, den er nie besessen hat.«

Ein unversöhnliches »Ich lasse mir keineswegs Bedingungen stellen!« wird dem Anwalt von Willy Sachs entgegengeschleudert. Da hilft es auch nichts, dass dieser unter Hinweis auf das öffentliche Ansehen der Beteiligten zu kalmieren versucht und zu bedenken gibt: Es wäre doch peinlich für Frau Konsul Sachs, den »unangenehmen Gang« nach Mainberg zur Inspektion ihrer Habe zu machen, so wie es für Herrn Konsul Sachs genierlich wäre, wenn Möbel und Hausrat vor aller Augen abgeholt werden würden. Flammende Empörung statt Zurückhaltung löst der Hinweis aus, dass es Willy Sachs gewesen sei, der seine Frau in »Pracht und Reichtum« gesetzt habe.

»Sie werden ja genau im Bilde sein, dass ›Pracht und Reichtum‹, in den Sie fälschlicherweise vorgeben, mich gesetzt zu haben, ausschließlich mir gehört... und wieder in meinen Besitz geht, woher er gekommen ist«, erklärt Elinor von Opel ihrem Ex-Mann mit scharfer Deutlichkeit. Gunters Mutter, die Kennerin des *Nibelungenlieds*, agiert als rächende Kriemhild, doch denkt Willy Sachs nicht daran, die Rolle des grimmigen Hagen bis zum letalen Ende der Enthauptung zu spielen und alles auszuliefern, was die Ex-Gemahlin begehrt, als da wären: Möbel, ob eingebaut oder nicht, mit den dazugehörigen Türen, Heizungsverkleidungen, Bespannungen, Vorhänge, Teppiche, Beleuchtungskörper, Kassenschrank etc.; ferner alle ihr gemachten Hochzeitsgeschenke. Das Angebot, dass die »elektrischen Anlagen ohne Vergütung in den Besitz des Herrn S.« übergehen können, beruhigt die Sache nicht. Willy Sachs ist nicht bereit, eine Liste von nicht weniger als 1398 Gegenständen – Streitwert 160 000 Mark – zu akzeptieren. Er zeigt seine Fighter-Qualitäten und steigt in den Ring, in den Elinor von Opel mit einer Klage beim Landgericht den Fehdehandschuh wirft.

Über weite Strecken dominiert in dem Kampf jene Kleinlichkeit, die den Beteiligten in einer solchen Situation emotionales Bedürfnis ist, Außenstehenden aber als pure Lächerlichkeit erscheint. Toilettenbürsten, Plumeaus, Kleiderbügel, Zahnstocherbehälter, Kakteenständer, Nadelkissen – nichts ist zu geringfügig, um nicht sorgfältig in der Liste dessen aufgeführt zu werden, was Elinor von Opel für sich fordert. Ob Herrenzimmer, Halle oder Besenkammer, ob grünes, weißes oder graues Fremdenzimmer – kein Raum, aus dem nicht etwas abgefordert wird. Willy Sachs bemüht sich um Großzügigkeit, scheut aber auch nicht den Streit auf niedriger Ebene.

Was will eine Frau mit einem Zigarrenabschneider, lässt er süffisant durch seinen Anwalt die Ex-Frau fragen, die mit gleicher Münze zurückzahlt: Seit wann gehört eine Bonbonniere zur Grundausstattung eines Herren? Mit boshaftem Ernst besteht Willy Sachs darauf, jene Vase zu behalten, die er beim Blumenkorso Bad Kissingen auf Grund der Prämierung seines Opel-Wagens erhalten hat. Schließlich habe er seine Frau mitfahren lassen, aber es wurden doch nicht mitfahrende Insassen preisgekrönt, sondern der Inhaber des schönsten Wagens. Selbst die Spirituosen der Bar, nach Meinung von Willy Sachs Geschenke seines Schwiegervaters, werden eingefordert. Da wird der Anwalt des Schlossherrn grundsätzlich: »Es ist nicht glaubhaft, aber auch nicht wahr, dass die Schwiegereltern des Beklagten diesen während der achtjährigen Ehe, wie es nach den Ausführungen der Gegenseite gewesen sein müsste, überhaupt nicht beschenkt haben.«

Nicht nur in Bad- und Schlafzimmer zurückgelassene Morgen- und Bademäntel überlässt Willy Sachs seiner Ex-Frau. Auch fast sämtliche Einrichtungsgegenstände vom dreiteiligen Sofa in der Halle bis zu den vier romanischen Messingleuchtern in der Kapelle tritt er ab. Natürlich kann Elinor von Opel ihre Faschingssachen bekommen, die Teppiche, ja auch den Blüthner-Flügel. Wenn allerdings sein Wohnzimmer aus Junggesellenzeit nun zum Damenzimmer erklärt und geplündert werden soll, stellt sich Willy Sachs quer, so wenig wie er einsehen will, dass die Kinderzimmereinrichtungen inklusive Windeleimer plötzlich als Teil der Aussteuer betrachtet werden, wo doch Gegenstände für noch gar nicht geborene Kinder kaum zur Ausstattung einer Braut gehören.

Schwierig gerät der Streit, wenn es um Einrichtungen geht, die fest mit dem Schloss verbunden sind und nicht einfach durch Möbelpacker weggetragen werden können. Die Idee der Schwiegerväter, gemeinsam ein Stammschloss für ihre vereinigten Dynastien zu schaffen, scheitert auf unübersehbare Weise. Elinor von Opel fordert alles, was ihr Vater in die Einrichtung investiert hat – Wandverkleidungen, Deckenintarsien und Einbauschränke – für sich, auch wenn es integraler Bestandteil des Schlosses ist. Entsetzt konstatiert der Anwalt von Willy Sachs, dass Elinor von Opel den kompletten Innenausbau des Esszimmers beansprucht, samt Nischenausbau mit Lederbank, Wandverkleidung, Decke, allen eingebauten Wandschränken und unbeweglichen Vitrinen, Figuren, Pilastern und Pylonen, Brüstungen, Heizkörperverkleidungen, Wandbespannungen etc. »Das vollkommen ausgebaute Zimmer will die Klägerin in Trümmern aus den Wänden und Decken des Schlosses herausreißen dürfen.« Dies wird auch im Namen von Betty Sachs abgelehnt, weil es sich um Bestandteile des auch ihr gehörenden Schlossanwesens handle – und außerdem keineswegs in vollem Umfang von Wilhelm von Opel finanziert worden sei. Haarklein wird vorgerechnet, wer was bezahlt hat, und die Handwerker müssen noch einmal als Beleg die Rechnungen vorlegen.

Elinor von Opel ist nicht davon zu überzeugen, dass ihre Ansprüche auf Bauteile des Schlosses schon deshalb zu weit gehen könnten, weil der eine oder andere Teil zerstört werden könnte. Es ist »Schikane«, was seine Ex-Frau betreibt, lässt Willy Sachs verlauten. Sie wolle nicht einfach ihren Besitz wiederhaben, sondern drohe mit der gewaltsamen Entfernung von Einbauelementen das Schloss selbst zu verwüsten. »Damit schädigt die Klägerin auch die beiden vorhandenen gemeinschaftlichen Söhne.«

Selbst dieser Appell an das mütterliche Herz fruchtet nicht, wo es längst nicht mehr um Sachen, sondern um Prinzipien geht. Die Hartnäckigkeit, mit der Elinor von Opel auf ihren Maximalforderungen besteht, zeigt, dass sie sich des destruktiven Aspekts ihrer Forderungen wohl bewusst ist, diesen sogar anstrebt. Der Eindruck ist unabweisbar: Sie will ihrem Ex-Ehemann sinnfällig und handgreiflich beweisen, dass »Glanz und Pracht« des Schlossherrn ohne sie und das Geld ihrer Eltern dahinschwinden. So weist sie auch alle Angebote von Willy Sachs zurück, jene Forderungen, die sich auf feste Einbauten beziehen, per Zahlung abzulösen, die von Vater Opel gemachten Aufwendungen voll zu erstatten, obwohl die gesamte Einrichtung nunmehr seit acht Jahren im Gebrauch ist.

Sie wolle nichts geschenkt haben, antwortet Elinor von Opel und unterstreicht dies mit solcher Energie und Konsequenz, dass der Willy Sachs vertretende Justizrat Ferdinand Jüllich die sonst geübte Contenance zu verlieren droht: »Es muss den wiederholten unsachlichen Auslassungen der Klägerin einmal entgegengetreten werden. Was hat es für einen Zweck, bei jeder sich bietenden Gelegenheit dem Beklagten zu sagen, dass man keine Geschenke von ihm anzunehmen bereit sei? Solche Bemerkungen fördern eine ruhige Sacherledigung nicht.« Außerdem wären diese Hinweise überzeugender, hätte Elinor von Opel immer solche Zurückhaltung gegenüber Gaben ihres Mannes gezeigt. Aber: »Das ist bestimmt nicht der Fall gewesen bei den wertvollen Juwelen und Pelzen, die der Beklagte der Klägerin im Laufe der Jahre geschenkt hat.«

Monatelang tobt der Streit hin und her, werden immer neue Listen ausgetauscht, Gegenstände mal gefordert, dann wieder auf sie verzichtet. Der etwas entnervte Richter bittet darum, sich doch außergerichtlich wenigstens ein wenig zu verständigen, damit nicht ständig die Justizkasse damit beschäftigt ist, den Streitwert neu zu berechnen. Die Idee, die beiden Streitparteien sollten sich doch einmal persönlich verständigen, wird »auf Grund persönlich gemachter Erfahrungen der Anwälte« als untauglich verworfen. Schließlich bleibt nur die Möglichkeit, dass Elinors Mutter, Martha von Opel, als Zeugin nach Mainberg gerufen wird, um zu beurteilen, was ihrem Schwiegersohn, was ihrer Tochter gehört. Obwohl selbst fast Partei in dem Streit waltet die Dame souverän und verblüffend unparteiisch ihres Amtes, gesteht diesen oder jenen Gegenstand dem Ex-Schwiegersohn zu und befindet beim Inhalt der Schränke des Kinderzimmers salomonisch, man solle dies alles doch den Kindern belassen, zu deren Gebrauch es bestimmt war.

Schritt für Schritt wird die Grundlage für einen Vergleich zwischen den sich befehdenden Ex-Eheleuten bereitet. Selbst die Frage, ob fest eingebaute Teile in Schloss Mainberg herausgerissen werden können, kommt an ein Ende. Der Richter nimmt das Schloss in Augenschein, registriert, dass einige der geforderten Gegenstände äußerst fest mit dem Schloss verbunden sind und welche Folgen es hätte, wenn sie ausgebaut würden.

Mit ihm kommen nämlich einige Handwerker im Auftrag von Elinor von Opel, um die ihr zugestandenen Teile im Esszimmer auszubauen. Ihr Auftritt gleicht selbst im Protokoll des Richters noch einer Mischung aus Vandalensturm und Slapstickkomödie. Nach mehrstündiger Arbeit ist zwar der Einbau entfernt, dabei aber »eine dem Beklagten gehörende Marmorplatte« zerschlagen und der Raum reichlich verwüstet worden. »Der betreffende Zimmerteil muss vollständig neu gemacht werden. Die Gesamtwirkung des Raumes ist völlig zerstört und das Esszimmer in seinem Wesen völlig verändert«, konstatiert der Richter. Vor weiteren Verwüstungen schützt nun der Befund des Richters, dass sich ein Großteil der geforderten Ausbauten verbietet, da den geforderten Teilen »Bestandteilseigenschaft« am Schloss zuzuerkennen sei und damit deren Ausbau eine unbillige Beschädigung bedeuten würde. Auch so bleibt noch genug, was die Packer in Möbelwagen zu verfrachten haben, nachdem bis zur letzten Butter- und Geleegarnitur geklärt ist, wer was bekommen soll. Nur vor der Aufteilung der hunderte Bände umfassenden Bibliothek kapituliert das Gericht und fordert die Streitparteien auf, dies außergerichtlich zu regeln.

Am 13. Juli 1936, fast genau ein Jahr nach der Scheidung, findet die Auseinandersetzung »Sachs gegen Sachs« ihr gerichtliches Ende – gerade noch rechtzeitig für Willy Sachs. Der erwartet wenige Tage später hohen Besuch. Hermann Göring hat sich angesagt, der nun ohne Möbelwagen vor dem Schlossportal und ohne allzu sichtbare Folgen der nachehelichen Auseinandersetzungen empfangen werden kann.

Zuflucht in der Schweiz

Wenn die Möbelwagen hoch beladen von Mainberg wegfahren, ist nicht nur eine Ehe endgültig zu Ende. Auch die Idee von Wilhelm von Opel und Ernst Sachs, eine Industriellen-Dynastie zu gründen, ihre Familie zu vereinen, ist begraben. Die Zerstörungen im Schloss, die leeren Wände und Räume sind ein Menetekel. Die Lücken lassen sich schließen, die entfernten Möbel, Gemälde, Einrichtungsgegenstände können aus der bestens gefüllten Schatulle von Willy Sachs ersetzt werden. Aber eine Leerstelle ist mit Geld nicht zu schließen: Auf Mainberg lebt ein Erbe ohne Erben. Mag Willy Sachs auch zum traditionellen Familienvater wenig begabt gewesen sein, so war ihm Familie, waren ihm seine Söhne alles andere als gleichgültig. Leere Kinderzimmer, das Fehlen von Kinderstimmen und Kinderschreien müssen einen gemütvollen Menschen wie Willy Sachs berühren und schmerzen. Es ist nicht nur verletzter Vaterstolz, der ihn bewegt. Es könnte dazu kommen, dass er ein König ohne Kronprinz wird. Der große, von Ernst Sachs entworfene und ihm übertragene Plan vom fortdauernden Familienunternehmen droht schon vier Jahre nach dem Tod des Vaters zu scheitern.

Nicht nur die Nachfolgefrage in einem millionenschweren Unternehmen hebt den Streit zwischen Elinor und Willy Sachs um ihre Kinder über das Normalmaß solcher in Folge von Scheidungen üblichen Konflikte hinaus. Neben Menschen und Millionen sind auch noch politische Mächte in dieser Affäre im Spiel. Der Streit um die Kinder Ernst Wilhelm und Gunter wird in einer Form ausgetragen, wie sie in dieser Weise nur unter den besonderen Bedingungen und Konstellationen der nationalsozialistischen Herrschaft möglich sind. Was normalerweise nur eine Frage für Familiengerichte wäre, wird durch die Umstände des Dritten Reiches zum Sittenbild einer Epoche und gerät zu einem Szenario mit Spionen, Entführern, mächtigen Drahtziehern und einem Denunzianten.

Darüber, wie das Sorgerecht für die beiden Jungen geregelt und bei wem sie in der Folge gelebt haben, kursieren unterschiedliche Versionen, wobei sich juristische Regelung und praktischer Vollzug unterscheiden, was zu der Verwirrung beiträgt. Das eine Mal ist davon die Rede, dass beide Söhne bei der Mutter blieben und mit ihr in die Schweiz gingen. Andere sprechen davon, dass der ältere Ernst Wilhelm beim Vater geblieben sei. Jede Version darf partielle Wahrheit für sich beanspruchen.

Willy Sachs wurde bei der Scheidung das Sorgerecht für Ernst Wilhelm eingeräumt, während Elinor von Opel jenes über Gunter erhielt, begrenzt bis zum sechsten Lebensjahr. Willy Sachs wäre mit zwei Söhnen unter seiner Obhut in den Augen der Mutter ohnedies überfordert gewesen. Einmal bricht sich Ernst Wilhelm während eines Aufenthalts bei seinem Vater den Arm. Für Elinor von Opel ist der Fall klar: Die Aufsicht war unzulänglich, und die medizinische Versorgung war es erst recht. Kein Wunder, wo doch berufliche Verpflichtungen und private Neigungen, vor allem die Jagdleidenschaft, Willy Sachs daran hindern, seiner Vaterpflicht mit der gebotenen Sorgfalt nachzukommen.

Ganz unangenehm kann es dem privat wie beruflich abgelenkten Willy Sachs nicht gewesen sein, dass sich auch Ernst Wilhelm zumindest zeitweise unter Aufsicht seiner Mutter befindet. Gar nicht gefällt es ihm aber, dass Elinor beide Kinder auf Dauer unter ihre Obhut behalten will und versucht, durch unzutreffende Adressangaben jeden Zugriff des Vaters zu vereiteln.

Im Dezember 1935 darf Elinor von Opel im Vorfeld des emotional-familiär hoch besetzten Weihnachtsfestes vermuten, dass sich ihr Ex-Mann das Zusammensein mit seinen Kindern nicht so einfach verwehren lässt, und greift zu einer Radikallösung. Sie begibt sich mit den Kindern dorthin, wo der rechtliche Zugriff des Vaters nur schwer zu realisieren ist, in die Schweiz. Begründet wird die Reise durch Elinor von Opel mit dem Hinweis, dass sie den Kindern eine winterliche Erholung bieten könne, an der dem Vater nichts gelegen sei. Allzu überzeugend klingt dies nicht: Schloss Mainberg, fernab der Industriestadt Schweinfurt und hoch über dem Main gelegen, ist ein erholsamer Ort, und auch Bad Schwalbach, Domizil der Eltern Opel, hat als Kurort einen amtlich bestätigten gesundheitsfördernden Charakter.

Die von Elinor von Opel getroffene Ortswahl entspricht gehobenen touristischen Ansprüchen. Ihre Adresse lautet »Haus Ulrich« in Zuoz im Oberengadin, einem markanten Punkt auf der Landkarte der Sachs'schen Familiengeschichte. Als Halbwüchsiger wird Gunter Sachs hierher zurückkehren und das renommierte Internat des Ortes besuchen, dem auch geographisch die Familie Sachs verbunden ist. Wie Oberaudorf mit dem Gut Rechenau liegt auch Zuoz am Inn.

Der Wegzug von Ex-Frau und Kindern in die Schweiz alarmiert Willy Sachs. Am Heiligen Abend muss sein Anwalt einen Brief nach Zuoz schicken: »Als Vertreter des Herrn Konsul Sachs ersuche ich Sie, davon Kenntnis zu nehmen, dass Herr Konsul Sachs gegen die Verbringung seiner Kinder ins Ausland ebenso protestiert wie gegen die Tatsache, dass Sie ihm ein Wiedersehen mit seinen Kindern an Weihnachten unmöglich gemacht haben.« Der Verlust der Kinder verdunkelt das entgegen seinem martialischen Auftreten durchaus empfindsame Gemüt von Willy Sachs und ist geeignet, das Vulkanische in ihm auszulösen. Mit eruptiver Energie strebt er danach, die Dinge in seinem Sinne zu lösen. Er verlässt sich nicht auf die Justiz, deren langsamer Mühlengang nicht seinem Temperament entspricht. Wenn sein Recht an der Schweizer Grenze endet, so verbündet er sich eben umso mehr mit jenem Unrecht, dem er durch seine schwarze SS-Uniform verbunden ist und das ihm Hilfe verspricht, womit die private Angelegenheit »Sachs gegen Sachs« zu einer politischen wird.

Hohe Herren und kleine Kinder

Folgt man den heute gängigen Darstellungen, so ist der Wegzug von Elinor von Opel in die Schweiz nicht einfach im Wunsch nach angenehmerer Umgebung für sich und die Kinder motiviert. Es ist davon die Rede, dass sie »geflohen« sei, »entschieden keine Sympathien für die braunen Horden des Dritten Reiches« empfunden habe. Es heißt gar, dass sich Elinor von Opel »in Zeitungen kritisch über das Dritte Reich geäußert hat«. Eine internationale Lesart lautet: »Elinor von Opel was forced to leave their native country because she spoke out against the Nazis.« Gunter

Sachs unterstreicht den Charakter der Flucht: »Mutter hatte nach ihrem unfreiwilligen Weggang aus Deutschland kaum Geld.« Er verweist darauf, dass es die Reichsfluchtsteuer der Millionenerbin unmöglich gemacht habe, ihr Vermögen in die Schweiz zu transferieren. Damit wird die Flüchtlingsrolle unterstrichen, aber verschwiegen, dass diese bereits in der Weimarer Republik eingeführte Steuer 1935 noch nicht das Knebelinstrument war, als das sie vom NS-Regime gegen die emigrierenden Juden eingesetzt wurde. Im Übrigen waren dank guter Beziehungen der Familie von Opel die finanziellen Verhältnisse der jungen Mutter und ihrer Kinder in der Schweiz keineswegs extrem ungünstig.

Gunter Sachs war knapp vier Jahre alt, als seine Mutter mit ihm und Bruder Ernst Wilhelm in die Schweiz ging. Er spricht also nicht aus eigener Erinnerung, sondern ist hier selbst auf Hörensagen angewiesen, auf jene Version des Geschehens, wie sie in der Familie tradiert wurde.

Weniger ideologische denn atmosphärische Differenzen zum Dritten Reich dürften für die ablehnende Haltung von Elinor von Opel gegenüber dem NS-Regime ausschlaggebend gewesen sein, worin sie mit umgekehrtem Vorzeichen ihrem Ex-Mann nicht unähnlich war. Ideologische Begeisterung für den Nationalsozialismus lässt sich bei ihm nicht ausmachen, wohl aber Sympathie für etliche seiner Repräsentanten.

Das familiäre Umfeld von Elinor von Opel weist ebenfalls nicht in eine oppositionelle Richtung. Onkel Georg von Opel war in der Partei, Vater Wilhelm von Opel war in der Partei, hat die SS monatlich mit 100 Mark unterstützt und erfreute sich allerhöchster Protektion in Berlin. Als aufgedeckt wird, dass sich sein Kapital von 15 Millionen Goldmark im Ausland zu seinem Nutzen vermehrt, drohte ihm eine hohe Zuchthaustrafe. »Mit Kenntnis und Willen des Führers« wurde einem SS-internen Bericht zufolge »nur eine Steuerstrafe von 3,5 Millionen Mark verhängt«, wovon er aber nur 750 000 Mark zahlen musste. Auch weitere Rechtshändel verliefen für den Vater von Elinor von Opel »auf Weisung aus Berlin« recht glimpflich.

Nichts deutet äußerlich darauf hin, dass es eine Bedrohte, eine Verfolgte ist, die aus der Schweiz Ende 1935 ihren Anspruch auf die

Kinder anmeldet. Alles verweist auf eine sichere und unbeschwerte Existenz, die an neuer Adresse und mit neuem-alten Namen an Beständigkeit gewinnt. Wohl auf Wunsch von »Herrn S.« ändert sie ihren Namen, heißt fortan für einige Zeit Elinor Sachs von Opel, später nur noch Elinor von Opel. Sie nimmt einen neuen Wohnsitz, bleibt aber in Graubünden. »Chalet Gentiane, Valbella-Lenzerheide« ist der Ort, der ihr und den Kindern von nun an zur Heimat wird. Hier wird der Grundstein für das gelegt, was Gunter Sachs sein »helvetisches« Heimatgefühl nennt, sofern ein Weltbürger wie er überhaupt zu einer regionalen Anbindung dieses Gefühls imstande ist.

Der Ort seiner Jugend macht es ihm leicht, ihn mit dem gewichtigen Wort »Heimat« zu bedenken. Was sich seine Altersgenossen in Deutschland bestenfalls aus dem *Wilhelm Tell*-Reclamheft anlesen, das erleben Gunter Sachs und sein Bruder in Valbella. »Es lächelt der See, er ladet zum Bade...« und zwar fast direkt vor der Haustüre des mütterlichen Anwesens in Lenzerheide. Ringsum ragen die Berge mit ihren grünen Matten. Noch werden sie sogar in Ansätzen vom legendären Volk der Hirten bewohnt, das hier Sennenwirtschaft betreibt, sich allerdings in wenigen Jahren in ein Volk der Hoteliers und Skilehrer verwandeln wird. Die Geßler-Hüte und Zwingburgen des Dritten Reiches sind aber nicht so weit weg, wie es das scheinbar sichere Alpenrefugium suggeriert. Denn während sich Kinder und Mutter in der neuen Umgebung einrichten, sind Späher unterwegs, sie und ihr Leben auszukundschaften.

Am 9. Juni 1936, einen Monat vor dem Ende des endlosen Prozesses »Sachs gegen Sachs«, erstattet der Chef des SS-Sicherheitshauptamts »befehlsgemäß« einen Bericht an die Chef-Adjutantur Himmlers über »Wilhelm von Opel und dessen Tochter Ell[!]inor von Opel«. Was hier reportiert wird, deckt sich nicht mit der Schilderung von Gunter Sachs, nach der es ihn und seine Mutter »in der Not« in die Schweiz »verschlug«. Es heißt in dem Bericht: »Ellinor von Opel... ist mit beiden Kindern und einem Personal von 7 Personen im Dezember 1935 in die Schweiz gefahren und lebt seit dieser Zeit dort. Sie erhielt für den Aufenthalt Dezember 1935 wie für die Monate Januar – März 1936 auf dem gesetzlichen

Wege für sich und ihre Leute Devisen, und zwar monatlich ca. 3500,- Sfrs. Seit dieser Zeit hat sie keine Devisen mehr erhalten. Es ist bisher nicht feststellbar, woher die Ellinor Sachs, geb. von Opel, die Mittel für ihren Aufenthalt nimmt.«

Die Zielrichtung der Observation ist eindeutig: Elinor von Opel soll ein Devisenvergehen nachgewiesen werden, das vorliegen muss, weil sich ihre Existenz in der Schweiz gar nicht ohne Verstoß gegen gesetzliche Geldbestimmungen erklären lässt. Die überaus strengen Regeln für den Geldverkehr zwischen der Schweiz und dem Deutschen Reich erlauben höchstens 500 Schweizer Franken im Monat, die nicht dafür reichen, einen schon an einen Hofstaat grenzenden Haushalt zu finanzieren. Die SS-Spitzel müssen bekennen, nicht klären zu können, ob eine Schweizer Firma oder Familie »widerrechtlich auf den Namen Opel hin Kredit gibt«.

Nicht nur die Finanzierung des Aufenthalts von Elinor von Opel wirft bis heute ungeklärte Fragen auf. Schon ihre problemlose Reise in die Schweiz ist 1935/36 alles andere als eine Selbstverständlichkeit. Elinor von Opel hat mit Hilfe ihrer Eltern alle Schwierigkeiten in bravouröser Weise gelöst, so dass ihr aufwendiger Aufenthalt in der Schweiz selbst die professionellen Beobachter des SS-Sicherheitsdienstes verblüfft. Ihr Bericht widerspricht nachträglichen Andeutungen über eine karge Flüchtlingsexistenz von Mutter Sachs und ihren Söhnen. Er erwähnt auch mit keinem Wort, dass sich Elinor von Opel in irgendeiner Weise in den Augen der SS-Späher politisch missliebig verhält.

Erst Jahre spater gibt es einen Hinweis darauf, dass die Darstellungen über Schwierigkeiten von Elinor von Opel wegen Äußerungen über das NS-Regime nicht aus der Luft gegriffen sind. 1958 gibt ein Wilhelm Röger vor dem Landgericht München I zu Protokoll, was ihm zu Ohren gekommen ist. Danach war dem SS-Führer Heinrich Himmler hinterbracht worden, dass Elinor von Opel eine »erklärte Gegnerin des Regimes sei, Auslandssender abhöre und deren Meldungen weiter verbreite«.

Röger war in der Nachkriegszeit über viele Jahre Privatsekretär von Willy Sachs und 1955 unter dem Vorwurf der Illoyalität von diesem entlassen worden. Wütend über den Hinauswurf hat Röger Willy Sachs damit gedroht, er würde auspacken und Dinge erzählen, die geeignet sind, die bürgerliche Existenz von Willy Sachs zu zerstören. Vom Gericht befragt, hat Röger über eine Reihe von Verfehlungen seines Ex-Chefs berichtet und erzählt dabei auch von den denunzierenden Mitteilungen über Elinor von Opel an Himmler. Denn nach seinen Worten war der Denunziant kein anderer als Willy Sachs selbst. Der habe gehofft, »dass Himmler die Verhaftung seiner früheren Frau verfügen und er (Sachs) dann seine Söhne wiederbekommen werde«. Elinor von Opel sei jedoch gewarnt worden, »worauf sie mit ihren beiden Söhnen Deutschland verlassen habe und in die Schweiz nach Lenzerheide gezogen sei«. Dies und noch mehr, so Wilhelm Röger, habe ihm Willy Sachs selbst erzählt.

Die angedeutete Geradlinigkeit des Wegzugs von Elinor von Opel in die Schweiz wird durch ihre erste Station in Zuoz zwar widerlegt, doch bleibt die grundsätzliche Behauptung, dass zwischen der Denunziation durch den Ex-Ehemann und dem Aufenthalt in der Schweiz ein Zusammenhang besteht. Möglich, dass Elinor von Opel nicht an einen längeren Aufenthalt in der Schweiz gedacht hat, die ihr zugegangene Warnung sie aber dann bewogen hat, den Aufenthalt im neutralen Ausland zu verlängern und dauerhaft zu gestalten.

Folgt man den Aussagen von Wilhelm Röger, so war Willy Sachs bereit gewesen, seine Frau dem Himmler'schen Polizeiapparat auszuliefern. Jenseits von aller Wut und Verletztheit des verbitterten Ex-Ehemanns, der sich um seine Kinder gebracht sieht, bleibt dies ein Schritt, der auch nicht mit Naivität und Impulsivität von Willy Sachs zu relativieren ist. Er wusste von den Gefahren einer solchen Denunziation.

Sein Mitarbeiter Bernhard Georgii erzählt, dass er mit dem Ehepaar Sachs im Zug gefahren sei, sich dabei sehr offen über das NS-Regime geäußert habe, worauf Konsul Sachs ihn aus dem Abteil geführt habe und ihm auf dem Gang zugeflüstert habe, er solle seine Zunge hüten, »denn die hören alles mit«. Auch war Willy Sachs selbst 1933/34 in Dachau gewesen, um das KZ in Augenschein zu nehmen, in dem sich auch etliche seiner Betriebsangehörigen befanden. Zwar meinte er bei diesem von der Lagerleitung ausreichend vorbereiteten Besuch, keine unmittelbaren Missstände feststellen zu können, bemühte sich aber wohl mit gutem Grund, die Fichtel & Sachs-Mitarbeiter freizubekommen.

Ob Willy Sachs in Erwägung gezogen hat, seine Ex-Frau verhaften zu lassen, lässt sich nicht feststellen. Eine spätere Aktion zur Rückgewinnung der Kinder aus der Schweiz lässt eher darauf schließen, dass es primär darum ging, die Kinder der Mutter zu entziehen, wofür eine Anzeige gegen die Mutter schon gereicht hätte. Elinor von Opel vereitelte derartige Pläne, sei es durch den rechtzeitigen Weggang aus Deutschland oder den Verzicht auf eine Rückkehr. Auf jeden Fall hätte sie sich, folgt man der Darstellung von Wilhelm Röger, mit ihrem Aufenthalt in der Schweiz nicht nur dem Zugriff von Himmlers Apparat entzogen, sondern auch Willy Sachs vor der Untat bewahrt, seine Ex-Frau der NS-Polizei und -Justiz auszuliefern.

Unstrittig ist, dass sich Willy Sachs im Kampf um seine Kinder an Heinrich Himmler und Hermann Göring gewandt hat und sich diese persönlich dafür eingesetzt haben, Ernst Wilhelm und Gunter aus der Schweiz nach Deutschland zu bekommen. Beteiligt waren auch zwei Personen aus dem unmittelbaren Umfeld des Reichsführers-SS: sein Adjutant Karl Wolff sowie der Sicherheitsdienstchef Reinhard Heydrich. Karl Wolff, der Mann, der Willy Sachs und Heinrich Himmler zusammengebracht hat, scheint dabei ein für ihn nicht ungewöhnliches Doppelspiel getrieben zu haben. Denn er war es, der nach den Worten von Wilhelm Röger Elinor von Opel in alter Verbundenheit aus der Zeit, als er noch im Hause von Opel verkehrte, gewarnt hat. Karl Wolff war aber auch der Adressat des Berichts des Chefs des SS-Sicherheitshauptamtes über Elinor von Opel. Dieser Chef wiederum war Reinhard Heydrich, und sein Bericht war offensichtlich für Himmler bestimmt, weil er »befehlsgemäß« verfasst worden war und Heydrich als Chef eines SS-Hauptamtes dem Reichsführer-SS unmittelbar unterstellt war.

Wolff hätte demnach auf der einen Seite Elinor von Opel gewarnt, auf der anderen bei ihrer Ausspähung mitgemacht. Das Charakterbild Wolffs und Details seiner Biographie lassen ein solches Doppelspiel durchaus nicht als unwahrscheinlich erscheinen. Nach Einschätzung seiner Biographen gilt er als eine Höflingsnatur, beflissen nach allen Seiten und zu mancherlei Intrige fähig: Er ist ein Mann, der einen angeheirateten Verwandten in erpresserischer Absicht ins KZ bringt, um an dessen Vermögen zu kommen – was für den Verwandten tödlich endete. Wolff gefällt sich aber auch in der Helferrolle gegenüber Freunden aus Jugendtagen, befreit zwei Schulkameraden nach vierjähriger Lagerhaft aus dem KZ. Karl Wolff ist ein Mann, der für seine durch Herrenmenschentum kaschierte Beflissenheit bekannt ist, der aber auch Gefallen daran gefunden haben könnte, Reinhard Heydrich ein wenig ins Handwerk zu pfuschen.

Schließlich waren sich die beiden in konkurrierender Kameradschaft verbunden, zu der gemeinsame Frauenabenteuer genauso gehörten wie Zweifel an der arischen Statur des anderen. In dem zunehmend dramatische Züge annehmenden Kampf um die Kinder Ernst Wilhelm und Gunter bleibt jeder seiner Rolle treu: Wolff ist der sich im Hintergrund Haltende, der in alle Richtungen Dienernde, während Heydrich den kaltblütigen Vollstrecker gibt. Er ist es, der dafür sorgt, dass das Idyll von Elinor von Opel und ihren Söhnen gestört wird, und sie die Schiller'sche Zitatenweisheit aus dem *Wilhelm Tell* konkret erleben, dass auch der Frömmste nicht in Frieden leben kann, wenn es dem bösen Nachbarn nicht gefällt.

Das hereinbrechende Ungemach wird von vier Gestalten verkörpert, die eines Tages in Lenzerheide auftauchen. Unverkennbar sind sie aus Deutschland – und von eher handfester Natur. Als wäre das Männerquartett nicht schon auffällig genug, machen die Herren am Abend bei reichlich Alkohol in einer Gastwirtschaft auf sich aufmerksam. Dennoch gelingt ihnen am folgenden Tag ihr sinistres Geschäft. Über die Lebensgewohnheiten von Gunter und Ernst Wilhelm bestens informiert, schaffen sie es, die beiden Kinder von vier und sieben Jahren in ihre Gewalt zu bringen. Mehrere Stunden dürfen sie sich im Glauben wiegen, ihr Entführungsgeschäft erfolgreich zu erledigen, doch schlägt dann die Schweizer Polizei zu, befreit die Sachs-Söhne aus den Händen der Häscher, die sie über die Grenze nach Deutschland bringen wollten. Mit ihrer allzu offenen Rede bei allzu viel Bier hatten sich die Kidnapper am Abend zuvor verraten, Misstrauen erweckt und einen Hinweis bei den Landjägern ausgelöst.

Selbst in der an ungewöhnlichen Zwischenfällen nicht armen Geschichte der Familie Sachs bedeutet die verhinderte Entführung der Brüder einen Höhepunkt des Abenteuerlichen, der eher in ein Filmdrehbuch als in die Wirklichkeit zu passen scheint. Auch ist der Mann, der das Ereignis bezeugt, auf den ersten Blick nicht eben der beste Bürge für die Wahrhaftigkeit. Geschildert wird das Kidnapping nämlich von jenem Wilhelm Röger, der auch über den Denunziationsversuch von Willy Sachs zu erzählen weiß. Er erklärt: »Über den Wegzug seiner früheren Frau und seiner Söhne aus Deutschland ist Sachs sehr erbost gewesen, und er hat nach Wegen gesucht, wie er seine Söhne nach Deutschland zurückbekommen kann. Seine Sorgen hat er auch mit dem ihm gut bekannten Gestapochef SS-Führer Heydrich besprochen.«

So skurril das Bild des Endlösers Heydrich als Kummerkasten für einen wütenden Vater scheinen mag, so sinnvoll wird es in der Folge. Der SS-Führer konnte, wie Röger erzählt, raten und helfen. »Heydrich hat angeboten, mit Hilfe eines Rollkommandos die Söhne aus der Schweiz nach Deutschland zurückzuholen. Er – Konsul Sachs – hat dieses Angebot Heydrichs akzeptiert und ihm Einzelheiten über den Aufenthaltsort seiner Söhne in Lenzerheide und deren Lebensgewohnheiten bekannt gegeben.«

Der Zeuge Röger stellt kenntnisreich Zusammenhänge zwischen der Aktion in Lenzerheide-Valbella und einer finanziellen Unterstützung her, die Willy Sachs Reinhard Heydrich gewährt hatte. Sachs hatte Anfang 1935 seinem SS-Kameraden ein Darlehen gegeben, als Frau Lina Heydrich ihrem erschöpften Mann zur Entspannung ein erholsames Heim auf Fehmarn bauen wollte. Dieser hatte gerade mit der Ermordung von SA-Führer Röhm sein mörderisches Gesellenstück abgeliefert, das selbst ihn, den kaltblütigen SS-Mann fast überforderte. Schließlich war Röhm der Pate seines Sohnes Heider. 35 000 Reichsmark wurden damals, hypothekarisch abgesichert, von Willy Sachs für den Hausbau auf Fehmarn bereitgestellt. Noch Jahrzehnte später preist Lina Heydrich den Freund aus Schweinfurt dafür als »guten Engel«. Heydrich war Willy Sachs zu Dank verpflichtet – und der Schluss liegt nahe, dass er diesen mit seinem Rollkommando abgestattet hat.

Aktionen dieser Art waren für den Gestapochef nicht ungewöhnlich. Von einer regelrechten »Entführungsetage« war in seinem Amt die Rede – und gerade in der Schweiz hatte sich die Gestapo mit der Entführung des Exilpolitikers Berthold Jacob erst kurz davor ein erfolgreiches Meisterstück geleistet, das allerdings auch zu erheblichen diplomatischen Verwicklungen führte. Die Entführung der Sachs-Kinder war weniger sorgfältig vorbereitet und vor allem durch die Personalauswahl zum Scheitern verurteilt. Mit Männern, die sich »sinnlos betrinken« – so die Erzählung von Willy Sachs in der Darstellung seines Sekretärs –, konnte eine Entführung nur schwerlich gelingen, auch wenn es sich angesichts des Alters der Betroffenen um ein Kinderspiel zu handeln schien.

Das Gericht, das 1958 die Aussagen von Wilhelm Röger zu bewerten hatte, neigte nicht dazu, allen seinen Erzählungen Glauben zu schenken. Im Fall der Entführung allerdings wird seine Aussage akzeptiert, weil sie durch einen weiteren Zeugen bestätigt wird, der zugleich Opfer ist: Ernst Wilhelm Sachs. Er war zum Zeitpunkt der Entführung noch klein, das Ereignis in seinem kindlichen Erleben nicht von jener Auffälligkeit, die es für die Erwachsenen besitzt. So kann er dem Staatsanwalt nur berichten, was er erfahren hat, das aber mit einiger Bestimmtheit: »Kurz nach dem Kriege erzählte mir meine Mutter einmal, dass mein Vater durch seine Verbindungen zur SS versucht habe, mich gewaltsam nach Deutschland zurückbringen zu lassen. Es sei auch ein SS-Rollkommando in die Schweiz geschickt worden. Doch habe die Schweizer Polizei das Unternehmen rechtzeitig verhindern können.«

Ein wenig mehr hätte Ernst Wilhelm zu der gescheiterten Entführung aus eigenem Erleben noch hinzufügen können. Schließlich stellte Elinor von Opel in der Folge der Entführung zwei starke Herren zum Schutz der Kinder bereit, die nach Erinnerung der Einheimischen auf die Namen »Franzl« und »Seppl« hörten. Spielkameraden von einst wissen auch heute noch die Ursache für den Personenschutz zu benennen, dem die Kinder vor allem beim Skilaufen gern entwischten: »Da war doch diese SS-Geschichte!«

Ruhiger wird das Leben von Elinor von Opel und ihren Kindern mit der Abwehr der Entführung nicht. Willy Sachs sucht nach anderen Mitteln und Wegen, zumindest Ernst Wilhelm in seine

Obhut zu bekommen, und er setzt dabei mehr denn je auf seine Freunde Himmler und Göring.

Hitler fern und Himmler nah

»Unserem großen und geliebten Führer Adolf Hitler ein dreifaches Sieg Heil!« Jahrzehntelang wird dieser Ausruf nachhallen, den Willy Sachs zur Eröffnung des Schweinfurter Stadions darbringt. Sein Echo verfolgt ihn nicht nur bis zu seinem Tod, sondern über diesen hinaus. Sonderlich typisch und häufig sind derlei Bekundungen bei Willy Sachs schon deshalb nicht, weil er kein Meister der öffentlichen Rede ist. Selbst in der schriftlichen Form klingen seine Ausführungen zur Stadioneröffnung ungelenk und unbeholfen. Den Männern der Familie Sachs ist rhetorisches Talent nicht mitgegeben. Schon Vater Ernst Sachs hat zwar oft und gerne geredet, befleißigte sich einer eigenwilligen Redeweise, die manchen Zuhörer unfreiwillig erheiterte, in der süddeutsche Dialekte bunt gemischt wurden, längere Sätze unvollendet blieben und das eine oder andere Fremdwort selbst dem Redner sehr fremd war. Auch bei Willy Sachs liegt die Stärke in der unmittelbaren, impulsiven, aber nicht in der offiziellen Rede.

Vorformuliert bekommen seine öffentlichen Äußerungen und die Heilrufe auf Adolf Hitler bei aller Emphase einen konventionellen, zeittypischen Charakter. Sehr ernsthaft wird sich die Entnazifizierungs-Spruchkammer mit ihnen auseinander setzen und prüfen, ob er mit oder ohne Mikrophon Hitler hochleben ließ, da öffentliche Propaganda für das Dritte Reich nach dem Gesetz als besonders belastend gilt. Sehr fündig werden die Spurensucher nicht, weil es wenige einschlägige Hitler-Preisungen gibt, und wenn sie zum 1. Mai oder zur Übergabe der 50-millionsten Torpedo-Nabe getan werden, dann bewegen sie sich in dem heute befremdenden, aber zu Zeiten des Dritten Reiches üblichen Durchschnittsbereich, sind Anhängsel an seine vor allem dem Andenken an seinen Vater gewidmeten Ausführungen. Und letztlich gilt wohl, was ein glaubwürdiger Zeuge beteuert, dass er bei kernigen Männerwitzen mehr zu Hause war als in der politischen Rede.

Willy Sachs war ein schwungvoller und in vielem überzeugter Parteigänger der Nationalsozialisten, aber allem Anschein nach kein glühender Hitler-Anhänger. Ein ehemaliger US-Sergeant, der nach eigenen Angaben Willy Sachs 1945 verhaftet hat, erzählt Jahrzehnte später, Willy Sachs habe noch beim Abtransport wüste Lobreden auf Hitler gehalten. Einen solchen Bericht über seinen Vater weist Gunter Sachs zurück. Seine Erklärung, Willy Sachs sei kein fanatischer Hitler-Adorant gewesen, wird dadurch bestätigt, dass der Zeitzeuge sich hinfort hütet, seine sehr eigenwillige Schilderung der Verhaftung von Willy Sachs zu wiederholen.

Anfang 1937 kommt es zu einer photographisch ausgiebig dokumentierten Begegnung von Adolf Hitler und Willy Sachs auf dem Stand von Fichtel & Sachs auf der Internationalen Automobilausstellung in Berlin. Willy Sachs hatte sein »Saxonette« zu präsentieren, ein Spezialfahrrad mit einem ins Hinterrad integrierten Zweitaktmotor. Fichtel & Sachs versprach sich sehr viel von dieser technischen Entwicklung, die die spätere Zweiradmotorisierung in Gestalt von Mofas und Mopeds vorwegnahm. Hitler kommt mit großem Gefolge von SA- und NSKK-Schranzen in Renommieruniformen. Willy Sachs erwartet ihn strammstehend im dunklen Zweireiher mit sichtlicher Anspannung im Gesicht, die zu der Jovialität des »Führers« in deutlichem Kontrast steht. Eine Bilderfolge des Besuchs legt nahe, dass Hitler zu scherzen beliebt, so dass die Entourage grinst, bis sich auch die Züge von Willy Sachs etwas entspannen, als ihm Hitler vertraulich die Hand auf die Schulter legt. In Publikationen werden die Parteibonzen im Hintergrund wegretuschiert, so dass sich Hitler und Willy Sachs in einem grauen Niemandsland, in einer Sphäre abgehobener Isoliertheit bewegen.

Nachträglich heißt es, dass sich der Stand von Fichtel & Sachs mit seiner »Saxonette« besonderer Aufmerksamkeit durch die NS-Prominenz erfreute, weil dieses Produkt der vom Regime verfolgten Idee der Massenmotorisierung entsprochen habe. Willy Sachs erzählt in seiner Ansprache zum 1. Mai 1937 seiner »Gefolgschaft«: »Unser Führer hat uns wiederholt auf dem Ausstellungsstand mit seinem Besuch beehrt. Er hat sich auch das Rad von mir vorführen und erklären lassen und den Motor eingehend studiert. Es ist für uns alle eine hohe Auszeichnung, dass wir mit dieser Neuschöpfung sein Wohlwollen errangen und damit einen wesentlichen Beitrag zur Motorisierung liefern können, die unserem Führer so sehr am Herzen liegt.«

Etwas Selbsttäuschung ist hier bei Willy Sachs im Spiel. Hitlers Vorstellungen von einer Mobilisierung der Massen decken sich keineswegs mit den seinen. Hitler träumt von einem Volk von Autofahrern, das die noch sehr leeren Autobahnen, die »Straßen des Führers«, bevölkern soll, nicht aber an ein Heer von Zweiradfahrern mit Hilfsmotor am Gefährt. Bei allem Respekt von Willy Sachs für Hitler, bei einem gewissen Maß von Wohlwollen bei Hitler für den renommierten Industriellen, sind sich die beiden Männer doch grundsätzlich fremd. Mit der sicheren Witterung des eingefleischten Waidmanns muss Willy Sachs gespürt haben, dass ihm hier ein wesensfremder Mensch gegenübersteht, dessen Verschiedenheit in der unterschiedlichen Einstellung zur Jagd deutlich wird.

Was für Willy Sachs zentraler Bestandteil seines Lebens ist, die Pirsch auf Wild in Gesellschaft jagdfreudiger Herren, das ist für Hitler ein Greuel. Der unbarmherzige Menschenverfolger hat Mitleid mit der verfolgten Kreatur – und kein Verständnis für die »Mordlust« von Industriellen, Adeligen und Politikern, die er der Kumpanei verdächtigt. Im Satz von der Jagd als »grüner Freimaurerei« gipfelt diese Kritik, die Hitler ohne große Worte, aber mit deutlichem Missbehagen wenige Monate nach der Begegnung mit Willy Sachs auf Görings Internationaler Jagdausstellung zur Schau stellt.

Guter Freund und edler Spender

Die durch Jagd gestiftete Allianz von Politik und Industrie, die Hitler so suspekt ist, pflegen Heinrich Himmler und Willy Sachs Anfang 1937 besonders intensiv. Gleich zweimal verzeichnet ein im Moskauer Sonderarchiv aufgefundener Terminkalender Heinrich Himmlers im Januar ein Treffen mit seinem Schweinfurter Sturmbannführer. Der Inhalt der Gespräche ist nicht vermerkt, so dass darüber nur Vermutungen angestellt werden können, wobei personelle Zusammensetzung der Gesprächsrunden und ihre Terminierung einige Auffälligkeiten aufweisen.

Himmler kommt mit seinem Adjutanten Karl Wolff, dem bewährten Verbindungsmann zu Willy Sachs. Dieser hat Heinz Kaiser zur Seite, den Leiter seines Sekretariats, der auch die Kontakte zum Reichsführer-SS regelt. Außerdem ist noch Fritz Kranefuß als Teilnehmer der Besprechungen vermerkt. Er ist der Mann im Umfeld von Himmler, der ihm den »Freundeskreis Reichsführer-SS« organisiert, ausbaut und vor allem finanziell für ihn instrumentalisiert.

Dieser »Freundeskreis« ist in der Wirtschaftsgeschichte des Dritten Reiches eine Institution, die zwischen Harmlosigkeit, Ansehnlichkeit und Zwielichtigkeit changiert und von Teilnehmern wie Beobachtern höchst unterschiedlich beurteilt wird. Entstanden ist er aus dem so genannten »Keppler-Kreis«, in dem Wilhelm Keppler als wirtschaftspolitischer Experte Hitlers führende Männer der Wirtschaft zwecks ökonomischer Beratung Hitlers zusammengeführt hat. Schnell aber verlor Hitler Interesse und erst recht Lernbereitschaft in Wirtschaftsfragen, so dass sich die SS mit Kranefuß den Zirkel einverleibte und für sich nutzte.

Die Liste der Mitglieder des »Freundeskreises« wird landläufig als ein »Who's who« der deutschen Wirtschaft jener Zeit bezeichnet, doch zeigt schon die begrenzte Zahl von höchstens 44 Mitgliedern, dass es sich nur um eine Auswahl handeln kann, wobei es nicht klar ist, nach welchen Kriterien Kranefuß die Herren für den exklusiven Zirkel rekrutierte. Vertreter von Banken und Versicherungen dominierten; daneben entsandten große Konzerne der Stahlindustrie wie Flick oder Rheinmetall Borsig Aufsichtsrats- und Vorstandsmitglieder in den »Freundeskreis«. Die Automobilindustrie war weder durch Produzenten noch Zulieferer vertreten.

Die Herren des »Freundeskreises« genossen Privilegien ihrer Zeit. Sie wurden bei Reichsparteitagen bevorzugt platziert und hofiert und durften Konzentrationslager besichtigen. Nach dem Besuch von Dachau 1936 ließ Kranefuß gegenüber den »Freundeskreis«-Mitgliedern die Maske fallen und forderte sie auf, den Reichsführer-SS mit Geld zu unterstützen, worauf einige mit Unwillen, aber nicht mit grundsätzlicher Ablehnung reagierten. 1937 ging Kranefuß im Einverständnis mit Himmler daran, weiter an der Finanzschraube zu drehen und organisierte zur engeren Bindung der Mitglieder für den 8. Februar 1937 eine zweitägige Zusammenkunft, während sonst Herrenabende im »Haus der Flieger« die Regel waren.

Veranstaltungsort war diesmal das Sicherheitshauptamt in Berlin, unter den Referenten befand sich der erst seit einem halben Jahr als Polizeichef agierende Reinhard Heydrich, der über Kernbereiche seines Terrorapparates, den Sicherheitsdienst und die Sicherheitspolizei, referierte, ergänzt von Ausführungen seines Juden- und Gestapa-Referenten, woran sich eine Besichtigung der Leibstandarte »Adolf Hitler« anschloss. Am nächsten Tag wurde ein volles, eindeutig SS-ideologisch ausgerichtetes Programm mit Referaten über die Bekämpfung von Homosexualität sowie über die Freimaurerei weiter durchgezogen und abschließend das Freimaurer-Museum im ehemaligen Logenhaus in der Emser Straße sowie das Polizeiinstitut Charlottenburg besichtigt.

Unvorstellbar, dass bei den Treffen von Himmler und Willy Sachs am 19. und 28. Januar 1937 das bevorstehende, außerordentliche Treffen des »Freundeskreises« keine Rolle gespielt haben soll. Schließlich war der finanzkräftige und spendable Industrielle aus Schweinfurt ein potenzieller Kandidat für den »Freundeskreis«. Willy Sachs erwähnt nie, dass er sich einer Werbung für den »Freundeskreis« entzogen hat, obwohl er dies für sich als rudimentäre Widerstandshandlung hätte geltend machen können. Vielleicht wollte er nach 1945 dem heiklen Punkt seiner Spenden für die SS nicht durch Details besonderes Gewicht verleihen, wo die ganze Taktik darauf hinauslief, dies im Ungefähren und Unerklärten zu belassen.

Möglicherweise aber wurde Willy Sachs in den Gesprächen mit Himmler und Kranefuß nur einem Prüfungsverfahren unterzogen. Denn die Herren waren wählerisch, wie der Herr des SS-Wirtschaftsimperiums Oswald Pohl festhielt: »In jedem Fall wurde die Prüfung der Mitglieder in Bezug auf Loyalität und politische Zuverlässigkeit von Kranefuß vorgenommen, der auch besondere Aufmerksamkeit darauf richtete, dass die zukünftigen Mitglieder den bestehenden Mitgliedern... kongenial waren.«

Beide Gesprächspartner aus Schweinfurt könnten den Auswahlkritierien nicht entsprochen haben. Direktor Heinz Kaiser war als ehemaliger Logenbruder kaum die geeignete Person, sich Ausführungen über die Gefährlichkeit der Freimaurerei anzuhören. Nicht auszuschließen, dass Willy Sachs von Fritz Kranefuß schlicht für den »Freundeskreis« als nicht angemessen genug empfunden wurde. Im »Haus der Flieger« herrschte bei den Zusammenkünften ein etwas anderer Stil als auf der Rechenau. Deftigkeit nach Art des Bayern-Willy war nicht angesagt. Gewiss zur eigenen Entlastung stellten Mitglieder nachträglich den »Freundeskreis« als deutsche Ausgabe eines englischen Herrenclubs dar mit Gentleman-Usancen, bei denen sogar bis auf Ausnahmen die Regel gegolten haben soll: »Keine Politik«.

Auch die »Ahnungslosigkeit in weltanschaulichen Fragen«, die Willy Sachs von NS-Funktionären vorgehalten worden sein soll, könnte dazu beigetragen haben, dass er nicht Mitglied im »Freundeskreis« wurde. Mit dem ehemaligen Wirtschaftsminister Kurt Schmitt war schon jemand im »Freundeskreis«, den Kranefuß als »in weltanschaulicher Hinsicht letzten Endes durchaus unbefriedigend« fand und der darüber hinaus noch Ärger machte, weil er seine Mitgliedschaft im »Freundeskreis« nicht für sich behielt, seine Spendentätigkeit für die SS sogar öffentlich machte und für sich instrumentalisieren wollte.

Es mag aber auch sein, dass sich Willy Sachs in aller gegenüber Himmler gegebenen Freundschaft einer Mitgliedschaft im »Freundeskreis« entzog. Die dort versammelten Herren entsprachen nicht unbedingt seinem Naturell, waren ihm zu branchenfremd. Einem Club anzugehören, dessen Mitgliedschaft so diskret wie möglich zu behandeln war, konnte einem Mann nicht gefallen, von dem noch heute erzählt wird: »Publicity war ihm alles.« Der »Freundeskreis« konnte nicht wie der »Reichsjagdrat« im Briefkopf repräsentativ ausgewiesen werden. Für Netzwerkarbeit, die nach neuerer Forschung ein wesentliches Element des »Freundeskreises« darstellte, brauchte Willy Sachs dieses Gremium nicht. Die betrieb er nach subjektivem Gutdünken mit seinen Einladungen nach Mainberg oder auf die Rechenau.

Erst recht nicht konnte Willy Sachs interessieren, was im »Freundeskreis« nach Berichten seiner Mitglieder thematisch verhandelt wurde. Dabei soll es um Reste gotischer Siedlungen auf der Krim und die besondere Rolle der dortigen Tataren gegangen sein oder um Reiseberichte über arische Wurzeln in Tibet. Wahrscheinlich wird der Volkshochschulcharakter des »Freundeskreises« nach 1945 von den Teilnehmern übertrieben, um die eigene Beteiligung zu verharmlosen. Träfen die Berichte über Vorträge wie den über den »Teppich von Bayeux« zu, dann hätte sich Willy Sachs als Nichtmitglied viel Langeweile erspart. War der »Freundeskreis« aber gar nicht das zigarrenrauchende Herrenkränzchen, sondern, wie neuere Forschungen darlegen, ein Ort von SS-Propaganda und SS-Information, dann darf Willy Sachs später zu Recht sagen, dass er zumindest aus dieser Quelle davon nichts wusste. Er suchte nicht wie die Mitglieder des »Freundeskreises« 1939 das KZ Sachsenhausen auf, er hat sich keine Vorträge über die Verfolgung »schädlicher Elemente« wie Juden und Homosexuelle angehört und ist nicht mit dem »Freundeskreis« 1943 in winterlicher Kälte in Himmlers Feldkommandostelle in Ostpreußen gefahren.

In der Geometrie des SS-Beziehungsgeflechts wird Willy Sachs nicht Teil des »Freundeskreises«, sondern ist Punkt auf einer Geraden, die ihn unmittelbar mit Heinrich Himmler verbindet. Auf diesem direkten Weg kann sich auch das vollziehen, was Willy Sachs mit den Mitgliedern des »Freundeskreises« verbindet und zugleich unterscheidet: die Spendentätigkeit für die SS.

In der Bilanz 1937 verzeichnet die Buchhaltung von Fichtel & Sachs erstmals einen Spendenbetrag für die SS und dies sofort in einer Höhe, die alles übertrifft, was »Freundeskreis«-Mitglieder spenden. Bei etwas über 40 Mitgliedern belief sich die Spendensumme auf insgesamt rund 700 000 Mark. Von Willy Sachs erhielt die SS allein 150 000 Mark. Seine, wie auch immer motivierte, hohe Spendenbereitschaft wäre ein weiterer Grund für Heinrich Himmler und Fritz Kranefuß gewesen, ihn aus dem »Freundeskreis« fern zu halten. Denn dort sprachen sich die Herren über ihre Gaben ab, auch wenn Kranefuß darauf achtete, dass die Spenden nicht unter den wirtschaftlichen Möglichkeiten der Mitglieder blieben.

Solche Spendenabsprachen der Wirtschaftsführer waren im Dritten Reich nicht unüblich, beginnend bei der »Adolf-Hitler-Spende der deutschen Wirtschaft«, um nicht gegeneinander ausgespielt zu werden. Willy Sachs kannte das Spiel und machte bei ihm mit, etwa als die großen Schweinfurter Industrieunternehmen einen gemeinsamen Spendenfonds gründeten, in den sie in gegenseitiger Absprache einzahlten, wenn die Partei oder ihrer Gliederungen finanzielle Forderungen stellten. Im »Freundeskreis« wäre Willy Sachs also wahrscheinlich von seinen Kollegen zu größerer Zurückhaltung beim Spenden aufgefordert worden, da sie nicht gerne gesehen hätten, wie ihnen der Schweinfurter Industrielle die von ihnen niedrig gehaltenen Preise für ihre Mitgliedschaft kaputtmacht.

Warum hat Willy Sachs 1937 plötzlich Himmler Geld gegeben und warum in dieser Höhe? Die historische Forschung tappt bei den Gründen für Geldzuwendungen an Partei und SS im Allgemeinen im Dunkeln, auch wenn sie eine Reihe von Motiven zu nennen weiß. Überzeugung, Gefälligkeit, Opportunismus, Furcht und Anpassung kommen in Frage, und selten ist ein Grund allein klar ausfindig zu machen. Eher spielt ein Bündel von Ursachen eine Rolle. Zeitgenössische Aussagen zu der Spendentätigkeit sind selten und unpräzise. Alles, was nach 1945 gesagt wird, steht unter dem meist berechtigten Verdacht der Ausrede und Beschönigung. Danach war fast immer Erpressung, unausweichliche Notwendigkeit im Spiel. Auch Willy Sachs wird zu solchen Ausflüchten greifen, von einem nirgends belegten SS-Ehrengerichtsverfahren reden, das ihm angedroht worden sei. Er wird von Angst vor Enteignung sprechen, sich sogar in die Nähe der rassisch Verfolgten einreihen.

Nichts davon ist glaubwürdig und alles eine Summe von Ausflüchten. Wirtschaftliche Vorteile aus den Spenden sind für Willy Sachs nicht unmittelbar erkennbar, auch wenn ihnen etwas von Schutz- und Nutzgeld anhaftet. Denn wie im Fall Goldschmidt zu beobachten, bilden die guten Beziehungen zu den Spitzen im NS-Machtgefüge ein erpresserisch eingesetztes Druckmittel zur Ausschaltung wirtschaftlich schwieriger Partner.

Auch die Mitglieder des »Freundeskreises«, deren konkreter Nutzen aus der SS-Nähe nur schwer zu rekonstruieren ist, haben doch Spuren wechselseitiger Vorteilsnahme gelegt: Kredite von über 30 Millionen Mark wurden für die SS-Wirtschaftsbetriebe im Vorstand der Dresdner Bank von »Freundeskreis«-Mitgliedern genehmigt. Ein Reichsbankdirektor, seit 1934 im »Freundeskreis«, beriet die SS dabei, »die Häftlinge in den KZ-Lagern zu wirtschaftlich nützlicher Arbeit heranzuziehen«. Man half bei der Deportierung von Juden – und im Gegenzug wurden KZ-Häftlinge an Unternehmen vermittelt, in denen »Freundeskreis«-Mitglieder in führenden Positionen tätig waren.

Die Vorstellung einer automatischen Relation, nach der oben in die SS eingezahlt wird und unten Aufträge und Vergünstigungen herauskommen, greift aber zu kurz. Wo selbst in Demokratien mit parlamentarischen Untersuchungsausschüssen und der investigativen Kraft einer als vierte Kraft agierenden publizistischen Öffentlichkeit Spendenströme und finanzielle Abhängigkeiten zwischen Wirtschaft und Politik nicht aufzuklären sind, will im Dunkel des von darwinistischen Gesetzen bestimmten Machtdschungels der NS-Herrschaft kaum Erhellung gelingen.

Einen ganz besonderen Grund gibt es allerdings, der die Spenden von Willy Sachs zu einem Geschäft auf Gegenseitigkeit macht. Hilft er Heinrich Himmler bei der Bewältigung seiner ewigen Finanzkalamitäten, so hilft dieser ihm bei der Lösung seiner privaten Probleme. Im Kampf um seine in der Schweiz bei Mutter Elinor lebenden Kinder ist ihm die SS auf verschiedenen Ebenen ein aktiver und letztlich effektiver Helfer. Der Beginn der erheblichen Spenden von Willy Sachs an die SS und deren Ende markieren in etwa den Rahmen des Kampfes von Willy Sachs um seine Kinder, vor allem um Ernst Wilhelm. Die zeitliche Koinzidenz legt nahe, dass hier der Grund für die Zuwendungen an Himmler, aber auch an Göring zu suchen ist.

Vermutlich 1937 hat die SS ihr Rollkommando in die Schweiz geschickt. Als dies nicht fruchtete, setzen Himmler wie Göring erstaunlich viele Hebel in Bewegung. Was sich im Schweizer Eidgenössischen Politischen Departement (Außenministerium) unter dem Aktenzeichen B.32.42.2 mit dem Titel »Sachs, deutscher Konsul, geschieden von seiner Frau, geb. von Opel« ansammelt, zeugt vom nachdrücklichen Einsatz der NS-Granden für ihren Jagdfreund. Es wird Jahre dauern, bis nicht mehr gilt, was auf dem Deckblatt des Dossiers notiert ist: »Die Frau ist mit den Kindern in Chur und weigert sich, die Kinder herauszugeben.«

Neue Ehe – alte Freunde

Im Frühjahr 1938 darf Willy Sachs die besondere Aufmerksamkeit seines »verehrten Reichsführers« erleben. Telefonate werden zwischen Berlin und Schweinfurt geführt, Akten per Eilordonnanz zugestellt, so dass bei Willy Sachs nur Tage dauert, worauf andere Wochen, ja Monate warten müssen: die Genehmigung der Eheschließung durch Heinrich Himmler.

Unerbittlich ist die SS-Bürokratie, wenn ein SS-Mann einen Eheantrag stellt. Akribisch wird ein kompletter Stammbaum von Bräutigam und Braut gefordert, der bis ins 17. Jahrhundert zurückreichen muss. Leere Stellen darin bedeuten Aufschub, Nachfragen, oft einen abschlägigen Bescheid des für die Ehegenehmigungen zuständigen Rasse- und Siedlungshauptamtes. Bürgen müssen Auskunft geben, ob die zukünftige Ehefrau putzsüchtig ist oder leichtfertig im Umgang mit Geld. Sie selbst hat den Nachweis zu erbringen, dass sie einen Mutter-Kind-Kurs besucht hat. Ein SS-Arzt muss die angehenden Eheleute auf Erbkrankheiten, Konstitution, rassische Merkmale und Fortpflanzungsfähigkeit überprüfen.

Erst wenn alle diese Unterlagen in Berlin vorliegen und für einwandfrei befunden werden, erfolgt die Erlaubnis zur Eheschließung. In Kriegszeiten kann selbst der Hinweis darauf, dass der rare Heimaturlaub für die Gründung einer Familie genutzt werden soll, die Herren vom Rasse- und Siedlungshauptamt nicht erweichen. Ihre Ehre heißt Sorgfalt bei der Einhaltung der vom Reichsführer erlassenen Vorschriften, die den schwarzen Orden vor »unreinem Blut« bewahren sollen.

Bei Willy Sachs vollzieht sich alles anders, schneller, fast überstürzt, ehe er am 14. April 1938 Ursula Prey, geb. Mayer heiratet. Ende März lassen sich Willy Sachs und Ursula Prey ärztlich auf ihre Ehetauglichkeit untersuchen. Adjutant Wolff erteilt eine Woche später den Befehl, dass auf eine Bürgenauskunft verzichtet werden kann. Himmler teilt zur gleichen Zeit per Telefon dem Direktor Heinz Kaiser mit, dass er die Ehe genehmigt, vorausgesetzt, das Rasse- und Siedlungshauptamt erhebe keine Bedenken. Dieses bescheinigt am 6. April, dass die Eheschließung des SS-Angehörigen Wilhelm Sachs mit Ursula Prey freigegeben sei. Am 12. April wird der Aufgebots-Antrag ausgefertigt und schon am 14. April wird erst standesamtlich und dann in der Kapelle von Schloss Mainberg kirchlich geheiratet.

Die Eile, ja Überstürztheit im Vorfeld hat selbst bei einem Mann vom jähen Temperament eines Willy Sachs etwas Ungewöhnliches. Sie ist Teil einer gewissen Rätselhaftigkeit, die über dieser Ehe von Anfang bis Ende liegt. Während Elinor von Opel durch Herkunft und Auftreten in Mainberg und Schweinfurt bis heute eine bekannte und anerkannte Persönlichkeit ist, stellt Ursula Prey eine große Unbekannte dar. Gäbe es nicht gedruckte Karten, auf denen Willy Sachs für die Glückwünsche zur Hochzeit dankt, könnte der Eindruck entstehen, er hätte fast unter Ausschluss der Öffentlichkeit geheiratet.

Ursula Prey ist zum Zeitpunkt der Eheschließung 32 Jahre alt. Ihr Geburtsort ist Berlin, wo sie auch seit 1934 mit einem Juristen verheiratet war, mit dem sie eine Tochter hatte. 1937 war die Ehe geschieden worden. Ihr Vater war Brauereibesitzer im Oberbayerischen, wo sie wohl auch vor der Heirat wohnte. Schulbildung wie Handschrift sind schlicht. Ein Beruf wird nicht angegeben. Bei so viel Unbekanntheit werden die Lücken durch Gerüchte geschlossen, kursiert in Schweinfurt die Version, dass es sich um eine

»Bardame aus Berlin« handle. Hängt es damit zusammen, dass sich Willy Sachs von der Beibringung von Bürgschaftszeugnissen für seine Frau befreien ließ?

Für den SS-Gesundheitsbogen angefertigte Bilder zeigen eine kräftige Frau mit offenem Gesicht. Der begutachtende Arzt bescheinigt ihr athletischen Körperbau, »nordisch-fälisches« Aussehen und brünettes Haar. Wenn später in Oberaudorf von blondem Haar und dem Vornamen »Ulla« die Rede ist, zeigt dies, dass sie auch am zweiten Wohnsitz des Ehepaars, wo sie bis zuletzt wohnte, wenig markante Spuren hinterlassen hat.

Am 7. Juni 1949 wird die Ehe auf Antrag von Ursula Sachs geschieden, eine schon längere Zeit bestehende völlige Entfremdung der Ehegatten konstatiert und wegen der »tiefgreifenden und unheilbaren Zerrüttung des ehelichen Verhältnisses« dem Antrag auf Scheidung stattgegeben. Willy Sachs ist zum Scheidungstermin ohne Anwalt erschienen und widerspricht der Klage nicht. Ein halbes Jahr später teilt die geschiedene Ehefrau Ursula Sachs mit, dass sie nunmehr wieder ihren Mädchennamen annehme und hinfort Mayer heiße.

Damit geht eine Ehe zu Ende, zu deren Auffälligkeiten auch gehört, dass sich Ursula Sachs 1945 bei der Verhaftung ihres Mannes durch US-Soldaten distanziert verhalten und 1947 bei seiner Rückkehr aus der Internierung in die Rechenau ihm die Tür gewiesen haben soll mit dem Hinweis, dass sie mit einem Nazi wie ihm nichts zu tun haben will. Bekundungen von Zuneigung zwischen den Eheleuten sind nicht bekannt.

Ursula Sachs hat jenem Frauentypus entsprochen, den Willy Sachs, den es zu großen, starken Frauen hinzog, zu schätzen wusste. Ein gewisses Kalkül ist jedoch bei der Eheschließung nicht auszuschließen. Im Kampf um seine Kinder machte es keinen guten Eindruck, wenn er sie als allein stehender Mann für sich beansprucht. Schon einmal hatte sich Ernst Wilhelm im Junggesellenhaushalt seines Vaters vor dem Weggang in die Schweiz den Arm gebrochen. Eine Ehefrau im Haus konnte eventuelle Zweifel, ob dem Kind die gerade im nationalsozialistischen Familienverständnis zentrale mütterliche Betreuung zuteil wird, zerstreuen. Eigene Kinder hat das Ehepaar Willy und Ursula Sachs nicht, was fast ein wenig überrascht, wo Willy Sachs noch am Ende der Ehe mit einer anderen Frau seine Zeugungsfähigkeit unter Beweis stellen wird, die auch der untersuchende SS-Arzt konstatiert hatte. Zu der in den Untersuchungsbögen des Ehepaars als »im völkischen Sinne erwünschte Fortpflanzung« kommt es bei den Eheleuten Willy und Ursula Sachs also nicht.

Wie weit Ursula Sachs das Leben ihres Mannes in der ausklingenden Friedens- und anhebenden Kriegszeit teilt, lässt sich nicht sagen, doch steht fest, dass Willy Sachs bis zum Kriegsende einen großzügigen Lebensstil pflegt, der dem seines Vaters an Prächtigkeit und Bequemlichkeit in nichts nachsteht. Neben seinem Diener Rähmisch sind ständig weitere dienstbare Geister zur Stelle. Zimmermädchen und Aufwartefrauen tun ihren Dienst ebenso wie Wäscherinnen und eine Kraft für Bügeln und Nähen. Putzfrauen kümmern sich ums Grobe. Haushandwerker sind im Haus, damit sich das weiträumige Schloss Mainberg technisch in einwandfreiem Zustand befindet. Ein Gärtner mit gleich vier Hilfskräften sorgt für das Grün rund ums Schloss.

Fast ganz Mainberg ist bei den Herrschaften gut beschäftigt. Kinder können sich als Balljungen beim Tennisspiel ein Taschengeld verdienen. Reifere Jugend wird von Rähmisch als Sparringpartner für den boxfreudigen Schlossherrn gewonnen, und er kann für den Fall einer Niederlage ein Extrasalär versprechen, so dass Willy Sachs meist als generöser Sieger aus den Faustkämpfen hervorgeht. Hat der Sängerkranz seine Chorprobe beendet, dann taucht Willy Sachs oft noch persönlich beim gemütlichen Ausklang im Gasthof auf, spendiert eine Runde nach der anderen, und wenn er nicht selbst kommt, darf sich Rähmisch stellvertretend in Großzügigkeit üben.

Die Weinbergfrauen, die Häckerinnen, die auf den steilen Hängen unterhalb des Schlosses recht mühsam die Rebstöcke pflegen und die Trauben ernten, werden großzügig belohnt und von denen, die nicht zur etwas elitären Frauentruppe gehören, beneidet. Willy Sachs darf es genießen, sich inmitten der Frauenschar als Hahn im Korb photographieren zu lassen. In den Kellern lagert der Wein, in der mit Delfter Kacheln ausgekleideten Bar warten Spirituosen. Erhält Willy Sachs Besuch von anderen Industriellen oder von der NS-Prominenz, ist eine ausgiebige Bewirtung nicht zuletzt mit Alkoholika selbstverständlich, wobei der Hausherr an Trinkfestigkeit von niemandem zu überbieten ist.

Die Mainberger leben gut mit dem temperamentvollen, eigenwilligen Schlossherrn zusammen, und sie leben nicht schlecht von ihm. Er ist Arbeitgeber und Mäzen und seine finanziellen Verhältnisse erlauben ihm eine spezifische Großzügigkeit. Seit 1933 haben sich seine Einkünfte aus seiner Beteiligung an der Sachs GmbH kräftig erhöht, sind von 315 000 Mark im Wirtschaftsjahr 1933/34 auf eine halbe Million für 1940/41 gestiegen, wozu noch 100 000 Mark kommen, die Willy Sachs als Vorstandsmitglied der Fichtel & Sachs AG pro Jahr bezieht.

Willy Sachs macht aus seiner Wohlhabenheit kein Hehl. Nichts Kafkaeskes umschwebt sein Schloss über dem Dorf, auch wenn Schilder »Zutritt untersagt« für Abstand sorgen. Zur Arbeit kommen die Mainberger aufs Schloss – und als Beobachter können sie sehen, wie die Schlossbewohner in ihrem Park spazieren oder unten im Tal dem Tennisspiel nachgehen. Wenn die braune Prominenz anreist, bleibt sie für sich, tangiert sie nicht das Leben der Mainberger. Manches dringt dann doch über das Personal zu ihnen wie die spezielle Art, auf die sich Hermann Göring durch den Schlossherrn amüsieren ließ. »Willy, mach uns den Hirsch!«, forderte der Reichsmarschall, worauf Willy Sachs sich nach draußen begab und von dort seine Spezialität hören ließ: den Brunftschrei eines Hirschs. Mit Ernst Sachs hatte Willy Sachs von Jugend auf die Fähigkeit geteilt, die animalischen Laute täuschend echt nachzuahmen, so dass es sich auf der Rechenau zugetragen haben soll, dass Vater und Sohn im Wald auf getrennter Pirsch jeweils dem Brunftschrei des anderen folgten, um sich am Ende staunend zu begegnen.

In einem Punkt hat sich das Leben auf Schloss Mainberg und auch auf der Rechenau gegenüber früheren Jahren geändert. Jüdische Freunde und Geschäftspartner zählen nicht mehr zu den Gästen. Bis 1933 war es eine Selbstverständlichkeit gewesen, dass mit ihnen die gute Zusammenarbeit festlich begangen wurde. Max Goldschmidt etwa war bei solchen Anlässen selbstverständlich dabei, durfte sich als Freund von Willy Sachs betrachten, der mit ihm auch zu Autorennen in die Rhön fuhr. Nun scheiden die Juden aus dem Leben von Willy Sachs aus, so wie sie schon seit dem Juli 1935 nicht mehr das »Ernst-Sachs-Bad« betreten dürfen, im »Willy-Sachs-Stadion« erst gar nicht zugelassen werden.

Die Veränderungen entgehen Willy Sachs nicht, aber er dürfte sie mit einer gewissen Selbstverständlichkeit hingenommen haben. So wie die Freimaurer in Schweinfurt kurz vor der Auflösung ihrer Loge die »Judenfrage« mit großer Selbstverständlichkeit und wenig Widerstandskraft diskutiert haben, so hält auch Willy Sachs das Thema nicht für grundsätzlich problematisch. Sein Mentor Michael Schlegelmilch berichtet: »Ich unterhielt mich mit ihm (WS) über das Thema ›Jude‹ bei vielen Gelegenheiten, und er konnte sich nur damit zufrieden geben, dass nach der Machtergreifung Hitlers auch die Judenfrage in ordentlicher und menschlicher Weise Erledigung findet.«

Willy Sachs führte nach 1945 viele Fälle auf, die beweisen sollten, wie er sich auf seine Weise mitmenschlich und sauber verhalten habe. Mit Bedauern habe er von den Juden Abschied genommen, die noch rechtzeitig auswandern konnten, ihnen sein Missbehagen ausgedrückt, dass die »Fanatiker in Berlin unbelehrbar« seien. Hat er nicht bei Frau von Oertzen die Patenschaft des Kindes angenommen und dann mit ihr Abschied gefeiert? War er nicht zu letzten Besuchen bei Ernst und Fritz Marschütz, bei Dr. Bendeit, den Gebrüdern Dr. Ottenstein in Nürnberg, Max Manko in Frankfurt, Aron Hainsberg in Dresden, Ernst Groß und Frau in Rüsselsheim und bei… Lang ist die Liste der von Willy Sachs verabschiedeten Juden, die deutlich macht, welch menschlicher und wirtschaftlicher Aderlass mit der Judenverfolgung einsetzte.

Wie war es, als 1938 das stattfand, was im Spruchkammerverfahren 1948 verschämt »Revolte« genannt wird und womit die Reichspogromnacht gemeint ist? »Da hat er Kopf gestanden. Er hat geschimpft und hat gefragt: ›Sind denn Leute von uns auch daran beteiligt?‹« Willy Sachs ist gegen rohe Gewalt. Als man einen antisemitischen Brandschatzer am 9. November 1938 mit dem Hackebeil auf dem Betriebsgelände erwischte, wurde er hinausgeworfen.

Willy Sachs dreht die Schraube der Beteuerungen seiner Judenfreundschaft nicht so weit, sich als deren dezidierten Beschützer oder gar Retter darzustellen. Aber so weit sollen Einsicht und Mut schon gegangen sein, dass er Heinrich Himmler darauf hingewiesen habe, er fände die Sache mit den Juden gar nicht gut. Wenn er dies wirklich je gesagt haben soll, dann wäre verständlich, dass über ihn in SS-Kreisen geurteilt wurde, er habe keine Ahnung von »weltanschaulichen Fragen« und nähme in vieler Hinsicht einen unmöglichen Standpunkt ein. Es gehört aber auch zu den Absurditäten des Dritten Reiches, dass selbst der für Willy Sachs so wichtige Karl Wolff nicht nur Mitwisser der Judenvernichtung war, sondern bei der Deportation und Ermordung der Warschauer Juden sogar aktiv mitgewirkt hat, dennoch gegenüber ausländischen Beobachtern Kritik an der »Judenpolitik« des Dritten Reiches übte.

Willy Sachs gehörte nicht zu jenen Industriellen und Handelsleuten, die ihr Imperium im Zuge vordergründiger Arisierung durch den Erwerb von Unternehmungen jüdischer Besitzer ausbauten. Allerdings verschaffte er sich etwa im Fall Goldschmidt jüdisches Eigentum durch »kalte Arisierung«. Goldschmidt wurde durch Hinweise auf die Verbindungen von Willy Sachs zu höchsten SS-Kreisen unter äußersten Druck gesetzt, weil damit das gesamte Bedrohungsarsenal von Haft, Folter und Tod ins Spiel gebracht wurde. Nachdem Max Goldschmidt solchermaßen in die Flucht getrieben war, konnte Fichtel & Sachs die Notlage des nunmehr Exilierten zusammen mit willfährigen Gerichten ausnutzen und sich das zurückgelassene geistige Eigentum aneignen.

Auch wenn nichts darauf hindeutet, dass Willy Sachs ein glühender Antisemit gewesen sei, so ist doch unübersehbar, dass er in der Verfolgung der Juden, ihrer Entfernung aus dem »Volkskörper« etwas Begreifliches, vielleicht sogar Notwendiges sah, womit er sich in Übereinstimmung mit einem erheblichen Teil der deutschen Bevölkerung befand. Dass er die sich daraus ergebenden materiellen Vorteile zusammen mit seinen Direktoren unter Berufung auf sein Nahverhältnis zu Heinrich Himmler aggressiv genutzt hat, konterkariert das von ihm und seiner Umgebung nachträglich aufgebaute Bild seines ahnungslosen und harmlosen Verhältnisses zum Nationalsozialismus.

Kampf um den Erben

»Ernst Wilhelm und Gunter Sachs im Armen- und Waisenhaus; allerhöchstes Interesse von Hermann Göring und Heinrich Himmler am Schicksal der Kinder von Konsul Sachs« – mit solchen Nachrichten wendet sich am 10. Juli 1939 der Schweizer Gesandte in Berlin, Hans Frölicher, an sein Berner Außenministerium, das Politische Departement. Seine dringende Bitte: Man möge den Behörden in Chur deutlich machen, dass »hohe deutsche Persönlichkeiten« sich für den schwebenden Fall interessieren und vor allem dafür sorgen, dass die Kinder, nicht »widerrechtlich« der Mutter Elinor von Opel übergeben werden.

Der Gesandte Frölicher steht merklich unter Druck. Schon im Januar hatte ihn Hermann Göring auf den Fall seines Freundes Sachs hingewiesen. Nun war auch Adjutant Karl Wolff bei ihm gewesen und hatte darum gebeten, in Graubünden mit dem Hinweis auf die mächtigen Protegés von Willy Sachs Druck zu machen, damit die Angelegenheit endgültig erledigt wird. Dr. Peter Anton Feldscher vom Berner Außenministerium kann seinen Gesandten etwas beruhigen und einiges klarstellen. Die Kinder Sachs befinden sich nicht im Armen- und Waisenhaus, sondern im Erziehungsheim Plänkis, wo sie sich bester Fürsorge erfreuen. Dorthin seien sie gebracht worden wegen »schwerer Misshandlungen, denen die Kinder seitens eines gewissen Reinhardt, der anscheinend die Frau Sachs begleitet, ausgesetzt waren«. Die Behörden in Chur sind darauf hingewiesen worden, dass »auch vom schweizerischen Standpunkt aus ein unmittelbares praktisches Interesse vorliege, dass die Kinder Sachs eine einwandfreie rechtliche und tatsächliche Behandlung erfahren«.

Womit sich höchste Stellen in Berlin und Bern beschäftigen, ist der erneute Versuch von Willy Sachs und seiner mächtigen Freunde, die Herausgabe seiner Kinder zu erreichen. Nachdem der

Versuch einer gewaltsamen Lösung gescheitert ist, wird diesmal auf das kaum weniger abenteuerliche Konstrukt einer amtlichen Entführung gesetzt. Diesmal sollen die Kinder mit Hilfe staatlicher Schweizer Stellen der Ex-Ehefrau entwunden werden.

Den Ansatzpunkt dafür bietet jener »Herr Reinhardt«, den Willy Sachs auf keinen Fall auf Schloss Mainberg sehen wollte. Wie das Kantonsgericht Graubünden festhält, lebt ein »gewisser Albert Reinhardt im Haus der Frau v. Opel, geschiedene Sachs«. Ihm wird vorgeworfen, »die Kinder Sachs misshandelt und den einen Knaben am Kopf erheblich verletzt zu haben«. Daraufhin wird Albert Reinhardt festgenommen, wobei »er Waffen auf sich trug«. In den Papieren der Schweizer Behörden wird Albert Reinhardt als »Liebhaber« von Elinor von Opel bezeichnet. Die Eltern von Opel betonen, dass sie diesen Mann ihrer Tochter als Beschützer in die Schweiz mitgegeben haben. Die Entschiedenheit, mit der Willy Sachs sich nach der Scheidung Albert Reinhardt als Begleiter seiner Ex-Frau bei einem Besuch auf Schloss Mainberg verbittet, deutet darauf hin, dass es sich bei ihm nicht nur um einen alltäglichen dienstbaren Geist im Hause von Opel gehandelt hat.

Die Anzeige gegen Albert Reinhardt und seine anschließende Inhaftierung fällt zeitlich auffällig zusammen mit der Anwesenheit des Wiesbadener Kriminalrats Kramer in der Schweiz. Offensichtlich hat dieser Mitarbeiter der Heinrich Himmler unterstehenden Polizei den Auftrag, dafür zu sorgen, dass durch Anschuldigungen gegen Albert Reinhardt die Kinder der mütterlichen Gewalt entzogen und dann nach Deutschland gebracht werden.

Politischer Druck aus Berlin soll ersetzen, was an juristischer Handhabe fehlt. Kein Schweizer Gericht hat bislang über das Sorgerecht für Ernst Wilhelm und Gunter Sachs befunden. Die deutschen Urteile, mit denen Kriminalrat Kramer in der Schweiz auftritt, haben dort keine unmittelbare Rechtskraft. Hermann Göring wird jedoch ausdrücklich vom Gesandten Frölicher darauf hingewiesen, dass das deutsche Urteil zum Sorgerecht wahrscheinlich auch in der Schweiz vollstreckbar sei, aber Willy Sachs und seine Helfer wollen den Schweizer Gerichtsgang nicht abwarten. Die Ansätze von Elinor von Opel, sich gegen die Herausgabe der Kinder gerichtlich zu sträuben, werden als verzögernde Quertreiberei eingestuft, so dass »die deutschen Behörden den Kriminalrat Kramer damit beauftragen, die nötigen Schritte zur Rücknahme der Kinder in die Wege zu leiten«.

Dabei ist man im Schweizer Außenministerium bereit, sich über die eigenen Gerichte hinwegzusetzen: »Die Kinder stehen in jedem Fall unter väterlicher Gewalt, d.h. wenn das deutsche Urteil anerkannt oder nicht anerkannt wird.« Dem Druck, den Göring und Himmler in dieser Sache ausüben, wird in fast willfähriger Weise nachgegeben. Der Gesandte Frölicher in Berlin bestätigt seinen Ruf, mehr die deutschen Interessen in der Schweiz zu vertreten als jene der Schweiz gegenüber dem Deutschen Reich. Sein Partner im Außenministerium, Peter Anton Feldscher, zählt ebenfalls zu der starken Fraktion in diesem Haus, die dem Dritten Reich wohlwollend gegenübersteht. Auch der Berner Außenminister Giuseppe Motta betrachtet die Achsenmächte Italien und Deutschland mit Sympathie. Sie alle bedrängen die Behörden in Graubünden, die Kinder, solange sie noch im Kinderheim sind, dem Kriminalrat Kramer zu übergeben, und werden darin auch noch vom deutschen Botschafter in Bern, Ernst von Weizsäcker unterstützt, der telefonisch zugunsten von Willy Sachs in Chur interveniert.

Eile ist bei dem Kuriosum einer legalen Kindesentführung geboten, weil ungewiss ist, wie lange Albert Reinhardt im Gefängnis bleibt und wie lange die Kinder der Mutter vorenthalten werden können. Dringlich wird von allen Stellen darauf hingewiesen, dass Ernst Wilhelm und Gunter auf keinen Fall wieder unter die Obhut des Lebensgefährten der Mutter kommen dürfen. Außenminister Giuseppe Motta persönlich schreibt an das Kantonale Justiz- und Polizeidepartement Graubünden, dass »nach den Misshandlungen, welche die Kinder seitens des Reinhardt erfahren haben, nicht recht erklärlich ist, aus welchen Gründen sie wieder diesem Mann, unter dessen verhängnisvollem Einfluss die Mutter zu stehen scheint, ausgeliefert werden sollen«. Selbst eine mögliche Entführung der Kinder durch Elinor von Opel und Albert Reinhardt wird heraufbeschworen, die dieser ausführen könnte, so lange ihm sein bald ablaufender Pass eine Ausreise nach Frankreich oder Italien erlaubt.

Ehe die Kinder aber dem Kriminalrat Kramer ausgeliefert werden, bewährt sich der demokratische Rechtsstaat Schweiz. Verärgert müssen jene Beamten und Politiker, die bereit waren, sich den mächtigen Schutzherren von Willy Sachs zu beugen, konstatieren, dass auch Elinor von Opel einflussreichen und rechtskundigen Schutz findet. Der Churer Rechtsanwalt Albert Lardelli vertritt Elinor von Opel nicht nur vor Gericht, sondern wendet sich mit einiger Schärfe auch an sein Außenministerium in Bern. Sein Wort hat Gewicht, denn er ist Mitglied des Ständerats, der föderalen Kammer des Schweizer Parlamentarismus. Souverän macht der dem Spuk ein Ende, dass ein Reichsmarschall und ein Reichsführer in Berlin bestimmen, was in der Schweiz geschieht. Im innerschweizerischen Konflikt zwischen den »Anpassern« gegenüber dem Dritten Reich und den »Widerstehern« meldet sich das widerständige Element deutlich zu Wort. Dezidiert erklärt Lardelli dem Außenminister, »dass Sie unsere Gesandtschaft gegebenenfalls dahin orientieren, dass die Angelegenheit nach Maßgabe unserer Gesetze und des deutsch-schweizerischen Vollstreckungsabkommens erledigt wird, dass aber auf besondere Wünsche auch hochgestellter deutscher Parteistellen keine Rücksicht genommen werden kann«.

Albert Lardelli ist nicht nur mit Elinor von Opel, sondern auch mit den Eltern Opel in Rüsselsheim bekannt und ist Teil des Netzwerks, das Wilhelm von Opel in der Schweiz dank seiner ausgezeichneten Beziehungen knüpfen kann und mit dessen Hilfe sich Elinor von Opel samt Entourage bei ausreichender finanzieller Alimentierung in der Schweiz aufhalten kann. Die Versuche, Elinor von Opel und Albert Reinhardt mit fremdenpolizeilichen Methoden aus der Schweiz auszuweisen, schlagen fehl. Trotz abgelaufener Reisedokumente wird ihnen der Aufenthalt in der Schweiz mit Blick auf mögliche Nachteile oder gar Verfolgung im Deutschen Reich gestattet.

Dem Bemühen von Lardelli sind allerdings Grenzen gesetzt. Nach einem knappen Jahr, nachdem der Fall bis vors Bundesgericht gelangt ist, wird die Herausgabe von Ernst Wilhelm an seinen Vater verfügt. Am 29. Mai 1940 kommt es um 11.30 Uhr auf dem Nürnberger Hauptbahnhof zu dem vom Vater so lang ersehnten Wiedersehen mit Ernst Wilhelm. Kriminalrat Kramer übergibt das Kind und erzählt mit Rührung vom glücklichen Ende seiner Mission: »Der Konsul wusste nicht, wie er mir danken sollte. Immer wieder schüttelte er meine Hand.« Ernst Wilhelm habe sich ebenfalls gefreut und den Kriminalrat zum Abschied zweimal geküsst, um sich dann glücklich bei seinem Vater einzuhängen.

Kramers Mission ist damit noch nicht ganz erledigt. Er fährt »auf Wunsch vom Konsul« weiter nach Schweinfurt, um dem Mann »ausführlich Bericht zu erstatten«, der für alles Organisatorische und Finanzielle im direktem Umfeld von Willy Sachs zuständig ist: Direktor Heinz Kaiser. Der Mann, der dem Büro Himmler die Fingerstärke seines Chefs mitteilen kann, der dessen Heiratserlaubnis beim Reichsführer-SS besorgt, der mit Willy Sachs in Berlin bei den Besprechungen mit Himmler, Kranefuß und Wolff dabei ist und die persönlichen Zahlungen des Konsuls veranlasst, er hat offensichtlich auch in diesem Fall die Fäden gezogen. Wie sich später herausstellt, hat Willy Sachs selbst in der Angelegenheit nie mit dem Schweizer Anwalt Kontakt aufgenommen, sondern alles seinen Schweinfurter Anwalt und den Direktor Kaiser erledigen lassen.

Die erfolgreiche Rückführung von Ernst Wilhelm aus der Schweiz nach Deutschland erfreut den Vater, verärgert aber die politischen Drahtzieher. »Gegen alles Recht« und nicht befriedigend ist für den Gesandten Hans Frölicher der Fall erledigt worden, und so hat er volles Verständnis, dass Heinrich Himmler noch Anfang September 1940 den »Fall von Konsul Sachs« als Beispiel für die anti-deutsche Haltung der Schweiz anführt. Sein Gesprächspartner ist der ehemalige einflussreiche Bundesrat Jean-Marie Musy, der Schöpfer des schweizerischen Bankgeheimnisses, der als ausgesprochener Parteigänger der Schweizer NS-Ableger, der »Frontisten«, gilt.

Die Beschwerde Himmlers, die mit weiteren schweren Vorwürfen gegen die Schweiz verbunden ist, beunruhigt das Berner Außenministerium, das indigniert die Behauptung zurückweist, es sei gegen alles Recht gehandelt worden. Im Hin und Her zwischen Bern und Berlin stellt sich heraus, dass die Anwälte von Willy Sachs die Angelegenheit selbst verkompliziert haben. Sie haben nämlich nicht nur den auf Grund eines Schweinfurter Richterspruchs zu vollstreckenden Rechtsanspruch des Vaters auf Ernst Wilhelm durchzusetzen versucht, sondern auch gleich die Herausgabe von Gunter verlangt. Dafür aber lag zu diesem Zeitpunkt kein in der Schweiz einklagbarer Rechtstitel vor, so dass erst dieser Anspruch fallen gelassen werden musste, ehe allein in der Sache Ernst Wilhelm entschieden werden konnte.

Willy Sachs und seine Rechtsvertreter hätten auf die Herausgabe von Gunter klagen können, wobei ihnen Schweizer Stellen beschieden, dass sie dabei wohl Erfolg hätten. Aber der Churer Anwalt hat »weder von Herrn Konsul Sachs noch von dessen Mandataren irgendeinen Auftrag zur Einleitung eines auf Herausgabe des zurückgebliebenen jungen Sachs abzielenden Rechtsbegehrens erhalten«. Diplomatische Verwicklungen mit Heinrich Himmler oder Hermann Göring wegen Willy Sachs will das Berner Außenministerium dringend vermeiden. Der Gesandte in Berlin wird daher darauf hingewiesen, »den sich für die Angelegenheiten interessierenden deutschen Stellen« zu erklären, dass der Rechtsstreit keineswegs »gegen alles Recht« unerledigt geblieben sei, sondern »einzig infolge der Passivität der Interessierten selbst bis heute noch nicht zu einem glücklichen Abschluss gebracht werden konnte«.

War es wieder einmal die ihm attestierte »Bequemlichkeit«, die Willy Sachs daran hinderte, auch seinen Sohn Gunter aus der Schweiz herauszuklagen? Oder war es so, wie Elinor von Opel schon früher festgestellt hat, dass er sich um den jüngeren Sohn nicht im gleichen Maß wie um den älteren kümmert? Die immer wieder zu hörende Vermutung, dass Willy Sachs den Zweitgeborenen nicht mit der gleichen Aufmerksamkeit bedacht hat wie den Erstgeborenen, findet hier eine Erklärung. Zumindest fürs Erste scheint Willy Sachs vollauf damit zufrieden gestellt, Ernst Wilhelm in seiner Obhut zu wissen. Eigenhändig unterschreibt er am 9. September 1940 mit großer Schrift das Anmeldeformular für den neuen Bewohner von Schloss Mainberg. »Beruf: Sohn«, heißt es darin, womit die für Willy Sachs höchste, von ihm selbst treu erfüllte Profession benannt ist.

Für den Elfjährigen bedeutet der Umzug aus der Schweiz nach Franken eine massive Veränderung. Auch in Valbella-Lenzerheide war Ernst Wilhelm zusammen mit seinem Bruder Gunter eine Ausnahmeerscheinung. Die deutschen Kinder aus dem großen Haus mit Personal unterschieden sich deutlich von ihren bodenständigen Spielkameraden. Stand Ernst Wilhelm in Valbella zwar etwas im Schatten seines Bruders, so ist er in Mainberg der Einzige, aber auch ein wenig der Einsame. Das Chalet Gentiane lag inmitten einer alpenländischen Streusiedlung. Schloss Mainberg thront über dem Dorf, befindet sich weit von der Schule in Schweinfurt. In der Schweiz stand er unter der Obhut einer Liebe mit Strenge verbindenden Mutter. In Deutschland trifft er auf einen erziehungsunerfahrenen Vater, der Ernst Wilhelm in die Rolle drängt, die Willy Sachs als Inbegriff seiner eigenen Existenz betrachtet: Sohn zu sein.

Personal umgibt und bedient den jungen Herrn von elf Jahren und kann ihm doch die Einsamkeit im Schlosspark nicht nehmen. Der Diener muss Spielzeugboote ins Schwimmbecken gleiten lassen, und Ernst Wilhelm zielt mit dem Kleinkalibergewehr auf sie. Ist eines versenkt, wird das nächste zu Wasser gelassen. In der dritten Generation haben sich die Verhältnisse gegenüber jenen Zeiten, da der Großvater selbst ein feuerndes Modellboot baute, deutlich geändert.

Statt der Freunde von Valbella gibt es nun die »Kameraden« vom HJ-Jungvolk. Mit seinen Mainberger Jahrgangskollegen muss Ernst Wilhelm hinter dem Fähnleinführer einhermarschieren und macht dabei eine ihn heute sympathisch machende schlechte Figur. Der Gleichschritt will ihm nicht und nicht gelingen, so dass er ans Ende der Kolonne verbannt wird.

Die Schule in Schweinfurt ist für Ernst Wilhelm willkommene Befreiung aus der Isolation seiner Kronprinzenexistenz auf dem Schloss, doch ist er auch hier eine Ausnahmeerscheinung. Immer wird er in einer großen Limousine vorgefahren, was in Zeiten kriegsbedingt eingezogener Privat-PKWs einer Sensation gleichkommt. Gelegentlich steuert das eindrucksvolle Gefährt statt des Chauffeurs der Konsul selbst. Dann formiert sich die Klasse zur »Ehrenwache« und steht stramm, bis Willy Sachs ruft: »Rührt euch! Weitermachen!«

Fast begierig ist Ernst Wilhelm auf die Begegnung mit den

Schulkameraden, die er mit Handschlag begrüßt, von denen er gar nicht genug Aufmerksamkeit empfangen kann. In den Pausen, so erinnert sich ein Schulkamerad, fordert er die ganze Klasse auf, ihn zu fangen, jagt zwischen den Bäumen umher, genießt es, wie ihn die Jungen zu erhaschen versuchen. Wird er eingeholt, dann wehrt er sich, reißt sich los, flüchtet, wird eingefangen, kämpft mit aller Energie gegen die Übermacht, und »das breite, gutmütige Gesicht mit der leicht eingedrückten Nase glüht vor Freude und Eifer«.

Ernst Wilhelm wäre nicht ein Kind seines Vaters, spielte nicht Geld in den Beziehungen zu seiner Umgebung eine Rolle. Auch Klein-Sachs weiß, dass Spenden Vorteil bringen können. Eines Tages wird sein Name, so ist es Brauch der Zeit, von dem als »Klassenführer« agierenden Mitschüler wegen Schwätzens auf die Tafel geschrieben – und verschwindet von dort. Dem Klassenlehrer fällt dies auf: »Sachs, dein Name stand auf der Tafel.« – »Ja.« – »Du botest dem Klassenführer zwei Reichsmark für die Löschung des Namens. Und du«, womit sich der Lehrer an den Klassenführer wendet, »hast sie genommen.« Der bejaht. Das Geld muss zurückgegeben werden, und der Klassenführer wird abgesetzt.

Schmerzlich und sicher auch prägend muss Ernst Wilhelm erfahren, wie Geld in seinen Beziehungen zu Mitmenschen eine Rolle spielt. Da hilft es nichts, dass er allgemein als freundlich und nett angesehen wird, gemocht wird, auch wenn ihm die Attraktivität und Souveränität seines Bruders Gunter fehlt. Eines Tages wendet er sich schroff von einem Schulfreund ab, der ihm die Hand geben will: »Ach, schon wieder einer!« Der Freund ist verwirrt, weiß nicht, womit er den Unwillen erregt hat, bis ihn ein anderer Klassenkamerad aufklärt: »Ernst Wilhelm hat Markstücke verteilt. Einige hatten ihn richtig angebettelt. Der hat gedacht, du willst auch Geld.« Das Missverständnis wird aufgeklärt, und Ernst Wilhelm entschuldigt sich. Was ihn auch später auszeichnet, wird in dem Zwischenfall deutlich: Da ist einer, der keinem böse sein will und dem auch keiner böse sein kann.

Nur ein Jahr währt Ernst Wilhelms Aufenthalt bei seinem Vater. Am 9. September 1941 wird er in Mainberg abgemeldet, und diesmal ist es Diener Rähmisch, nicht mehr Willy Sachs selbst, der das Formular unterschreibt. Am selben Tag erfolgt die Anmeldung von Ernst Wilhelm in Gebesee, Adolf-Hitler-Straße 66a. Unter dieser Adresse befindet sich in dem thüringischen Städtchen ein Schloss und in ihm die »Hermann-Lietz-Schule«, ein reformpädagogisches Internat, was auf die Einsicht bei Willy Sachs schließen lässt, der Erziehungsaufgabe bei seinem Sohn nicht ausreichend gewachsen zu sein. Da kann es nur ein schwacher Trost sein, dass sich Heinrich Himmler diesmal zum Geburtstag von Willy Sachs nicht mit Kleinigkeiten wie Porzellannippes oder dem Buch *Süßwasserfische unserer Heimat* einstellt, sondern 30 Flaschen Sekt Marke »Irroy« übersendet. Bald wird die Distanz zwischen Vater und Sohn noch größer. Ernst Wilhelm kehrt 1943 von einem Ferienaufenthalt in Valbella mit Duldung, wenn nicht auf Wunsch seines Vaters, nicht mehr nach Deutschland zurück und bleibt bis weit über das Kriegsende hinaus in der vom Bombenkrieg unberührten Schweiz.

In Schweinfurt, wo viele Eltern froh wären, wüssten sie ihr Kind vor dem Bombenkrieg geschützt im neutralen Ausland, macht bald das Gerücht die Runde, der Konsul habe sein Kind in Sicherheit gebracht. Als der NSDAP-Ortsgruppenleiter von Mainberg dies in einem Stimmungsbericht festhält, wird von der Kreisleitung handschriftlich der Kommentar angebracht: »Falsch. Pg. Sachs bemüht sich vergeblich, seinen Sohn aus der Schweiz herauszubekommen.« An der öffentlichen Meinung ändert dies nichts und auch das wohlwollende Erinnern der Mitschüler an Ernst Wilhelm bleibt. Ihnen fehlt der muntere Junge, was bei der Kurzlebigkeit von Klassenkameradschaften für seine Besonderheit und sein freundliches Wesen spricht.

Rüsten für den großen Krieg

3350 Panzer und 600 000 Kraftfahrzeuge stehen am 21. Juni 1941 für das »Unternehmen Barbarossa«, den Überfall der deutschen Wehrmacht auf die Sowjetunion, bereit. Diese gewaltige und doch unzulängliche Motorisierung des Ostheeres mit seinen drei Millionen Soldaten ist das Ergebnis einer die industriellen Möglichkeiten des Deutschen Reiches bereits aufs Äußerste fordernden Rüstungsanstrengung. Der Bedarf ist damit bei weitem nicht gedeckt. Die Kriegsplaner melden erhöhten und anhaltenden Bedarf, verlangen, dass in den nächsten drei Jahren 34 661 Panzer, 126 379 schwere Zugmaschinen produziert werden. Zu viel, zu viel – stöhnt die Industrie. Etwas über 300 Panzer kann sie nur pro Monat bereitstellen. Die Forderungen bleiben und wachsen mit den unerwartet hohen Verlusten. Die deutsche Industrie tritt endgültig in eine Phase der Höchst- und Dauerrüstung ein, um den mit den Niederlagen wachsenden Bedarf der Militärs zu decken. Allein die Schlacht um Stalingrad wird eine Halbjahresproduktion der deutschen Rüstungsindustrie verschlingen.

Für die Industrie bedeutet dies eine noch stärkere Abkehr von der Konsumgüterfabrikation hin zur Erzeugung kriegswirtschaftlich geforderter Produkte und einen zunehmenden reglementierenden Druck. Es erfolgte die »Totalisierung« der Rüstungswirtschaft. Die unternehmerische Entscheidungsfreiheit wird immer stärker durch die Vorgaben aus Speers Reichsministerium für Rüstung und Kriegsproduktion eingeschränkt. Marktwirtschaftliche Konkurrenzmechanismen werden weitgehend außer Kraft gesetzt, und an ihre Stelle tritt ein Wettbewerb der Beziehungen. Jene Betriebe sind nun im Vorteil, die in Berlin die besseren Kontakte zu den Entscheidungsträgern der Auftrags- und nicht zuletzt der Rohstoffzuteilung besitzen.

Als Betrieb der Metall verarbeitenden Industrie ist Fichtel & Sachs selbstverständlicher Teil der Rüstungsindustrie, der von den nun kulminierenden Entwicklungen der Umstellung auf militärische Produkte und der Produktionssteigerung erfasst wird. Eine eigenständige Disposition der Unternehmer über ihren Anteil an der Kriegsproduktion schwindet zusehends, so dass Rüstungsminister

Albert Speer später feststellen kann: »Ein Unternehmer hatte kein Recht mehr, die Belegung seines Werkes mit Rüstungsaufträgen selbst zu bestimmen.« Für den sich immer mehr durch Beziehungen ordnenden Kampf um Aufträge, Produktionsmittel und knapp werdende Arbeitskräfte ist Fichtel & Sachs durch die allseits bekannten guten Kontakte von Willy Sachs zur NS-Hierarchie gut positioniert. Der Fabrikherr fährt auch selbst nach Berlin, hat Besprechungen mit leitenden Herren. Spätere Berichte, er sei immer ganz deprimiert zurückgekehrt, weil ihm die Herren »das Geld aus der Tasche ziehen«, sind Teil der Rechtfertigungsstrategie nach dem Krieg. Das Hauptgeschäft erledigen ohnedies seine Direktoren, allen voran Heinz Kaiser und der mit Willy Sachs verwandte Rudolf Baier.

Willy Sachs beteuert später, er habe seine Direktoren für Verhandlungen in Berlin ausdrücklich darauf hingewiesen, nicht seine Jagdfreundschaften zu instrumentalisieren und streng seine privaten Verbindungen von den geschäftlichen Beziehungen zu trennen. Dahingestellt, ob danach verfahren wurde, war es gewiß in den meisten Fällen nicht nötig, darauf hinzuweisen, dass Konsul Sachs dem Reichsjagdmeister Göring ab und an »den Hirsch machte«. Der eigenwillige Betriebsführer von Fichtel & Sachs und seine Verbindungen zur NS-Hierarchie durften als bekannt vorausgesetzt werden.

Der Titel »Wehrwirtschaftsführer« hat im Lobbyismus der Rüstungsindustrie trotz seines eindrucksvollen Klangs eine relativ untergeordnete Rolle gespielt. Zu häufig wurde er verliehen. Im Industriellenverzeichnis *Wer leitet?* von 1942 finden sich neben Willy Sachs auf derselben Seite mit Helmut Sachse (BMW) und Otto Sack (Fabrikbesitzer) gleich zwei weitere Wehrwirtschaftsführer.

Anders als etwa bei Opel, wo Pilotenkanzeln oder Fahrwerke für Jagdflugzeuge hergestellt wurden, verlässt bei Fichtel & Sachs kaum derartig eindeutig militärisches Gerät die Fertigungshallen. »Konushüllen«, »Nadellager« und »Sirenenfreiläufe« sind nach offizieller Darstellung die einzigen gegenüber den Friedenszeiten neu aufgenommenen Produkte. Nicht die Rede ist dabei von Star-Kugelhalter, einem zur Sachs GmbH gehörenden Unternehmen, das nicht nur Kugellager produziert, sondern auch Patronenhülsen, Gurtglieder für die Munition von Maschinengewehren und Spezialteile für die Luftwaffe.

Das Geheimnis der scheinbar prinzipiell gegenüber der Vorkriegsproduktion unveränderten Produktpalette liegt im Anwendungsgebiet der von Fichtel & Sachs hergestellten Komponenten. Der Umsatz mit Kupplungen verdoppelt sich in den Kriegsjahren, und sie werden kaum noch für PKWs gefertigt, nur zum Teil für LKWs, sondern zum Großteil für Panzer. Nicht ohne Stolz stellt der zuständige Entwicklungsingenieur noch in den 60er Jahren fest, dass praktisch sämtliche Panzermodelle der deutschen Wehrmacht mit Kupplungen von Fichtel & Sachs ausgerüstet waren.

Zur selben Zeit geht die Produktion des klassischen Produkts von Fichtel & Sachs, der Torpedo-Nabe, in den letzten Kriegsjahren zurück, doch bleibt sie ein Exportartikel von Gewicht und wird bis zuletzt mit der gewohnt hohen Qualität erzeugt. Verblüfft und bewundernd registrieren Fahrradnostalgiker, dass selbst bei Naben mit dem Produktionsjahr 1944 noch Metalle verwendet wurden, die sonst nur noch in Rüstungsmaterialien Verwendung fanden.

Nahezu zurückhaltend thematisiert Willy Sachs in seiner Betriebszeitung *Feldpost vom Sachs* die Rüstungsproduktion, während der ewige Konkurrent Georg Schäfer in seinem Blatt titelt: »Wir schaffen für den Sieg!« Keine Darstellung bei Sachs über den Einsatz seiner Produkte in der Rüstung, wo sich Schäfers Firma »Kugelfischer« darüber verbreitet, wo überall im »Kriegsgerät« von Panzer bis Flugzeug ihre Lager eingesetzt werden.

Es ist schon das Äußerste, wenn Willy Sachs in seiner in der *Feldpost vom Sachs* abgedruckten Weihnachtsansprache 1942 auf die als Soldaten Dienst tuenden Mitarbeiter von Fichtel & Sachs zu sprechen kommt und erklärt: »Damit Ihr genügend Waffen habt, muss länger und mehr gearbeitet werden.« Lieber und ausführlicher lässt er sich 1940 darüber aus, dass die 50-millionste Torpedo-Nabe fertig gestellt wird und diese vor versammelter Belegschaft dem SS-Oberführer Victor Brack überreicht wird, damit er sie dem »allverehrten, geliebten Führer« als Geschenk überbringe. Dass Hitler um diese Zeit im Blick auf die U-Boot-Rüstung ganz andere Torpedos interessieren, scheint Willy Sachs gar nicht in den Sinn zu kommen.

Das Zahlenmaterial, das über die wirtschaftliche Entwicklung von Fichtel & Sachs während des Zweiten Weltkriegs vorliegt, ist zwar mit dem Gütesiegel »Bayerisches Ministerium für Wirtschaft« versehen, aber karg. 1948 ausgearbeitet, wohnt ihm eine Tendenz inne, die Zahlen so darzustellen, dass aus ihnen nicht allzu viel Nachteiliges für Willy Sachs abgeleitet werden kann. Erkennbar ist aus dem Zahlenwerk, dass sich der veranlagte Gewinn von Fichtel & Sachs während des Dritten Reiches deutlich erhöht hat und in den Jahren 1942 und 1943 einen Höchststand erreicht hat.

1943 beträgt die Umsatzrendite 19 Prozent, nachdem sie in den vorangegangenen Jahren meist um die 15 Prozent lag. Das Gutachten will in solchen Steigerungen nichts Außergewöhnliches sehen und verschweigt, dass auch geringe Erhöhungen in Prozentpunkten absolut eine deutliche Gewinnsteigerung bedeuten und eine Umsatzrendite von fast 20 Prozent in der Metallindustrie aus heutiger Sicht mehr als bemerkenswert ist.

Eine ähnlich exorbitante Produktions- und vor allem Gewinnsteigerung, wie sie unter Ernst Sachs im Ersten Weltkrieg zu konstatieren ist, lässt sich für den Zweiten Weltkrieg bei seinem Sohn nicht feststellen. Die neuen Produktionsstätten sind überwiegend der Verlagerung zum Schutz vor Bombenangriffen geschuldet. Eine signifikante Hinzuerwerbung anderer Betriebe lässt sich nicht feststellen.

Geht es Willy Sachs nur darum, das Erbe des Vaters zu bewahren, war seine »Bequemlichkeit« im Spiel, die ihn daran hindert, ein ausufernd akquirierender Geschäftsmann zu sein – oder lässt er es einfach dabei bewenden, sein persönliches Vermögen zu erhöhen?

Der Gewinn ist in jedem Fall von einer für ihn vorteilhaften Höhe. Bilanzen und Lebensstil zeigen, dass er im und am Krieg gut verdient hat, ohne allerdings zu den großen Rüstungsmogulen zu gehören. Ob er damit besser verdient hat, als er es zu Friedenszeiten getan hätte, berührt spekulative Bereiche, an denen die Entnazifizierungsverfahren von Männern der Wirtschaft in der Regel gescheitert sind, sofern sie an der Klärung überhaupt ein Interesse hatten. Die Furcht von Willy Sachs, als Nutznießer des Dritten Reiches belangt zu werden, war offensichtlich größer als der Eifer seiner Verfolger, ihm nachzuweisen, dass er die Kriegs- und Wehrwirtschaft unterstützt hat. Dabei ist es offensichtlich, dass ein Unternehmen wie Fichtel & Sachs von der mit der Kriegswirtschaft erfolgten Ausschaltung einer Konkurrenzwirtschaft und von der garantierten Abnahme seiner Produkte auf komfortable Weise profitierte.

Intensive Überlegungen werden von ihm, seinen Direktoren und Anwälten nach 1945 angestellt, wie der Vorwurf, Profiteur des Dritten Reiches gewesen zu sein, abgewendet werden kann. Schließlich droht laut Gesetz Beschlagnahme oder zumindest Sperre des Vermögens, wenn dies nachgewiesen werden kann. In beiden Spruchkammerverfahren, die sich mit Willy Sachs befassen, spielt dann der wirtschaftliche Vorteil seiner Partei- und SS-Mitgliedschaft wie seiner Spenden aber gar nicht die befürchtete Rolle, womit sich diese Laiengerichte sozusagen systemkonform verhalten. Im Fall von Günther Quandt etwa bestritt die Spruchkammer einen Beitrag zur Rüstungspolitik, obwohl dieser einer der größten Rüstungsproduzenten des Dritten Reiches war. Anders als bei Quandt, dessen vielfältige Unternehmensbeteiligungen seine Gewinne im Dritten Reich unübersichtlich machten, ohne dass sie von der Spruchkammer nur annähernd aufgeklärt wurden, treten die Verhältnisse bei Willy Sachs als Alleininhaber der Sachs-Holding relativ offen zutage. Zwingende Beweise, dass seine materiellen Vorteile während des Dritten Reiches der Intensität seiner NS-Beziehungen geschuldet waren oder dadurch eine zu skandalisierende Höhe erreichen, liegen bis heute nicht vor. Als Schutzbehauptung muss die während der Entnazifizierung aufgestellte Darstellung betrachtet werden, dass die Unternehmenspolitik von Fichtel & Sachs gezielt einer Ausweitung der Rüstungsproduktion entgegengelaufen sei, ja sie geradezu hintertrieben habe.

Am Anfang war das Hochrad: Ernst Sachs als Rennfahrer des Frankfurter Velocipedclubs

Klangvolle Reklame: Mit allen Mitteln und für alle Geschlechter Werbung für die Torpedo-Nabe

Kugellager rollen für den Sieg: Ernst Sachs (am Steuer) feiert mit Söhnchen Willy, Kompagnon Karl Fichtel (rechts sitzend) und Freunden 1909 den Gewinn eines Autorennens

Vom Handwerksgesell zum Geheimen Kommerzienrat, Fabrikherren und Schlossbesitzer: Ernst Sachs im Jahr 1925

Erfolgreicher Jagdherr auf der Rechenau: Ernst Sachs (3. v. l) mit Schwiegervater Wilhelm Höpflinger (2. v. r), Jägern und Jagdbeute

Familienglück in Kriegszeiten: Ernst Sachs mit Sohn Willy als Leutnant und Ehefrau Betty

Im Krieg gebaut, auf Sieg vertraut: Schloss Mainberg, nach Um- und Ausbauten Sachs'scher Familiensitz seit 1917

Vergangener Prunk für gegenwärtige Größe: Der Rittersaal von Schloss Mainberg mit antiker Zierde ...

... und das Speisezimmer mit historisierendem Mobiliar

Empfang auf Schloss Mainberg mit anschließender Bescherung: Das Brautpaar
Willy Sachs und Elinor von Opel (Bildmitte) mit Ernst Sachs im Hintergrund

Freude über den Stammhalter:
Die Großeltern Ernst und Betty
Sachs mit Enkel Ernst Wilhelm
und Eltern Willy und Elinor Sachs

Basis für den bleibenden Ruhm: Familie Sachs bei der Grundsteinlegung zum Ernst-Sachs-Bad (von links: Elinor, Willy, Betty und Ernst Sachs; rechts: Bürgermeister Benno Merkle)

Ein Bau von vollendeter Harmonie: Das Ernst-Sachs-Bad nach seiner Eröffnung 1933

Immer des rechten Wegs bewusst: Ernst Sachs als Führer durch sein Werk …

… das sich auf 120 000 Quadratmetern im Westen Schweinfurts erstreckt.

Der Schein vom Glück: Elinor und Willy Sachs mit den Söhnen Ernst Wilhelm und Gunter gegen Ende ihrer Ehe

Jagdausflug mit Folgen: Heinrich Himmler, Willy Sachs (links), Franz Ritter von Epp, Karl Wolff (rechts) samt Jägern auf der Rechenau

Anerkennung vom »allverehrten, geliebten Führer«: Adolf Hitler und Willy Sachs auf der Internationalen Automobilausstellung 1937

Frisch ernannt: Willy Sachs (rechts) als SS-Obersturmführer und Ehrenbürger bei der Einweihung des Willy-Sachs-Stadions (links, salutierend Franz Ritter von Epp)

Bei einer Gaudi immer dabei: Willy Sachs als 60-jähriger Amateurrennfahrer

Tod eines Jägers: Der Sarg von Willy Sachs wird aus dem Jagdhaus auf der Rechenau getragen. Im Hintergrund links Gunter und Ernst Wilhelm Sachs (verdeckt); rechts (händeringend) Katharina Hirnböck und Sohn Peter

Zu Besuch bei der Mutter: Gunter und Ernst Wilhelm Sachs 1965 unter sich ...

... und im Kreis der Großfamilie mit Mutter Elinor Kirchner von Opel, Carlo Kirchner und seinen Söhnen und Schwiegertöchtern

Jungunternehmer aus Pflicht, Jäger aus Leidenschaft: Ernst Wilhelm Sachs auf der Rechenau

Erfolgsmodell Zweitaktmotor: Ernst Wilhelm Sachs beim Fabrikrundgang

Leidenschaftlicher Sportler: Gunter Sachs beim Fußball auf Sylt

In guter Gesellschaft von Loch zu Loch: Gunter Sachs beim Golf mit (v. links): Alfons von Hohenlohe, Sean Connery und Walter Rupprecht von Einsiedel

Als Verlobte im Gespräch: Filmschauspielerin Mara Lane und Gunter Sachs

Society unter Spaniens Sonne: Gunter Sachs mit dem Schwiegersohn von Generalissimus Franco

Enge Beziehung auch in der Krankheit: Brigitte Laaf mit Gunter Sachs

Vorbild und Freund: Playboylegende Porfirio Rubirosa (Mitte) zwischen Gunter Sachs und Ehefreu Odile Rodin

Im Blickpunkt des internationalen Interesses: Gunter Sachs mit Prinzessin Soraya an der Côte d'Azur

Rückendeckung durch Klatschreporter: Gunter Sachs mit Society-Journalistin Elsa Maxwell auf Sachs-Motorrad

Engagiert und umstritten: Gunter Sachs als Filmemacher

Kunstfreund mit sicherem Geschmack: Gunter Sachs und Andy Warhol

Ikonen und heilige Monster: Brigitte Bardot und Gunter Sachs auf Hochzeitsreise in der Südsee

Die Wege trennen sich: Nach drei Jahren wird die Ehe Sachs-Bardot geschieden

Neues Glück von Dauer: Gunter Sachs und Mirja Larsson heiraten auf der Rechenau

Einst der Sarg, nun das Glück: Gunter und Mirja Sachs als Frischvermählte vor dem Jagdhaus

75 Jahre Fichtel & Sachs: Gunter Sachs mit Ehefrau Mirja, Bayerns Ministerpräsident Alfons Goppel und Ernst Wilhelm Sachs

Ungleiche Brüder im Erbe vereint: Gunter und Ernst Wilhelm Sachs beim Firmenjubiläum

Spätes Glück: Elinor Kirchner von Opel mit Ehemann Carlo Kirchner

Attraktive Lo Sachs: Mit Diener Karl Rähmisch (linkes Bild) und Freund Rudolf Moshammer (rechtes Bild)

Den Sternen auf der Spur: Gunter Sachs bei der Arbeit an der »Akte Astrologie«

Hochzeit im Hause Sachs: Sohn Christian, Eltern Mirja und Gunter, Braut Maryam, Sohn Rolf und Brauteltern

Festspielbesucher Gunter Sachs: In Salzburg mit Marianne Fürstin Sayn-Wittgenstein

In Bayreuth mit Ehefrau Mirja und Thomas Gottschalk-Gattin Thea

Der Glanz bröckelt

Wenig Aufhebens macht der Orden und Titel liebende Konsul Willy Sachs davon, dass ihm von Adolf Hitler 1942 das Kriegsverdienstkreuz 2. Klasse verliehen wird. So klein ist die Notiz in der *Feldpost vom Sachs*, dass sie kaum Beachtung findet, nicht einmal im Entnazifizierungsverfahren. Oder wusste der Ankläger, den Rang dieser Auszeichnung richtig einzuordnen, nämlich weit unten? Die Auszeichnung mit der schlichtesten Stufe des Kriegsverdienstkreuzes bedeutet bei einem Mann wie Willy Sachs eine Erhöhung, die fast einer Erniedrigung gleichkommt. Fast drei Millionen Mal wurde der Orden verliehen, war eine gehobene Dutzendauszeichnung, die von den Soldaten als »Fernkampfmedaille« verspottet wurde.

Nicht einmal die Version »mit Schwertern« wird Willy Sachs zuteil, schon gar nicht das »Kriegsverdienstkreuz 1. Klasse«, das Großindustriellen vom Schlage eines Gustav Krupp von Bohlen und Halbach vorbehalten war. Gegen Ende des Krieges konnte es einem mutigen Hitlerjungen, der sich bei Fichtel & Sachs beherzt an den Löscharbeiten beteiligt, passieren, das gleiche Kriegsverdienstkreuz 2. Klasse zu erhalten wie der Besitzer der gewaltigen Fabrik.

In Himmlers Vorzimmer oder bei Himmler selbst bewahrt man die Treue zu Willy Sachs. Er wird am 1. Juli 1943, gewissermaßen als Geburtstagsgeschenk, zum SS-Obersturmbannführer ernannt. Eine Gegenleistung von Willy Sachs ist dafür nicht mehr erkennbar. Die Aufstellung der Spenden an die SS bricht 1942 ab, ohne dass es dafür einen erkennbaren Grund gibt, sieht man davon ab, dass zu diesem Zeitpunkt die Bemühungen Himmlers um die Rückführung der Sachs-Kinder ein Ende finden. Die Zahlungen an »Parteileitung der NSDAP und ihre Gliederungen« gehen noch weiter, allerdings auf einem kaum nennenswerten Niveau.

Nutzt Willy Sachs die merkwürdige Diskrepanz von kriegspolitischer Aktivität des Regimes bei gleichzeitiger schleichender Agonie der Parteigliederungen, um sich aus der Spendenfalle zu befreien? Auch wenn Zeugenaussagen übertrieben erscheinen, nach denen er »bedrückt« aus Berlin zurückgekommen sei und davon gesprochen habe, dass dies »Verbrecher« seien, die ihn auszubeuten versuchen. Ein Grundärgernis ist ihm doch abzunehmen, wie es in Bemerkungen manifest wird, dass es eine Unverschämtheit sei, Spenden geben zu müssen, für die auch noch Steuer zu zahlen sei.

Vorbei ist in jedem Fall die Verbindung mit dem gespenstischen SS-Kameraden Reinhard Heydrich. Noch im Februar 1942 soll er ihn kontaktiert haben, um den Sohn eines befreundeten Gastwirts aus dem KZ-Flossenbürg zu befreien. Der junge Mann, der wegen politischer Widerspenstigkeit inhaftiert war, kommt frei. Die Freiheit, die ihm Willy Sachs verschafft ist eine Freiheit zum Tod. Kurz darauf fällt er an der Ostfront.

Wie weit indes der mit seiner Luftrüstung völlig überforderte Hermann Göring Kontakt zu Willy Sachs hielt und dieser noch Verbindung zum alten Jagdkameraden pflegt, liegt im Dunkeln. Gelegenheit für gemeinsame Jagdausflüge wird es kaum noch gegeben haben. Göring jagt in Ostpreußen, residiert in der Schorfheide inmitten der immer irrealere Züge annehmenden Prachtwelt von »Carinhall«.

Mit jedem Monat, den der Krieg andauert, mit jedem Rückschlag für die Wehrmacht, wird auch für eine Frohnatur wie Willy Sachs unübersehbar: Die Gaudi ist vorbei, es heißt Abschied nehmen vom fröhlichen, mit öffentlicher Anerkennung belohnten Leben. Schon Anfang des Jahres 1943 hatte sich Willy Sachs in eine Münchner Klinik begeben wegen »hochgradiger Empfindlichkeit des Magen-Darm-Trakts, die sich besonders bei Anstrengungen aller Art wie geschäftlichen Verpflichtungen, Reisen usw. unangenehm bemerkbar macht«. Es werden ihm »krampfartige Leibschmerzen, zeitweise Durchfälle, Schwächegefühl, beschleunigte Herztätigkeit, Nervosität, und starke Müdigkeit« attestiert. Der Chef des Münchner Klinikums rät dringend zum Ausspannen.

Nicht einmal die Zuerkennung des schwedischen Vasaordens kann Entspannung bringen, obwohl das Außenministerium in Schweden bei ihm eine Ausnahme macht und den Orden sozusagen vorzeitig verleiht. Sie lohnt damit laut einem Botschaftsbericht nach Stockholm die »Großzügigkeit, nicht zuletzt in ökonomischer Hinsicht«, die Willy Sachs gegenüber schwedischen Interessen und Persönlichkeiten hat walten lassen. Der auch in diesem Fall spendable Willy Sachs darf aber keine feierliche Verleihung durch den Botschafter erleben. Per Post wird dem königlich schwedischen Konsul die Auszeichnung zugeschickt und um Rücksendung einer Empfangsbestätigung gebeten.

Mit Fortschritt des Krieges und seinem für das Dritte Reich immer kritischeren Verlauf wird der Glanz des robusten Strahlemanns Willy Sachs etwas müde, wie die Stimmung unter den Industriellen überhaupt sinkt. Jenen, die noch im »Freundeskreis Reichsführer-SS« sind, soll noch einmal etwas geboten werden. Sie werden in die Kommandostelle von Heinrich Himmler in Ostpreußen gefahren, treffen auf einen von Kriegsgeschäften in Anspruch genommenen Reichsführer, der ihnen ihre bohrendste Frage nach dem Fortgang des Kriegs nicht beantworten kann. Lust- und freudlos fährt die exklusive Gesellschaft wieder nach Berlin, deren Stimmung auch durch ein Weißwurstessen in Himmlers Feldquartier nicht gehoben werden kann.

Die Krisenzeichen sind auch in Schweinfurt unübersehbar. Rund um das Denkmal von Friedrich Rückert, dem größten Sohn der Stadt, stellen die Bürger Metallgegenstände aus ihren Haushalten ab, um den Rohstoffmangel der Rüstungsindustrie zu mildern. In Mainberg werden die vier Glocken, die einst von Ernst und Willy Sachs sowie deren Frauen gestiftet worden waren, eingeschmolzen. Schwach erscheinen die Durchhaltebemerkungen von Willy Sachs zu den Fichtel & Sachs-Mitarbeitern, wenn er das »Äußerste an Arbeitskraft und manches Opfer« verlangt. Nicht den Kriegsanstrengungen gilt die Titelseite seiner *Feldpost vom Sachs* zum Jahresende 1942, sondern dem Gedenken an seinen Vater, dessen 75. Geburtstag im November anstand.

Trägt dies dazu bei, dass Willy Sachs und seinem Unternehmen eine Auszeichnung vorenthalten wird, die für andere Unternehmungen dieser Größenordnung geradezu selbstverständlich ist? Fichtel & Sachs wird nie »Nationalsozialistischer Musterbetrieb«, darf sich nie mit der »Goldenen Fahne« der Deutschen Arbeitsfront (DAF) schmücken, während Georg Schäfers »Kugelfischer«-Unternehmen die Auszeichnung geradezu selbstverständlich erhält.

Willy Sachs und sein Anwalt weisen im Entnazifizierungsverfahren ausdrücklich darauf hin, dass die »Goldene Fahne« nie über Fichtel & Sachs flatterte, gehen aber nicht so weit, dies als Akt des Widerstands darzustellen. Es könnte nämlich durchaus als Beleg für die Souveränität von Willy Sachs, für seine hohe Protektion gelten, wenn die DAF darauf verzichtete, ihn und sein Werk auszuzeichnen. Dem Prädikat »Nationalsozialistischer Musterbetrieb« haftete etwas durchaus Ambivalentes an, und die DAF war oft mehr daran interessiert, die Auszeichnung zu verleihen, als der Unternehmer, sie zu erhalten.

In dem von Kompetenz- und Machtwirrwarr geprägten NS-System hatte die DAF die Aufgabe, die ihrer gewerkschaftlichen Vertretung beraubten Arbeiter bei Laune zu halten, ihnen nicht nur etwa mit KdF-Schiffen ein angenehmes Freizeitangebot zu machen, sondern auch ihre Arbeitsbedingungen zu verbessern. Dies kollidierte mit dem auch in der Wirtschaft geltenden Führerprinzip, nach dem der Betriebsführer eine ideologisch abgesicherte »Herr im Haus«-Position einnehmen konnte. Mit der Verleihung des Titels »Nationalsozialistischer Musterbetrieb« verfolgte die DAF das Ziel, ihrer Arbeitnehmerklientel Vorteile zu verschaffen durch Sonderzahlungen, Gehaltsaufbesserungen oder Verbesserung der Arbeitsverhältnisse. Für den Unternehmer bedeutete dies Mehrkosten, die eine solche Auszeichnung nur begrenzt als erstrebenswert erscheinen ließ. Wurde die »Goldene Fahne« an einen Betrieb verliehen, war dies also eher ein Erfolgszeichen für die DAF als für die Firma.

Fichtel & Sachs und ihr Besitzer müssen bei solcher Konstellation unweigerlich in eine Konfliktsituation geraten, bei der die Sympathien von Willy Sachs eindeutig nicht auf Seiten der DAF lagen. Deren gelegentlich fast gewerkschaftsähnliches Treiben widerspricht dem vom Vater übernommenen paternalistischen Denken, nach dem der Unternehmer am besten weiß, was gut für seine Leute ist, sich mit ihnen zwar auseinander zu setzen hat, aber letztlich doch das Sagen behält. Je länger der Krieg dauert, umso heftiger wird der Widerspruch. Willy Sachs zeigt wenig Neigung, seinen Arbeitern die immer härter werdenden Arbeitsbedingungen – »Es muss länger und mehr gearbeitet werden!« – zu vermitteln, während sich die DAF weiter als Arbeiterfreund aufspielen kann.

Ein als Fragment überlieferter, von persönlichen Ressentiments durchsetzter Brief des DAF-Betriebsobmanns Görner an Willy Sachs dokumentiert den Gegensatz. In der Sache verlangt Görner, »auch wenn dies in finanzieller Beziehung eine starke Belastung bedeutet«, eine Verbesserung im Ausbildungswesen, mehr Lehrwerkstätten, eine Umschulungswerkstatt, Einrichtung eines Berufserziehungswerks, Einsetzung eines Betriebsarztes mit ausreichend Gesundheitsstationen und einem Röntgenlaboratorium.

Auf einen Machtkampf im Betrieb deutet das Insistieren des Betriebsobmanns auf seiner Stellung als »Hoheitsträger« der Partei im Betrieb, was er mit Hitler- und Göringzitaten untermauert. Als verlängerter Arm der Partei will er dem Betriebsführer zur Seite stehen, doch »wir haben nur dem Namen nach einen Betriebsführer«. Unverhohlen wird Willy Sachs vorgeworfen, seiner Betreuungspflicht für die Mitarbeiter nicht nachzukommen, der »mit gelegentlicher Einführung irgendwelcher sozialer Maßnahmen« operiere, aber keine wirkliche Betriebsgemeinschaft schaffe. Unverblümt verlangt der DAF-Betriebsobmann, dass Willy Sachs entweder seine »Betriebsführerpflichten« wahrnehme oder offiziell seinen Rücktritt erkläre. Kenntnisreich berührt Görner jene Stelle, wo Willy Sachs sterblich ist, und erklärt, die Berücksichtigung seiner Forderung sei »der einzige Weg zur Erhaltung des Erbes Ihres Vaters«.

Neben einem solchen Angriff aufs Gemüt hat der Betriebsobmann auch noch eine handfeste Drohung parat: »Ich habe mir von jeder maßgebenden Besprechung mit Ihnen sowie Ihren engsten Mitarbeitern Protokolle angefertigt... Nach Ablauf von 3 Wochen vom Datum des Abgangs dieses Briefes an gerechnet wird dieser Akt vervollständigt und Sie dürfen überzeugt sein, dass dann bestimmt etwas geschieht, ohne Rücksicht auf Ihre Beziehungen und Bindungen, die Sie zu den einzelnen Parteidienststellen unterhalten.«

Ob der Brief abgeschickt wurde, ist ungewiss. Betriebsobmann Görner verlässt Ende 1941 das Unternehmen, um bei der Luftwaffe Militärdienst zu leisten. Anfang Januar 1942 fertigen der Schweinfurter Oberbürgermeister Pösl wie die Kreisleitung Schweinfurt unabhängig voneinander, aber offensichtlich inhaltlich abgestimmt, eine Expertise über Fichtel & Sachs an. Vor allem die Kreisleitung urteilt harsch, wirft Willy Sachs als Betriebsführer vor, zwar »politisch einwandfrei« zu sein, sich aber nur wenig im Werk aufzuhalten und daher nicht ausreichend »ständiger Vormann« seiner Gefolgschaft zu sein. Salomonisch urteilt der Kreisleiter, dass er nicht in der Lage sei, den Antrag auf Erklärung zum NS-Musterbetrieb »zu begutachten«.

Fichtel & Sachs wird schließlich nicht »Nationalsozialistischer Musterbetrieb«. Willy Sachs übersteht die Attacke des Betriebsobmanns und die Distanzierung der Kreisleitung ohne erkennbare Beeinträchtigungen, was nicht allein an seinen guten Verbindungen und dem Schutz der mit ihm befreundeten Hierarchen gelegen haben muss, sondern auch in den sich rasch verändernden Bedingungen begründet sein kann. Die prekärer werdende Lage an der Ostfront und der eskalierende Bombenkrieg in der Heimat schafft grundsätzlichere Probleme als die der ausreichenden Linientreue des Betriebsführers Willy Sachs.

Fremd- und Zwangsarbeit

Feldpost vom Sachs heißt treffend die Betriebszeitschrift von Fichtel & Sachs in Kriegszeiten. Immer mehr Betriebsangehörige dienen als Soldat. Je länger der Krieg dauert, umso mehr Arbeiter werden eingezogen. Die zunehmenden Menschenverluste im Russlandfeldzug führen dazu, dass selbst Facharbeiter und Vorarbeiter nicht mehr »uk«, unabkömmlich, gestellt, sondern eingezogen werden. Die Lücken können auch in Schweinfurt nur durch Fremdarbeiter geschlossen werden. Bei Fichtel & Sachs sind Arbeitskräfte aus besetzten Ländern genauso selbstverständlich wie in den anderen Werken der Stadt, ja des ganzen Reiches. Das Krebsgeschwür »Fremd- und Zwangsarbeit« mit seinen bis heute anhaltenden Folgen wuchert erst langsam, dann immer schneller und bedrückender.

Nach dem Krieg ist es lange kein Thema, schon gar keines, das problematisiert wird. 1973 erzählen leitende Herren von »Kugelfischer«, dass die Fremdarbeiter den deutschen Arbeitern gleichgestellt gewesen seien. Ihre Verpflegung und Unterbringung sei von solcher Qualität gewesen, dass etliche von ihnen bis in die 70er Jahre zu Besuch nach Schweinfurt gekommen seien, um sich der für sie wohl schönen Zeiten an Ort und Stelle zu erinnern.

Was inzwischen bekannt geworden ist, spricht eine andere, härtere Sprache, deren inhumanes Vokabular sich allerdings nicht von dem unterscheidet, das landauf landab bei der Aufarbeitung von Fremd- und Zwangsarbeit im Dritten Reich zu konstatieren ist. Eindeutig ist die Ausgrenzung der Fremdarbeiter. Selbst die vergleichsweise privilegierten Westarbeiter aus Italien, Frankreich, Belgien und Holland unterliegen strengsten Restriktionen. Wird die deutsche Arbeiterin Cilli Hermann bei Fichtel & Sachs dabei erwischt, dass sie den Franzosen Charles Paille umarmt und küsst, gibt es eine Geldbuße von fünf Mark und die Belehrung, dass es im Wiederholungsfall nicht bei einer innerbetrieblichen Bestrafung bleiben werde. Die relativ häufigen Beschwerden über Amouröses bei den französischen Arbeitern sind harmlos im Vergleich zu den Vorfällen mit den Arbeitern aus östlichen Ländern, die im Zweiklassensystem der Fremd- und Zwangsarbeiter die untere Stufe darstellen.

Bei den Russen und Russinnen, den Ukrainern und Polen wird bei den Zwischenfällen ihre schlechte materielle Versorgung manifest. Immer geht es darum, dass Deutsche den Ostarbeitern Brot oder Kartoffeln zukommen lassen. So wird das »Gefolgschaftsmitglied Roman Endres aus Werkstatt 23, Stechkarten Nr. 912« dabei beobachtet, dass er einem Ostarbeiter ein in Papier eingeschlagenes Stück Brot gegeben habe. Die Erklärung von Roman Endres, an seinem Tun sei doch weiter nichts dabei, »schließlich seien diese Leute auch Menschen«, wird von den Ermittlern als erschwerend für das verbotene Tun gewertet. Unverständnis weckt der Hinweis des deutschen Arbeiters, er sei im Ersten Weltkrieg auch froh gewesen, wenn ihm französische Zivilisten Brot und Kartoffeln gegeben hätten. Allgemein menschliches Mitleid prallt auf die Härte des rassistisch-weltanschaulichen NS-Staates mit seiner grundsätzlichen Geringschätzung von allem Slawischen.

In den ersten Kriegsjahren sind es vor allem Arbeiter aus Westeuropa, wobei schwer zwischen Fremd-, Zwangsarbeitern und Kriegsgefangenen zu unterscheiden ist. 1942 schnellt die Zahl der Kriegsgefangenen aus dem Russlandfeldzug schlagartig in die Höhe. 1394 Ostarbeiter sind Anfang 1943 bei Fichtel & Sachs im Einsatz, 847 Männer und 507 Frauen. Dies stellt ein nach dem Krieg vorgelegter Bericht von Fichtel & Sachs über die Betreuung der Ostarbeiter fest. Das Schriftstück liegt nur in Abschrift vor. Ein Adressat wird nicht genannt.

Der Bericht hat deutlich apologetischen, beschönigenden Charakter mit seiner Darstellung einer wohlwollenden Rundumversorgung der Ostarbeiter. Ausreichend dampfgeheizte Baracken stehen danach zur Verfügung; es ist für ärztliche Versorgung gesorgt; in der Küche wird mit Dampfkesseln und modernen Küchenmaschinen ausreichend Essen unter fachmännischer Leitung eines Gaulehrkochs der DAF zubereitet. Keiner muss hungern, keiner muss frieren, und in der Freizeit gibt es noch Bastelkurse, Tanzmusik und Filmvorführungen, die »begeistern«.

Widersprüche in dem Bericht signalisieren, dass die Wirklichkeit anders ausgesehen hat. Ist an der einen Stelle davon die Rede, dass starke Esser Kartoffeln und Gemüse nachfassen konnten, wird an anderer davon gesprochen, die Kartoffelzuteilung sei zu gering gewesen. 300 Gramm Freibankfleisch einschließlich Knochen pro Woche für Lang- und Nachtarbeiter wollen so wenig in das angebliche Ostarbeiter-Idyll passen wie die Zwischenfälle, in denen sich Ostarbeiter illegal mit Lebensmitteln versorgen.

Was hat Willy Sachs von all dem gewusst? Folgt man der Aussage eines Kraftfahrers von Fichtel & Sachs, die dieser 1948 macht, hat er wenig gewusst und wollte nicht viel wissen. »Herr Sachs hat sich erkundigt, ob die Gefangenen auch genug zu essen kriegen«, erzählt der Kraftfahrer. »Er hat gesagt, wenn sie arbeiten, gehört ihnen auch ein richtiges Essen.« Solch oberflächliche Bestandsaufnahme entspricht dem mit der Fortdauer von Krieg und Zerstörung geringer werdenden Interesse von Willy Sachs an der eigentlichen Betriebsführung. Mit seiner Neigung, vor den immer unschöner werdenden Verhältnissen die Augen zu verschließen, befindet er sich in bester Gesellschaft. Bei Robert Bosch in Stuttgart, wo Willy Sachs einst praktiziert hat, handelte man nicht anders. Auch dort hat man sich in der Betriebsführung darauf eingestellt, bei Ausbeutung und Misshandlung der Ostarbeiter nicht so genau hinzusehen. Über Hans Walz, den starken Mann bei Robert Bosch, der als Widerstandskämpfer in die Geschichte eingeht, urteilt ein wohlwollender Historiker irritiert: »Die Unterordnung unter den wirtschaftlich-politischen Primat des Nationalsozialismus zeigt sich in dem zunehmenden Desinteresse des ›Betriebsführers‹ für die dunklen Seiten seines Verantwortungsbereichs. Angelegenheiten der betrieblichen Ordnung der Arbeitsdisziplin, Fragen der Fürsorge und der Sanktionierung – für derartige Aspekte zeigte Walz kein Interesse.«

Wie die Gefolgsleute von Robert Bosch, dem Freund von Ernst Sachs, wegschauen, wenn die Zwangsarbeiter und Kriegsgefangenen ausgebeutet werden, so schenkt auch Willy Sachs diesen Menschen keine Aufmerksamkeit. Für seine Arbeiter sei er immer da gewesen, wird später stets beteuert. Aber die Menschen aus Russland, der Ukraine und Polen waren nicht »seine« Leute. Sie bekamen auch nichts, wenn die DAF Schnaps, Wein und Zigaretten verteilte, um die nach schweren Bombenangriffen tief gesunkene Stimmung in der Bevölkerung zu heben.

Die Kriegsgefangenen wurden in Schweinfurt beim Strafgefangenenlager Hammelburg angefordert. Sie als Zwangsarbeiter einzusetzen, war hier so üblich wie im ganzen Deutschen Reich. Ihre Absonderung und Ausbeutung waren eine Selbstverständlichkeit. Der Gedanke, dass, jenseits der konkreten schlechten Behandlung der Kriegsgefangenen, damit gegen die Haager Landkriegsordnung verstoßen wird, die den Einsatz von Kriegsgefangenen in der Rüstungsproduktion verbietet, scheint keinen der Verantwortlichen beschäftigt zu haben. Verwundert musste ein Friedrich Flick bei seinem Prozess vor dem Militärtribunal in Nürnberg feststellen, dass ihm vor allem diese ungesetzliche Arbeit von Kriegsgefangenen angelastet wurde.

In Schweinfurt ist bis heute keine Beschäftigung von KZ-Häftlingen durch die örtlichen Betriebe bekannt geworden. Ob dies wirklich auf Willy Sachs zurückzuführen war, wie gelegentlich behauptet wird, ist nicht festzustellen. Möglicherweise waren die örtlichen Verhältnisse nicht danach, dass wie bei Quandt in Hannover mit einem sozusagen betriebseigenen KZ die Versorgung mit Arbeitssklaven reibungslos erfolgen konnte.

Die gelegentlich bis zur Behauptung gesteigerte Vermutung, dass von Fichtel & Sachs im Auslagerungswerk Wels in Oberösterreich KZ-Häftlinge beschäftigt wurden, ist nicht belegbar. Zwar befand sich in Wels ein Außenlager des berüchtigten KZ Mauthausen, doch liegen Dokumente über einen Einsatz dieser Häftlinge bei Fichtel & Sachs nicht vor.

Selbst in dem beschönigenden Bericht der Firma über die Ostarbeiterversorgung wird ein Missstand deutlich: Für den Fall eines Bombenangriffs stehen für diese Menschen keine Schutzräume zur Verfügung. Nicht einmal betonierte Schutzgräben sind vorhanden. Die Zahl der Fremdarbeiter, West wie Ost, die bei Luftangriffen ums Leben kommen, ist daher unverhältnismäßig hoch.

Auch die zeitweise massenhafte Flucht von Zwangsarbeitern nach den Bombardements ist weniger eine Flucht in die Freiheit, als primär eine Flucht vor tödlichen Lebensumständen. Selbst einige Tage außerhalb der ungeschützten Barackenlager, die Möglichkeit in der ländlichen Umgebung an Lebensmittel zu kommen, waren für die Kriegsgefangenen eine begehrenswerte Option. Sie stand ihnen immer öfters offen, seit das strategische Oberkommando der US-Air-Force Schweinfurt zum vorrangigen Angriffsziel für seine Bomberflotte auserkoren hatte.

Bomben auf Schweinfurt

»Um Gottes willen, Schweinfurt!« Der Schreckensruf vereint 1943 Freund und Feind. Er ist in den Quartieren der amerikanischen Bomberpiloten in England genauso zu hören wie im Rüstungsministerium von Albert Speer in Berlin, und erst recht in der Industriestadt am Main.

Im April 1943 wird Schweinfurt in die »Liste der Ziele erster

Ordnung« für die anglo-amerikanischen Bombenangriffe aufgenommen. Die Begründung liegt auf der Hand. Die Kugellagerfertigung ist eine Schlüsselindustrie der Rüstung. In einem Jagdflieger werden zwischen ein- und zweitausend Lager eingebaut. Noch eine 8,8 cm-Kanone braucht an die 50 Lager, ein Suchscheinwerfer der Flak an die 100.

In Schweinfurt ist entgegen allen strategischen Grundsätzen die Produktion von Kugel-, Zylinder-, Kegel-, Tonnen- und Scheibenlagern, alle zusammengefasst unter dem Begriff der Wälzlager, an einem Ort konzentriert. Etwa die Hälfte der gesamten deutschen Wälzlager wird hier produziert, und die Werke liegen so dicht beisammen, dass auch bei ungenauer Bombardierung mit einer hohen Trefferwirkung zu rechnen ist. Gelingt es, diese Ballung der Grundlagenindustrie der Wehrtechnik auszuschalten, dann kann der Krieg bald beendet werden. Damit motivieren die Generäle ihre Bomberbesatzungen für den gefährlichen Einsatz.

Schweinfurt liegt am äußersten Ende des Aktionsradius der von England aus startenden B-17-Bomber, der »fliegenden Festungen«. Der Flug dauert so lange, dass Zusatztanks an die Maschinen angebaut werden müssen. Außerdem haben sich die MG-Schützen mit zusätzlicher Munition gerüstet und die Piloten ausreichend mit Kondomen versorgt, um sie unterwegs als handliche Urinale zu verwenden. Das gravierendste Problem: Jagdflugzeuge können die Bomber nicht beschützend bis ans Ziel begleiten. Ihre Reichweite ist noch zu kurz. Die B-17 ist zwar rundum mit Bordkanonen ausgestattet, die theoretisch eine 360-Grad-Abwehr erlauben, in der Praxis hat sich diese Art der Selbstverteidigung von Bombern aber noch nicht bewährt.

Es bedeutet daher ein erhebliches Risiko, als die 8. Flotte der US-Air-Force am 17. August 1943 zum ersten Mal Schweinfurt ins Visier nimmt und dabei wenig ermutigende Erfahrungen macht. 36 von 230 gestarteten Maschinen gehen verloren. Zwar werden 424 Tonnen Bomben, vor allem auf das Gelände von »Kugelfischer«, abgeworfen, aber nur acht Prozent des Werksgeländes zerstört. Die Produktion von Wälzlagern im Allgemeinen sinkt um zehn Prozent, die der Kugellager zeitweise um 34 Prozent. Die Verluste an Menschen mit rund 500 Toten und Verwundeten sind erheblich. Dennoch ist der Erfolg für die angreifenden Amerikaner gering. Aus Schweden und der Schweiz werden Wälzlager importiert, und bei den Firmen finden sich große Lagerbestände, so dass die Rüstungsindustrie nahezu unvermindert weiterproduzieren kann.

Ein zweiter Angriff der US-Air-Force auf Schweinfurt wird geplant, auch wenn die Bomberbesatzungen nach den schlechten Erfahrungen des ersten Versuchs von dem riskanten Unternehmen wenig begeistert sind. Am 10. Oktober wird hoch über Schweinfurt ein einzelnes Flugzeug gesichtet. Amerikanische Flugzeuge, die am 12. und 13. Oktober in den deutschen Luftraum einfliegen, entpuppen sich später als Pfadfinder der Armada jener Bomber, die am 14. Oktober um 10.30 Uhr erstmals auf den deutschen Radarschirmen auftauchen. 300 B-17-Bomber sind auf dem Weg nach Schweinfurt. Auf ihren Einsatzplänen stehen die Kugellagerfabriken Kugelfischer, VKF und Star-Kugelhalter, aber auch die »cycle and clutch works« Fichtel & Sachs.

Was sich wenige Stunden später im klaren Herbsthimmel über der Stadt abspielt, geht als »schwarzer Donnerstag« in die amerikanische Luftfahrtgeschichte ein und wird für Angreifer wie Angegriffene zum Desaster. Schon die Flak-Abwehr vor der Stadt ist wesentlich stärker als erwartet. Völlig überwältigt ist das amerikanische Geschwader von der Stärke der Jagdabwehr. Falsche Berechnungen hatten das amerikanische Bomberkommando zu der Vermutung verleitet, die Zahl der deutschen Jagdflugzeuge sei durch Luftkämpfe und Bodenangriffe in einer Weise reduziert, dass mit ernsthaftem Widerstand nicht zu rechnen sei. Nun aber stürzen sich Hunderte von deutschen Jagdflugzeugen auf die US-Flotte, ausgerüstet mit Waffen, denen die fliegenden Festungen teilweise hilflos ausgeliefert sind. Raketen und Fallschirmbomben erlauben einen Angriff aus großer Distanz, außerhalb der Reichweite der Bordkanonen und MGs. In den Berichten von Veteranen klingt noch das Entsetzen nach über die zerfetzten Maschinen, die durch die Luft wirbelnden Besatzungen und die eigene Hilflosigkeit.

Um 14.39 Uhr fallen die ersten Bomben auf Schweinfurt. Insgesamt werden 480 Tonnen abgeworfen. 20 Minuten später brandet die letzte Welle der Bomber heran, wirft, bereits stark durch Rauch und Qualm in der Sicht behindert, nach wie vor von den deutschen Jägern attackiert, Brand- und Sprengbomben ab. Ein halbe Stunde später ziehen die letzten US-Flugzeuge in einer weiten Kurve wieder gegen Westen ab. Um 15.35 Uhr wird in Schweinfurt Entwarnung gegeben, und beide Seiten gehen daran, eine erste Bilanz des Schreckens zu ziehen. Beide Seiten wähnen sich als Sieger. Dem Oberkommandierenden der Alliierten in Europa, General Eisenhower, wird aus dem Hauptquartier des 8. Bomberkommandos mitgeteilt, dass »... möglicherweise die völlige Zerstörung des Zieles« erreicht worden sei. Hitler wird von Göring in seinem ostpreußischen Hauptquartier angerufen. Ein großer Abwehrsieg sei in Schweinfurt errungen. Die Landschaft sei übersät mit amerikanischen Bombern. Mit einigem zeitlichen Abstand tritt Ernüchterung ein. Die US-Verluste belaufen sich auf 60 abgeschossene und 15 unbrauchbar gewordene Maschinen. 121 sind leicht beschädigt. Damit ist ein Drittel der über Schweinfurt eingesetzten Maschinen verloren. Was noch schwerer wiegt: 600 Mann müssen als tot oder vermisst gemeldet werden. US-General Anderson wähnt sich dennoch als Sieger, spricht von fast 300 abgeschossenen deutschen Jägern, obwohl es wohl weniger als die Hälfte waren. Noch triumphierender fällt der Bericht über die Zerstörungen am Boden aus. Alle Kugellagerwerke seien schwer beschädigt. »Im Werk Fichtel & Sachs ... wurden drei große Hallen zerstört und schwere Zerstörungen im ganzen Werk angerichtet.«

In Hitlers »Wolfsschanze« schwindet bald die anfängliche Euphorie, zumindest bei Rüstungsminister Albert Speer. Vergeblich versucht er mit den betroffenen Fabriken telefonisch Kontakt aufzunehmen, bis es ihm gelingt, mit Hilfe der Polizei den Werkmeister eines der Werke zu erreichen, von dem er erfährt, dass die Industrieproduktion in Schweinfurt flächendeckend zerstört sei. Vor Ort zeigt eine genaue Bestandsaufnahme, dass diesmal Fichtel & Sachs am schwersten betroffen ist. Hier lautet das Fazit: Totalschaden. Bei den anderen Betrieben ist nur von »schweren Schäden« die Rede.

Inmitten des Chaos nach dem Bombenangriff versucht sich ein Mann im Lodenmantel mit Jägerhut von Osten kommend zu den im Westen liegenden Fichtel & Sachs-Werken durchzuarbeiten. Auch in der Innenstadt brennt es. Umherirrende Zivilisten werden nicht gerne gesehen, wo die Rettungsmannschaften und Löschtrupps verzweifelt zu retten versuchen, was noch zu retten ist. Der Herr im Jägeroutfit kann hier nicht helfen, gibt auf, kehrt nach Mainberg zurück.

So schildert Willy Sachs später sein Verhalten am schwarzen Donnerstag. Wenig ist sonst darüber bekannt, wie er die nicht mehr endenden Angriffe auf sein Werk, auf das Werk seines Vaters erlebt hat. Einiges deutet darauf hin, dass er sich kaum noch in der Fabrik aufgehalten hat. Mainberg war sicherer. Hierher wurde nun ein Teil der Verwaltung von Fichtel & Sachs verlegt. In den Schlossberg wurde ein Tunnel vorgetrieben, der ursprünglich nur für die Betriebsangehörigen als Luftschutz dienen sollte, nach Protesten aus der Bevölkerung aber allgemein zugänglich wurde. Mainberg blieb vom Bombenkrieg verschont, da die Industrieanlagen auf der anderen Seite von Schweinfurt liegen. Der schöne freie Blick von der Terrasse des Schlosses über die Mainebene, der schon Ernst Sachs die Ansicht der rauchenden Schlote seines Unternehmens erlaubte, zeigt jetzt ein bedrückendes Bild. Die zerstörerische Arbeit der alliierten Bomberverbände lässt sich von nirgendwo sonst gleich übersichtlich und unverhüllt betrachten.

Wie weit Willy Sachs den Untergang seines Werks miterlebt hat, ist ungewiss. Immer öfter und länger soll er sich in Oberaudorf aufgehalten haben. Seine Mutter wohnt seit 1943 dauerhaft auf der Rechenau. Auch Ehefrau Ursula Sachs dürfte sich in das Alpenrefugium zurückgezogen haben, über das immer öfter Bomberverbände aus Italien kommend Richtung Norden fliegen.

Bei der mit propagandistischem Aufwand inszenierten Beerdigung der Opfer des Bombenangriffs vom 14. Oktober ist Willy Sachs auf dem Schweinfurter Friedhof. Schon nach dem Angriff vom August war ein Gräberfeld für die Bombenopfer eingerichtet worden. Individuelle Beerdigungen in den Familiengräbern sind wegen angeblicher Seuchengefahr nicht gestattet. Der Gauleiter erscheint mit Gefolge, hält eine Rede mit der für den NS-Totenkult typischen Mischung aus Heroik und Durchhaltewillen. Willy Sachs verabschiedet sich stumm, die Hand zum Hitler-Gruß erhoben, von den 62 Toten seines Werks. Er trägt Schwarz, aber, obwohl dies eine Veranstaltung der Partei ist, nicht das der SS-Uniform, sondern das eines bürgerlichen Traueranzugs.

Die Lage des Gräberfelds für die Bombenopfer bringt die Organisatoren in Verlegenheit und muss Willy Sachs merkwürdig berühren. Eigentlich bildet das riesige Grabmal von Ernst Sachs mit dem segnenden, auferstehenden Christus den Abschluss der Sichtachse und damit den Hintergrund. Um der Feier jeden kirchlichen Anschein zu nehmen, muss ein riesiger Paravent aufgebaut werden, der die Christusfigur verdeckt und mit einer Todesrune neuheidnisch ganz im Sinne eines Heinrich Himmler geschmückt ist.

Das Ziel der beiden schweren amerikanischen Bombenangriffe von 1943 wird trotz großer Zerstörungen nicht erreicht. Die Rüstungsindustrie bricht nicht wegen des Mangels von Wälzlagern zusammen. Der Krieg geht weiter, und in Schweinfurt beginnt eine sich ins Absurde steigernde Abfolge von Aufbau und Zerstörung. Von den schweren Verlusten angeschlagen, dauert es etliche Monate, bis der nächste amerikanische Bombenangriff erfolgt, womit Zeit gewonnen wird, die zerstörten Werke wieder aufzubauen und zu verlagern.

Es ist nicht überliefert, ob Willy Sachs an den von Speer organisierten Arbeiten für die Neustrukturierung der Wälzlagerindustrie beteiligt ist, was daran liegen kann, dass die Lager nur ein im Zuge der Rüstungsanstrengungen wieder ins Fertigungsprogramm von Fichtel & Sachs aufgenommenes Nebenprodukt darstellen und anders als bei Kugelfischer oder VKF keine zentrale Bedeutung haben. Bei der Verlagerung sind vor allem Werke in Wels (Oberösterreich) und in Reichenbach (Vogtland) wichtig, wo Motoren und Kupplungen erzeugt werden. Willy Sachs soll nach anfänglichem Zögern diese Verlagerungen intensiv befürwortet haben, was Kritiker als Willfährigkeit gegenüber dem NS-Regime deuten. Eine andere Erklärung ist jene, welche Mitarbeiter zu Protokoll geben. Danach sagte Willy Sachs: »Lagert aus, lagert aus. Rettet an Maschinen, was zu retten ist, damit wir nach dem Krieg wieder produzieren können.« Tragische Ironie: Beide Werke gehen bei Kriegsende verloren. Wels ist zerstört und abzuschreiben. Reichenbach wird nach 1945 in die »Sowjetische Aktiengesellschaft

Fichtel & Sachs« verwandelt, wieder Fahrradnaben erzeugen und nach Übergabe an die DDR als »VEB Renak« Torpedo-Naben auf den alten Fichtel & Sachs-Maschinen herstellen, die sich unter Fahrradfreunden eines guten Rufes erfreuen.

Dem Ende entgegen

Vierzehn Tage nach dem Bombenangriff vom 14. Oktober erscheinen im *Schweinfurter Tagblatt* Anmerkungen zur Jagd im November. »Der Monat bringt als Höhepunkt die Gamsbrunft. Die Jagd auf Gamswild endet im ganzen Reichsgebiet am 15. Dezember.« Der Hinweis kann nur einen einzigen Menschen im Raum Schweinfurt betreffen: den Jagdherrn der Rechenau. Unterfranken ist kein Revier für Gemsen, wohl aber Oberbayern und das Gebiet um den Brünnstein, wie schon Heinrich Himmler erfahren hat. Will sich jemand über den leidenschaftlichen Jäger lustig machen oder ihm eine Freude bereiten, mit dem Hinweis, dass ein Ereignis ansteht, das ihn zum Leidwesen seiner Ex-Frau sogar von den Gatten- und Vaterpflichten abhielt? Auf jeden Fall ist es ein Zeichen: Das Leben geht weiter; auf der idyllischen Rechenau, aber auch im schwer geprüften Schweinfurt.

Das Kalkül der angloamerikanischen Strategen ist nicht aufgegangen. Die Angriffe auf die Wälzlagerwerke haben die deutsche Rüstungsindustrie nicht lahm gelegt. Albert Speer stellt die Folgen der Bombenangriffe dramatisch dar, meint sich zu erinnern, dass tatsächlich ein bedrohlicher Engpass eingetreten sei. Mit einer solchen Sicht kann er zwar seinen Spandauer Gefängnisherren Freude machen und die eigene Leistung beim Wiederaufbau der Wälzlagerindustrie unterstreichen. Die Ergebnisse der neueren Forschung gehen damit nicht konform.

Wieder bewährt sich der Nachschub aus der Schweiz und Schweden, und wieder zeigt sich, dass erhebliche Lagerbestände vorhanden sind. Veränderungen in der Konstruktion und der Rückgriff auf andere Rohstoffe senken den Bedarf an metallenen Wälzlagern. Die amerikanische Bomberflotte ist zu sehr geschwächt, um bald wieder zu einem neuen Schlag gegen Schweinfurt auszuholen. Erst im Lauf des Jahres 1944 verfügen die Alliierten über Langstreckenjäger, verkürzen die Intervalle zwischen ihren nun gut gerüsteten Angriffen immer mehr. 13 Angriffe werden in einem Jahr geflogen, und die Wälzlagerindustrie kommt tatsächlich fast zum Erliegen. Aber nun haben die angloamerikanischen Strategen schon einen viel besser zu treffenden Schwachpunkt der deutschen Wehrmacht gefunden, der tatsächlich deren Mobilität vehement einschränkt: die Raffinerien und Hydrierwerke zur Herstellung von synthetischem Treibstoff.

Mit einer stoischen Langmut sondergleichen wird in Schweinfurt ein Luftangriff nach dem anderen ertragen, werden die Schäden bilanziert, Wiederaufbaupläne gewälzt, und die NS-Funktionäre überlegen, wie die Stimmung der Bevölkerung zu heben sei. Alles, was nach Wehrkraftzersetzung und Defätismus aussieht, wird zwar schwerstens geahndet, dennoch macht sich latent Unzufriedenheit bemerkbar. Die Versorgungslage verschlechtert sich, und immer mehr Menschen verlieren bei den Luftangriffen Wohnungen und Häuser. Da weckt das scheinbar unerschütterlich über allem thronende Schloss Mainberg neidische Gefühle, die sich in Stimmungsberichten der örtlichen Parteileitung niederschlagen.

Frauen, deren Männer und Söhne Wehrdienst leisten müssen, beobachten, dass bei Konsul Sachs kein Mangel an männlichem Personal besteht. Wieso muss eigentlich der Diener Rähmisch keinen Militärdienst leisten, wieso ist er »uk« gestellt? Ist es von kriegswichtiger Bedeutung, dass Willy Sachs weiter bedient und umsorgt wird? Wie ist es mit dem Sohn, der sich in der Schweiz befindet?

Willy Sachs soll angeblich kaum verhehlt haben, dass ihm der Glaube an einen Endsieg abhanden gekommen ist. Beim Besuch von Erholung suchenden Arbeitern in einem Rhöndorf soll der Konsul sogar vom »Wahnsinn« des Krieges gegen Russland gesprochen haben. Von seiner Mutter wird berichtet, dass sie über den Kriegsverlauf »jammert«. So wie damals ihr Mann Ernst die Aussichtslosigkeit des deutschen Kampfes gegen die Amerikaner eingesehen hat, so ist nun in der Familie Sachs die Hoffnungslosigkeit im Blick auf das Vorrücken der sowjetischen Armee eingezogen.

Es werden Äußerungen von Willy Sachs kolportiert, dass er sich schon Gedanken macht, wie es nach dem Krieg weitergehen kann. Nicht nur seine Maschinen versucht er für einen Neuanfang in Sicherheit zu bringen. Er hält auch die Produktion des Zweitaktmotors, wenn auch nur auf kleinster Flamme, aufrecht. Öffentliches Reden über die Zukunft ist gefährlich. Generalfeldmarschall Eberhard Milch, zuständig für die Flugzeugproduktion, gibt den Industriellen einen deutlichen Wink: »Wer heute fragt: Was wird aus meinem Werk nach dem Kriege, der gehört heute bereits vor seinem Werk aufgehängt.«

Das neutrale Schweden darf offener sein. In Stockholm macht man sich Sorgen, was aus den diplomatischen Vertretungen des Königreichs werden soll, wenn alliierte Truppen Deutschland erobern. Die schon nach Alt-Döbern ausgelagerte Botschaft schickt an ihren Schweinfurter Konsul diverse Plakate. Ihr Zweck wird diplomatisch umschrieben: »Diese sind nach Ihrem Ermessen bei vorliegendem Bedarf zum Schutze des Konsulats selbst, von schwedischen Staatsangehörigen und von schwedischem Eigentum anzubringen.«

Der »vorliegende Bedarf«, fremde Truppen und Kampfhandlungen auf deutschem Boden, rückt immer näher. Anfang April 1945 stoßen amerikanische Einheiten nach Unterfranken vor, und ein Kampf um Schweinfurt bahnt sich an. Willy Sachs zieht sich nach Bayern zurück. In Mainberg verhindert der zurückbleibende Direktor und Onkel Rudolf Baier, dass der Ort noch Kampfgebiet wird. Die in Mainberg stationierte deutsche Einheit zieht ab, verzichtet auf Widerstand und erspart der Gemeinde einen zerstörerischen und hoffnungslosen Endkampf. Selbst die Panzersperren am Ortseingang werden entfernt. Die amerikanischen Truppen kommen dann aber nicht die Straße entlanggefahren, sondern nehmen mit ihren Kampfwagen den Weg über das hügelige Umland. Schloss Mainberg, zuletzt noch zum Lazarett deklariert, fällt unzerstört in ihre Hände.

Oberaudorf, wohin sich Willy Sachs mit Familie zurückgezogen hat, erweist sich als keineswegs so friedlich und sicher, wie die idyllische Lage inmitten der Berge und Wälder vermuten lässt. Alliierte Jagdflugzeuge kommen durch das Inntal, schießen auf alles, was sich bewegt, und fliegen hoch bis ins Gießbachtal, in dem sich das Sachs'sche Gutshaus auf der Rechenau befindet. Für die Oberaudorfer ist es klar, warum die Piloten das entlegene Tal ansteuern: Im Ort wird gemunkelt, dass Himmler und Göring oben beim Konsul Schutz gesucht hätten, und die Amerikaner vermuten solches. Die militärischen Jagdszenen in Oberbayern laufen ins Leere. Himmler hat sich gegen Norden abgesetzt, und Göring hat bei seiner Flucht in Richtung »Alpenfestung« einen Weg weiter westlich nach Tirol gewählt.

Anfang Mai erreicht die 42. US-Division, die Schweinfurt erobert hatte, den Inn. Willy Sachs macht dem Bürgermeister von Oberaudorf den Vorschlag, den US-Truppen entgegenzugehen und ihnen zum Sieg zu gratulieren. Es kommt aber nicht zu der bizarren Aktion, die so recht dem landsknechthaften Draufgängertum von Willy Sachs entsprochen hätte und keine Spur eines Schuldbewusstseins wegen seines Verhaltens während des Dritten Reiches verrät. Das Kriegsende in Oberaudorf gestaltet sich nicht so romantisch-heroisch wie die Übergabe einer eroberten Ritterburg. Der Ort gerät unter Granatenbeschuss, Brandbomben zerstören fünf Häuser, SS-Männer versuchen sich mit jugendlichen Werwölfen im Widerstand. 27 Menschen kommen in den letzten Kriegstagen noch ums Leben, ehe am 4. Mai amerikanische Panzer in Oberaudorf einrücken. Jubel schlägt ihnen nicht entgegen. Der Bürgermeister wird ebenso verhaftet wie die örtlichen Parteiführer.

Die eroberde 42. Infanteriedivision trägt den markanten Titel »Rainbow Division«, weil ihr Soldaten aus allen amerikanischen Bundesstaaten angehören. Zu ihr gehören auch Mitglieder des militärischen Abschirm- und Sicherheitsdienstes CIC, die den Auftrag haben, den befürchteten Widerstand von Partisanen- und Werwolf-Einheiten zu unterbinden. Außerdem haben sie eine von Eisenhowers Oberkommando aufgestellte Liste mit jenen Personen abzuarbeiten, die unter die Kategorie »automatic arrest« fallen, weil sie einen besonderen Rang besitzen oder sich durch außerordentliche Nähe zum NS-Regime ausgezeichnet haben. In Bayern und Tirol, bevorzugten Wohngebieten der wissenschaftlichen, künstlerischen und wirtschaftlichen Prominenz, haben die CIC-Einheiten viel zu tun. In Kitzbühel werden Leni Riefenstahl und Hermann Göring verhaftet, am Walchensee der Atomphysiker Werner Heisenberg.

Auch Willy Sachs steht als Wehrwirtschaftsführer, Mitglied im Persönlichen Stab des Reichsführers-SS, auf der amerikanischen Verhaftungsliste. Fast 50 Jahre später liefert ein ehemaliger US-Sergeant in einem Zeitungsbericht seine Version der Festnahme. Danach habe der Sergeant sich mit dem Colt Zutritt zum Jagdhaus auf der Rechenau verschafft und sei auf einen glühenden Nazi gestoßen, der noch im Unter- und Abgang den »Führer« hochleben lässt. Gunter Sachs meldet sich zu Wort, stellt richtig und sich damit vor seinen Vater. Er kann nicht nur auf wenig plausible Einzelheiten der Darstellung verweisen, sondern in einer dezenten Andeutung darauf anspielen, dass hier vielleicht eine persönliche Abrechnung stattfindet, weil einmal der Sohn des US-Veterans von Gunter Sachs aus seinen Diensten entlassen wurde. Der Augenzeuge hält seine Schilderung nicht länger aufrecht, offeriert neue Varianten des Geschehens, die wenig Wahrscheinlichkeit beanspruchen können. Wie sich die Verhaftung von Willy Sachs wirklich abgespielt hat, ob sie tatsächlich allein durch einen Feldwebel erfolgt ist, bleibt unklar. Sicher ist, dass er letztlich ins Kriegsgefangenenlager Heilbronn gebracht wurde und diesen keineswegs ungefährlichen Transport, der in offenen LKWs erfolgte, heil überstanden hat.

Um die Festnahme von Willy Sachs rankt sich eine romantisch-tragische Geschichte, die weit über die Sergeanten-Schilderung hinausgeht und durch einen seriösen Zeugen wie durch die Genauigkeit der Überlieferung hohe Wahrscheinlichkeit beanspruchen darf. Danach ist es der US-Leutnant Donovan Senter als Kommandierender Offizier des CIC zur Verhaftung von Willy Sachs in die Rechenau gekommen. Das eindrucksvolle Gut gefällt ihm so sehr, dass er seine Abteilung im Jagdhaus einquartiert. Auch nachdem Leutnant Senter zu einer anderen Einheit versetzt wird, um deutsche Gefangene zu verhören, kommt er auf die Rechenau zurück – der Liebe wegen. Der junge Offizier hat sich in Jolanda, die Tochter der Sachs-Ehefrau Ursula aus erster Ehe, verliebt, die als umwerfend hübsches Mädchen beschrieben wird. 56 Tage verbringt Senter zwischen Anfang Mai und Ende August auf der Rechenau. Das Vertrauen von Jolanda und Ursula Sachs zu ihm wächst, und eines Tages zeigt ihm Ursula Sachs verpackte Gemälde alter deutscher Meister, die sie mit Hilfe Senters vor der Beschlagnahme durch die amerikanischen Truppen zu bewahren versucht. Als Ursula Sachs verhört wird, gesteht sie, dass sie einige Gemälde von Lucas Cranach d. Ä. an Senter gegeben hat.

Der Leutnant wie Jolanda streiten alles ab. Der Offizier wird versetzt, die junge Deutsche von einem Kunstoffizier streng befragt. Sie bestreitet für sich jede Schuld, will nur erfahren haben, dass ihre Mutter und Senter über die Gemälde gesprochen haben und Senter sich erbötig gemacht habe, diese auf dem schwarzen Markt zu veräußern. Mit diesen Angaben von Jolanda konfrontiert bleibt Senter der getreue Liebhaber, nimmt die Schuld auf sich und weigert sich, Details mitzuteilen. Er sagt nur so viel, dass die Bilder verkauft wurden und sich nun irgendwo in Westeuropa zwischen dem Elsass und Belgien befinden könnten. Ein amerikanischer Offizier macht sich zusammen mit Senter und einem Fahrer auf die Suche nach den Gemälden, bei der Senter kooperativ ist, so dass die Bilder letztlich in Belgien sichergestellt und zum Kunstsammelpunkt in München gebracht werden können.

Leutnant Senter, der als etwas rätselhafte, perfekt Deutsch sprechende Persönlichkeit beschrieben wird, kommt später vor ein Militärgericht. Auch dabei schützt er, der wohl nie einen Dollar an dem Kunsthandel verdient hat, Ursula Sachs und ganz besonders Jolanda, an die ihn eine intensive Zuneigung bindet. Die Spuren des tragischen Sicherheitsoffiziers wie die der Gemälde verlieren sich im Dunkeln. Wo »Johann der Beständige«, der »Segnende Christus« und »Johann der Großmütige« von Lucas Cranach d. Ä. geblieben sind, ist unbekannt. Willy Sachs beklagt drei Jahre später, dass er Gemälde im Wert von zwei Millionen Mark durch Beschlagnahme verloren habe.

Auch in Mainberg stoßen die US-Truppen, die das Schloss besetzen, auf Kunstschätze, die ihnen den Atem rauben und nach ihren Vorstellungen nur aus Museen geraubt sein können. Von tiefstem Staunen und ungläubiger Verwunderung sind die Briefe erfüllt, die der nun auf Mainberg residierende Colonel Herbert

Bronson Enderton nach Kalifornien schickt. Alles im Schloss ist genauso, wie es der Hausherr verlassen hat mit Gemälden an der Wand und Nippes auf dem Kaminsims, wobei eine Tendenz der Kunstwerke ins Amourös-Erotische unübersehbar ist. Wie zuvor Willy Sachs essen nun die Offiziere vom feinen bayerischen Porzellan, bekommen von dem vollzählig anwesenden Dienstpersonal Stoffservietten in Holzringen neben das Silberbesteck gelegt, bedienen sich aus den Weinfässern im Keller. Im Marmorbad begeistern beheizte Handtuchhalter die Militärs, die eben noch in Zelten gelebt haben. Telefonapparate überall im Haus erinnern daran, dass Willy Sachs leidenschaftlich gerne telefonierte. Überall liegen Orientteppiche, die Wände sind mit wertvollen Tapeten beklebt, und wenn die Offiziere müde von der Inspektion von Kriegsgefangenenlagern ins Schloss heimkehren, fahren sie mit dem Lift zu ihren Gemächern empor. Colonel Enderton kann die Pracht nur mit jener von Hollywood-Tycoons vergleichen.

Interniert und fern der Heimat

»Wo ist Willy?« Selbst enge Freunde rätseln, wo Willy Sachs nach seiner Verhaftung auf der Rechenau geblieben ist. Robert Allmers stellt die Frage in einem Brief an den inzwischen wegen seiner NS-Vergangenheit bei Fichtel & Sachs entlassenen Direktor Heinz Kaiser, der zunächst auch ratlos ist. In den ersten Wochen seiner Internierung ist Willy Sachs von allen Verbindungen zur Außenwelt abgeschnitten. Das Gefangenenlager Heilbronn ist völlig überfüllt, die Haftbedingungen selbst für altgediente Soldaten äußerst hart. Zelte stehen kaum, Baracken überhaupt nicht zur Verfügung. Die politischen Gefangenen und die Kriegsgefangenen sind zunächst noch bunt gemischt, wobei es die inhaftierten Zivilisten besonders hart trifft, weil sie anders als die ehemaligen Soldaten keine Decken oder Zeltplanen besitzen. Ein Bild des Jammers und Schreckens entwirft der Anwalt von Willy Sachs im Entnazifizierungsverfahren. »Sieben Wochen war Konsul Sachs ohne Zelt, ohne Decke unter freiem Himmel, obwohl er sich damals in bedenklichem Gesundheitszustand befand. Konsul Sachs wäre in diesem Lager beinahe zugrunde gegangen, wenn nicht der einfache Arbeiter gesagt hätte: Das lassen wir nicht zu, dass unser Konsul hier vor die Hunde geht. Die haben dann dafür gesorgt, dass er in eine Sanitätsbaracke kam.«

Die Verhältnisse in Heilbronn waren neuesten Forschungen zufolge tatsächlich katastrophal, wobei sich für die politischen Internierten die Verhältnisse etwas besser gestalteten, da sie abgesondert und etwa in der Krankenpflege besser behandelt wurden. Die Verlegung nach Ludwigsburg bei Stuttgart wird kaum eine wesentliche Verbesserung für Willy Sachs gebracht haben, auch wenn sein Anwalt im Entnazifizierungsverfahren allzu dick aufträgt. Von gemeinsamer Inhaftierung mit KZ-Kapos ist die Rede, von Unterbringung auf engstem Raum. Die letzte Station der Inhaftierungs-Odyssee von Willy Sachs wäre danach nur eine weitere Wegmarke auf dem Gang durch die Hölle gewesen, selbst wenn Ludwigsburg von seinen Insassen her fast elitären Charakter hat. Auch der spätere Bundeskanzler Kurt Georg Kiesinger kann Ludwigsburg als seine Internierungsadresse angeben. Ein Jahr lang hat Willy Sachs angeblich keinen postalischen Kontakt zur Außenwelt gehabt, »ein Mann, der gewohnt war, früher jede Annehmlichkeit zu haben«.

Die Wirklichkeit war deutlich anders, weil Willy Sachs es offensichtlich wieder verstanden hat, durch sein Wesen, durch Geld und durch Beziehungen aus der schwierigen Situation das Beste zu machen. Walter Wolfahrt, ein damals junger Ex-Unterscharführer der Waffen-SS, der in Ludwigsburg als Kriegsgefangener inhaftiert und in der Kfz-Werkstatt der Lagerverwaltung beschäftigt war, erinnert sich noch heute ganz genau an eine landsmannschaftliche Begegnung im Oktober 1946 im Internee Camp 74 Ludwigsburg. Wolfahrt, vor dem Krieg Werkzeugmacher bei VKF in Schweinfurt, liegt unter einem zu reparierenden Jeep und traut seinen Augen nicht, als er auf einmal Füße in Bergschuhen und Waden in Wickelgamaschen sieht. Schnell kriecht er unter dem Auto hervor; der Herr in der bayerischen Tracht kommt ihm sehr bekannt vor, und er spricht ihn an: »Wenn ich mich nicht täusche, habe ich die Ehre, Herrn Konsul Sachs zu treffen.« Er hat Recht, gibt sich als

Schweinfurter zu erkennen, worauf ihm Willy Sachs um den Hals fällt und das Glück gar nicht fassen kann, einen Landsmann zu treffen. Aber, dass er gar so mager aussehe, das sei gar nicht gut, da werde ihm der Konsul einiges zukommen lassen. Walter Wolfahrt wundert sich. Er steht da in seiner schlichten Kluft mit dem »PW« des Kriegsgefangenen auf dem Rücken. Konsul Sachs aber kann sich in heimatlicher Kleidung frei im Lager Ludwigsburg bewegen. »Wie schaffen Sie das nur, Herr Konsul?« »Ach, die Amerikaner sind doch meine besten Freunde!«

Willy Sachs macht keinen bedrückten Eindruck, und von der angeblichen einjährigen Nachrichtensperre ist bei ihm nichts zu merken. Er kann seinem Schweinfurter Landsmann sehr genau berichten, wie die unerfreulichen heimatlichen Verhältnisse aussehen. Er erzählt von seinem Schloss Mainberg, das nach dem Abzug der Amerikaner von »seinen« Mainbergern geplündert worden sei. Nie, nie wieder werde er nach Mainberg zurückkehren, bekundet Willy Sachs. Diese Verletzung sei einfach zu tief, die Enttäuschung zu groß über die Undankbarkeit der Menschen, denen er doch so viel Gutes erwiesen habe.

Zu Weihnachten trennen sich die Wege der beiden Schweinfurter. Walter Wolfahrt wird entlassen. Für den Fall, dass er als politisch Belasteter nicht wieder bei VKF arbeiten könne, verspricht ihm Willy Sachs Hilfe bei Fichtel & Sachs. Von Kleinmut keine Spur: »Es kommt wieder eine andere Zeit, Herr Wolfahrt.« Zwei Monate später wird Willy Sachs entlassen und kann seinen besseren Zeiten in Freiheit entgegengehen.

Die Heimkehr nach Oberaudorf soll sich dramatisch abgespielt haben. Der Mann im grauen Mantel mit dem Rucksack auf dem Rücken muss erst gar nicht zum Jagdhaus auf der Rechenau wandern. Dort residieren amerikanische Soldaten. Die übrigen Wohnungen auf der Rechenau sind belegt. In der Sachs-Villa im Ort wird ihm von seiner Frau die Tür gewiesen. Mit einem Nazi wolle sie – zumindest jetzt – nichts mehr zu tun haben. Nebenan »in einem feuchten Raum von einer Autogarage« haust mehr als sie wohnt seine Mutter. Der einst so stolze Jagdherr auf der Rechenau stünde ohne Quartier da, würde ihm nicht ein einfacher Bauer Unterschlupf gewähren.

Der rührselige Bericht stammt vom Anwalt von Willy Sachs und soll dazu dienen, die Mitglieder der Spruchkammer, die über die Entnazifizierung entscheiden, mitleidig zu stimmen. Vorsicht ist gegenüber dieser Schilderung angebracht. So wie in Ludwigsburg ist auch in Oberaudorf nicht alles für Willy Sachs so unerfreulich, wie es die Spruchkammer zu hören bekommt. Der Anwalt von Betty Sachs spricht in einem Brief von einem »Mansardenstübchen in einem Nebengebäude des Anwesens«, in dem die Mutter von Willy Sachs wohnt. Und sein Notquartier beim hilfsbereiten Bauern ist nur eine Zwischenstation. Auf der Rechenau mit ihren diversen Gebäuden wird umquartiert, eine Wohnung für Willy Sachs freigemacht, die gleich neben der einer warmherzigen Frau liegt, die den ehemaligen Dienstgeber umfassend betreut.

Es sind ungewohnte Umstände, unter denen Willy Sachs zu leben hat, aber alles andere als unerträgliche, getrübt natürlich von der Ungewissheit des anstehenden Entnazifizierungsverfahrens. So lange dies nicht für ihn erfolgreich über die Bühne gegangen ist, darf er, zumindest offiziell, nicht über sein Vermögen verfügen.

Der Beklagte und sein Helfer

Gerade mal ein halbes Jahr in Freiheit droht Willy Sachs erneut die Internierung, ordnet die Spruchkammer Schweinfurt-Land seine Festnahme an. Ein ängstliches Gemüt wie Willy Sachs muss diese Aussicht in Schrecken versetzen. Mögen die Umstände seiner Freiheit auch von Beschränkung gekennzeichnet sein, besser als ein Leben hinter Stacheldraht sind sie allemal. Internierung würde vor allem bedeuten, dass eine Lagerspruchkammer über seine Entnazifizierung befindet. Dahin wären Bonus und Respekt, die er im heimatlichen Schweinfurt genießt, wo Erinnerung an einstige Größe und Macht im Spiel sind, wo Rücksicht darauf zu nehmen ist, dass Willy Sachs bald wieder über seine Firma verfügen könnte und dann Posten und Geld zu vergeben hätte. Unverhohlen dringt etwa der Treuhänder des Sachs'schen Vermögens beim Vorsitzenden der Schweinfurter Spruchkammer darauf, dass das gleichzeitig laufende Entnazifizierungsverfahren von Betty Sachs nicht der vom Wohnsitz der Industriellenwitwe her eigentlich zuständigen Spruchkammer Rosenheim/Oberbayern überlassen bleibt: »Mit Rücksicht drauf, dass hier große Schweinfurter Interessen auf dem Spiele stehen, bitte ich die Entnazifizierung bei Ihrer Kammer durchzuführen.«

Mag sein, dass die Spruchkammer in Schweinfurt den heiklen Fall »Sachs« los sein will, mag aber auch sein, dass Gegner von Willy Sachs am Werk sind. Die Aussicht auf eine Entnazifizierung fern des ihm gewogenen heimatlichen Umfelds, bringt Willy Sachs in eine Lage, die er später etwas untertreibend als »schwierige Situation im Entnazifizierungsverfahren« benennt. Seinem Gefühlszustand näher kommt er mit der Bemerkung, »nicht aus noch ein« gewusst zu haben. In einer solchen Lage, in der auch gefestigtere Gemüter und klügere Geister bereit sind, einen Teufelspakt einzugehen, wenn ihnen nur ein Ausweg gewiesen wird, ist auch einem Willy Sachs jeder Helfer recht.

Der Retter, der letztlich zum Verderber wird, naht in der gut aussehenden Herrenreitergestalt des Anwalts Dr. Hanns Jacobsen. Dieser Jurist, den immer ein schwefeliger Geruch von Verrat, Lüge und Erpressung umweht, wird für Willy Sachs zu einer Schicksalsfigur, die ihn für den Rest seines Lebens, im Sterben und noch darüber hinaus erst helfend, dann bedrohend begleitet.

Zwar hat Willy Sachs bereits die Kanzlei Meisner und Vocke in Würzburg bevollmächtigt, ihn im Entnazifizierungsverfahren zu vertreten, doch sucht er in der immer kritischer werdenden Situation sein Heil bei Hanns Jacobsen, der mit seiner Wendigkeit einen Erfolg verspricht, den Meisner und Vocke mit ihren korrekten, wenig inspirierten und der juristischen Scholastik verpflichteten Schriftsätzen nicht mehr garantieren können. Da kommt die Empfehlung recht, die ein Herr aus Grafing bei München zu geben weiß, der sich in Oberaudorf auf Hamsterfahrt herumtreibt. Dieser Johann Pirzer erzählt von dem findigen und beziehungsreichen Juristen Dr. Hanns Jacobsen, der selbst bei schwierigsten Entnazifizierungsfällen in Dachau erfolgreich agiert haben soll. Dieser

Jacobsen kann nicht zuletzt auf einen besonders eindrucksvollen und erfolgreichen Referenzfall verweisen: sich selbst.

Obwohl ehemaliger SS-Untersturmführer mit Kontakten in höchste SS-Kreise hat Jacobsen mit Geschick und Lügen die Entnazifizierung überaus erfolgreich überstanden, so dass er nun seinerseits anderen dabei behilflich sein kann, sich aus den Naziverstrickungen zu befreien. Es ist möglich, dass sich Jacobsen und Willy Sachs noch aus Zeiten des Dritten Reiches kannten; fremd waren sich die beiden ehemaligen Träger der schwarzen Uniform auf keinen Fall, denn die merkwürdige Karriere des Hanns Jacobsen kam dem Lebensweg von Willy Sachs manchmal sehr nahe.

Auf eine so niedrige SS-Mitgliedsnummer wie Willy Sachs kann er nicht verweisen. Schließlich ist er erst 1934 in die SS eingetreten, zu einem Zeitpunkt also, als sich das Naziregime bereits etabliert hatte. Den Opportunismus seiner SS-Mitgliedschaft versuchte Jacobsen gelegentlich zu tarnen, schreckte vor einer Fälschung nicht zurück, indem er seinen SS-Eintritt bei Gelegenheit schon mal mit 1933 angab, um sich bei seiner Karriere im NS-Staat als Mann der ersten Stunde darzustellen. In seinem SS-Lebenslauf betont er, dass er schon als Schüler 1923 in Speyer an Aktionen gegen die französische Besatzungsmacht beteiligt war und deshalb zu fünf Jahren Haft verurteilt worden war, der er sich durch Flucht entzog. Aktives Mitglied im »Völkisch-sozialen Block« sei er gewesen, als sich die NSDAP nach dem Parteienverbot unter diesem Namen tarnte. Dann allerdings ging Jacobsen in Warteposition, beobachtete, wie sich die politischen Dinge entwickelten.

Als Student in Königsberg, danach als Assessor im Staatsdienst und anschließend als Jurist bei der Bayerischen Vereinsbank zeigt er kein politisches Engagement, erklärt dies mit beruflichen und privaten Belastungen. Zu unsicher sind ihm gewiss die politischen Verhältnisse. Jacobsen ist ein Mann, der genau prüft, wo sein Vorteil liegt. »Klar und zielbewusst, weiß genau, was er will«, urteilt 1937 sein SS-Vorgesetzter, der über ähnliche Eigenschaften verfügt und in ihm so etwas wie einen Bruder im Geiste gefunden haben muss. Es ist Hermann Fegelein, zu diesem Zeitpunkt Leiter der SS-Hauptreitschule in München und Duzkamerad von Jacobsen. Dereinst wird Fegelein Schwager von Eva Braun und ist damit für wenige Augenblicke vor seiner Ermordung durch ein SS-Kommando in der Nacht vom 28. zum 29. April 1945 mit Adolf Hitler entfernt verschwägert. Albert Speer nennt ihn einen »durch und durch verderbten Charakter«, und Jacobsens Wesen unterscheidet sich davon in Graden, aber nicht im Grundsatz.

»Außerordentlich beweglich«, lautet der Euphemismus, den Fegelein für seinen Kameraden findet, der immer darauf aus ist, seinen Vorteil zu suchen. Seine Ehre heißt Treue zu sich selbst, zum eigenen Karrierestreben, wobei er Doppelspiel und Verrat nicht scheut. Er ist zur gleichen Zeit Syndikus der Bayerischen Vereinsbank und Rechtsberater der SS-Hauptreitschule – ist beiden auf diskrete Weise zu Diensten. In der Bank versucht er seine SS-Mitgliedschaft so unauffällig wie möglich zu halten, wird dabei beobachtet, dass er vor dem Betreten des Bankgebäudes die Uniformmütze abnimmt und den Kragen hochschlägt, damit er nicht als SS-Mann zu erkennen ist. Der Politischen Polizei Himmlers liefert er Berichte aus der Bank, die den Nazis ein Dorn im Auge ist, weil sie mit dem Bankhaus Mendelssohn verbunden ist, jüdische Direktoren hat und mit dem Aufsichtsratsvorsitzenden Paul Reusch, dem Besitzer der Gutehoffnungshütte, einen Aufsichtsratschef besitzt, der dem NS-Regime ablehnend gegenübersteht.

Schon 1936 droht Jacobsen bei dem Tanz auf dem Seil abzustürzen, weil ihn der NSDAP-Reichsschatzmeister Franz Xaver Schwarz für einen Verräter hält, der das Spiel der Gegenseite betreibt, die Interessen des Bankhauses mehr vertritt als die der SS und Partei, ja, die Begehrlichkeiten der NSDAP im Blick auf die Vereinsbank hintertreibt. Jacobsen, um einen Verrat nie verlegen, redet sich heraus, schwärzt Reusch an und beteuert, er habe als SS-Mann seine Tätigkeit immer zum Wohl des gesamten Deutschen Reiches wahrgenommen. Der Beweis: seine zahlreichen Berichte an die Bayerische Politische Polizei habe er stets aus eigenem Antrieb abgeschickt.

Unbeirrt verfolgt Jacobsen seine Doppelkarriere. In der Bank ist er den jüdischen Direktoren in besonderer Weise und gewiss nicht ohne materiellen Nutzen zu Diensten, in der SS gibt er sich so stramm, dass er, obwohl die von Fegelein geleitete SS-Hauptreitschule eigentlich keine Position frei hat, doch zum SS-Sturmbannführer befördert wird, wobei er von den besonders guten Beziehungen Fegeleins zu Heinrich Himmler profitiert.

Jacobsen bringt die Beförderung durch Himmler aber kein Glück. Als nämlich der NSDAP-Schatzmeister im SS-Verordnungsblatt die Mitteilung findet, dass Dr. Hanns Jacobsen mit Wirkung vom 25.7.1937 zum Untersturmführer befördert worden sei, schreibt er sofort dem »sehr geehrten Parteigenossen Himmler« und erlaubt sich den Hinweis, dass die Person des Dr. Jacobsen »außerordentlich umstritten ist und bereits früher Gegenstand eingehender Untersuchung war«. Im nationalsozialistischen Kompetenz- und Machtwirrwarr hatte die SS übersehen, dass Jacobsen in der Partei schon längst Persona non grata war.

Was Jacobsen, der sich im April 1937 um die Parteimitgliedschaft beworben hatte, selbst nicht wusste und was der SS-Personalkanzlei entgangen war: Schon seit dem Herbst 1936 hat es eine parteiinterne »Warnkarte« gegeben, mit der eine Parteiaufnahme von Jacobsen verhindert werden sollte. Über Jacobsen zieht ein doppeltes Unwetter auf: Die Partei ermittelt gegen ihn, weil sie in ihm ein Hindernis, einen Verräter bei dem nun zügig vorangetriebenen Versuch sieht, die Bayerische Vereinsbank gleichzuschalten. Aber auch Himmler ist langsam bereit, gegen den Freund seines Zöglings Fegelein disziplinarisch zu ermitteln. Schon erwägt die Stapo die Verhaftung Jacobsens, zitiert ihn zur Einvernahme, was in der Vereinsbank zum Gerücht führt, er sei verhaftet gewesen, was Jacobsen schnellstens dementiert. Zugleich trägt er nun offen, ja demonstrativ die SS-Uniform, sucht nun erst recht die Nähe zur Partei. Als ihm im November 1939 mitgeteilt wird, sein Aufnahmeantrag sei abgelehnt worden, schreibt er postwendend zurück, dass er seinen Antrag aufrechterhalte. Mitte Dezember 1939 – Jacobsen ist inzwischen als Leutnant zur Wehrmacht eingezogen – wird er mit sofortiger Wirkung aus der SS entlassen.

Jacobsen zeigt nun Qualitäten, die er auch bei Willy Sachs – erst mit ihm, dann gegen ihn – unter Beweis stellt. Er gibt nicht auf und weiß, was er will: In die SS und in die Partei aufgenommen werden. So legt er Beschwerden ein, stellt Anträge und antichambriert beim Chef des SS-Personalhauptamtes, dem »hochverehrten General von Herff«, dankt verbindlichst für die Güte, bittet gehorsamst um Gehör. Die schließlich »gütigst gewährte Unterredung« zeitigt Erfolg. General von Herff empfiehlt Himmler die Wiederaufnahme Jacobsens, für den schwere Kriegsverwundungen, die Auszeichnung mit dem Eisernen Kreuz und nicht zuletzt der Umstand spricht, im Krieg zwei Kinder gezeugt zu haben. Im Juli 1943 wird Jacobsen wieder in die SS aufgenommen, und bald danach erreicht er endlich, worum er sich jahrelang bemüht hat: Mit sechsjähriger Verspätung wird seinem Aufnahmeantrag vom 13.7.1937 entsprochen; er wird mit der Nummer 9 563 663 Mitglied der NSDAP.

Nach 1945 scheut sich Jacobsen nicht, im Fragebogen zur Entnazifizierung die Wiederaufnahme in die SS und seine Parteimitgliedschaft schlicht zu leugnen. Statt des forschen »Hanns« verwendet er nun den biblischen »Johannes« als Vornamen und besorgt sich Persilscheine von besonderer Reinigungskraft. Er legt eidesstattliche Erklärungen vor, dass er der Widerstandsgruppe »Freiheitsaktion Bayern« (FAB) angehört habe. Auf Grund dieser Bestätigungen wird Jacobsen wieder als Anwalt zugelassen, doch stoppt die Karriere, als bekannt wird, dass Jacobsen SS-Mitglied war. Kritisch fragt die Spruchkammer nach, wie es denn nun gewesen sei mit der SS-Mitgliedschaft. Die Kanzlei bedauert: »Herr Jacobsen kann erst später antworten, weil er auf seiner Reise aufgehalten wurde.« Die Wahrheit: Jacobsen sitzt in Passau im Gefängnis, weil der amerikanische CIC dahintergekommen ist, dass Jacobsen bei der SS war.

Bald kommt er wieder frei, denn er besorgt sich weitere eidesstattliche Erklärungen, in denen beteuert wird, dass er von Anfang an als Widerständler in die SS eingetreten sei, um in deren Reitschule Informationen gegen die Nationalsozialisten zu sammeln. Seine zwielichtige Rolle in der Bayerischen Vereinsbank stilisiert er zum Opfergang für Emigranten und verschweigt natürlich, dass er Informant der Politischen Polizei war. Obwohl das Document Center aus den NS-Unterlagen herausfindet, dass Jacobsen 1943 wieder in die SS aufgenommen wurde, will weder der amerikanische CIC noch die deutsche Spruchkammer davon wissen. Das Lügengebäude des Johannes Jacobsen wird akzeptiert, und es wird wahrheitswidrig schriftlich festgehalten, dass er seit seinem Ausschluss aus der SS nie mehr dem schwarzen Orden angehört habe und nie Mitglied der NSDAP gewesen sei.

Das Geflecht der Beziehungen von Jacobsen ist so dicht gewebt, dass alle Anschuldigungen an ihm abperlen. Es schadet ihm nicht, wenn die Bayerische Vereinsbank mitteilt, dass Jacobsen »mit den Fegelein-Brüdern auf dem Du-Fuß stand« und mit dem NS-Polizeipräsidenten von München befreundet war. Ein unerfreuliches Charakterbild zeichnet der Vereinsbank-Betriebsrat vom ehemaligen Syndikus der Bank: »Innerhalb der Kollegenschaft war Jacobsen wegen seines arroganten Wesens nicht sonderlich beliebt. Man hatte das Gefühl, dass er aus den politischen Zeitverhältnissen Vorteil zu ziehen bestrebt war.« Niemand nimmt daran Anstoß, dass Jacobsen unter neuen politischen Verhältnissen erneut und mit allen Mitteln zu profitieren versucht. Ehemalige Geschäftspartner von ihm erstatten zwar Anzeige, versuchen seine Entnazifizierung, aus der er als »unbelastet« hervorgegangen ist, neu aufzurollen. Sie scheitern damit, bewirken aber, dass es zu einer bizarren Situation kommt: Während Jacobsen im Entnazifizierungsverfahren von Willy Sachs als dessen Anwalt agiert, ist er selbst damit beschäftigt, das gegen ihn laufende Verfahren wegen des Verdachts der ungerechtfertigten Entnazifizierung abzuwickeln.

Willy Sachs muss durch Johann Pirzer und vielleicht auch noch aus anderen Quellen davon erfahren haben, mit welcher Schlauheit, Skrupellosigkeit und Effizienz Jacobsen nicht zuletzt im eigenen Entnazifizierungsverfahren agiert. Er wird davon gehört haben, dass Jacobsen nach wie vor über jene Fähigkeit verfügt, die ihm Fegelein ausdrücklich bescheinigt hatte: »Versteht glänzend mit Behörden umzugehen und zu verhandeln.«

Darüber hinaus sind auch persönliche Gründe für eine zunächst vertrauensvolle Zusammenarbeit nicht auszuschließen. Sachs und Jacobsen waren alte SS-Kameraden nicht nur im formalen Sinn, sondern auch durch entfernte persönliche Beziehungen. Es war ein Karl Diebitsch, der 1937 die Braut von Hanns Jacobsen gutachterlich beurteilte, als dieser beim Reichsführer-SS seinen Eheantrag stellte. Diebitsch befand aus eigener Anschauung, dass die Ehekandidatin weder putzsüchtig noch verschwenderisch sei, über ein hervorragendes nordisches Aussehen verfüge und als Sportlerin

Spitzenleistungen vollbracht habe. Diesem Karl Diebitsch, Mitarbeiter im persönlichen Stab des Reichsführers-SS, war Willy Sachs seinerseits behilflich gewesen, hatte ihm ein Darlehen gewährt. Die Lebenswege von Jacobsen und Willy Sachs hatten im Vorzimmer Himmlers einen Schnittpunkt.

Am 9. September 1947 teilt die Kanzlei Meisner-Vocke aus Würzburg Jacobsen mit, Johann Pirzer habe mit Zustimmung von Willy Sachs angeregt, seine Mitwirkung im Spruchverfahren in Anspruch zu nehmen. Es wird um Rückäußerung gebeten, ob er grundsätzlich dazu bereit sei. Die Antwort ist positiv, und es ist nun am Ex-Untersturmführer Jacobsen, dem Ex-Obersturmbannführer Sachs dabei zu helfen, die einstige Nähe zur Macht in Distanz zu verwandeln.

NS-Aktivist oder Mitläufer?

Drei Jahre sind bereits seit Kriegsende vergangen, und über Willy Sachs schwebt ständig das Damoklesschwert einer zumindest teilweisen Enteignung und Entmachtung. Aber je länger das bange Warten dauert, umso besser wird die Lage für Willy Sachs. Denn für die Entnazifizierung gilt das Wort der Historikerin Rauh-Kühne: Wer zu spät kam, den belohnte das Leben. Im Frühjahr 1948 ist von dem enormen bürokratischen Aufwand und hohen moralischen Anspruch nicht mehr viel übrig geblieben, mit dem die US-Besatzer den Nationalsozialismus in Deutschland für immer auslöschen wollten. Schon seit dem »Gesetz zur Befreiung von Nationalsozialismus und Militarismus« vom März 1946, dem so genannten Befreiungsgesetz, war die Säuberung von nazistischen Elementen deutsche Angelegenheit. Willy Sachs war einer von 3,6 Millionen, die in der US-Zone davon betroffen waren, den legendären »Fragebogen« auszufüllen und damit ihre Verquickung mit dem Dritten Reich offen zu legen. Ein Großteil der Fälle wurde bald durch Amnestien oder mit geringen finanziellen Bußen erledigt. Es blieben aber immer noch fast eine Million von Beschuldigungen übrig, die sich in so genannten Spruchkammerverfahren zu verantworten hatten.

Noch existierte die mit dem Befreiungsgesetz geschaffene eigene Form der Gerichtsbarkeit, bei der ein aus Laien zusammengesetztes Schöffengericht über den Fall zu befinden und am Ende einen »Spruch«, also ein Urteil, zu fällen hatte. Noch erfolgte die Kategorisierung der Betroffenen entsprechend der Nähe zum NS-Regime. Die Kategorien reichten von den »Hauptschuldigen« (Kategorie I) über die »Aktivisten, Militaristen« (Kategorie II) hin zu den »Minderbelasteten« (Kategorie III) und endeten bei den »Mitläufern« (Kategorie IV). Je nach Einstufung drohten Haft, Berufsverbot, Enteignung oder Geldbuße. Aber schon haben Amnestien und Gesetzesänderungen dem Verfahren viel von seiner Schärfe genommen.

Ohnedies ist es ein unorthodoxes juristisches Verfahren, in das sich Anwalt Jacobsen im September 1947 mit seinem Einspruch gegen die erneute Internierung einschaltet. Denn am Anfang steht das Ausfüllen des Fragebogens durch den Delinquenten. Der Beklagte hat anders als in herkömmlichen Gerichtsverfahren keine Möglichkeit der Aussageverweigerung, sondern muss unter Androhung einer Strafe selbst die Verdachtsmomente gegen sich aufführen. Mit einigem Unbehagen registrierte denn Jacobsen auch, dass Willy Sachs bereits ein halbes Jahr zuvor ohne seine juristische Beratung den Fragebogen ausgefüllt hatte und dies mit einer Ehrlichkeit, die sich gravierend von Jacobsens eigener Leugnungs- und Verschweigetaktik unterscheidet. Nun soll Willy Sachs als SS-Obersturmbannführer, Wehrwirtschaftsführer und Mitglied diverser nazistischer Organisationen als Aktivist und Nutznießer in Kategorie II angeklagt werden. Käme der Spruch in dieser Form zustande, würde dies mindestens zeitweise den Einzug eines Teils des Sachs'schen Vermögens bedeuten. Es geht also um viel Geld, und Eile tut not, weil die Spruchkammern erhöhtes Tempo an den Tag legen, sich längst in die sprichwörtliche »Mitläuferfabrik« verwandelt haben. Auch die Spruchkammer Schweinfurt-Land macht einen überforderten Eindruck, setzt für denselben Tag die Verhandlung gegen Willy Sachs wie seine Mutter Betty Sachs an, beide um 8.00 Uhr. Schließlich kommt doch erst der Sohn und zwei Tage später die Mutter an die Reihe.

Der »Fall Sachs« ist keiner, der im Fließbandverfahren abzuwickeln ist – das wissen Kammer wie Angeklagter. Bei Willy wie Betty Sachs ist die Angelegenheit nicht wie zunehmend üblich im schriftlichen Verfahren zu erledigen. Hier steht eine öffentliche Verhandlung an, bei der selbst eine längst in Routine versunkene Spruchkammer ihr Gesicht zu wahren hat, noch dazu, wo eine Lokalgröße als Beschuldigter vor ihr steht.

Kaum dass Ende September die drohende erneute Internierung abgewendet ist, schreitet Jacobsen zur Tat und lädt für den 11. Oktober 1947 zu einer Besprechung um 8.30 Uhr in seine Münchner Kanzlei. Neben Willy Sachs nimmt ein letztes Mal sein bisheriger Anwalt Dr. K. Vocke aus Würzburg teil, den Jacobsen bald aus dem honorarträchtigen Verfahren hinausdrängt. Vocke hat allerdings genug mit der Entnazifizierung von Fichtel & Sachs zu tun. Er vertritt zwei Herren, die ebenfalls an der Beratung teilnehmen: die Direktoren Rudolf Baier und Heinz Kaiser. Beide sind entlassen, weil sie als Parteimitglieder unter das Befreiungsgesetz fallen. Ihre nicht unerheblichen Vermögen sind gesperrt; Kaiser hat als Hilfsarbeiter in einer Drogerie ein bescheidenes Einkommen. Schließlich vertritt die Kanzlei Meisner & Vocke noch die Schwägerin des Direktors Baier, die Geheimratswitwe Betty Sachs. Angesichts der Vermögen seiner Klienten darf Vocke auch ohne Vertretung von Willy Sachs erkleckliche Anwaltshonorare erwarten, was es ihm gewiss leichter macht, dem Kollegen Jacobsen das Feld zu überlassen.

In ihrer Besprechung der Strategie im Entnazifizierungsverfahren von Willy Sachs sind sich die beratenden Herren über die heikelsten Punkte schnell im Klaren: Mitgliedschaft in Partei und SS, Spenden an beide Organisationen, wirtschaftliche Vorteile durch Nähe zum Regime. Der Punkt der Nutznießerschaft wird für den gefährlichsten gehalten, schließlich würde eine positive Antwort Einzug des zu Unrecht erworbenen Vermögens bedeuten. In der Frage der Parteimitgliedschaft ist die Erklärung schnell gefunden: Sie erfolgte allein im Interesse des Werks.

Schwieriger ist es mit der Zugehörigkeit zur SS. Willy Sachs beteuert hier im vertrauten Kreis, dass er mit Himmler in der Judenfrage, in der Haltung zur Kirche nicht übereingestimmt, Himmler diese Bemerkungen aber mit einer Handbewegung abgetan habe.

In diesem internen Rahmen gewinnt eine solche Bemerkung einige Glaubwürdigkeit, doch bleibt die Frage der Parteispenden, für welche eine spezielle Relativitätstheorie entwickelt wird, die im Protokoll der Sitzung zu der Formel gerinnt: »Wegen der ins Auge fallenden SS-Spenden muss besonders deutlich auf das Äquivalent für andere Spendensparten hingewiesen werden (Kirchen usw.).« Mit anderen Worten: Willy Sachs hat der SS viel gegeben, anderen aber noch mehr.

Um den Zugriff auf das Vermögen abzuwehren, wird auf das Prinzip der Verunklarung gesetzt. Es sei nicht klar, was der Mutter, was dem Sohn gehöre. Solange dies nicht geklärt sei, lasse sich über das Vermögen von Willy Sachs gar nichts sagen. Man ist sich einig, besondere Sorgfalt auf die Frage zu legen, ob der Aufstieg der Firma Sachs durch die »so genannte Aufrüstung« bedingt worden sei und ob treffende Dokumente über rechtliche und finanzielle Verhältnisse bei Fichtel & Sachs als Beweise vorgelegt werden können.

Bleibt noch das Problem, Leumundszeugnisse in großer Zahl und von möglichst großem Gewicht aufzutreiben. Als »Persilscheine« gelten diese Erklärungen, die den Betroffenen von seiner Mitschuld am Nationalsozialismus so weit wie möglich reinwaschen sollen, als Herzstück der Spruchkammerverfahren. Jacobsen weiß, dass es schon besondere Waschkraft braucht, um die braunen Flecken aus der Weste von Willy Sachs zu entfernen. Nicht schlecht wäre etwa eine Erklärung von Ex-Schwager Fritz von Opel. Der war nicht Parteigenosse und ist darüber hinaus Schweizer Staatsangehöriger. Oder wie wäre es mit dem Zeugen Bürgermeister Georg Seebacher aus Oberaudorf, der bestätigen soll, dass Willy Sachs jeden Widerstand gegen die herannahenden US-Truppen abgelehnt habe? Überhaupt: Juden, Widerständler und Kommunisten sollten so zahlreich wie möglich Ehrenerklärungen für Willy Sachs abgeben. Er selbst sei auch noch als Zeuge in eigener Sache zu betrachten. Habe er nicht öffentlich in Oberaudorf ausgerufen, dass er jeden totschlage, der die Kruzifixe aus seiner Jagdhütte entferne?

Es ist Nachmittag geworden, als die Herren ihre Strategiebesprechung beenden. Ehe man auseinander geht, erhalten die Paladine Baier und Kaiser noch besondere Hausaufgaben: Sie haben als intime Kenner der wirtschaftlichen, finanziellen, aber auch sozialen Verhältnisse von Fichtel & Sachs in besonderer Weise für entlastendes Material zu sorgen. Ehe sie das vor der Spruchkammer im Fall Willy Sachs vorlegen, haben sie allerdings erst die eigenen Spruchkammerverfahren heil zu überstehen.

Die Weißwäsche beginnt

Als Vorlauf zum eigenen Verfahren kann Willy Sachs betrachten, was die Spruchkammer Schweinfurt-Stadt im Fall Rudolf Baier und die Spruchkammer Schweinfurt-Land im Fall Heinz Kaiser verhandeln. Auch hier lautet der Vorwurf auf Mitgliedschaft in der Partei und deren Verbänden, aktive Unterstützung des NS-Regimes. Alles spielt sich eine Ebene tiefer ab. Die Mitgliedsnummern sind hoch, das Engagement nicht so intensiv wie bei Willy Sachs. Aber es geht hier wie da auch um das Werk Fichtel & Sachs, um Schweinfurter und Mainberger Verhältnisse.

Bei Rudolf Baier macht es die Spruchkammer sich und dem Beklagten nicht allzu schwer. Die Sache wird im schriftlichen Verfahren erledigt, und am Ende steht die Einstufung als Mitläufer Gruppe IV, und die 1000 Reichsmark als Sühnemaßnahme bewegen sich an der unteren Grenze der verhängten Strafen. Baiers Verteidigungsmuster entspricht dem üblichen Schema: Ohne sein Zutun und ohne seinen Willen sei die Mitgliedschaft in der NSDAP im Januar 1934 zustande gekommen und auf den 1. Mai 1933 zurückdatiert worden. Mit Rücksicht auf die Firma konnte er sich nicht dagegen wehren. In die Parteinähe sei er nur gekommen, weil er als aktiver Motorsportler mit Motorrad und Wagen sowie als Direktor einer im Fahrzeugbau engagierten Firma schon im ADAC und entsprechend dann im NSKK engagiert gewesen sei. Nur ein einziges Mal habe er einen Zellenabend der NSDAP besucht und das Parteiabzeichen nicht mehr als fünf- bis sechsmal getragen. Es gehört nicht zum Stil der Spruchkammerverhandlungen, dass der öffentliche Ankläger Gegenbeweise erbringt, etwa den ehemaligen Parteigenossen Rosa als Zeugen aufruft, der als Blockleiter 1942 eine politische Beurteilung von Rudolf Baier abgegeben hatte, als dieser das Kriegsverdienstkreuz erhalten sollte. Tadelloses nationalsozialistisches Verhalten wird da bescheinigt mit regelmäßiger Hakenkreuzbeflaggung, Hitler-Gruß, kein Verkehr mit Ausländern oder Juden.

Wenn sich die Kammer doch mit einem Vorwurf gegen Baier auseinander setzen muss, dann nur deshalb, weil in einem anderen Spruchkammerverfahren Anschuldigungen gegen den Fichtel & Sachs-Direktor erhoben wurden. Danach habe Baier politisch unzuverlässige Mitarbeiter bei Kriegsbeginn von ihren Posten entfernt. Aber die Kammer folgt der Erklärung Baiers, dass er dies nur zum Schutz der Betreffenden gemacht habe, wie es überhaupt zum Stil der Spruchkammerverfahren gehört, dass die Beschuldigten nicht nur ihre Nähe zum NS-Regime erklären und entschuldigen, sondern sich zu heimlichen Widerstandskämpfern stilisieren. So beteuert auch Baier, er habe Juden geschützt und ihnen geholfen. Mit regimekritischen Bemerkungen sei er hervorgetreten, bei denen ihn nur die Beliebtheit bei den Arbeitern und Angestellten davor bewahrt hat, denunziert und verfolgt zu werden. Tatsächlich wird Baier schon während des Dritten Reiches sein gutes Ansehen im Betrieb bescheinigt – und in der deutschen Nachkriegsgesellschaft wird niemand nur deshalb unbeliebt, weil er in der Partei war.

Was sich im Allgemeinen zur Entnazifizierung feststellen lässt, gilt auch im Konkreten. Eine enge Verflechtung von Freundschaften und Bekanntschaften zwingt zur Rehabilitierung. Nicht der Beklagte ist schuldig, sondern der Kläger, sieht sich als Denunziant schnell ins Abseits gedrängt. Verstärkt wird diese Tendenz noch, wenn es sich bei den Beklagten um einflussreiche Persönlichkeiten handelt, bei denen damit zu rechnen ist, dass sie nach durchgestandener Entnazifizierung wieder zu Macht und Ansehen kommen würden.

Daher findet sich auch im Fall von Direktor Heinz Kaiser niemand, der bereit wäre, den ersten Stein gegen ihn zu werfen. Unisono bescheinigen die Zeugen, Kaiser sei gegen seinen Willen in der Partei gewesen, habe niemandem geschadet und vielen geholfen. Es hat seinen Grund, dass weitaus mehr Leumundszeugnisse vorgelegt werden als im Verfahren gegen Rudolf Baier; allein zehn sind es, die den aktiven Widerstand bestätigen. Der Fall Kaiser ist nämlich reich an Valeurs und überraschenden Wendungen.

Hier steht keiner vor der Spruchkammer, der sich auf die Formel zurückziehen kann, ein ganz und gar unpolitischer Mensch zu sein, den nur die besonderen Umstände zum Parteimitglied gemacht haben. Kaiser war Mitglied im »Stahlhelm« gewesen, einem mit Hitler in der Harzburger Front kooperierenden Frontkämpferverband – und Mitglied in der Schweinfurter Freimaurerloge. Das eine beförderte seine Nähe zum Nationalsozialismus, das andere stand ihm eigentlich diametral gegenüber. Entsprechend oszillierte auch die Parteikarriere von Heinz Kaiser. Als die Stahlhelmmitglieder 1933 in die SA überführt wurden, sah sich auch Kaiser plötzlich in einer Umgebung, die seinen elitären Vorstellungen nicht entsprach, womit er kein Einzelfall war.

Der bekannteste Schicksalsgenosse ist der KZ-Arzt Mengele, der als ehemaliger Stahlhelmer seine SA-Mitgliedschaft kündigte, um später in die SS einzutreten. Kaiser musste gar keine offizielle Trennung vollziehen, weil er aus der NSDAP dezidiert »ausgeschlossen« wurde, ohne in sie je recht eingetreten zu sein. Schon war die Mitgliedsnummer an ihn vergeben, sogar der Parteiausweis ausgestellt, als jemandem auffiel, was in Schweinfurt ein offenes Geheimnis war. Kaiser war Freimaurer, kam also als Parteimitglied nicht in Frage. 1942 wird Kaiser dann doch Parteimitglied, und auch er ist um die Erklärung nicht verlegen, dass dies ohne sein Zutun auf Betreiben des Schweinfurter Bürgermeisters Pösl geschehen sei. Zu diesem Zeitpunkt habe er natürlich im Interesse der Firma wie im eigenen die Mitgliedschaft nicht mehr ablehnen können.

In der Parteikorrespondenz liest sich der Fall etwas anders. Danach hat »der ehemalige Logenangehörige Heinz Kaiser auf dem Gnadenweg ein Gesuch um Aufnahme in die NSDAP« eingereicht. Da charakterlich wie politisch »völlig einwandfrei« befürworten Kaisers Motorstandarte 79, der Gauleiter, dessen Stellvertreter und der Reichsführer-SS die Aufnahme »wärmstens«. Keine Rede von dem hierarchisch niedrigeren Pösl. Hitler selbst ist es, der Gnade vor dem strengen Parteigesetz ergehen lässt und durch den Leiter seiner Kanzlei Philipp Bouhler mitteilt, dass Kaiser trotz früherer Logenzugehörigkeit ohne Einschränkung der Mitgliedschaftsrechte in die NSDAP aufgenommen wird. Die einmal vorgesehene Mitgliedsnummer 3 434 933 gibt es jetzt allerdings nicht mehr. Fünf Millionen Parteigenossen sind Kaiser inzwischen zuvorgekommen; für ihn ist es jetzt die 8 532 640.

Wäre die Spruchkammer an einer Wahrheitsfindung interessiert, so wäre sie um die Ergründung aller Fakten und Abwägung der Argumente nicht zu beneiden. Aber sie lässt sich auf Zweifel und Widersprüche nicht ein, ist nicht erst »in dubio«, sondern in jedem Fall für den Angeklagten. Für sie steht fest, dass Kaiser einer jener prominenten Industriellen war, die von der Partei nur wegen der Aussicht auf hohe Mitgliedsbeiträge geködert wurden, weshalb Kaiser auch als förderndes Mitglied der SS geworben worden sei – es dann allerdings bei monatlichen 10 Reichsmark als Beitrag beließ. Unter diesen Umständen lautet der Spruch auf »Mitläufer Gruppe IV«.

Hanns Jacobsen muss entgegenkommen, was er im Verfahren Kaiser beobachtet. Denn bei Willy Sachs hat er es mit derselben Spruchkammer in nahezu identischer Besetzung zu tun, was nicht heißt, dass die Angelegenheit auf die leichte Schulter zu nehmen wäre. Willy Sachs ist eine bekannte Größe in der Stadt, eine populäre Erscheinung, die sich mit dem nach ihm benannten Stadion ins Bewusstsein und den Plan der Stadt eingeschrieben hat. Auch ist seine Verbindung mit dem NS-Regime unübersehbar und noch in aller Gedächtnis. Nicht zuletzt aber geht es um das Vermögen, über das Willy Sachs nur wieder verfügen kann, wenn das Spruchkammerverfahren zu seinen Gunsten endet.

Jacobsen wäre der Letzte, der nicht den fetten Braten röche, den er hier aus dem Herd ziehen soll. Auch er möchte sich seinen Teil davon abschneiden, denkt nicht daran, sich mit landläufigen Anwaltshonoraren zu bescheiden. Während er Prozessunterlagen beschafft, Zeugen ermittelt und Schriftsätze verfasst, verhandelt er mit Willy Sachs über seine Vergütung, wobei der Druck auf Sachs wächst, je näher die Spruchkammerverhandlung rückt. Willy Sachs erklärt Jahre später, von Jacobsen stark bedrängt worden zu sein, zwei Verträge zu unterschreiben, mit denen Jacobsen zwei Wochen vor der Spruchkammerverhandlung auf der Rechenau aufgetaucht sei. »Völlig in die Hand von Jacobsen« habe er sich mit diesen Verträgen begeben, die aber Vorbedingung für die Verteidigung durch Jacobsen gewesen sei.

Spruchkammer zum Ersten

Seit zwei Jahren agiert Johann Köhler schon als Spruchkammervorsitzender, als er am 21. April 1948, einem Sonntag, um 8.00 Uhr die Verhandlung der Spruchkammer Schweinfurt-Land gegen »Sachs, Willi(!), Fabrikant« eröffnet. Er ist ein Mann von bodenständigem Wesen, mit einem bis ins Protokoll durchklingenden Dialekt, der wesentlich dazu beiträgt, dass das Entnazifizierungsverfahren gelegentlich zum Komödienstadl gerät. In seiner Gestalt führt Justitia ein in vielen Verhandlungen abgestumpftes Schwert und unter ihrer Augenbinde blinzelt sie dem Angeklagten immer vertraulich zu: »Alles nicht so schlimm!«

Leugner und Lügner hatte Johann Köhler schon in Überzahl vor sich stehen sehen und ist doch noch erstaunlich frei von Zynismus, verfügt über einen nicht immer ganz freiwilligen Humor. In jedem herkömmlichen Prozess wäre er sofort von der Verteidigung wegen Befangenheit abgelehnt worden, aber in einem Spruchkammerverfahren darf ein Vorsitzender auch Zeuge sein: »Ich bin nämlich in Schweinfurt 45 Jahre tätig und habe manches gesehen in den 13 Jahren…« Seine Kollegen verfügen über nicht weniger Orts- und Personenkenntnis, was nicht als mögliche Voreingenommenheit, sondern als besondere Befähigung für ihr Richteramt gewertet wird: »Wir haben etliche Herren als Beisitzer berufen, die Jahrzehnte bei Ihnen und schon bei Ihrem Vater mitgearbeitet haben und ganz genau die Verhältnisse kennen.« Gericht und Auditorium sind sozusagen unter sich. »Alle Leute, die hier im Saal sind, kennen Ihnen (!) und haben Ihre Familie gekannt.«

Neu dürfte für sie alle zumindest im Einzelnen sein, was der Öffentliche Kläger zu Beginn vorträgt. 15 Millionen Mark beträgt danach das Vermögen des Beklagten und seine Einkünfte beliefen sich in den zurückliegenden Jahren jährlich auf etwa eine Million Mark. Ehe noch die Anklage gegen diesen wohlhabenden Herren vorgetragen wird, erbittet der Verteidiger von Willy Sachs das Wort: Herr Konsul Sachs sei schwer herzleidend und man möge bei der Verhandlung eine »gewisse Schonung« walten lassen.

Der Vorwurf bleibt dem Beklagten trotzdem nicht erspart, dass er von 1933 bis 1945 hochrangig der Allgemeinen SS angehört habe, Wehrwirtschaftsführer gewesen sei und als zahlendes Mitglied den verschiedensten NS-Verbänden von NSKK bis Reichsluftschutzbund angehört habe. Ferner bestehe der »dringende Verdacht, dass er durch freiwillige Zuwendungen wesentlich zur Stärkung und Erhaltung der nationalsozialistischen Gewaltherrschaft beigetragen hat, dass er ferner an der Aufrüstung bei Kriegsgeschäften beteiligt war«. Daher werde verlangt, den Beklagten in die Gruppe II der Belasteten einzustufen.

Leugnen ist für Willy Sachs sinnlos, wo beim Vorsitzenden angefangen jeder in Schweinfurt über ihn Bescheid weiß. Aber gemäß der in allen Spruchkammerverfahren strapazierten und von Anwalt Jacobsen ausgefeilten Methode wird das Gewesene verkleinert, verharmlost und relativiert. Der Parteieintritt sei im Stande politischer Unschuld unter Druck erfolgt – und allein im Betriebsinteresse geschehen. Um Mitgliedsbeiträge habe sich der Generaldirektor nicht gekümmert. Derlei habe sein Sekretariat erledigt. Die Reden, auch zum 1. Mai, seien frei von politischen Inhalten gewesen, ein Zwang auf Arbeiter zur NS-Mitgliedschaft nicht ausgeübt worden. Am Beitritt zur SS sei natürlich der böse Karl Wolff schuldig gewesen, der ihm dazu geraten habe. Wehrwirtschaftsführer sei er ohne sein Zutun geworden, wo er doch mit Kriegsrüstung so wenig wie möglich zu tun haben wollte, und nie sei sein Betrieb zum nationalsozialistischen Musterbetrieb gekürt worden.

Aber es genügt nicht, ein schwacher Täter gewesen zu sein. Willy Sachs erklärt sich auch noch zum Opfer. Als Betriebsführer habe man ihn absetzen wollen, und Krach habe er mit der SS gehabt. Sogar ein Ehrenverfahren sei gegen ihn in Gang gesetzt worden, weil er kein echter SS-Mann sei, sondern mit Juden verkehre, in der Kirche geblieben sei und ihr auch noch Geld gegeben habe. Wie überhaupt die Buchhaltungsauszüge klar beweisen, dass er viel für viele, besonders die Kirchen, gegeben habe, aber wenig für die Partei und SS.

Es ist ein geschickt gemischtes Gebräu von einiger Wahrheit und ziemlich viel Unwahrheit, das Willy Sachs hier auftischt, dem er mit einem partiellen Schuldeingeständnis einen kräftigen Schuss Glaubwürdigkeit beimischt: »Ich gebe zu, dass ich freiwillig zur Partei und SS gegangen bin. Ich gebe auch zu, dass ich eine ganze Zeit lang der Überzeugung gewesen bin von dem guten Willen und den Absichten, die uns propagandistisch vorgeredet wurden. Später bin ich immer kritischer eingestellt gewesen... Ich glaube, dass ich sehr vielen Menschen geholfen und beigestanden habe, die gerade durch den Nationalsozialismus in Not geraten waren. Aktivist oder Nutznießer war ich niemals.«

Es freut sich der Vorsitzende des reuigen Sünders, und er tröstet den Angeklagten: »Parteigenosse seit 1933 waren Sie nicht allein, damit wäre die Sache gar nicht so schlimm.« Aber dass er gleich zur SS gestoßen sei? Nein, da hat auch Johann Köhler seine Schwierigkeiten: »Es wäre meines Erachtens für Sie nicht notwendig gewesen, gleich zu einer Formation zu treten, wo man schon gewusst hat, was die SS eigentlich bedeutet.« Aber: »Sie müssen sich nicht genieren.«

Einem Schattenboxen gleicht es, wenn ausführlich verhandelt wird, was jeder weiß, viele gesehen haben und sich auf Photos leicht überprüfen lässt: ob Willy Sachs in SS-Uniform aufgetreten sei. Diener Karl Rähmisch – »Ich habe die große Ehre gehabt, das Vertrauen meines Herrn zu haben!« – weiß es ganz genau: »Die SS-Uniform hat er nur angezogen, wenn tatsächlich mal höchste Persönlichkeiten zu Besuch waren.« Und bei anderer Gelegenheit? »Ungern!«

Der als politisch Verfolgter geltende Fichtel & Sachs-Mitarbeiter Dr. Kroth kann sich überhaupt nicht recht erinnern, aber: »Wenn mir der Herr Konsul irgendwie in Uniform vorschwebt, dann in Jägeruniform.« Wieder ein anderer Zeuge will die Uniformen nicht auseinander halten können, kann sich nur an eine »dunkle Uniform« erinnern. Als der Zeuge Weid, Kraftfahrer bei Fichtel & Sachs, den Chor derer ergänzt, die Willy Sachs kaum oder gar nie in SS-Uniform gesehen haben wollen, da platzt dem

Vorsitzenden der Kragen: »Ich glaub den Leuten nicht, weil sie mich schon so viel angelogen haben. Das glaube ich nicht, dass sie ihn in 13 Jahren nicht einmal in SS-Uniform gesehen haben – und das glauben sie selbst auch nicht.« Der Vorsitzende, der mal als Ankläger, mal als Verteidiger, selten als unabhängiger Richter agiert, setzt, zum Angeklagten gewandt hinzu: »Bei Ihnen kann ich auch beweisen, dass Sie gern Uniformträger gewesen sind und nicht, wie Sie gesagt haben, die Uniform bloß selten getragen haben.«

Der Chef der Spruchkammer wirft sich persönlich für Willy Sachs ins Zeug: »Die Prominenten von der NSDAP sind in Schweinfurt gerade bei Ihnen abgestiegen. Das werden Sie auch zugeben. Weswegen? Das können wir uns alle, die wir hier sitzen, vorstellen. Wie Sie Ihnen gebraucht haben zum Bezahlen, das wird einwandfrei feststehen. Das wird auch der Zuhörerraum sagen. Sie haben Sie ausgenützt. Dass sie Ihnen nicht noch das Hemd ausgezogen haben, war das Letzte.« Im Vorsitzenden hat der Beklagte seinen besten Fürsprecher: »Wir wissen, dass Sie für jeden etwas übrig hatten. Schon früher Ihr Vater hatte für einen armen Teufel was übrig, das wissen wir auch.« Aber, ein wenig Rüge ist doch angebracht: »Es muss gesagt werden: 100 000 Mark für die Allgemeine SS hätten nicht sein müssen im Jahr.«

Bei so viel Gesprächigkeit und Verständnis am Richtertisch kann sich Willy Sachs mit einem schlichten »Ja« begnügen, als er gefragt wird: »Herr Konsul, Herr Sachs, Sie müssen doch Anweisungen gegeben haben, gewusst haben, welche Zuweisungen gemacht wurden?« Mit seinem »Ja« unterläuft Willy Sachs zwar die Strategie der Verteidigung. Aber der eklatante Widerspruch zu den allgemeinen Beteuerungen fällt nicht auf, dass der Herr Konsul sich um das alles gar nicht gekümmert, dass das alles sein Sekretariat erledigt, ja selbst bei wichtigen kaufmännischen Entscheidungen nur einen Abnicker gegeben habe.

Ist der Vorsitzende eine seiner kleinen Tiraden losgeworden, besinnt er sich wieder seines Geschäfts: »Dann haben wir die Nutznießerschaft als weiteren Punkt.« Gelegenheit für Anwalt Jacobsen mit seinem Gutachten des Bayerischen Landesamts für Vermögensverwaltung zu glänzen, ausführlich daraus zu zitieren, um zum Schluss zu kommen, dass Fichtel & Sachs selbst im Krieg überwiegend Friedensproduktion betrieben, am Krieg nicht verdient habe, daher auch nicht der Tatbestand der Nutznießerschaft vorliege. Das ausführliche Gutachten über die Spenden und Parteispenden trägt der Vorsitzende selbst vor und schließt mit den Worten der Expertise: »Wir können als Sachverständige sagen, dass ein Prozentsatz von 6,3 Prozent für reine Parteispenden als unternormal angesehen werden.«

Nach all dem Zahlenwerk liebt es die Kammer wieder anschaulicher. »Wieso sind Sie 1933 ausersehen worden, einen Ausflug nach Dachau zu unternehmen?« Gelegenheit für Willy Sachs einen Einblick zu geben, wie es war, wenn er sich mit Reichsführer-SS Heinrich Himmler unterhalten hat. »Da waren wir zusammen am Abend ... und haben uns unterhalten, und da habe ich ihm gesagt: ›Da hört man allerhand von Dachau, dass die Leute dort eingesperrt sind. Das ist doch nicht richtig.‹ Da sagte er zu mir: ›Überzeugen Sie sich davon, die Leute haben's gut.‹ Ich sagte ihm: ›Für mich ist es auch furchtbar. Von uns sind auch Leute dort. Vielleicht kann man sehen, dass sie mit der Zeit entlassen werden.‹ Himmler sagte mir: ›Ich gebe Ihnen einen Schein, überzeugen Sie sich selbst und schauen Sie, dass Sie hinkommen.‹ ... Die Zustände waren sehr anständig. Wie der Herr Vorsitzende sagt: Am Anfang war es ein Sanatorium.«

Nächstes Thema: Besuch der NS-Prominenz in Schweinfurt, Mainberg und Oberaudorf. Waren außer dem SS-Führer Himmler auch andere führende Parteigenossen zu Besuch? Diener Rähmisch: »Reichsjägermeister Göring und Ritter von Epp.« Waren noch andere zu Gast? Willy Sachs: »Ja, aus der Industrie und der Wirtschaft. Von der Partei kamen die Leute alle Jahre ein- oder zweimal.« Der Vorsitzende verdeutlicht: »Bei Sachs war immer und immer wieder etwas los. Wenn eine Partie fort war, war die andere da. Wir wollen schon deutsch reden. Wir sind von Deutschland!«

Der Vorsitzende, der gerne redet, wie ihm der Schnabel gewachsen ist, schätzt es nicht, wenn die Zeugen den ihren allzu vorsichtig spitzen, wie der ehemalige Direktor Schlegelmilch. Der antwortet auf die Frage, wie denn Willy Sachs in die Partei gekommen sei: »Herr Sachs kam in die Konflikte, was mache ich, als die neue Zeit kam... weil er die Verantwortung für den Betrieb und weil er das Erbe seines Vaters durchführen wollte... denn er wollte Arbeit und Brot für die Arbeiter schaffen.« – Da setzt Johann Köhler ironisch nach: »Arbeit und Brot hat der Führer auch versprochen und von Wurst hat er nichts gesagt. Wir wollen wissen, wie Herr Sachs in die Partei gekommen ist.« Die Antwort wird nicht präziser, erzählt wieder vom Betriebsinteresse, vom Einsatz für Werk und Arbeiter, so dass der Vorsitzende immer wieder nachfragen muss, was denn nun die Parteimitgliedschaft zu bedeuten gehabt habe.

Da beteuert Anton Hasselbacher, ehemals Betriebsratsvorsitzender bei Fichtel & Sachs und SPD-Mann, dass der Herr Konsul kein Interesse an der Partei gehabt habe, nie von der NSDAP gesprochen habe, nie jemanden zum Parteieintritt aufgefordert, geschweige denn genötigt habe. Selbst als die 50-millionste Torpedo-Nabe fertig gestellt wurde und dem SS-Oberführer Victor Brack zur Weitergabe an Hitler übergeben wurde, »da haben wir nicht den Nazi Sachs gesehen, sondern unseren Konsul«. Ja, eigentlich sogar nur den »Willy«: »Wenn wir den Namen Willy sagten, dann hat man sich mit ihm gewissermaßen auf gleiche Stufe gestellt als Mensch, denn denjenigen, dem man nicht sympathisch gegenübersteht, den wird man nicht bei seinem Vornamen nennen.«

Mit der salomonischen Formel, dass Willy Sachs »Nationalsozialist, aber kein Nazi« gewesen und eigentlich überhaupt ein unpolitischer Mensch sei, wird die Frage der Parteimitgliedschaft beantwortet, und der Vorsitzende resigniert: »Alle, die vor die Spruchkammer kommen, sind keine Nazi mehr, sind nur äußerlich dabei gewesen. Heute gibt es keine Nazi mehr.« Womit sich die Kammer damit beschäftigt, wie denn das Verhältnis des Konsuls zu den Juden gewesen sei. Der Vorsitzende Köhler weiß, was ihn da zu erwarten hat: »Ich bin zwei Jahre auf der Spruchkammer, und alle haben den Juden geholfen. Sie haben sogar noch den Teppich gelegt, dass sie nach Polen gekommen sind. So wie ich in den zwei Jahren beschwindelt worden bin...«

Wie viel Wahrheit er zu hören bekommt, bleibt unerörtert, wenn nun ein Zeuge nach dem anderen vortritt und beteuert, dass Willy Sachs immer nett zu den Juden war, sie verabschiedet hat, wenn sie das Land verlassen mussten, Mitarbeitern, die mit einer Jüdin verheiratet waren, unverbrüchlich die Treue gehalten und sie beschützt habe. Verteidiger Jacobsen versäumt es nicht, seinen Schwindel vom drohenden SS-Ehrengerichtsverfahren wegen Unterstützung von Juden vorzutragen. Beweise? Jacobsen hat keine, und das Gericht verlangt auch keine.

Es ist nicht die Art dieser Spruchkammer, dem Gesagten, sei es vom Beklagten, sei es von den Zeugen, allzu genau nachzuspüren. Sehr pauschal kommt der Ankläger zu der Erkenntnis, dass die Zeugenaussagen »mit größter Vorsicht« zu betrachten seien. Es sei schon sehr auffällig, dass sich in Stadt und Betrieb niemand finden lasse, der belastendes Material über Konsul Sachs vorzulegen habe. Zu hilfloser Empörung schwingt sich der Ankläger auf: »Zeugen, die seit Jahren in engster Zusammenarbeit mit dem Betroffenen standen, behaupten, ihn niemals in SS-Uniform gesehen zu haben. Das ist ein starkes Stück. Das klingt so, als wenn man heute für den Herrn Konsul, der vielleicht in absehbarer Zeit wieder in den Betrieb kommen könnte, doch etwas tun muss, weil er derjenige ist, der eines Tages wieder über seinem Betrieb steht. Da könnte er dann darauf aufmerksam gemacht werden: ›Wir sind auch da und haben dich niemals belastet.‹«

Rücksicht, Vorsicht schweben bei diesem Verfahren in der Luft – und Volkes Stimme, die der Ex-Betriebsrat Hasselbacher direkt zum Klingen bringt: »Man könnte es nicht verstehen, wenn der Konsul politisch verurteilt würde. Das muss ich sagen, trotzdem ich der SPD seit langen Jahren angehöre.« Da versucht der Vorsitzende einen Rest von Unabhängigkeit des Gerichts zu wahren: »Darüber entscheidet die Kammer.« Aber zugleich bekennt er die Hilflosigkeit: »Tun wir ihn in Gruppe IV, heißt es, er hätte in II gehört, tun wir ihn in Gruppe II, heißt es, er hätte in IV gehört. Aber das Urteil sprechen wir, nicht andere, wo draußen sind. Nach denen richten wir uns nicht.«

Aus fast nichtigem Anlass schwingt sich der Vorsitzende schließlich doch zu Kritik auf, beweist in seiner Empörung ein seinem Gegenüber fast gleichrangiges heftiges Temperament. Nicht an den Millionenspenden entzündet sich sein Zorn, sondern daran, dass Willy Sachs ein-, zweimal für das Winterhilfswerk (WHW) gesammelt hat.»Wir wissen's doch, da waren große Sammelbüchsen aufgestellt mit der Aufschrift ›Ein Mann des Führers sammelt für das WHW‹. Es wurde doch mehr gesammelt, als wir gehabt haben, nicht bloß vom WHW. Wir waren ja des Lebens nicht mehr sicher vor lauter Sammelbüchsen. Es war so: ›Führer befiel, wir folgen dir!‹ Und wer ist schuld an diesem Unsinn? Diese Leute, die sich dazu hergegeben haben... Herr Sachs, Sie haben wesentlich dazu beigetragen, dass dieses Werk vollendet war.«

Was wie ein Urteil klingt, ist nur eine Bemerkung und kein Schlusspunkt. Den setzen Ankläger und Verteidiger, wobei der Ankläger seines Amtes mit trockenem Stil waltet. Das Verhalten der Zeugen sei »zumindest eine Unverschämtheit«. Sonst aber herrscht viel Verständnis. Nur bei Spenden von über einer Million Mark könne doch niemand behaupten, dass Willy Sachs ein Mitläufer sei, der den Nationalsozialismus nur unwesentlich unterstützt habe. Deshalb werde eine Eingruppierung in Gruppe III (Minderbelasteter) beantragt, verbunden mit einer Bewährungsfrist von einem Jahr. Schließlich sei Willy Sachs im Jahr 1933 »spontan zur Partei übergesegelt« und er sei von impulsiver Natur. »Es gibt eine ganze Reihe von Genossen, die die Stiefel schon wieder bereitgestellt haben und nur auf den Pfiff warten, wenn es wieder losgeht.« Angesichts der Uniform-Begeisterung von Willy Sachs sei daher eine Bewährungsfrist geboten, damit er nach dieser Zeit »wieder am demokratischen Aufbau unseres Staates teilnehmen kann«.

Nach dem Ankläger hat der Verteidiger das Wort, und Hanns Jacobsen hantiert mit ihm effektiv, geschickt und raffiniert. Nach den Regeln der rhetorischen Kunst wird erst dem Gericht geschmeichelt, wird es gelobt für die »absolut sachliche und korrekte Weise« seiner Verhandlungsführung. Der Weltmann Jacobsen, »aus München kommend«, muss in der fränkischen Provinz »Ernst und Sachlichkeit« konstatieren, »die man sonst nicht antrifft«. Die Spruchkammer Schweinfurt-Land: »Ein Volksgericht im besten Sinne des Wortes!«

In der Sache argumentiert Jacobsen in der bekannten Weise, dass Willy Sachs erpresst worden sei, seine Spenden absolut hoch erschienen, aber relativ niedrig seien, und er sich als »mächtiger Industrieherr« der Aufdringlichkeit der Naziprominenz und ihrer

Geldgier nicht entziehen konnte. Er habe Juden unterstützt, die Kirchen gefördert und sei alles in allem »ein gutmütiger, edler Mensch, der in seinem ganzen Leben getrachtet hat, jedes Unrecht zu vermeiden«.

Jacobsen behelligt sein Auditorium nicht mit juristischen Finessen oder Paragraphenwerk, widmet die Hälfte seines Plädoyers weniger sachlichen, aber umso herzbewegenderen Ausführungen, die den Täter zum Opfer stilisieren. Zwei Jahre Internierungslager unter »bedrückendsten Verhältnissen« habe Willy Sachs hinter sich. Seine Gesundheit sei ruiniert, seine Seele beschädigt. Unter freiem Himmel habe der Konsul leben müssen, zusammengesperrt mit »ausgesprochenen Verbrechern«, er, »der nicht ein Unrecht begangen, sondern lediglich formell belastet war«.

Selbst nach der Entlassung sei das »Martyrium« noch nicht zu Ende gewesen. Die eigene Frau habe ihm die Türe gewiesen, die hochbetagte Mutter, diese »edle Dame«, habe er – mit den Umständen nimmt es Jacobsen nicht so genau – in einer feuchten Garage angetroffen. Ohne Heimat, ohne Freunde habe er unter bescheidensten Verhältnissen gelebt und durfte Oberaudorf nicht verlassen. Wie musste das einen Mann treffen, der sein ganzes Leben frei gelebt und über ein riesiges Vermögen verfügt hat. Jacobsen selbst habe erlebt, wie in den Bergen nicht immer die Sonne scheine und der größte Teil des Jahres grau verhangen sei. Aber die Not habe Willy Sachs nicht niedergeworfen, sondern die Werte wieder frei gemacht, die in ihm verborgen waren. So konnte er jetzt sagen, was die wenigsten eingestehen: »Ich gebe zu, ich war dabei.«

Für den Schlussakkord greift Jacobsen noch einmal voll in die Orgel, zieht die Register landsmannschaftlichen Mitgefühls: »Im Namen der Gerechtigkeit! Öffnen Sie diesem Sohn Ihrer Heimat die Türe, der an Schweinfurt hängt wie kaum ein Mensch. Machen Sie sich frei vom Argwohn und erklären Sie ihn zum Mitläufer!«

Willy Sachs findet nach solch verbalem Furioso nur noch die wenigen Worte: »Ich schließe mich den Ausführungen meines Verteidigers an.«

Eine Verhandlung geht zu Ende, die einer Achterbahnfahrt gleicht zwischen aufbäumender Anklage und beschwichtigendem Einverständnis, bei der die Spruchkammer am Ende doch immer wieder die Kurve hin zur Verharmlosung schafft. Ein Gericht, das nicht zu erkennen gibt, was es will, tut am Ende, was die zielbewusste Verteidigung fordert, und fällt noch am selben Tag ihr Urteil, das hier »Spruch« heißt. Willy Sachs wird in die Gruppe IV als Mitläufer eingestuft. In praktisch allen Punkten folgt die Kammer den entlastenden Behauptungen, muss aber einräumen, dass von jemandem, der in SS-Uniform auftritt und erhebliche Spenden an Partei und SS leistet, nicht gesagt werden kann, dass er nur nominell am Nationalsozialismus teilgenommen hat. Also müsste er eigentlich als Minderbelasteter eingestuft werden. Aber die Spruchkammer hält dem Beschuldigten zugute, dass er zwei Jahre interniert gewesen, drei Jahre seinem Betrieb fern gehalten worden sei und durch die körperlichen und seelischen Belastungen eine nicht unerhebliche Verschlechterung seines Gesundheitszustands erfahren habe. Also: keine weiteren Sühnemaßnahmen, sondern sofortige Einstufung des Betroffenen als Mitläufer.

Mutter Sachs und die Entnazifizierung

Zwei Tage nachdem Willy Sachs offiziell in das Heer der Mitläufer entlassen wurde, tritt die Spruchkammer Schweinfurt-Land wieder zusammen, um diesmal über Frau Geheimrat Betty Sachs zu befinden. Das Verfahren trägt alle Züge eines kurzen, keineswegs heiteren Nachspiels, das noch einmal allerlei Merkwürdigkeiten und Ungereimtheiten bereithält. Über ihm schwebt eine Atmosphäre der Verlegenheit, des Unangemessenen und Unerklärlichen. 73 Jahre ist Betty Sachs, als Geheimratswitwe ein Relikt aus endgültig geschwundenen Zeiten. Wenn es zutrifft, was Anwälte und Zeugen über Betty Sachs mitteilen, so befindet sie sich in einem beklagenswerten Zustand, krank, dement, mit dem Leben nicht zurechtkommend. Die Befunde sprechen von Arteriosklerose, Gedächtnisverlust und beschränkter Wahrnehmung. Von »längerem Leiden« wird auch zwei Jahre später beim Ableben von Betty Sachs die Rede sein, so dass die Beschreibungen glaubwürdig wirken.

Aber: Wusste sie nie, was sie jetzt krankheitsbedingt nicht mehr weiß? Wusste sie nie, dass sie mit der Mitgliedsnummer 5 948 798 ungefähr 1938 Mitglied der NSDAP geworden war, monatlich 30 Mark bezahlt hat und außerdem schon seit 1934 dem NS-Frauenbund mit monatlicher Zahlung von zehn Mark angehört hat? Auf Nichtwissen plädieren nicht nur die Anwälte von Betty Sachs, sondern etliche Zeugen. Ein allgemeines Augenreiben und Staunen über die Parteimitgliedschaft der Geheimratswitwe verbalisiert sich in eidesstattlichen Erklärungen und Zeugenaussagen. Unglaublich und unvorstellbar erscheint, was das Mitgliedsbuch der NSDAP-Ortsgruppe Mainberg belegt. Selbst der verhaftete Ortsgruppenleiter lässt aus dem Internierungslager Hammelburg mitteilen, dass er nicht weiß, wie Betty Sachs zur Partei gekommen ist. Weder habe er ihr ein Mitgliedsbuch ausgehändigt, noch sie auf den Führer verpflichtet. Direktor Heinz Kaiser, verantwortlich für das Sekretariat von Fichtel & Sachs, kann sich nicht erklären, wie es dazu kam, dass vom Sekretariat die Mitgliedsbeiträge an die Partei abgeführt wurden. Rudolf Baier beteuert, er habe im besten Glauben bei Kriegsende den Amerikanern gesagt, dass Schwägerin Betty Sachs nicht Parteimitglied sei.

Die Spruchkammer tagt in fast gleicher Besetzung wie bei Willy Sachs und steht vor einem merkwürdigen Fall, den sie nicht mit dem Hinweis, es gehe um eine alte verwirrte Frau, abtun kann. Das Vermögen der Geheimratswitwe Sachs wird, je nach Bewertung der Kriegsverluste, auf fünf bis zehn Millionen Mark geschätzt. Da fragt der Kammervorsitzende im Vorfeld schon vorsorglich beim Generalkläger in München an, ob es zulässig sei, Frau Sachs gleich in die Gruppe IV der Mitläufer einzureihen, und erhält eine abschlägige Antwort, weil Frau Sachs sehr wohl Nutznießerin gewesen sein könne. Ankläger Hafermaas klagt denn auf Einstufung als Minderbelastete, Gruppe III, und behält sich die Prüfung vor, ob nicht doch Gewinne durch Aufrüstung und Krieg zu berücksichtigen seien.

Frau Betty Sachs kommt krankheitshalber nicht zur Verhandlung aus Oberaudorf nach Schweinfurt, wo – entgegen dem Wohnortprinzip – das Spruchkammerverfahren stattfindet. Der Treuhänder des Sachs'schen Familienvermögens, Georg Rödelsperger von Fichtel & Sachs, hat mit Erfolg die Schweinfurter Spruchkammer dringend darum gebeten, das Verfahren an sich zu ziehen, »mit Rücksicht darauf, dass hier große Schweinfurter Interessen auf dem Spiel stehen«.

Der nicht sehr intensiv betriebene Versuch, das Rätsel der Parteimitgliedschaft von Betty Sachs zu klären, scheitert. Niemand aus ihrer Umgebung kann sich irgendwie erinnern oder irgendetwas erklären. Schützend und doch entblößend stellt sich der Hausarzt vor seine Patientin Betty Sachs: Erstens war sie politisch völlig uninteressiert. Zweitens war sie zu krank, um die Konsequenzen einer Parteimitgliedschaft abzuschätzen. Drittens habe sie »in ganz geringem Maß« die Fähigkeit besessen, über etwaige Konsequenzen auf politischem Gebiet nachzudenken. Ein Rätseln gegenüber politischen Vorgängen bezeugt auch, was der Anwalt von Betty Sachs zum Zeichen einer gewissen Widerständigkeit stilisiert. Danach habe sie sich bei der Machtergreifung 1933 »große Sorgen« gemacht und geäußert: »Was werden wohl die fertig bringen, da doch Hitler und seine Genossen so furchtbar viel versprochen haben?«

Da nun einmal eine Mitgliedsnummer vergeben ist und Beiträge gezahlt wurden, bleibt die Frage, wer dies veranlasst hat. Der Ortsgruppenleiter war es nicht, die Firma war es nicht, Betty Sachs war es nicht. Wer dann? Treuhänder Rödelsperger äußert einen Verdacht: »Ich halte es nicht für ausgeschlossen, dass vielleicht ihr Sohn, Herr Willy Sachs, für sie die Aufnahme in die NSDAP beantragt hat.« Der aber erklärt: »Mir ist nicht bekannt, dass meine Mutter jemals Mitglied der NSDAP gewesen ist. Es ist mir vollkommen unerklärlich, wieso meine Mutter in der Ortsgruppe Mainberg als Mitglied geführt wurde.« Niemand will es gewesen sein, eine mysteriöse »außenstehende Person« wird beschworen und nicht benannt – und vielleicht war Betty Sachs auch tatsächlich nie richtiges Parteimitglied gewesen. In den von den Amerikanern bei Kriegsende beschlagnahmten und im Bundesarchiv aufbewahrten Mitgliederkarteien der NSDAP findet sich kein Eintrag zu Betty Sachs. Nicht auszuschließen, dass hier unter NS-Freunden in der Ortsgruppe und bei Fichtel & Sachs eine gut sprudelnde Quelle zur Verbesserung der örtlichen Parteifinanzen angezapft wurde, von der höheren Orts nichts bekannt war.

»Nicht gewusst und nicht gewollt«, lautet die griffige Formel für die Parteimitgliedschaft von Betty Sachs, welche die Kammer von den Anwälten übernimmt und daher keine Verantwortung bei der Beklagten feststellen kann, woraus sich ergibt: »Frau Betty Sachs ist vom Gesetz zur Befreiung von Nationalsozialismus und Militarismus nicht betroffen. Das Verfahren wird eingestellt.«

Oberleutnant Richard P. Mellmann von der amerikanischen Militärregierung für Bayern will an die ahnungslose Parteimitgliedschaft nicht glauben, erhebt einen schwachen Widerspruch, der aber im Blick auf Alter und Gesundheitszustand der Beklagten nicht weiter verfolgt wird. Betty Sachs und ihr Sohn können somit wieder voll und ganz über ihr Millionenvermögen verfügen.

Spruchkammer zum Zweiten

Im Sommer 1948 holt die Vergangenheit Willy Sachs noch einmal bedrängend ein, ausgerechnet am 10. Juni, an dem Tag, an dem er wieder das Regiment in seiner Firma übernehmen darf. Oberleutnant Richard P. Mellmann bittet ihn zur Vernehmung und stellt ihm einige jener Fragen, die im Spruchkammerverfahren in der Luft lagen und unausgesprochen blieben. Wer war denn der Betriebsobmann, der ihn für die NSDAP geworben hat? Willy Sachs kann sich an den Namen nicht erinnern, außerdem sei der »feine Mensch« gefallen. Wer waren die »nahestehenden Kreise«, die ihm die Mitgliedschaft in der SS angeraten haben? Willy Sachs verweigert die Antwort, tritt überhaupt selbstbewusst auf und zeigt wenig Neigung, den reuigen Sünder oder bekennenden Täter zu geben. Oberleutnant Mellmann lässt aber nicht locker. »Kennen Sie den Fall Ruch?« – »Nein.« – »Sie wissen nicht, dass dieser Mann vor ein Sondergericht in Bamberg kam und später durch die SS hingerichtet wurde?« – »Davon habe ich keine Ahnung. Dr. Uhrig hatte den Sicherheitsdienst im Werk, und ich war froh, wenn ich damit nichts zu tun hatte. Wenn einer sich für die Arbeiter eingesetzt hat, dann war ich es.« Am Ende noch die Frage: »Waren

Sie mit Himmler oder Göring ›per Du‹?« – »Nein, in meinem ganzen Leben nicht.«

Sehr ergiebig verläuft das Verhör für Oberleutnant Mellmann nicht, aber auch so hat er genug Material, um das Urteil der Spruchkammer scharf zu kritisieren und beim »Minister für politische Befreiung« ein neuerliches Verfahren zu beantragen und zwar »so weit von Schweinfurt oder Oberaudorf entfernt, wie es das Gesetz erlaubt«. Zu offensichtlich war, was in der Verhandlung vor der Spruchkammer Schweinfurt-Land an Kumpanei und Rücksichtnahme zu erleben war und was Mellmann in seiner Beschwerde auflistet, angefangen bei der Zusammensetzung des Laiengerichts: Der Beisitzer Johann Link war seit Jahrzehnten Betriebsrat bei Fichtel & Sachs und als ehemaliger und zukünftiger Angestellter der Firma voreingenommen. Der Beisitzer Wilhelm Trapp hatte wenige Tage vor der Verhandlung eine eidesstattliche Erklärung abgegeben, die Jacobsen zur Entlastung von Willy Sachs dem Gericht vorlegte. Auf dem Protokoll der Verhandlung taucht der Name Trapp nicht mehr auf, wohl aber dann wieder im Urteil. Erklärung der Kammer: ein Abschreibfehler.

Auf zwei Seiten legt der Vertreter der US-Behörde dar, wie in dem Verfahren geschlampt und bevorteilt wurde. Nicht einen Zeugen der Anklage habe es gegeben, nicht ein einziges Mal habe der Ankläger die Zeugen der Verteidigung oder den Angeklagten befragt. Willy Sachs sei seine politische Ahnungslosigkeit abgenommen worden, obwohl etwa jeder Zeitungsleser wissen konnte, was in Dachau passierte. Über die Spenden an Partei und SS sei leichtfertig hinweggegangen, die Darlehen an diverse SS-Leute gar nicht verhandelt worden. Dabei sei darunter Reinhard Heydrich, »the hangman«, gewesen.

Das Mitgefühl der Kammer, dass Willy Sachs drei Jahre daran »gehindert« war, die Firma zu leiten, dass er durch Internierung und temporäre Enteignung »seelisch belastet« sei, notiert der US-Oberleutnant mit unübersehbarer Ironie und verweist darauf, dass dies bei der Einstufung rechtlich keine Rolle spielen dürfe.

Die Einwände sind klar und gravierend, so dass der Kassationsgerichtshof gar nicht anders kann, als den »Spruch« der Schweinfurter Kammer aufzuheben. Auch er konstatiert Ungereimtheiten im Urteil, moniert unjuristisches, gefühlsmäßiges Vorgehen der Kammer und sieht weder das öffentliche Auftreten von Willy Sachs noch vor allem seine Spenden für Partei und SS ausreichend geprüft und gewürdigt.

Anwalt Jacobsen bekommt wieder zu tun und das zu den bei einer Berufungsverhandlung deutlich höheren Gebührensätzen. Schnell macht er sich daran, der Spruchkammer neues Entlastungsmaterial anzukündigen Noch eiliger aber hat es Willy Sachs, einen Brief nach Leicester/England zu schicken. Er berichtet am 15. Juli 1948 dem »lieben Freund Max« davon, dass »eine lange schwere Zeit« hinter ihm liege, er sich aber nunmehr in die Geschicke der Firma Fichtel & Sachs eingeschaltet habe und seit dem 10. Juni als Aufsichtsratsvorsitzender agiere. Aktive Mitarbeit erlaube sein Gesundheitszustand nicht. Auf die Aktualität folgt sentimentales Erinnern. »Ich denke gerne noch an die früheren Rennzeiten, wie Du in Schweinfurt... zur Rhönmeisterschaft kamst und wie wir dann auf Schloss Mainberg gesellige Stunden miteinander erlebten.« Nach solch nostalgischen Präliminarien geht es langsam zur Sache: »Meine während des ganzen Krieges gezeigte Einstellung zu meinen jüdischen Freunden hat mir in meinem Spruchkammerverfahren sehr genützt.«

Der Adressat ist auch Jude, gehörte allerdings nicht zu den Zeugen im Spruchkammerverfahren und wundert sich, plötzlich wieder als Freund angesprochen zu werden. Er heißt Goldsmith und kann sich nur zu gut erinnern, wie er als Max Goldschmidt von der Firma Fichtel & Sachs 1936 mit den Ansprüchen wegen seiner Kupplungspatente rüde abgewiesen wurde. Deshalb hat Mac Goldsmith Wiedergutmachungsansprüche gegenüber Fichtel & Sachs angemeldet, die Willy Sachs nun unter Beschwörung früherer, freundschaftlicher Zeiten vom Tisch bekommen will: »Es liegt mir sehr daran, dass diese geschäftlichen Angelegenheiten in einer Form geregelt werden, die den früheren geschäftlichen und auch persönlichen Beziehungen zu Dir gerecht werden. Ich könnte mir sehr gut vorstellen, dass die seinerzeitigen Verträge zwischen Dir und der Fichtel & Sachs A.G. wieder aufleben könnten.« Ohne Juristen, in persönlicher Aussprache soll das geregelt werden. Die am Briefende ausgedrückte freudige Hoffnung, bald etwas von

Mac Goldsmith zu hören, wird enttäuscht. Der empfindet das Schreiben als »verlogen«, legt es unbeantwortet zu den Akten und verfolgt weiter mit allen rechtlichen Mitteln seine Wiedergutmachung.

Der Versuch des »alten Freundes Willy«, den Fall Goldschmidt inoffiziell beizulegen, ist damit gescheitert, und er muss sich darauf einstellen, dass das Wiedergutmachungsverfahren weiterläuft und die Beziehung zu diesem »jüdischen Freund« ihm nicht nur nicht nützt, sondern schadet. Denn da ist jemand in Schweinfurt, der anonyme Briefe verschickt, um Willy Sachs zu diskreditieren.

Mac Goldsmith erhält eines der Schreiben und wird aufgefordert, bei der Entnazifizierung gegen Willy Sachs auszusagen. Ein zweites geht an die Spruchkammer selbst. »Ein Schweinfurter« schreibt: »Es wird Sie sicherlich interessieren, dass der Konsul Sachs, der heute kein Nazi gewesen sein will, während des 3. Reiches einen Juden namens Max Goldschmidt aus Frankfurt/Main sehr schlecht behandelt hat. Der arme Jude wurde von dem schwerreichen Konsul Sachs in den Jahren 1935 und 1937 gezwungen, auf vertragliche Rechte gegenüber der Firma Fichtel & Sachs zu verzichten, damit der Konsul Sachs sich noch besser bereichern konnte. – Gehen Sie dieser Sache einmal nach!«

Willy Sachs wie Mac Goldsmith vermuten hinter dem anonymen Schreiber einen Treuhänder bei der Firma Fichtel & Sachs. Goldsmith denkt nicht daran, sich von der einen Seite instrumentalisieren und von der anderen ruhig stellen zu lassen. Er betreibt seinen Prozess, der schließlich 1951 mit der Zahlung von einer Million Mark durch Fichtel & Sachs endet, ausgehandelt in der Kanzlei von Dr. Jacobsen.

Der »Fall Goldschmidt« zeigt Willy Sachs und seinem Anwalt, dass es im erneut aufgenommenen, nun nach München überwiesenen Spruchkammerverfahren konkreter und damit gefährlicher zugehen könnte als beim ersten Mal. Die Strategie ist klar. Wenn sich Goldsmith weigert, den »nützlichen« Juden zu geben, müssen andere zur Entlastung dienen. Der »Fall Goldschmidt« muss im Spruchkammerverfahren offensiv abgewehrt werden und die Spenden an die SS, die am deutlichsten als eine »aktive Unterstützung des Gewaltregimes« gewertet werden können, müssen neutralisiert werden.

Also organisiert Jacobsen noch einige Zeugnisse von Juden oder politisch Verfolgten, die bestätigen, dass sich Willy Sachs immer für sie eingesetzt hat. Zeuge Georgii schreibt eine noch längere Erklärung als im ersten Verfahren, wie Willy Sachs ihm und seiner jüdischen Frau geholfen hat, dient sich zur selben Zeit in einem Brief bei Mac Goldsmith als Vermittler zwischen ihm und Willy Sachs an. Ein Werner Wiese beteuert, dass Willy Sachs ihn vor Volksgerichtshof und Todesurteil bewahrt habe.

Das Hauptaugenmerk legt Hanns Jacobsen aber darauf, Willy Sachs vom Makel des großzügigen Spenders für NSDAP und SS zu bewahren, Erklärungen dafür zu finden, dass Darlehen an SS-Größen keine Unterstützung des Systems bedeutet haben. Mit einiger Dreistigkeit benennt Jacobsen Direktor Kaiser, den langjährigen Gesprächspartner von Himmler und Wolff, als Zeugen und verweist darauf, dass dieser nicht mehr Mitarbeiter bei Fichtel & Sachs und daher besonders glaubwürdig sei. Was er verschweigt: Dass Kaiser nur zwangsweise entlassen worden ist und schon dabei ist, wieder in die Fichtel & Sachs-Direktion einzusteigen. Mit großer Überzeugungskraft und guten Argumenten gelingt es Jacobsen und Kaiser, den Großteil der Millionenbeträge als soziale Ausgaben darzustellen oder als Zwangsspenden wie die Adolf-Hitler-Spende der Deutschen Wirtschaft, der sich kein Industrieller entziehen konnte. Am Ende aber bleiben doch genau 546 878,78 Mark an die NSDAP-Parteileitung und 450 000 Mark an die SS.

Die Spruchkammer könnte nun nachfragen, wer denn wie in der Partei bedacht wurde, könnte sich wundern, dass die Zahlungen an die SS laut Kassenbuch im Jahr 1937 begannen und im Jahr 1941 endeten. Aber solches Nachhaken blockiert Jacobsen mit einer Pauschalerklärung: Willy Sachs hat gezahlt, weil er erpresst wurde. Alles war Zwang, nichts war freiwillig. Jetzt ist es nicht mehr ein drohendes Ehrengerichtsverfahren, das als Begründung herhalten muss. Willy Sachs ist jetzt nicht nur ein Freund der Juden, sondern selbst Jude. Die SS habe einen jüdischen Vorfahren in der mütterlichen Linie der Höpflingers entdeckt und Willy

Sachs die Spenden abgerungen mit dem Hinweis: »Wir haben dich überhaupt erst zum Arier gemacht.«

Jacobsen ist als ehemaliger SS-Mann ein Kenner der Bräuche im Schwarzen Orden. Er weiß, dass über jedem Angehörigen das Damoklesschwert schwebte, einer seiner Vorfahren könnte ein Jude gewesen sein. Reinhard Heydrich selbst ist dafür ein prominentes Beispiel. Zwar wurde das Gerücht, er habe einen jüdischen Großvater, parteiamtlich erledigt – von jenem Dr. Gercke, der als Sachverständiger für Rasseforschung beim Reichsministerium des Inneren auch Willy Sachs am 10. November 1933 bestätigte, dass bis zu den Urgroßeltern alle Vorfahren »arischer Herkunft« waren. Aber Heydrich ließ der Verdacht nicht ruhen, und er ließ jahrelang forschen, um seine »Reinrassigkeit« zu beweisen. Himmler soll, wie nach dem Krieg behauptet wurde, diese Ängste erpresserisch ausgenutzt haben.

Warum wurde nicht schon bei der Verhandlung in Schweinfurt von den angeblichen jüdischen Vorfahren von Willy Sachs berichtet? Jacobsen stellt die Frage selbst: Weil erst jetzt die Beweise vorliegen – und die sind von erstaunlicher Dürftigkeit. Ein Cousin von Willy Sachs erzählt, dass auch er wegen derselben Vorfahren unter Druck gesetzt wurde, und ein Mitarbeiter behauptet, Willy Sachs habe sich ihm in dieser Angelegenheit anvertraut.

Gab es tatsächlich einen jüdischen Vorfahren in der Familie Höpflinger? Die Spruchkammer will es nicht wissen und hätte es doch überprüfen können. 1938 hatte Willy Sachs für seine Eheschließung den so genannten großen Ariernachweis vorzulegen, musste mit seinen nichtjüdischen Ahnen die »1700er Grenze« erreichen, durfte also nach dem Jahr 1700 keinen Juden unter seinen Vorfahren haben. In dem 1938 dem Rasse- und Siedlungshauptamt vorgelegten Stammbaum findet sich tatsächlich ein heller Fleck, der nach dem Reinheitsgebot der SS ein dunkler hätte sein können.

Der Ururgroßvater mütterlicherseits ist nicht bekannt. Anna Barbara Geiß, die Ururgroßmutter hat den Sohn Johann Geiß, einen Urgroßvater von Willy Sachs, 1805 unehelich zur Welt gebracht. Abgesehen davon, dass ein jüdischer Vorfahre in dieser Generation nicht einmal nach den Nürnberger Gesetzen relevant und nur für SS-Puristen interessant war, gibt es keinen definitiven Hinweis, dass der Erzeuger des Ururgroßvaters Jude war. Das Taufbuch von Poppenlauer in der Nähe von Schweinfurt vermerkt über ihn: »Es soll ein Mühlbursch des öfteren in der Ziegelmühle gewesen sein und Michel geheißen haben.« Der Michel ein Jude? Nichts deutet darauf hin. Aber alles verweist darauf, dass Jacobsen eine angesichts der wahren Opfer infame Täuschung vornahm, um seinen Mandanten Sachs vom Tätergeruch zu befreien.

Die deutsche Nachkriegswelt in Gestalt der Spruchkammer München I wollte offensichtlich betrogen sein. Sie machte keine Anstalten, die Erpressungstheorie zu überprüfen. Sie nimmt alle Erklärungen, die ihr vorgelegt werden, für bare Münze und erklärt kategorisch: »Die Zeugnisse sind unanfechtbar.« Selbst dort, wo sie investigatives Interesse bekundet, läuft alles auf Anerkennung der vorgelegten Dokumente und Erklärungen hinaus. »Die Spruchkammer hat nicht die Übung, auf anonyme Anzeigen zu reagieren«, stellt sie selbstbewusst fest, aber: »Ausnahmsweise hat sie es für Ihre Verpflichtung gehalten, den... Vorwurf der Mitwirkung bei der Arisierung (Fall Goldsmith) im Interesse einer Gesamtbereinigung des Falles Sachs zu berücksichtigen.« Sie kommt zu dem Schluss, den ihr Jacobsen und die von ihm benannten Zeugen nahe legen: Alles ist ordnungsgemäß abgelaufen.

Einen inkriminierenden Punkt entdeckt die von Wohlwollen erfüllte Spruchkammer doch, weil sie ihn angesichts vorliegender Photos nicht leugnen kann: Beim Tragen der SS-Uniform hat Willy Sachs nicht die nötige Zurückhaltung gezeigt und damit ein schlechtes Beispiel gegeben. Auch seine Artikel und Reden hätten zwar den Nationalsozialismus nicht eben verherrlicht, aber doch eine gewisse propagandistische Wirkung gezeigt.

Willy Sachs sagt zu all dem nichts. Er kann und muss nichts sagen, weil die Spruchkammer auf eine mündliche Verhandlung verzichtet. Schließlich lägen genug – ausschließlich entlastende – Beweise und Zeugenaussagen vor. Außerdem sei Willy Sachs, »gesundheitlich schwerstens behindert und kaum in der Lage, einer mündlichen Verhandlung von langer Zeit zu folgen«. Allerdings macht sich der angeblich malade Willy Sachs genau zu dieser Zeit daran, wieder die Firmenleitung zu übernehmen.

Schriftlich und ausführlich erfolgt die abschließende offizielle Beurteilung der Angelegenheit des ehemaligen NSDAP-Parteimitglieds, SS-Obersturmbannführers und Wehrwirtschaftsführers Willy Sachs. Auf elf Seiten begründet die Spruchkammer, dass Willy Sachs zwar in Gruppe III als Minderbelasteter einzustufen sei, auf Grund mildernder Umstände wie seiner Internierungszeit »mit bekannten bedrückenden Umständen« aber letztlich doch nur ein Mitläufer der Gruppe IV sei. Da bereits die Sühne von 2000 Mark entrichtet und auch die Verfahrensgebühr von 687 612 Mark bezahlt sind, kann das als Freispruch zu wertende Urteil der Spruchkammer am 24. Oktober 1948 rechtskräftig werden, darf sich Willy Sachs als endgültig entnazifiziert betrachten.

Das darf zur gleichen Zeit auch der ehemalige Internierungs-Kamerad Walter Wolfahrt aus dem Internee Camp 74 in Ludwigsburg tun. Als Scharführer weit unterhalb des Obersturmbannführers rangierend hatte ihm dennoch wie Willy Sachs eine Einstufung nach Gruppe II gedroht. Gleich drei Belastungszeugen hatte der öffentliche Kläger gegen ihn im fast gleichzeitig zu Willy Sachs laufenden Spruchkammerverfahren aufgeboten, wo es bei Willy Sachs keinen einzigen gab. Dank der selbstlosen Hilfe eines Anwalts wurde eine Einstufung als »Mitläufer« erreicht. Die verordnete Buße von 500 Mark zuzüglich sechs Mark Auslagen für die Zeugen konnte Walter Wolfahrt nur mit einer langwierigen Ratenzahlung begleichen.

Willy Sachs kann die hohe Verfahrensgebühr durch einen Aktienverkauf finanzieren und geht als einer von fast einer Million, die sich dem Entnazifizierungsverfahren zu unterziehen hatten, von der unmittelbaren Nachkriegszeit hinüber in die Aufbaujahre der Bundesrepublik. Über die tatsächlichen Verstrickungen in das NS-Regime sagt seine Einstufung als »Mitläufer« so wenig aus wie bei den meisten Schicksalsgenossen, denen als Inhaber dezidierter Rüstungswerke gelegentlich sogar bescheinigt wurde, nicht an der Aufrüstung beteiligt gewesen zu sein. Der »Elitebonus«, der bei den Spruchkammerverfahren allgemein zu beobachten war, half auch ihm. Es unterstützte ihn auch sein raffinierter Anwalt, der seine Beziehungen spielen ließ und die infame Idee entwickelte, den Freund von Heinrich Himmler zu einem Opfer von dessen Rassenwahn zu erklären. Dabei mitzumachen, jüdische Bekannte für sich nachträglich zu instrumentalisieren und die kalte Arisierung des Geschäftspartners Max Goldschmidt einfach zu übergehen, zählt zu den dunkelsten Momenten dieser Entnazifizierung, die sonst so beschönigend und verharmlosend ablief, wie die meisten vergleichbaren Fälle. Vermutungen, dass Anwalt Jacobsen in konspirativer Weise inkriminierende Umstände aus der NS-Zeit von Willy Sachs bei der Entnazifizierung verheimlichen half und seinen Mandanten mit diesem Wissen erpresste, haben keine Grundlage. Wenn Jacobsen Willy Sachs später unter Druck setzte, brauchte er nicht so weit in die Vergangenheit zurückzugehen. Dafür lieferte ihm sein Schützling nach 1948 noch ausreichend Material.

Neuanfang in Schweinfurt

Von Glanz und Pracht, deren Willy Sachs sich einst gegenüber seiner Frau rühmte, ist nicht viel geblieben, als er Mitte 1948 wieder über sein Vermögen verfügen und seine Firma übernehmen darf. Die Produktionsanlagen sind zu zwei Dritteln zerstört. Die Fabriken in Reichenbach und Österreich müssen mitsamt den Maschinen abgeschrieben werden. Ausgerechnet das, was vor den Bomben in Sicherheit gebracht wurde, ist nun endgültig und vollständig verloren. Immerhin ist das Stammwerk dem Schicksal der völligen Demontage entgangen. Allzu viel haben die Herren der Demontagekommission nicht mehr vorgefunden, was sich abzubauen und zu transferieren gelohnt hätte. Bald ist den Besatzungsämtern im Gegenteil daran gelegen, dass die Produktion zweier Grundprodukte von Fichtel & Sachs wieder aufgenommen wird. Torpedo-Fahrradnaben werden in einer Zeit besonders gebraucht, in der selbst der bayerische Ministerpräsident seine Dienstfahrten per Fahrrad erledigt. Der Zweitaktmotor ist ein nützliches Antriebsaggregat für vielerlei Zwecke inmitten aller Zerstörung.

1947 zeichnet sich eine langsame Erholung des Unternehmens ab, und ein Jahr später sind bereits wieder 71 000 Quadratmeter der Betriebsfläche benutzbar, nachdem die ursprüngliche Fläche von

120 000 Quadratmetern bei Kriegsende auf 58 000 geschrumpft war. 3100 Mitarbeiter sind wieder bei Fichtel & Sachs in Lohn und Brot. Zum Stichtag der Währungsreform, dem 20. Juni 1948, wird die Eröffnungsbilanz mit 15 Millionen D-Mark vorgelegt und ein Reinvermögen von 32 Millionen D-Mark bilanziert. Es geht deutlich aufwärts mit dem Unternehmen, dessen Produktpalette bestens in die Wiederaufbauzeit passt.

Geht es nach Willy Sachs, war er an diesen Entwicklungen maßgeblich beteiligt. Er erzählt davon, wie er nach Kriegsende Bilanz zieht, wie es ihn bedrückt, die ersten Nachkriegs-Monatsberichte der Firma mit ihren mageren Produktionszahlen zu lesen. Vor allem aber erzählt er voller Stolz, dass er klare Anweisung als Chef gegeben habe, keine so genannten »Kompensationsgeschäfte« zu machen, und dies gegen den Willen seiner Direktoren. »Kompensation« war vor der Währungsreform ein nobles Wort für Schwarzmarktgeschäfte der gehobenen Form, bei der Ware gegen Ware unter Umgehung des Reglements der Waren- und vor allem Rohstoffkontingentierung getauscht und gehandelt wurde.

Das Merkwürdige an diesen Geschichten: Als dies alles geschah, war Willy Sachs erst im Internierungslager und danach nicht verfügungsberechtigt über sein Vermögen, stand das Unternehmen unter Treuhandverwaltung. Entweder flunkert Willy Sachs oder er hat es vermocht, aus dem Hintergrund die Fäden zu ziehen. Möglicherweise ist beides der Fall. Willy Sachs ist kein Mann, der die Wahrheit mit der Apothekerwaage bemisst, und nach Jägerart werden die Trophäen mit weiterem Abstand immer größer. Der Bericht über die Wohlinformiertheit von Willy Sachs selbst im Internierungslager Ludwigsburg ist aber ein deutlicher Hinweis, dass er sogar hinter Gittern bestens über die Lage zu Hause informiert ist. Warum sollte ihm nicht gelungen sein, was ein Friedrich Flick schaffte, der aus dem Kriegsverbrechergefängnis in Landsberg am Lech heraus sein Unternehmen steuerte.

Mitte 1948 ist es so weit, dass Willy Sachs wieder bei Fichtel & Sachs schalten und walten kann. Er agiert nunmehr als Vorsitzender des Aufsichtsrates, während sein ebenfalls frisch entnazifizierter Onkel Rudolf Baier die Generaldirektion übernimmt. Der erste Besuch im zerstörten Werk gewinnt fast traumatischen Charakter.

»Wo ist mein Vater? Wo ist mein Vater?«, gellt der Ruf durch die Eingangshalle des Verwaltungsgebäudes. Ratlos hört die Entourage von Willy Sachs den verzweifelten Ruf dieses ewigen Sohnes. Halluziniert er? Hat er durch die Internierung den Bezug zur Wirklichkeit verloren? Endlich kann sich der herumirrende Willy Sachs beruhigen und seine Umgebung aufklären. Er hat den Vater, die Büste von Ernst Sachs, gefunden, die früher am Eingang stand und jeden Eintretenden begrüßte, die aber im Zuge der Kriegswirren in einem Seitenraum deponiert worden war.

In Mainberg will sich Willy Sachs den Schock ersparen, nichts mehr so vorzufinden, wie er es verlassen hat. Zu genau sind die Berichte, die ihn sogar im Internierungslager erreicht haben. Der behutsame Umgang mit seinem Eigentum, den die amerikanischen Besatzer anfangs noch pflegten, hat nicht lange angehalten. Erst »befreiten« einige Soldaten die Kunstwerke von ihrem bisherigen Besitzer, dann gab das Militärkommando Bilder, Vasen, Figuren zum Verkauf an die Soldaten frei, die sich zu Spottpreisen mit Souvenirs eindecken konnten. Nach dem Abzug der Amerikaner bedienten sich die Mainberger im Schloss in einer Weise, die einer Plünderung gleichkam. Was sich leicht transportieren ließ, nicht zu sperrig war, wurde mitgenommen. Mancher Mainberger verblüffte plötzlich mit einem hochwertigen Anzug oder Mantel, und an einigen Häusern waren auffällig schöne Vorhänge zu sehen. Andere Mainberger waren diskreter und trugen ihre neu erworbenen Teppiche in der Dunkelheit vors Haus, um sie dort auszuklopfen.

Fassungslos sieht Willy Sachs den Treubruch, den Verrat »seiner« Mainberger. Was hat die Familie Sachs nicht alles für den kleinen Ort getan? Die Wasserleitung, die Kirche, das Kriegerdenkmal – alles Sachs-Stiftungen. Die Geschenke an die Kinder des Orts, an die Weinbergarbeiterinnen, die Bevorzugung der Mainberger im Fichtel & Sachs-Werk, die sie sogar vor Entlassungen schützte – alles mit einem Schlag so vergessen wie der Vermerk im Gemeinderatsprotokoll von Mainberg zum Tod von Ernst Sachs, dass ihm »der Großteil der Bewohner Arbeit und Brot« zu danken habe. Beschmutzt sieht Willy Sachs das Sterbehaus seines Vaters, das Geburtshaus seiner Kinder, das ihm zum Ärgernis und zur Last wird. Wie ein Satyrspiel auf die großen Zeiten unter Ernst und Willy Sachs mutet es an, wenn das Schloss 1954 an den windigen Unternehmer Wilhelm Heger verpachtet und 1955 verkauft wird. Haarwuchsmittel von angeblich wundertätiger Wirkung produziert der neue Besitzer in dem alten Gemäuer, lässt seine Apparaturen und Schreibtische zwischen Orgel und Ritterrüstungen aufstellen, bis ein veritabler Bankrott dem Treiben des Scharlatans ein Ende bereitet und das Finanzamt Schloss Mainberg zwecks Begleichung von dessen Steuerschuld beschlagnahmt. Zaghaft bleiben Gesten der Versöhnung von Willy Sachs gegenüber den Mainbergern. Er spendet 1000 Mark für neue Glocken und erlaubt, dass der Vorplatz des Schlosses für ein Gemeindefest genutzt werden darf, ohne dass er dieses materiell unterstützt.

Mit einem immateriellen Verlust wird Willy Sachs nach dem Kriegsende auf verblüffende Weise fertig: Er ignoriert, dass er nicht länger königlich schwedischer Konsul ist. Mit dem Ende des Deutschen Reiches enden alle diplomatischen Akkreditierungen, wobei das schwedische Außenministerium seinem Schweinfurter Konsul bis zuletzt beizustehen versucht. Ein schwedischer Konsul recherchiert, wie weit Stockholm den Honorarkonsuln bei Kriegsende zu unterstützen hat, muss aber an sein Ministerium berichten, im Fall Willy Sachs nichts zu machen: als SS-Mann im Stabe Himmlers und als Wehrwirtschaftsführer bestehe weder Anlass noch Möglichkeit, sich für ihn einzusetzen.

Die diplomatischen Usancen bezüglich des Führens eines Konsultitels nach Ende der Amtstätigkeit variieren nach Zeit und Ort. Nach heutigem deutschen Verständnis begeht ein justiziables Delikt, wer sich Konsul nennt, ohne es zu sein. Im schwedischen Außenministerium gibt man sich im Rückblick auf Willy Sachs konzilianter, vermerkt aber schon, es wäre korrekter gewesen, hätte Willy Sachs seinem Titel ein »ehem.« oder »a.D.« hinzugefügt. Willy Sachs denkt gar nicht an solche Einschränkungen. Kaum ist er nach Internierung und Entnazifizierung wieder voll geschäftsfähig, führt er auch schon den Titel »kgl. schwedischer Konsul«. Weil das alte Briefpapier mit dem Zusatz »Mitglied im Reichsjagdrat« nicht mehr zu verwenden und neues noch nicht angefertigt ist, wird der von jedem einschränkenden Zusatz freie Konsultitel sorgfältig mit der Schreibmaschine in den Briefkopf getippt. Das kann Willy Sachs sich und den Schweinfurtern nicht antun, dass der »Konsuul« auf einmal nicht mehr Konsul sein soll! In Oberaudorf kündet auf dem zu den Sachs'schen Besitzungen gehörenden Gut Vorderwildgrub das angewitterte alte Amtsschild mit schwedischem Kronenwappen bis heute von einstigen Konsulwürden.

Im Glanz des Wirtschaftswunders

Als Kette fast ununterbrochener Erfolge, als eine Geschichte des nahezu nahtlosen Aufstiegs präsentiert sich das Geschick von Fichtel & Sachs nach der Währungsreform von 1948. Zunächst wird mit den Standmotoren, den »Stamos«, und Motoren für Zweiräder an die Kriegsproduktion angeknüpft und an den Anfängen der Nachkriegsmotorisierung breiter Bevölkerungsschichten partizipiert. 1949 verdoppelt sich der Bestand an Motorfahrrädern, und große deutsche Motorradfabriken wie NSU, Horex und Zündapp erleben eine letzte Blüte, an der auch Fichtel & Sachs teilhat. Der Koreakrieg bringt 1950 ernsthafte Schwierigkeiten für die sich eben erholende deutsche Wirtschaft. Fichtel & Sachs erlebt einen Rückschlag, der sogar zu Entlassungen bei der inzwischen wieder auf über 5000 Mitarbeiter gestiegenen Belegschaft führt. Es soll für Jahrzehnte die letzte Krise des Unternehmens sein, das fortan von einem stetigen Aufstieg erfasst ist.

1953 kommt der »Sachs 50« auf den Markt, ein Zweitaktmotor mit integriertem Getriebe und Tretkurbelantrieb im Motorblock, ohne den die nun einsetzende Moped-Welle unvorstellbar wäre. Innerhalb von nur drei Jahren schwillt die Produktion von Mopeds von 124 000 auf 779 000 an. Fichtel & Sachs kann die Nachfrage gar nicht befriedigen, obwohl bis zu 40 000 Motoren im Monat erzeugt werden. Denn der Motor ist auch zu einem Exportschlager geworden. »Chacun son Sachs«, jedem sein Sachs, lautet etwa die Werbung für die frankophonen Länder, von der sich die Konsumenten gerne ansprechen lassen, weil ihnen Mobilität zu einem erschwinglichen Preis offeriert wird.

Immer weiter dreht sich die Schweinfurter Erfolgsspirale. Jedes Jahr bringt einen Umsatzrekord und nochmals erhöhte Mitarbeiterzahlen. Am 5.5.1955 wird eine neue Halle von 6500 Quadratmetern für die Motorenproduktion in Betrieb genommen, und – der Fünfen nicht genug: Es gibt auch noch 50 Mark extra in jeder Lohntüte. Nicht einmal das Ende der Moped-Konjunktur bedeutet einen massiven Einbruch. Der Wechsel hin zum Kleinauto wird verkraftet, weil Fichtel & Sachs sich als erfolgreicher Zulieferbetrieb für die Autoindustrie mit Kupplungen und Stoßdämpfern etabliert. Der Versuch, mit Artikeln fern der klassischen Produktlinie von Fichtel & Sachs dem Trend der Zeit zu folgen und etwa Kühlschränke zu erzeugen, bleibt eine erfolglose Episode. Stattdessen wird der Wunsch der Autofahrer nach mehr Bequemlichkeit aufgegriffen. Der Entwicklungsingenieur Richard Binder, der schon geschickt die Goldschmidt-Patente weiterzuentwickeln wusste, macht sich mit seinem Team daran, eine automatische Kupplung zu entwickeln. Als Saxomat geht sie in die Geschichte des Automobilbaus ein, bleibt vielen Nutzern allerdings vor allem wegen ihrer Störanfälligkeit in Erinnerung und führt letztlich in eine Sackgasse der Automobiltechnik. Nicht der automatischen Kupplung, sondern dem automatischen Getriebe gehört die Zukunft.

Wie bei jeder Entscheidung bei Fichtel & Sachs in der Nachkriegszeit soll es auch beim Saxomat Willy Sachs gewesen sein, der sie getroffen hat, und wieder könnte zwischen der Befindlichkeit des Eigners und der Produktentwicklung bei Fichtel & Sachs ein Zusammenhang bestehen, da Willy Sachs zunehmend von körperlichen Unpässlichkeiten heimgesucht wird und allem, was das Leben einfach macht, Sympathie entgegenbringt. Des Vaters Grundidee, Produkte zu erzeugen, die die Fortbewegung so leicht wie möglich machen, wird unter veränderten Umständen realisiert.

Ob Willy Sachs auch bei allen anderen Entwicklungen in seinem Unternehmen der alles bestimmende Fabrikherr gewesen ist, als der er sich gerne darstellt, ist mit Skepsis zu betrachten. Für das unmittelbare operative Geschäft war er formal nach 1948 als Aufsichtsratsvorsitzender nicht mehr zuständig. Er konnte Richtlinien festlegen, Strategien absegnen, Direktoren bestimmen. Dabei hielt er sich konsequent an die Vorgaben von Ernst Sachs, vor allem bei der Finanzierung des Unternehmens. Des Vaters Grundsatz, dass fremdes Geld nicht über das Unternehmen bestimmen darf, wird beibehalten, auch wenn die enormen Investitionen, die allein durch den Wiederaufbau erforderlich sind, den leichteren Weg fremder Kapitalbeteiligung nahe legen.

Das Bild vom alles bestimmenden Mann an der Spitze des Unternehmens, das Willy Sachs geschickt von sich entwirft, scheint mehr dem zu seiner Zeit gängigen Klischee des Wirtschaftswunderkapitäns denn der Realität geschuldet zu sein. Ist er in Schweinfurt, dann kommt er nach Art seines Vaters früh in das Unternehmen, geht durch die Hallen, pflegt in seiner berühmten volkstümlichen Art den Kontakt mit den Arbeitern und zieht sich in das »Konsulat« zurück, wie sein Büro im dritten Stock des Verwaltungsgebäudes betriebsintern genannt wird. Es ist kein Ort einsamer Entscheidungen, die von anderen zu exekutieren sind, sondern eher eine Repräsentanz des Firmeninhabers Willy Sachs.

Anders als sein Vater, der sich mit tüchtigen Mitarbeitern umgab, aber in allem und jedem selbst bestimmte, ist Willy Sachs ein »konstitutioneller Monarch«, wie der verdienstvolle Werkschronist Ernst Bäumler das Regiment charakterisiert. Seine Direktoren sind weitgehend frei in ihren Entscheidungen, und da die Entnazifizierung ohne große Blessuren überstanden ist, kann er auch wieder auf das vertraute Personal bauen. Neben Rudolf Baier ist dies vor allem Heinz Kaiser, der sich schon als persönlicher Manager von Willy Sachs in der NS-Zeit bewährt hat und auch in der bundesrepublikanischen Gesellschaft die Geschäfte souverän zu führen weiß. Als er 1956 bei einer Dienstfahrt tödlich verunglückt, haben die Trauerfeierlichkeiten den Charakter eines Staatsakts mit ausgewählten Lehrlingen, die Spalier stehen und dafür mit neuer Arbeitskleidung ausgerüstet werden und eine Gratis-Vesper erhalten.

Willy Sachs mischt sich in das Tagesgeschäft der Direktoren nicht nur aus grundsätzlicher Liberalität nicht ein, sondern wohl auch in Erkenntnis der eigenen Grenzen und Neigungen. Sitzungen, Konferenzen und Gremienberatungen sind seine Sache nicht und werden es mit den Jahren immer weniger. Seine depressiven Phasen verstärken sich, und er ist monatelang nicht ansprechbar. »Hast du überhaupt etwas zu tun?«, wird die Sekretärin von Willy Sachs etwas spöttelnd von ihren Kolleginnen aus anderen Abteilungen gefragt. Die Rechenau wird daher immer mehr zu seiner eigentlichen Residenz, in der er auch seine Geschäftspartner empfängt. Hier geht er mit seinem »Kronrat«, den Herren des Aufsichtsrats, auf Jagd, zu denen neben einem früheren Shell-Direktor auch der mächtige VW-Chef Heinz Nordhoff gehört. Auch seine Direktoren holt er in die Rechenau und bringt sie regelmäßig in Verlegenheit, da er mit ihnen bis spät in die Nacht zecht, aber bereits früh am Morgen wieder zur Besprechung bittet. Wirkliche Macht steht nur begrenzt hinter dem auftrumpfenden Wesen. Als er den Sohn seiner Lebensgefährtin zum Lehrling in seinem Werk machen will, winkt der technische Direktor Alfred Wrba ab. Ihm ist hier zu viel Familiäres im Spiel – und Willy Sachs kann nichts dagegen tun.

Damit sein Bild im heimatlichen Schweinfurt nicht verblasst, lässt Willy Sachs Journalisten kommen, präsentiert sich ihnen als zünftiger Jäger. Für das Photo neben einem geschossenen Gamsbock hängt er sich stramm das Gewehr über die Schulter, das bei der Pirsch längst der begleitende Berufsjäger samt Brotzeit im Rucksack für den an Korpulenz zu- und an Körperkraft abnehmenden 60-Jährigen zu tragen hat. Das Bedürfnis nach Selbstdarstellung, vom Vater geerbt und an Sohn Gunter weitergegeben, wird in vollen Zügen ausgelebt. Kommt er in München ins »Donisl« zum Mittagessen, dann stößt er seinen berühmten Brunftschrei aus, und alle Kellner eilen herbei, um dem Konsul jeden Wunsch von den Lippen abzulesen, über die eben noch der animalische Ruf kam.

Findet in Schweinfurt in »seinem« Stadion ein Radrennen statt, dann dreht der Konsul mit angespannter Miene zum Gaudium des Publikums eine schnelle Runde. Spielt der FC 05 und Willy Sachs ist in der Stadt, dann kommt er nicht nur als Zuschauer. Er vollzieht, von »Willy, Willy!«-Rufen der Zuschauer angespornt, den Anstoß. Trotz animierender »Hau drauf«-Anfeuerung durch das Publikum verfehlt er den Ball und spielt dann als zwölfter Mann beim FC 05 mit, bis ihn der Schiedsrichter auf die Ehrentribüne schickt, wo er bei der Einweihung neben Himmler stand. Immer mehr wird der Chef von Fichtel & Sachs zum Original, entspricht immer stärker dem Bild vom sympathischen »Urviech«. Feiert eine Mitarbeiterin Jubiläum, dann ist der Konsul, der sich in jungen Jahren auf der Rechenau bei Tanz und Schuhplatteln nicht überbieten ließ, beim Tänzchen noch immer dabei, auch wenn er häufiger damit beschäftigt ist, sich den Schweiß von der Stirn zu wischen. Hilft ihm ein Lehrling aus dem Mercedes, weil ihm das Aussteigen immer schwerer fällt, dann werden dafür 50 Mark gegeben, die der Konsul allerdings nicht dabeihat. Auch Sohn Ernst Wilhelm kann nicht aushelfen. Ein Sachs hat so viel großes Geld, dass er sich mit kleinem nicht belastet. Eine Sekretärin hilft aus der Verlegenheit, und der Lehrling kann das Hundertfache seines Stundenlohnes einstreichen.

Später Vater – Söhne und Erben

Beim Photo-, Trink- und Esstermin mit den Journalisten auf der Rechenau präsentiert sich Willy Sachs nicht nur selbst als Waidmann mit Imponiergehabe. Er stellt auch das »Peterle« vor und dessen Mutter Katharina Hirnböck, die die Gäste mit ihrem Gesang unterhält und durch ihr sympathisches Wesen für sich einnimmt. Das »Peterle«, ein weiterer Sohn von Willy Sachs, ist das, was im verklemmten Ton der Adenauer-Zeit ein »Kind der Liebe« genannt wird. 1950 ist er als Peter Hirnböck unehelich zur Welt gekommen. 1956, der Schuleintritt steht an, regelt Willy Sachs per Personenstandsänderung, dass sein Kind auch seinen Namen tragen kann. Erbrechtliche Konsequenzen sind damit nicht verbunden.

Offen bekennt sich Willy Sachs zu einer Beziehung und deren Frucht, die von klassenbewussten Beobachtern als Mesalliance gewertet und ihren Ursprung in der Zeit hat, als Willy Sachs 1947 aus dem Internierungslager in die Rechenau kommt und sein Gutshaus von Amerikanern besetzt war. Damals fand er eine Unterkunft bei Katharina Hirnböck, die sich auch um seinen kleinen Haushalt kümmerte. Man kannte sich schon aus früheren Zeiten recht gut. War doch der Mann von Katharina, Michael Hirnböck, Leibjäger von Willy Sachs gewesen, der ganz gern im Hause Hirnböck einkehrte und sich schon damals in dieser Gesellschaft recht wohl fühlte. Im März 1945 war ein letztes Mal eine Nachricht von dem zur Wehrmacht eingezogenen Michael Hirnböck aus Ungarn bei seiner Frau eingetroffen.

Willy Sachs und Katharina Hirnböck sind sofort sehr vertraut miteinander. Spätestens als sie 1950 in Stuttgart den Sohn Peter zur Welt bringt und mit ihm nach Oberaudorf kommt, wird das Verhältnis für jedermann offenbar, und Willy Sachs steht dazu. Nachdem sein Gutshaus von den Amerikanern geräumt ist, arrangiert der späte Vater Willy Sachs ein Familienleben der eigenen Art. Mit ihm leben nicht nur die Gefährtin und der gemeinsame Sohn, sondern auch die beiden Kinder aus der Ehe von Katharina Hirnböck, Hubert und Kathi. Der Hausherr modifiziert den Satz, mit dem Vater Ernst großgezogen worden war. Nun gilt nicht mehr »Wer sein Kind liebt, der züchtigt es.« Auf der Rechenau heißt es: »Wer sein Kind liebt, der verwöhnt es.« Der ohnedies immer großzügige Willy Sachs sieht keinen Grund, bei Kind und Stiefkindern in seiner Freigiebigkeit Zurückhaltung zu üben. Er, dem Elinor von Opel vorgeworfen hatte, das Familienleben gering zu achten, holt in der typischen Art später Väter in vollen Zügen nach, was er in jüngeren Jahren vernachlässigt hat.

Schon im Vorschulalter lässt Willy Sachs für Peter von Fachleuten eine ausgedehnte elektrische Eisenbahnanlage aufbauen, so wie Ernst Wilhelm und Gunter in ähnlich frühem Alter auf Schloss Mainberg mit dem klassischen Spielzeugtraum aller Väter beschenkt wurden. Es gibt ein motorisiertes Spielzeugauto, das natürlich mit einem Sachs-Motor ausgestattet ist. Auch die Hirnböck-Kinder sehen sich plötzlich in die Rolle von Königskindern katapultiert, die vom Herrn der Rechenau, ihrem neuen »Onkel Willy« auch mit seinem legendären Brunftschrei des Hirschs unterhalten werden.

Katharina Hirnböck beschreibt die acht Jahre zwischen der Geburt von Sohn Peter und dem Tod von Willy Sachs als Zeit harmonischer und intensiver Gemeinsamkeit. Man fährt gemeinsam nach Salzburg zum Konzert und nach München ins Theater, es werden Reisen nach Holland, Italien und in die Schweiz unternommen. Auch nach Schweinfurt begleitet Katharina Hirnböck ihren Lebensgefährten, unterscheidet sich in ihrem Auftreten nur durch das Fehlen der standesamtlichen Bindung von einer Ehefrau. In der Wahrnehmung Außenstehender scheint die Beziehung nicht so konfliktfrei und einträchtig zu sein. Nach den Worten seines Privatsekretärs kann es Willy Sachs auch in dieser Beziehung nicht lassen, sich anderen Frauen zu nähern.

Mit dem in den letzten Jahren einsetzenden körperlichen Verfall von Willy Sachs und der damit einhergehenden psychischen Veränderung von manisch-depressivem Charakter schleichen sich auch Fragen der materiellen Versorgung der Partnerin und des gemeinsamen Sohnes ein. Sie sind konfliktträchtig bei einer nicht durch Trauschein abgesicherten Partnerin und dem Nebeneinander von legitimen und illegitimen Nachkommen. An der Grundkonstellation allerdings kann die Existenz eines unehelichen Sohnes in keinem Fall etwas ändern. Für die Zukunft von Fichtel & Sachs sind Ernst Wilhelm und Gunter als eheliche Sprösslinge die entscheidenden Figuren in dem von Ernst Sachs geschaffenen dynastischen Konzept des Familienunternehmens.

Noch ehe die Entnazifizierung abgeschlossen und Willy Sachs wieder in seine Rechte als Firmeninhaber eingesetzt ist, bekommt er einen Brief aus der Schweiz. Ernst Wilhelm, sein einst mit allen Mitteln heimgeführter Sohn, meldet sich mit einem versöhnlichen Brief. Er schreibe auch im Auftrag seiner Mutter und wolle mitteilen, dass die »früheren Vorgänge« vergessen sein sollen, womit er die geplante Entführung der Sachs-Kinder aus der Schweiz meint. Willy Sachs brauche keine Sorgen zu haben, dass er von seiner früheren Frau und seinen Söhnen belastet werde. Für das Entnazifizierungsverfahren wünscht Ernst Wilhelm seinem Vater alles Gute. Trotz des Gezerres um seine Person, trotz des Hin und Her zwischen Valbella und Mainberg wird Ernst Wilhelm immer ein loyaler Sohn sein, der bereit ist, seine Rolle als Erbe und Kronprinz anzunehmen, wie der Hinweis auf das Spruchkammerverfahren andeutet, das auch darüber entscheidet, was aus seinem und seines Bruder zukünftigem Vermögen wird.

Für Ernst Wilhelm ist sein Vater kein Phantom, das er nur aus der Erzählung der Mutter kennt. Ein gutes Jahr hat er auf Mainberg mit ihm gelebt. Die Rechenau ist ihm vertraut. Anders ist es mit dem jüngeren Gunter. Mit 18 Jahren trifft er zum ersten Mal bewusst seinen Vater. Er weiß von ihm nur aus den Darstellungen seiner Mutter, die von einem Mann erzählt, der ein großes Herz besitzt, aber auch ein Talent, sich und seine Taten groß darzustellen, und hinter der temperamentvollen Maske ein empfindsames Gemüt verbirgt. Eine Fremdheit zwischen dem Vater und seinen Söhnen, besonders zu Gunter, ist kaum zu vermeiden, so fern waren die Kinder von ihrem Erzeuger groß geworden.

Von einem Dorf von acht Häusern in alpiner Abgeschiedenheit spricht Gunter Sachs, wenn er auf die Lebensumstände seiner Kindheit zu sprechen kommt. Eine Luftaufnahme von Valbella, einem Ortsteil von Lenzerheide, lässt das mütterliche Chalet Gentiane nicht ganz so einsam erscheinen, wie von Gunter Sachs beschrieben. Aber noch ist Valbella stark ländlich geprägt und nicht so dicht bebaut wie heute, hat keine Tankstelle, keine Cafés und nicht so viele Hotels. Kinder der benachbarten Bauernhöfe sind die Spielgefährten von »Wutzi« und »Gunti«, wie Ernst Wilhelm und Gunter hier genannt werden. Sie sind als Kinder der deutschen Mutter etwas Besonderes, auch wenn gerade Gunter von klein auf den Bündener Dialekt spricht und ihn auch nie verlernen wird.

Es ist ein großes Haus, in dem sie leben und das sich von den Bauernhöfen rundum unterscheidet. Im Hause von Opel zu spielen, ist für Kinder des Ortes eine Auszeichnung und entsprechend begehrt. Mit Kinderscherzen wird die Auswahl getroffen, wenn etwa Gunter ein Streichholz in einen Kuhfladen steckt und dem, der es mit dem Mund herauszieht, verspricht, bei ihm spielen zu dürfen. Eine große Sammlung von Spielzeugsoldaten beeindruckt die Kinder des Ortes besonders und geistert noch heute durch ihre Erinnerung. Mancher kann der Versuchung nicht widerstehen, eine der kleinen Figuren mit nach Hause zu nehmen. Sieht Gunter sie dann an fremdem Ort, wird sie entschieden zurückgefordert, gibt es eine kurze Maßregelung, aber kein nachtragendes Grollen.

Die Bauernkinder haben ihrerseits etwas zu bieten, was im

Hause von Opel bei aller auch in der Schweiz geschickt finanzierten Wohlhabenheit fehlt: Essen satt. In der Schweiz herrscht während des Zweiten Weltkriegs Lebensmittelbewirtschaftung. Was es auf Karten zu kaufen gibt, reicht, stillt aber nicht unbedingt den Appetit von Heranwachsenden. Auf den Bauernhöfen der Spielkameraden dürfen Wutzi und Gunti voll zugreifen, wo zu Hause Schmalhans Küchenmeister ist wie einst beim Großvater, diesmal aber nicht wegen persönlich unzulänglicher Lebensverhältnisse. Die auch in der neutralen Schweiz vom Krieg bestimmten Umstände gebieten es.

Von den Sachs-Brüdern ist in der Erinnerung der Altersgenossen Gunter eine dominierende Ausnahmeerscheinung. Selbst wenn der spätere Glanz des Strahlemanns der bunten Blätter das Jugendbildnis aufhellen mag, so bleibt in jedem Fall das Bild eines mutigen, souveränen und tatenlustigen Jugendlichen. Im helvetischen Charakterwechselspiel zwischen Sanftmut und trotziger Selbstbehauptung weiß Gunter Sachs von Anfang an, dass er die Tell-Rolle übernehmen will, als hätte ihm Schiller persönlich das Selbstbekenntnis des Freiheitshelden ins Stammbuch geschrieben:

Rastlos muss ich ein flüchtig Ziel verfolgen,
Dann erst genieß ich meines Lebens recht,
Wenn ich mir's jeden Tag aufs neu erbeute.

Die Unerschrockenheit, die Gunter Sachs später auf der Cresta-Bahn von St. Moritz beweist, prägt schon den ganz jungen Skifahrer. Im Sommer reicht ihm das Sprungbrett am See nicht. Er stellt einen Stuhl auf das Dach einer Hütte am Strand, um von so weit oben wie möglich in die Fluten zu springen. Später kann er – »Jedem seinen Sachs« – mit einem damals noch seltenen Moped herumkurven.

Elinor von Opel nimmt beiden Kindern gegenüber ihre Erziehungsaufgabe ernst, wozu auch gehört, den Sinn für das Schöne zu schärfen. Will sie die Kinder die Pracht eines Sonnenuntergangs im Gebirge genießen lassen, so fährt sie mit ihnen über den nächsten Pass. Während der Fahrt zur schönen Aussicht tun die Söhne, was schon der Großvater als Kind mit Leidenschaft getan hat: Sie lesen in einem Karl May-Buch. Als Ernst Wilhelm und Gunter noch beim Aussteigen die Lektüre fortsetzen, gibt es zwei Ohrfeigen: »Genießen, habe ich gesagt!«

Der mütterliche Wille zur umfassenden Bildung ihrer Kinder beschert Gunter Sachs frühe sexuelle Erfahrungen. Zum Lernen für eine Zusatzprüfung in Latein wird eine Nachhilfelehrerin engagiert. In der Erinnerung von Gunter Sachs trägt das unterrichtende Fräulein den viel versprechenden Namen Pfefferli. Die 24-Jährige übt mit dem acht Jahre jüngeren Adepten vor allem die »ars amandi«, die Liebeskunst, nicht aber die lateinische Grammatik. Als sich die heimkehrende Mutter danach erkundigt, wie Gunti denn so war, erhält sie die Auskunft: »Frau von Opel, ich muss Ihnen die Wahrheit sagen. Er war sehr faul und wird die Prüfung nicht schaffen.«

Ihre gymnasiale Ausbildung erhalten Ernst Wilhelm und Gunter auf edlen und teuren Schweizer Internaten. In beider Lebenslauf wird das Institut auf dem Rosenberg in St. Gallen vermerkt. Von Gunter Sachs ist darüber hinaus seine zweijährige Zeit am Lyceum Alpinum in Zuoz überliefert und dokumentiert. Beide Einrichtungen wenden sich, wie es beim »Institut auf dem Rosenberg« in der Selbstbeschreibung hieß, an die »höheren Stände«. Wer sein Kind in eines dieser Internate schickt, weiß es in Gesellschaft Wohlhabender. Die Jahresgebühr in Zuoz beträgt heute über 50 000 Schweizer Franken.

Gunter Sachs erinnert sich stets gerne an seine Schul- und Internatszeit. Besonders hebt er hervor, dass er mit den Söhnen von sieben echten Königen zur Schule gegangen sei, weil er damit Souveränität und Lebensart gewonnen habe, die ihn für den Rest seines Lebens prägen. Stil, Geschmack und Ritterlichkeit zählt Gunter Sachs zu den Qualitäten, die ihm durch diesen Umgang vermittelt worden seien. Ein Dutzend Königskinder nennt Gunter Sachs als seine Mitschüler in Lausanne, wo er seinen Angaben zufolge ebenfalls zur Schule und dann zur Universität gegangen ist.

In Zuoz im Engadin ist Gunter Sachs in den langen Fluren des burgartigen Internats inmitten hoher Berge als Vorzeigeschüler zu betrachten. Auf den Photos, die von den sportlichen Taten der Zuozer Schüler künden, ist er als Strahlemann im Cricket-Team zu sehen, wenn er, damals schon »Old-Boy«, zum Treffen der ehemaligen Zuozer gekommen ist. Nicht weit von den Bildern des Vaters hängen jene, die Sohn Rolf Sachs als Kapitän der Schüler-Eishockeymannschaft zeigen.

Royalties sind auf den Schülerlisten der Nachkriegsjahre in Zuoz nicht zu finden. In der geschmolzenen Schülerzahl dominieren Kinder aus ersten Schweizer Familien. Gunter Sachs ist mit seiner damaligen deutschen Staatsbürgerschaft um diese Zeit eine Ausnahme, denn das einst renommierte Institut musste sich nach 1945 erst wieder mühsam seinen guten Ruf erringen. Als HJ-Stützpunkt, mit einem in entscheidenden Teilen dem Dritten Reich verbundenen Lehrkörper, war Zuoz negativ ins Gerede gekommen und musste unter neuer Leitung um Ansehen und vor allem wieder um deutsche Zöglinge kämpfen. Ende der 40er Jahre gab es in dem sich gerade wieder etwas erholenden Deutschland wenige Eltern, die ihren Kindern einen Aufenthalt im Nobelinternat finanzieren konnten. Mit Sympathien hatten Deutsche im Ausland obendrein nur begrenzt zu rechnen. Gunter Sachs ist in seinen zwei Zuozer-Jahren daher ein Sonderfall. Er ist von Geburt ein Deutscher, aber in der Schweiz großgeworden, unbelastet von der Diktatur des Dritten Reiches. Mit großer Selbstverständlichkeit wächst ihm, der fließend Schweizerdeutsch spricht, eine Mittlerrolle zu, wird er zum Repräsentanten eines neuen, unbeschwerten, weltläufigen Deutschland.

Zuoz orientiert sich am Vorbild englischer Internate und offeriert seinen Zöglingen eine breite Variation von Sportmöglichkeiten, womit Gunter Sachs die schon in Valbella bewiesene Paarung von Draufgängertum und Sportlichkeit auf höherer Ebene fortsetzen kann. Zu den stilprägenden Erfahrungen von Zuoz gehört auch die Kleidung der Old Boys. Deren dunkelblauer Blazer, der bei den Veteranentreffen eine Selbstverständlichkeit ist, wird zum klassischen Kleidungsstück von Gunter Sachs, wenn er nicht vor allem in jüngeren Jahren mit schick-salopper Kleidung einen dezidierten Kontrapunkt zum konventionellen Outfit setzt.

Mit 18 Jahren begegnet Gunter Sachs zum ersten Mal bewusst seinem Vater. Diese an sich schwierige Situation wird dadurch erschwert, dass Vater und Sohn einander in ihrer Freude am Leben und am Genuss durchaus ähneln, aber in der Art, dieser Neigung zu leben, sehr verschieden sind. Dem jungen Mann, der an den ersten Adressen höhere Lebensart kennen gelernt hat, der sich »Stil« zum Lebensprinzip gewählt hat, das er in altersbedingt unterschiedlichen, aber immer deutlichen Formen auslebt, begegnet in seinem Vater einem Mann von ausgeprägter Eigenart, die sich eher mit »Urwüchsigkeit« denn mit »Stil« benennen lässt.

»Söhne sehen in ihren Vätern gerne Helden«, sagt Gunter Sachs und deutet an, ohne es direkt auszusprechen, dass sein Vater den heroischen Vorstellungen des Sohnes beim späten Kennenlernen nicht entsprochen hat. Die Enttäuschung über den Vater mag sich in Grenzen gehalten haben, weil Mutter Elinor von Opel ihren Kindern ein unheroisches Vaterbild vermittelt hat, ohne den Erzeuger ihrer Kinder über Gebühr zu diskreditieren. »Meine Mutter erzählte uns Kindern, dass Vater ein großer Held im Jägerlatein gewesen sei und ließ uns ein großes Herz, aber kein großes Heldentum vermuten«, berichtet Gunter Sachs und resümiert: »Die Mutter hatte Recht.«

Mit Stolz und Wohlwollen reagiert Willy Sachs auf den nahezu erwachsenen Sohn. »Ist er nicht ein schöner Bursch«, urteilt er Zustimmung heischend, wenn er Gunter vorstellt. Er zeigt sich gerne mit ihm und Ernst Wilhelm, besucht mit ihnen gesellschaftliche Veranstaltungen, wobei ihm der ältere und vertrautere Ernst Wilhelm offensichtlich näher steht. So wie Mutter Elinor von Opel schon angemerkt hat, dass Willy Sachs dem jüngeren Sohn nicht ebenso viel Aufmerksamkeit schenkt wie dem älteren, so mag auch Gunter Sachs das Gefühl gehabt haben, sein Vater könnte ihn nicht in gleicher Weise schätzen wie seinen Bruder Ernst Wilhelm.

Es gibt Stimmen, die dies für eine elegante Schutzbehauptung halten, mit der Gunter Sachs seinen Abstand zu Schweinfurt und dem väterlichen Werk begründen konnte. Es ist auch unübersehbar, dass Willy Sachs an seinem Vorhaben, die väterliche Idee vom über Generationen fortbestehenden Familienunternehmen vor allem mit Ernst Wilhelm verwirklichen will. Unübersehbar ist aber, dass Willy Sachs auch bei Gunter die Weichen dafür stellen will, damit er im väterlichen Betrieb Verantwortung übernehmen kann. Er nimmt auf den Ausbildungsplan des Jüngeren Einfluss.

»Ich habe in der französischen Schweiz Mathematik studiert«, sagt Gunter Sachs über seine Zeit nach dem Abgang von Zuoz und meint damit den Studienort Lausanne, der für ihn auch Wohnsitz und Ort für seine Kunstsammlung wird. Die etwas unbestimmte Angabe führt immer wieder dazu, dass er als studierter Mathematiker gilt. Als die Wochenzeitung *Die Zeit* Gunter Sachs als Diplom-Mathematiker vorstellt, muss der solchermaßen Titulierte richtig stellen: »Ich habe Anfang der fünfziger Jahre an der Ecole Polytechnique de l'Université Lausanne (EPUL) die Prüfung in Mathémathique Spéciale(!) erfolgreich bestanden und mich dann noch zwei Semester mit speziellen mathematischen Fächern beschäftigt.«

Der damit gemeinte »Cours Mathématiques Spéciales« (CMS) ist ein einführendes Studienangebot an der Lausanner Universität für Abiturienten, deren Reifezeugnis nicht zum Studium an einer eidgenössischen technischen Hochschule berechtigt. Als »année préparatoire«, als Vorbereitungsjahr, geht der CMS einem eigentlichen Studium voran und umfasst in zwei Semestern neben Unterricht in höherer Mathematik auch noch Unterweisung in darstellender Geometrie und naturwissenschaftlichen Fächern. Am Ende steht kein Diplom, sondern die Zulassung zum Studium an der EPFL, wie die EPUL heute heißt.

Eine Feinmechanikerlehre bei Bosch in Stuttgart und eine anschließende Banklehre bei der Commerzbank in München werden als weitere wohl vom Vater gewünschte Ausbildungsstationen von Gunter Sachs angegeben, wozu noch ein in Nantes erworbenes Dolmetscherdiplom kommt. Der Ausbildungsweg von Gunter Sachs ähnelt dem seines Vaters, und die Dichte der Stationen lässt daran zweifeln, ob in jedem Fall die Ausbildung bis zur letzten Konsequenz vorangetrieben wurde. Derartig viele Studien und Lehren sind schwer in wenigen Jahren bis zum vollgültigen Abschluss zu bringen, besonders, wenn auch das Privatleben nicht zu kurz kommt. 1955 heiratet Gunter Sachs die Studienkollegin Anne-Marie Faure, Tochter eines Algerien-Franzosen und einer Argentinierin. Bald wird mit der Geburt von Sohn Rolf aus dem Ehepaar eine Familie.

Der bedrohliche Anwalt

Seit Willy Sachs wieder Herr über sein Vermögen ist und als Aufsichtsratsvorsitzender seiner Firma agiert, begleitet ihn eine juristisch-personelle Altlast. Sein Anwalt im Entnazifizierungsprozess Dr. Hanns Jacobsen weicht beruflich nicht von seiner Seite. Private wie geschäftliche juristische Angelegenheiten werden von Jacobsen erledigt. Willy Sachs kann mit dieser Partnerschaft leben, aber ein Mann nimmt daran Anstoß, der seit 1950 zu einer wichtigen geschäftlichen Bezugsperson für Willy Sachs wird, der Rechtsanwalt Dr. Roderich Mayr. Dieser ist ein konservativer, als untadelig beleumundeter Jurist, Finanz- und Wirtschaftsfachmann, der auch als Anwalt das Haus Wittelsbach vertreten hat. Mayr, der neben Willy Sachs im Aufsichtsrat von Fichtel & Sachs sitzt und nach dessen Tod als sein Nachfolger den Vorsitz in diesem Gremium übernehmen wird, sieht die Verbindung zu Jacobsen mit zunehmendem Missbehagen und drängt auf Trennung.

Willy Sachs, der, wie sich herausstellen wird, gute Gründe hätte, sich von Jacobsen loszusagen, hält an ihm fest, versteht sich in einer Mayr irritierenden Weise mit Jacobsen, der mit seinem eleganten, gefälligen Auftreten durchaus für sich einzunehmen weiß. Aber Roderich Mayr lässt nicht locker in seinem Bemühen, Jacobsen loszuwerden, über den er sich ziemlich abfällig äußert. Als Beirat der Bayerischen Vereinsbank erfährt Mayr, dass Jacobsen auch nach dem Krieg noch für sein zwielichtiges Agieren während des Dritten Reiches bekannt ist. Mayr ist davon überzeugt, dass Jacobsen zum wirtschaftlichen Nachteil der Firma und von Willy Sachs agiert, und er erreicht, dass sich Willy Sachs von seinem Generalbevollmächtigten trennt. Jacobsen nimmt seine Entlassung nicht hin und reicht 1954 beim Landgericht Traunstein zwei Zivilprozessklagen auf höhere Abfindung ein.

Wie sich nun herausstellt, besteht bereits seit dem 4. April 1948 ein doppeltes Vertragsverhältnis zwischen Jacobsen und Willy Sachs, das zwei Wochen vor der Spruchkammerverhandlung zustande gekommen war. Damals hatte Jacobsen, so die Darstellung von Willy Sachs, seinen weiteren Einsatz für ihn davon abhängig gemacht, dass zwei Verträge unterzeichnet werden. Der eine regelte, dass Willy Sachs durch seine Firma auf einem der Ehefrau von Jacobsen gehörenden Grundstück schlüsselfertig ein Haus errichtet. Der andere Vertrag räumte Jacobsen das Recht ein, Willy Sachs in allen privaten und geschäftlichen Rechtsgeschäften zu vertreten, wofür neben den anfallenden Anwaltskosten ein monatliches Fixum von 2000 Mark vereinbart wurde.

Außerdem hat Hanns Jacobsen damals einen Mann seiner Wahl im nächsten Umfeld von Willy Sachs implantiert. Der Privatsekretär Wilhelm Röger, der so gut über den Entführungsversuch der Sachs-Kinder Bescheid weiß, kam auf Empfehlung von Jacobsen in sein Amt oder, wie Willy Sachs jetzt erklärt, auf Druck von Jacobsen, der bei dieser Personalie einige Raffinesse beweist. Röger ist homosexuell und damit ständig von einer Verfolgung nach Paragraph 175 des Strafgesetzbuches bedroht. Exakt zu der Zeit, da Röger für kurze Zeit als Treuhänder für die Sachs-Holding agiert, gerät er ins Visier der Kriminalpolizei, die sogar das Münchner Büro der Holding für einen Homosexuellentreffpunkt hält. Jacobsen erreicht für seinen Schützling einen Freispruch mangels Beweisen – und hält ihn mit nahezu erpresserischer Gewalt durch das Wissen über seine Homosexualität unter Kontrolle. Als es 1950 zu Differenzen zwischen Röger und Jacobsen kommt, droht dieser damit, die Firma über das strafbedrohte sexuelle Treiben des Privatsekretärs von Willy Sachs zu informieren. Es gehört zum »System Jacobsen«, seine Klienten mit dem Wissen in Schach zu halten, das er durch seine anwaltliche Tätigkeit gewinnt. Seiner Neigung zum Doppelspiel entspricht es, dass Jacobsen Röger unter Druck setzt, doch zugleich dessen Arbeitgeber über die Homosexualität des Privatsekretärs unterrichtet.

Der Prozess »Jacobsen gegen Sachs« zieht sich hin, weil es dem Gericht in Traunstein nicht leicht fällt, im Dickicht der Vorwürfe von Steuerhinterziehung, geschäftsschädigendem Verhalten und unzulänglicher Aufgabenerfüllung zu einem Urteil zu kommen. Einer der Zeugen ist Wilhelm Röger mit einer für Willy Sachs wenig günstigen, Hanns Jacobsen aber entlastenden Aussage. Die Reaktion kommt so prompt, wie sie dem heftigen Temperament von Willy Sachs entspricht: Röger wird entlassen. Wütend über den Hinauswurf sucht Röger ausgerechnet in der Kanzlei Jacobsen Rat und ergeht sich dort in massiven Drohungen: »Wenn mich der Sachs vernichtet, dann vernichte ich ihn.« Ein Anruf von Röger am 22. Dezember 1955 bei Willy Sachs bringt nicht mehr, als dass Willy Sachs meint, es solle vergessen werden, was gewesen sei. Im Übrigen wünsche er gute Feiertage. Die freundliche Unzugänglichkeit von Willy Sachs erzürnt Röger erst recht, und er schreibt an ihn einen unverhohlen drohenden Brief: »In den vergangenen Jahren sind ja, wie Sie wissen, manche Dinge geschehen, deren Bekanntwerden ihre bürgerliche Existenz vernichten würde.«

Das Schreiben, am 24. Dezember abgeschickt, bedeutet für Willy Sachs eine weitere unerwünschte Bescherung, nachdem er schon am 23. Dezember einen ihn in Angst und Schrecken versetzenden Anruf von Jacobsen erhalten hat, den dieser auf Wachsplatte mitschneidet. Es wird geplaudert, und Willy Sachs will abschließend ein frohes Fest wünschen, da hat Jacobsen noch etwas mitzuteilen. Er wolle ihm, nachdem die Geschäftsbeziehungen durch den Traunsteiner Prozess zu Ende gehen, noch einen »allerletzten Dienst« erweisen. »Was ich gerade noch sagen wollte – behalten Sie es aber für sich – die Geschichte... Sie wissen, was damals der Pirzer gemacht hat... die Vermittlung mit dem jungen Arzt... da ist vermutlich etwas gegen Sie im Gange.«

Noch am selben Tag wendet sich Roderich Mayr empört an Jacobsen, wirft ihm vor, Willy Sachs unter Druck zu setzen und droht damit, eine Strafanzeige einzureichen. Er hätte in zurückliegenden Fälle verhindert, dass Vorstandsmitglieder von Fichtel & Sachs gegen Jacobsen Anzeige wegen Verletzung des Berufsgeheimnisses erstatteten, nun aber sei das erträgliche Maß überschritten. Auch das erst nach dem Tod von Willy Sachs gegen Jacobsen verhandelnde Strafgericht kommt zu dem Schluss, dass Jacobsen das Telefonat geführt habe, »um dem labilen Konsul Sachs Angst einzuflößen«. Gründe dafür hatte Jacobsen nach Meinung des Gerichts genug: Entweder handelte er aus bloßer Rachsucht oder Bosheit, oder er wollte seine Unentbehrlichkeit unterstreichen oder schlicht Druck ausüben, damit in dem Zivilprozess in Traunstein ein für ihn günstiger Vergleich zustande kommt.

Auf diesen Vergleich muss noch gewartet werden, weil Jacobsen das Druckpotenzial erhöht. Erst lässt er den nach dem Anruf in Angst und Unwissenheit verzweifelnden Willy Sachs warten und zieht sich zum Skiurlaub an den Spitzingsee zurück, unfern von der Rechenau, aber abgelegen genug, um unerreichbar zu sein. Dann kocht er »die Geschichte... was damals der Pirzer gemacht hat«, hoch, die in einer Strafanzeige gegen Willy Sachs kulminiert. Davon weiß das Gericht in Traunstein nichts, das den Vergleich absegnet, der Ende März 1956 zustande kommt und verblüffend von dem abweicht, was Willy Sachs eigentlich zu zahlen bereit war. Statt der angebotenen 24 000 Mark Abschlagszahlung sind es nun fast 100 000 Mark für Jacobsen und dazu noch das Haus für seine Frau, dessen Wert inzwischen mit 250 000 Mark festgesetzt wird.

Es ist ein seelisch und körperlich derangierter Willy Sachs, der diesem Vergleich zustimmt. Die Befürchtung, dass sein guter Ruf gefährdet sei, setzt ihm zu. Telefonanrufe, sonst das Elixier seines Lebens, versetzen ihn in Schrecken. Auch sein Körper ist angegriffen. Im Telefonat mit Jacobsen klagt er: »Heute läuft mir nur so das Wasser herunter... die Nierensteine... und die Aufregung der letzten Wochen und Jahre.« Für einen Mann, der immer aus dem Gefühl unerschöpflicher Vitalität heraus gelebt, der Kraft und Stärke so demonstrativ zur Schau gestellt hat, sind es nicht einfach Unpässlichkeiten, wenn der Körper nicht mehr so mitspielt wie bisher. Der körperliche Niedergang stellt sein über Jahre entwickeltes und gepflegtes Selbstverständnis in Frage.

Tod von eigener Hand

Im Oktober 1957 wird Willy Sachs mit dem Großkreuz zum Bundesverdienstkreuz ausgezeichnet, das ihm diesmal nicht wie der schwedische Vasaorden per Post zugeschickt, sondern durch den bayerischen Ministerpräsidenten überreicht wird. Das Geld, mit dem er sich diese Auszeichnung verdient hat, ist gut angelegt. Er wird dafür geehrt, die Ernst-Sachs-Hilfe nach dem Krieg wieder mit eigenem Kapital aufgebaut zu haben. Die väterliche Stiftung war durch die Währungsumstellung weitgehend entwertet. Willy Sachs hat sie mit der neuen, harten D-Mark praktisch neu gegründet. Der väterliche Grundsatz, dass ein Sachs soziale Verantwortung für die Beschäftigten zu übernehmen hat, wird von Willy Sachs beherzigt und weitergegeben. Ernst Wilhelm Sachs wird in seiner kurzen Zeit als Chef von Fichtel & Sachs erklären: »Für die Rentner sollte man noch was tun, hat Papa gesagt.«

Die öffentliche Auszeichnung mit dem Bundesverdienstkreuz, die damit verbundenen Würdigungen in der Presse gelten einem Mann, der hinter der Fassade der bürgerlichen Respektiertheit ständig fürchten muss, seine Reputation zu verlieren. Ein Besuch der Staatsanwaltschaft auf der Rechenau dringt nicht an die Öffentlichkeit. Ein drohendes Strafverfahren wird abgewendet. Der Sorgen ist Willy Sachs damit noch nicht ledig. In einem im Sommer 1958 eingeleiteten Strafverfahren gegen Hanns Jacobsen und jenen Johann Pirzer, den Jacobsen in dem bedrohlichen Telefonat zu Weihnachten 1955 erwähnt hat, spielt auch Willy Sachs eine Rolle. Zwar soll er nur als Zeuge auftreten, aber es wird immer deutlicher, dass in dem anstehenden Prozess gegen Pirzer und Jacobsen für Willy Sachs höchst unangenehme Dinge zur Sprache kommen könnten.

In Oberaudorf wird beobachtet, wie sich Willy Sachs körperlich verändert, das Alter weit stärker von ihm Besitz ergreift, als es einem 60-Jährigen ansteht. Je mehr die Kräfte schwinden, umso mehr wird von ihnen erzählt. Die Schlagkraft des Boxers Willy Sachs gewinnt in seinen Schilderungen mehr Wirkung, als sie wohl je hatte. Voller Stolz wird von den aktuellen Erfolgen berichtet, für die nun die Söhne zuständig sind. Der ansehnliche Gunter hat eine attraktive Frau aus besten Kreisen und macht Willy Sachs zum Großvater. Er kommt mehrmals im Jahr zu Besuch und ist mit seiner Frau auf der Rechenau eine Vorzeigeerscheinung. Ernst Wilhelm durchlebt im Privaten einige wilde Jahre, hält sich beruflich aber gewissenhaft an die väterlichen Vorgaben mit einem Praktikum bei Daimler-Benz und einer Ochsentour durch das eigene Unternehmen. Der Traum, dass Fichtel & Sachs im Sinne des Gründers ein Familienunternehmen bleibt, scheint sich zu verwirklichen. Voll Stolz erzählt Willy Sachs davon, dass Ernst Wilhelm in die Geschäftsleitung aufsteigen wird.

Ein auch für Außenstehende erkennbarer Schatten fällt auf das Familienglück mit dem Tod der Ehefrau von Gunter Sachs. Im Dorf fragt man sich, ob Willy Sachs oben auf der Rechenau nicht zur Beerdigung gefahren ist. Steht es so schlecht um seine Gesundheit, oder gibt es familiäre Differenzen? Schließlich gilt es ein Erbe zu regeln, und da sind nicht nur die Ansprüche der Söhne Ernst Wilhelm und Gunter. Da sind auch Katharina Hirnböck und Sohn Peter. Den Namen Sachs bekommt Peter, aber wird er auch etwas vom Erbe bekommen? Als unehelichem Sohn steht ihm nach damaligem Recht kein Pflichtteil zu. Katharina Hirnböck weiß, dass sie nicht geheiratet werden wird. Aber unversorgt möchte sie nicht zurückbleiben, falls Willy Sachs etwas zustößt. Willy Sachs beruhigt: Er habe in München alles anwaltlich geregelt für seinen Todesfall, der plötzlicher eintritt als erwartet. Die testamentarische Verfügung über das Gesamtvermögen bereitet Willy Sachs Sorgen, wie die von ihm hinterlassene Regelung zeigt, in der Skepsis gegenüber den Söhnen Ernst Wilhelm und Gunter mitschwingt.

Der November 1958 zeigt selbst in der idyllischen Rechenau seine düstere Seite. Tief senken sich Wolken und Nebel in die Täler und wollen dann gar nicht weichen. Zu Allerheiligen flackern unten im Dorf die Kerzen an den Gräbern. Der Gutsherr oben auf seinem Gut hat hier kein Grab, das er aufsuchen müsste. Aber Anlass genug hat er zum Gedenken in der Woche zwischen Volkstrauertag und Totensonntag, auf den in diesem Jahr der Geburtstag seines Vaters fällt. Der Geist von Ernst Sachs ist auf der Rechenau immer gegenwärtig, auch wenn Willy Sachs das Haus modernisiert, in ein »Millionenobjekt« verwandelt hat, wie er gerne anklingen lässt.

Hier hat der Vater seinem Sohn das Patriarchenleben vorgelebt, ist mit ihm zur Jagd gezogen, hat in langen Wanderungen seine Vorstellungen von der Zukunft von Werk und Familie entwickelt. Hier wurden stürmische Feste gefeiert, die oft die Kräfte der Gäste, nie des Gastgebers überforderten. Des Vaters bevorstehender Geburtstag, der wenige Tage zurückliegende Geburtstag von Sohn Gunter sind geeignet, bilanzierende Gedanken zu wecken, erst recht, wenn in wenigen Wochen eine Offenlegung dunkler Seiten des eigenen Lebens droht.

Willy Sachs kann sich sagen, das Werk seines Vaters konsequent durch die Fährnisse der Zeit gesteuert, aus Schutt und Asche wieder aufgebaut zu haben; er war seinen Arbeitern ein fürsorglicher Chef. Als Sohn und Herr des Unternehmens könnte Willy Sachs vor seinem Vater bestehen. Privates, Persönliches aber bedrückt. Seiner Frau war er kein guter Ehemann, seinen Söhnen ein problematischer Vater. Und jetzt droht wieder einmal in seinem Leben ein Prozess. Angeklagt sind diesmal andere, aber doch geht es um ihn, um Schattenseiten seines Lebens, die er bisher verborgen halten konnte. Erst einmal öffentlich gemacht, könnten sie das so sorgsam gepflegte Bild der allseits geschätzten Persönlichkeit trüben.

Auch Naturen von stärkerer seelischer Konstitution als Willy Sachs würden in dieser Situation mit Schwermut zu kämpfen haben. Bei Willy Sachs verdichtet sich die Düsternis bis zur Unerträglichkeit. Er leidet immer stärker an seiner Zuckerkrankheit, die sich so leicht mit Depressionen paart. Seine seelische Niedergeschlagenheit nimmt äußerste Formen an: Nicht einmal das Wild kann ihn nach draußen locken. Ohne Widerhall erreichen ihn in diesem Jahr die Brunftschreie der Hirsche. Kein Gedanke daran, ihnen selbst mit seinem legendären Schrei den Ton vorzugeben, sie anzulocken. Nur einen einzigen Hirsch schießt er noch, und dafür begibt sich der müde und krank gewordene Nimrod nicht mehr auf die Pirsch, sondern erlegt ihn von seinem Jagdhaus aus.

In der Umgebung des Konsuls macht man sich Sorgen. Sein Kranksein ist nicht zu übersehen, aber ihm ist schwer zu helfen. Der Arzt rät zu einer Kur, doch Willy Sachs kann sich dazu nicht entschließen. Spät erst steht er jeden Tag auf, kommt am frühen Nachmittag aus seinem Zimmer und geht bald wieder zu Bett. Diener Rähmisch leistet ihm Gesellschaft, will ihm helfen und erreicht ihn doch nicht. Katharina Hirnböck beobachtet, dass Willy Sachs seit einiger Zeit eine Pistole im Nachttisch deponiert hat. Auf die Frage, warum er die Waffe immer bei sich habe, bekommt sie keine Antwort. Alles ängstigt den einst lebensfrohen Mann. »Der Konsul traut sich gar nicht mehr, ums Haus zu gehen«, heißt es in Oberaudorf. Telefonanrufe verängstigen ihn. Briefe, erst recht wenn sie als »Einschreiben« versandt sind, lösen Panik bei ihm aus.

In Norddeutschland ist der 19. November 1958 ein Buß- und Bettag, in Bayern ein Werktag, der nicht einmal formal zu Einkehr oder Reue aufruft. Das Wetter zeigt sich an diesem Tag von seiner freundlich-spätherbstlichen Seite mit geringer Bewölkung in Oberbayern. Willy Sachs ist auch an diesem Tag nicht in guter, aber sogar etwas belebterer Verfassung. Später wird behauptet, Föhn hätte seine Stimmung möglicherweise beeinträchtigt, doch sprechen die meteorologischen Berichte nur von einer »relativ schwachen Föhntendenz«. Schon gegen zwei Uhr nachmittags kommt Willy Sachs aus seinem Zimmer, um sich mit Diener Rähmisch ein Fußballspiel Deutschland–Österreich im Fernsehen anzuschauen, das mit einem 2:2 unaufregend endet. Mit dem Personal wird noch Kaffee getrunken, etwas geplaudert, über »belanglose Dinge«, wie sich Rähmisch erinnert. Gegen 17.00 Uhr kommt ein besorgter Anruf. Der Hausarzt meldet sich, fragt nach dem Befinden seines Patienten, rät dringender denn je zu einem Sanatoriumsaufenthalt, und Willy Sachs verspricht, sich dies noch in dieser Nacht zu überlegen. Wortkarg bleibt Willy Sachs ein wenig sitzen und verabschiedet sich dann von seinem Diener. Er gedenkt keinen großen Schlaf zu tun, will sich nur ein bisschen hinlegen: »Zum Essen schaust nach mir.«

Etwa eine Stunde später kommt Katharina Hirnböck mit Peter aus dem Dorf, geht hinauf in das Schlafzimmer des Konsuls, um nach ihm zu sehen. Schreiend stürzt sie in die Halle hinunter, bittet um Beistand. Diener Rähmisch und der Hausmeister eilen mit ihr ins Schlafzimmer des Konsuls, finden ihn kniend, den Kopf nach unten, auf die Hände abgestützt an der Heizung. Auf dem Fußboden breitet sich eine Blutlache aus. Diener und Hausmeister heben ihn auf, legen ihn auf den Rücken, meinen, dass er noch leben würde, nur verletzt sei, bis sie am Kopf eine Schussverletzung entdecken. Schnell ruft Katharina Hirnböck den Arzt, der eine halbe Stunde später eintrifft und nur noch feststellen kann: Willy Sachs ist tot.

Die Landpolizei in Kiefersfelden wird verständigt, und Kriminalinspektor Ludwig Pfaffinger begibt sich mit zwei Beamten an den Tatort. Er ist mit den Örtlichkeiten und vor allem mit dem Toten bestens vertraut, was ihm fast zum Verhängnis wird. Seit 13 Jahren ist er in der Kriminalaußenstelle Rosenheim tätig, hat schon über 200 Fälle von Selbstmord registriert. Als er eintrifft, findet er den Tatort bereits verändert vor. Der umsichtige Rähmisch wollte seinen Herren nicht in der ursprünglichen Lage belassen, damit der wertvolle Teppich nicht weiter durch das aus der Leiche sickernde Blut beschmutzt wird. Aber auch so findet Pfaffinger die Beweislage eindeutig. Die Pistole liegt auf der linken Seite des Toten, wo sie beim Linkshänder Willy Sachs auch hingehört. Die Schusswunde ist charakteristisch, der Befund daher eindeutig: Selbstmord. Ein strafbares Verschulden dritter Personen scheidet aus.

Vor der Frage nach dem »Warum«, die Beteiligte und Presse noch lange beschäftigen wird, steht für die Polizisten die Frage nach dem »Wie«, die für sie nach Zeugenbefragung und Tatortbesichtigung schnell geklärt ist. Willy Sachs hat sich die tödliche Verletzung selbst mit einem Schuss durch den Mund mit seiner Pistole der Marke »Walther«, Kaliber 7.65 mm, beigebracht. Zweimal hat er abgedrückt, das erste Mal wohl versehentlich, so dass der Schuss senkrecht in die Zimmerdecke eindrang. Dem erfahrenen Jäger, der so oft angelegt und den Abzug betätigt hat, wollte der letzte Schuss nicht recht gelingen.

Bei der Klärung eines Motivs für den Selbstmord sind die »Hausdame Hirnböck« und der »Leibdiener Rähmisch« die hauptsächlichen Auskunftspersonen, die davon erzählen, dass Willy Sachs zunehmend an seiner Zuckerkrankheit und damit verbundenen Depressionen litt, was den einst vitalen Konsul apathisch werden ließ. Was die näheren Umstände der Depressionen betrifft, verweist Katharina Hirnböck, die als Gefährtin und Mutter seines jüngsten Sohnes Willy Sachs wie kaum jemand sonst kannte, merkwürdigerweise an den Rechtsanwalt Mayr in München. Die Polizei geht diesem Hinweis allerdings nicht nach und nimmt auch keinen Anstoß daran, dass der ermittelnde Inspektor Pfaffinger selbst mit einer ganzseitigen Erklärung als Zeuge auftritt und genauer Auskunft geben kann als die Vertraute und der Diener.

Pfaffinger weiß, dass Willy Sachs seit 1956 selbst in der Zeit, in der er äußerlich gesund erschien, an Depressionen litt, zuletzt wochenlang Tag und Nacht die Fensterläden nicht öffnete, niemanden sehen und sprechen wollte. An Verfolgungswahn habe der Konsul gelitten, kaum mehr gegessen und wenig geschlafen. Das Merkwürdigste: Obwohl Willy Sachs als »reich gelten kann«, sei er von der Vorstellung geplagt worden, nicht genügend Geld zu haben, und habe angedeutet, dass er sich deshalb noch einmal erschießen werde. Der Zeuge Pfaffinger weiß sogar bis aufs Aktenzeichen genau, was Willy Sachs so unerträgliche Pein bereitete. Er habe die »seinerzeitigen Anschuldigungen« (Aktenzeichen 5 Js 527a – d/56) nicht überwinden können.

Ehe noch die öffentlichen Spekulationen einsetzen, was es mit diesem angedeuteten Motiv für den Selbstmord auf sich haben könnte, sieht sich Inspektor Pfaffinger massiven Vorhaltungen durch den Staatsanwalt Bardroff in Rosenheim ausgesetzt. Der fühlt sich übergangen und zu spät unterrichtet, waltet streng seines Amtes, was zu einem Hin und Her um die Leiche von Willy Sachs führt. Als die Gerichtskommission am Tag nach dem Selbstmord auf der Rechenau eintrifft, ist der Tote bereits »in einem saalartigen Zimmer des Erdgeschosses« aufgebahrt, gewaschen und angekleidet und der Leichnam mit Blumen bedeckt. Diener Rähmisch hatte Pietät walten lassen, konnte nicht mit ansehen, wie der Konsul elend in seinem Blut lag. »Das wird Folgen haben«, empört sich der Staatsanwalt.

Zwar kommt die Leichenschau zu keinem anderen Befund als Pfaffinger am Tag zuvor, doch findet es der Staatsanwalt skandalös, dass die Spuren beseitigt und der Tote gewaschen und neu eingekleidet wurde, so dass die Leiche für die Untersuchung durch den Landgerichtsarzt noch einmal entkleidet werden musste. Verdächtig sei das alles, denn Inspektor Pfaffinger sei schließlich ein Jagdfreund des Verstorbenen. Was Staatsanwalt Bardroff nicht erwähnt: Auch er ist mit den Örtlichkeiten und dem Verstorbenen vertraut. Zwei Jahre zuvor war er auf der Rechenau gewesen, hatte Willy Sachs vernommen und die Ergebnisse unter eben jenem ominösen Aktenzeichen 5 Js 527a – d/56 protokolliert.

Es kommt dann doch nicht zu Ermittlungen gegen den verdächtigten Kriminalbeamten, der sich mit allen Anzeichen der Kränkung gegen die Vorwürfe zur Wehr setzt. Schließlich könne er nichts dafür, wenn sich Diener Rähmisch über seine Anweisungen hinweggesetzt habe. Schnell machen aber die von Pfaffinger geäußerten Vermutungen über die Ursache der Depressionen von Willy Sachs die Runde. Während in Schweinfurt das *Tagblatt* noch offiziös davon spricht, dass ein »tragisches Geschick« dem Leben des Chefs von Fichtel & Sachs ein Ende gesetzt habe, titelt die Münchner *Abendzeitung* bereits: »Wurde Konsul Sachs erpresst?« Das große Rätselraten um den Tod des berühmten Industriellen beginnt. Nur für die Zeitungen in der DDR ist sofort alles klar: Hier ist ein Geschwür am maroden Körper des Kapitalismus aufgebrochen. Wirtschaftlicher Niedergang habe die Firma bedroht und den Konsul zur Waffe greifen lassen. Das ist zwar so falsch wie möglich, passt aber ins ideologische Korsett.

Es ist ein zwar kurzfristiges, aber heftiges Interesse, das sich an dem tragischen Tod auf der Rechenau entzündet und der Boulevardpresse attraktiven Stoff verschafft. Sie meint zu wissen, dass ein Jagdhund die Leiche seines Herrn zähnefletschend bewacht und verteidigt habe, so dass die Polizei ihre liebe Not hatte, obwohl in den Protokollen der Polizei davon nicht die Spur einer Andeutung auf einen Hund festgehalten ist. Nirgends findet sich eine Bestätigung dafür, dass Willy Sachs noch Pläne für die Jagd in den nächsten Tagen gemacht habe; kein Photo vom Tatort zeigt ein Fernglas oder ein offenes Fenster, von dem Gunter erzählt. Seine wohlwollende, verteidigende Version ist Teil einer Parallelaktion der gegensätzlichsten Art, welche die Nachrede auf den Verstorbenen bestimmt.

Während Familie, Firma und Kommune die hellen Seiten von Willy Sachs noch einmal zum Strahlen bringen, während sich viele der von ihm mit Wohltaten Bedachten dankend zu Wort melden, werden andererseits die dunkleren Seiten in Wesen und Handeln des Konsuls aufgedeckt, zeigt sich nun die Zwiespältigkeit seines Wesens, von der bis zuletzt nur die engere Umgebung wusste. Der Mann, der als einer der Protagonisten des Wirtschaftswunders gepriesen und mit dem Bundesverdienstkreuz geehrt wurde, erweist sich als ein Mensch voller Widersprüche, gefangen in Schlingen, die er sich teilweise selbst gelegt hat oder von anderen kunstvoll geflochten worden waren.

Inspektor Pfaffinger, auf dessen Sachverstand die Staatsanwaltschaft so wenig gibt, findet bei findigen Journalisten ein aufmerksameres Gehör. Durch ihn gewinnen sie wohl so schnell Einblick in das ominöse Aktenstück der Staatsanwaltschaft, dass schon am 21. November im Münchner *8-Uhr-Blatt* daraus zitiert wird. Ein kaufmännischer Angestellter und ein Rechtsanwalt seien der Erpressung angeklagt und das Opfer sei Konsul Sachs gewesen, an den sich die Angeklagten wiederholt und unter Drohungen mit Geldforderungen gewandt hätten. Es wird spekuliert, es wird gefragt. Ist es nicht auffällig, dass der Kronzeuge in dem Prozess, der in drei Wochen stattfinden soll, so plötzlich aus dem Leben schied? Wollte Willy Sachs einer Zeugenaussage entgehen, die ihn in Verlegenheit hätte bringen können? Der Tote kann keine Antwort mehr geben. So sehr Diener Rähmisch sucht, so sehr die Polizei forscht und so sehr auch der angereiste Anwalt Mayr um einen Hinweis bemüht ist: Es findet sich kein Abschiedsbrief, nicht der kleinste Hinweis von Willy Sachs, warum er sich das Leben nahm.

In Schweinfurt will man von allen Gerüchten, die sogar von einer Ermordung des Konsuls munkeln, nichts wissen. Die Firma bleibt bei ihrer Version: ein tragischer Unglücksfall. Die Trauerfeier soll am 24. November, einen Tag nach dem Totensonntag, ohne jeden Schatten des Verdachts stattfinden und noch einmal die Größe der Familie Sachs vor Augen führen. Der Abschied von der Rechenau am 22. November bietet ein Bild, wie Willy Sachs es sich wohl gewünscht hat. Sechs Jäger tragen seinen Sarg aus dem Jagdhaus, vor dem er so gerne in vollem Jägerstolz mit geschossenem Wild posiert hat. Auf der Schwelle stehen alle drei Söhne: Ernst Wilhelm, Gunter und der kleine Peter. Elf Jahre später wird Gunter Sachs sein junges Eheglück Mirja über eben diese Schwelle tragen, und die bunten Magazine können sich den Hinweis auf die Identität des Ortes von Glück und Leid nicht verkneifen.

Wie sein Vater wird Willy Sachs in der großen Turbinenhalle des Werks in Schweinfurt-Oberndorf aufgebahrt. Wieder hält die Betriebsfeuerwehr die Totenwache. Aber es ist nicht mehr ein Pferdegespann, das die Lafette mit dem Sarg zieht. Hochmotorisiert verläuft die Trauerfeier. Kolonnen von Autos sind am Werk geparkt, folgen dem Leichenwagen in endloser Reihe auf der Fahrt durch die Stadt zum Friedhof, die an markanten Stationen vorbeiführt: erst am Ernst-Sachs-Bad, Vermächtnis des Vaters, dann am Willy-Sachs-Stadion, Vermächtnis des Sohnes. In dichter Reihe säumen die Menschen den langen Weg des Kondukts, bilden eine eindrucksvolle Kulisse für den Abschied von einem Mann, der in sich altes Fabrikherrentum mit bundesdeutschem Wirtschaftswunder vereinigte.

Mit Lautsprechern werden auf dem Werksgelände die Reden übertragen, die auf die Trauermusik aus Beethovens »Eroica« folgen. Anwalt Mayr als stellvertretender Aufsichtsratsvorsitzender nennt noch einmal den Anspruch, den Willy Sachs von seinem Vater übernommen hat, dem er sich auch in allen Abirrungen immer wieder fast sklavisch verpflichtet gefühlt hat: das Erbe zu erhalten und für spätere Generationen auszubauen.

Jetzt wird er neben Ernst Sachs beerdigt, der ihm dieses Vermächtnis ins Bewusstsein geschrieben hat, in jenem Grabmal, das der Sohn dem Vater als Manifestation Sachs'scher Größe errichtet hat. Im Schatten des alles überragenden segnenden Christus spricht der Geistliche Worte, die eine fast intime Kenntnis des Verstorbenen erkennen lassen. Von der urwüchsigen Kraft ist die Rede, die Willy Sachs Technik und Sport verbinden ließ, aber ebenso von einer zugleich vulkanischen wie empfindsamen Natur. Schließlich fällt der beziehungsreiche Satz aus dem Neuen Testament, der den Fabrik-, Schloss- und Jagdherrn auf sein menschliches Maß zurückführt: »In der Welt habt ihr Angst...« Wie viele mögen es sein in der unübersehbaren Trauergemeinde inmitten des Blumenmeers, die wissen, dass dies für Willy Sachs kein frommer Trost, sondern Beschreibung seiner letzten Monate, wahrscheinlich sogar Jahre bedeutet?

Ehe das letzte »Halali« über den Friedhof klingt, der in nasskalter Dämmerung zu versinken beginnt, nehmen Vereine, Kameradschaften Abschied, entfalten noch einmal das breite Spektrum der umtriebigen Zuwendung von Willy Sachs. Da fehlen die Radfahrverbände nicht, nicht der FC 05, nicht die Bürgerliche Schützengesellschaft, der Wintersportverein und auch nicht der Allgemeine Schnauferlclub. Schon gar nicht stehen jene abseits, die ihm die Liebsten waren: die Jäger. Zuletzt gibt es sogar eine Aussöhnung mit Mainberg, das ihn nach dem Krieg so enttäuscht hat: Der Gesangsverein, dem er in guten Zeiten oft gelauscht, mit dem er, Runde um Runde spendierend, manchen Abend gezecht hat, lässt für den Ehrenbürger ein Abschiedslied erklingen.

Schatten der Vergangenheit

Nur drei Wochen nach der Beerdigung macht Willy Sachs wieder und ein letztes Mal Schlagzeilen. In München beginnt vor der Zweiten Großen Strafkammer des Landgerichts München der Prozess, dessen Näherrücken die letzte Lebenszeit von Willy Sachs überschattet hat. Nun werden Details über das Verfahren bekannt, in dem Willy Sachs als Zeuge auftreten sollte. Die Zeitungen nennen die Namen der Angeklagten, zeigen sie im Bild und wissen genauer über die Vorwürfe zu berichten, die ihren Ursprung noch in jenen Tagen haben, als Willy Sachs auf seine Entnazifizierung wartete. Was sichtbar wird, ist ein Sittenbild der Gründungsphase der Bundesrepublik vor dem Hintergrund reaktionärer Dumpfheit der Adenauer-Jahre.

Die Männer, die vor Gericht stehen, sind von äußerst unterschiedlichem Format. Der eine ist jener Johann Pirzer, der 1947 Willy Sachs die Empfehlung für den Rechtsanwalt Jacobsen gegeben hat. Seine Berufsbezeichnungen variieren vom kaufmännischen Angestellten bis zum Wirtschaftsprüfer. Er ist eine sich immer wieder in wenig glückliche Geschäfte verstrickende Existenz, die in der Hoffnung lebt, einmal das große Los zu ziehen, und über Nieten nie hinauskommt. Der andere ist der aus dem Leben und auch aus dem Sterben von Willy Sachs nicht wegzudenkende Dr. Hanns Jacobsen, der mephistophelische Gefährte der letzten Jahre.

Gegenstand des Prozesses ist Erpressung, jenes odiose Delikt, dem der Zug des Schäbigen und Gemeinen anhaftet, das aber Größe durch das Format des Betroffenen gewinnen kann. Das

Opfer ist der Millionär Willy Sachs und erpresst wird er mit Vergehen von höchst zeittypischem Charakter, die heute nicht als Druckmittel verwendet werden könnten, weil nun Recht ist, was einst Unrecht war. Es geht um Abtreibung und Anstiftung zur Abtreibung, in den damaligen Zeiten vom sprichwörtlich gewordenen Paragraphen 218 des Strafgesetzbuches mit Strafe bedroht. Wer in den 50er Jahren von solchen geheim gehaltenen Vergehen weiß, hat eine Handhabe zur Erpressung, und nach Meinung der Staatsanwaltschaft ist dies beim Duo Pirzer-Jacobsen der Fall. Sie wissen, so die knappe Darstellung in den Zeitungen, dass das Verhältnis zwischen Willy Sachs und der Frau seines Jägers im Frühjahr 1948 nicht ohne Folgen geblieben war. Pirzer selbst habe die Abtreibung vermittelt und danach von Sachs an die 10 000 Mark Schweigegeld erpresst. Jacobsen habe ebenfalls davon gewusst und dieses Wissen in erpresserischer Weise ausgenutzt.

Im Verlauf des Prozesses stellt sich alles etwas komplizierter dar, und Jacobsen erweist sich auch in eigener Sache als der fintenreiche, hartnäckige Jurist, als den ihn Willy Sachs erst schätzen und dann fürchten gelernt hat. Vor drei Gerichten wird der Fall in der Folge verhandelt und findet erst neun Jahre später sein definitives Ende. Das öffentliche Interesse ist bis dahin längst erlahmt. Affären von Vater Willy können nicht mehr fesseln, wo die von Sohn Gunter viel heftiger und attraktiver sind. Und doch: So langsam die Mühlen der Justiz auch mahlen, sie offenbaren letztlich das verborgen gehaltene Leiden und die finale Tragik im Leben des Willy Sachs.

Wie sich jetzt herausstellt, hatte die »engere Beziehung« zwischen Katharina Hirnböck und Willy Sachs nicht erst 1950 mit der Geburt von Peter konkrete Folgen gezeitigt. Im April 1948 »instruiert« Katharina Hirnböck ihren Lebensgefährten, dass ihr »etwas fehle«. Ob es ein Gebärmuttervorfall oder eine Schwangerschaft sei, wisse sie allerdings nicht. Die möglicherweise anderen Umstände seiner Gefährtin sind für Willy Sachs nicht die glücklichsten, weil auch ohne sie die Zeiten für ihn schon bewegt genug sind. In Schweinfurt laufen die Entnazifizierungsverfahren gegen seine Direktoren und gegen seine Mutter, die mit über seine Zukunft entscheiden. Am 21. April muss er persönlich in Schweinfurt zur Spruchkammerverhandlung erscheinen, bei der Jacobsen für seinen Mandanten um schonende Behandlung bittet, weil er so sehr am Herzen leide. Auf der Rechenau ist Willy Sachs freilich so viril im Umgang mit Frau Hirnböck, dass diese »ihre Zeit um 2–3 Wochen überschritten hat«.

Selbst in der sehr um Zurückhaltung und die Turbulenz der Vorfälle herunterspielenden Darstellung durch Willy Sachs überschlagen sich die Ereignisse. Denn ausgerechnet jetzt erreicht ihn die Nachricht, dass sein ehemaliger Schwiegervater Wilhelm von Opel, der Mann, der einst mit seinem guten Namen für den Leutnantsaspiranten gebürgt hatte, schwer erkrankt sei. Er fährt mit zwei auffälligen Zwischenstationen nach Wiesbaden/Rüsselsheim. Erst macht er bei Johann Pirzer Station, übernachtet bei ihm in Grafing. Am nächsten Tag geht es weiter nach München, wo er sich mit Jacobsen trifft, der ihn nach Wiesbaden begleitet, möglicherweise als so etwas wie »Begleitschutz«, weil er eigentlich die Auflage hat, sich nicht aus Oberaudorf wegzubegeben. In München lässt er Katharina Hirnböck zurück, nicht ohne ihr angeblich vorher eingeschärft zu haben, »ja nichts Unrechtes« zu tun.

Aus Wiesbaden zurückkommend, wo Wilhelm von Opel am 2. Mai stirbt, trifft Willy Sachs Katharina Hirnböck in der Wohnung von Pirzer in beklagenswertem Zustand an. Sie ist bettlägerig und reiseunfähig. In München hatte sie in Begleitung von Pirzer gleich zwei Ärzte nicht nur konsultiert, sondern nach festgestellter Schwangerschaft auch um eine Abtreibung gebeten. Da keiner der approbierten Ärzte den illegalen Eingriff vornehmen will, bleibt Pirzer, der wohl etwas zu vollmundig seine Hilfe versprochen hatte, nur der Ausweg zu einem Arzt, der wegen seiner NS-Vergangenheit mit Berufsverbot belegt ist und daher nicht wählerisch sein kann, um irgendwie zu Geld zu kommen. Sonderlich erfahren scheint dieser Arzt bei Abtreibungen nicht zu sein, so dass Katharina Hirnböck nach dem im Hause Pirzer vorgenommenen Eingriff von dem Ehepaar noch geraume Zeit gepflegt werden muss.

Als Willy Sachs erfährt, was sich alles in seiner Abwesenheit zugetragen hat, sei er »ganz aufgeregt über das Ganze« gewesen, wie er später erklärt. Dem Pirzer wie der Frau Hirnböck habe er schwere Vorwürfe gemacht und in Grafing dann noch drei Tage in der Wohnung eines Kriegskameraden abgewartet, ehe er nach Oberaudorf gefahren sei, wohin Katharina Hirnböck nach einigen Tagen in Begleitung von Frau Pirzer nachgekommen sei. »Zufälligerweise« sei im Übrigen dieser Kriegskamerad der Schwager von Pirzer gewesen. Womit die Frage auftaucht, wer dieser Pirzer eigentlich gewesen und wie Willy Sachs mit ihm bekannt geworden ist.

Geboren 1914 in der Nähe von Augsburg ist Pirzer gleich alt wie Katharina Hirnböck, gelernter Jurist, der mal mit, mal ohne Doktortitel auftritt. Während des Dritten Reiches ist er nicht weiter auffällig, gehört nicht der NSDAP an. Als er sich 1940 bei der Gauverwaltung der Deutschen Arbeitsfront (DAF) in Salzburg um eine Stellung bewirbt, weiß die befragte heimatliche Kreisleitung nichts Bemerkenswertes über Pirzer zu berichten. In den unruhigen und ungeordneten Verhältnissen der unmittelbaren Nachkriegsjahre gehört er zu der Heerschar jener, die auf dem Land versuchen, die kargen Lebensmittelrationen aufzubessern. Seine Hamsterfahrten führen ihn nach Oberaudorf, wo er Verwandte von Katharina Hirnböck kennt. Dabei kommt er auch auf die Rechenau, in der er »etwas herumgeschmust hat«, wie sich Willy Sachs ausdrückt. Womit er sich beliebt und nützlich macht: Er bietet Hilfe bei schwierigen Fällen und hat ein sicheres Gespür dafür, wenn jemand in Schwierigkeiten ist. Als Willy Sachs 1947 neuerlich interniert werden soll und darüber in Panik gerät, ist es Johann Pirzer, der Hanns Jacobsen als Anwalt empfiehlt. Bei Katharina Hirnböck weiß er, ahnt er, dass diese wegen möglicher Folgen der Beziehung zu Willy Sachs besorgt ist, sagt ihr, dass er ihr im Fall der Fälle schon »raten und helfen« kann.

Rat und Hilfe fallen dann nicht ganz so erfolgreich wie versprochen aus, doch ist dies für Pirzer kein Grund auf seine vermeintlichen Ansprüche aus der Dienstleistung zu pochen. Die unmittelbar eingeforderten 1000 Mark sollen in den Augen von Willy Sachs eine Abgeltung für geleistete Dienste sein, sind aber für Pirzer eher eine Anzahlung. Er bedrängt Willy Sachs, ihm mehr Geld zu geben. Der aber meint, dass er selbst unter Vermögenskontrolle stehe und nur 300 Mark im Monat habe. Es ist dann ausgerechnet Hanns Jacobsen, der bei Willy Sachs vorstellig wird, dass man etwas für Pirzer tun müsse. An die 3000 Mark gehen nun über Jacobsen an Pirzer, der nun erst recht zu realisieren scheint, dass hier mehr Geld zu holen ist. Abwechselnd fordern Pirzer und seine Frau schriftlich Geld und lassen durchblicken, dass man ja auch Anzeige erstatten könne. Willy Sachs zahlt so unsystematisch, wie die Geldforderungen bei ihm eintreffen. Die Geldübergabe erfolgt konspirativ, indem etwa Pirzer im Adventstrubel bei »Dallmayr« in München schnell 2000 Mark zugesteckt werden. Am Ende sollen es 10 000 Mark gewesen sein. Genaue Unterlagen hebt Willy Sachs nicht auf, »damit sie nicht in unrechte Hände fallen«.

Alle Geheimhaltung hilft nicht. Am 7. Januar 1956, wenige Tage nach dem Willy Sachs in Unruhe versetzenden Anruf von Jacobsen, trifft eine maschinenschriftliche Anzeige beim Bayerischen Justizministerium ein, die Willy Sachs Anstiftung zur Abtreibung vorwirft. Gezeichnet ist das Schreiben mit »H. Pirzer«, aber nicht von ihm unterschrieben. Der Urheber des Schriftstücks kann trotz umfangreicher kriminologischer Untersuchung der Schrifttypen nicht eindeutig festgestellt werden, doch vermutet die Staatsanwaltschaft als Herkunftsort die Kanzlei Jacobsen und hält den Anwalt für den Absender der Anzeige, weil deren Abfassung »auf einen in Strafsachen gewandten Urheber hinweist«.

Gleich zweifach wird nun ermittelt: Gegen Willy Sachs wegen Anstiftung zur Abtreibung und gegen Jacobsen und Pirzer wegen Erpressung. Dabei darf sich Willy Sachs einer wohlwollenden Behandlung erfreuen. Er wird nicht vorgeladen, sondern darf die Staatsanwälte auf der Rechenau empfangen. Dort treffen sie nicht nur auf den Beschuldigten, sondern auch gleich auf seinen Rechtsvertreter Roderich Mayr, der mit seinem Mandanten eine wasserdichte Erklärung vorbereitet hat. Danach hat Willy Sachs nicht angestiftet, ist zum fraglichen Zeitpunkt zum kranken Ex-Schwiegervater gefahren. Wie einst bei der Anzeige wegen Schwarzhandel am Ende des Ersten Weltkriegs argumentiert Willy Sachs wieder damit, dass er nicht Unerlaubtes tun müsse, weil er genug Geld hat. Der spätere Sohn Peter sei doch deutlicher Ausweis dafür, dass er sich als wohlhabender Mann ein Kind leisten könne. Der Grund für die Abtreibung habe allein bei Katharina Hirnböck gelegen, die nicht sicher sein konnte, ob ihr vermisster Mann nicht doch noch zurückkommen würde. Was Willy Sachs verschweigt: Zu der Zeit der Abtreibung war er noch nicht geschieden. Ein Kind wäre zu diesem Zeitpunkt zweifellos ungelegen gekommen.

Warum aber hat Willy Sachs, wo er doch mit der Abtreibung nichts zu tun haben will, die Erpressungen von Pirzer hingenommen? Der Kavalier zahlt, damit man schweigt. Seine Lebensgefährtin, die auch die Mutter seines jüngsten Kindes ist, sollte nicht ins Gerede oder gar vor Gericht kommen. Schließlich habe er auch um den eigenen guten Namen gefürchtet, sei leidend und zeitweise sehr krank, »was sich auch auf mein Gemüt auswirkt«. Sein Fazit: »Bevor ich mich all diesen Aufregungen ausgesetzt hätte, habe ich lieber bezahlt.«

Für Willy Sachs wie für seine Lebensgefährtin endet die Angelegenheit glimpflich. Katharina Hirnböck wird nicht wegen Abtreibung belangt, weil ihre Tat verjährt ist. Willy Sachs wird seine Darstellung der Ereignisse abgenommen und auf eine Anklage verzichtet. Auf Johann Pirzer und Hanns Jacobsen aber wartet schließlich jener Prozess wegen Erpressung, dessen Herannahen Willy Sachs wahrscheinlich in den Tod getrieben hat.

Obwohl das Gericht es schließlich für erwiesen hält, dass Johann Pirzer Willy Sachs erpresst hat, kommt er doch ungeschoren davon. Die letzte mit Sicherheit nachweisbare erpresserische Handlung liegt so weit zurück, dass sie als verjährt gilt. Auch Hanns Jacobsen wird vom Vorwurf der Erpressung freigesprochen, weil das Gericht nicht nur unsicher ist, wie weit es ein Zusammenspiel zwischen ihm und Pirzer gegeben hat. Es sieht auch bei Jacobsen kein ausreichendes Motiv für eine Erpressung und übergeht, dass Willy Sachs durch den Anruf von Jacobsen am Vortag des Heiligen Abend 1955 und durch die vermutlich aus der Kanzlei Jacobsen stammende Anzeige so zermürbt war, dass er den für ihn ungünstigen Vergleich vor dem Landgericht Traunstein geschlossen hat.

Zu einer Verurteilung von Jacobsen kommt es letztlich doch noch, nicht wegen Erpressung, sondern wegen Parteiverrat. Nicht nur, dass der Anwalt seinen Mandanten mit dem bedrohlichen Anruf unter Druck gesetzt und ihn in Angst und Schrecken versetzt hat, er hat auch mit Wilhelm Röger gemeinsame Sache gemacht und ihn bei seinem Vorgehen gegen Willy Sachs beraten. Jacobsen wird zu einer mehrjährigen Bewährungsstrafe und zur Zahlung von 3000 Mark verurteilt. Dass dieses Geld dem Volksbund Deutsche Kriegsgräberfürsorge zugute kommen soll, macht den Ex-Offizier und Kriegsversehrten nicht zahlungswilliger, und er versucht sie mit allem juristischen Geschick zu verhindern. Erst 1967, neun Jahre nach dem Tod von Willy Sachs, wird mit einer Überweisung an den Kreisverband Memmingen-Stadt der Kriegsgräberfürsorge die Strafsache Jacobsen beendet. Damit ist der Name Willy Sachs auch für die Justiz nur noch ein Fall im Archiv, nachdem in Wirtschaft und Gesellschaft längst die Söhne die Aufmerksamkeit für den Namen »Sachs« für sich beanspruchen.

Teil 3

Die Playboys

Der junge Wilde

Einen kometenhaften Aufstieg bedeutet der Tod von Willy Sachs 1958 für seine ehelichen Söhne Ernst Wilhelm und Gunter. Schlagartig sind sie die Erben eines Millionenvermögens. Ihr Halbbruder Peter muss einen gewissen Abstieg hinnehmen. Er hat auf Geheiß der Brüder bald nach der Beerdigung mit seiner Mutter das Jagdhaus auf der Rechenau zu räumen, was für den Achtjährigen wie eine Vertreibung aus dem Paradies erscheinen mag. Aber unten in Oberaudorf wartet ein stattliches Haus samt Grund, für das Katharina Hirnböck von Willy Sachs testamentarisch ein Wohnrecht eingeräumt wurde. Außerdem erhält die Lebensgefährtin 100 000 Mark und noch ein jährliches Holzdeputat von 65 Festmetern aus den Sachs'schen Wäldern. Peter Sachs selbst bekommt einen monatlichen Wechsel von 1500 Mark. Was er mit dem keineswegs geringen Betrag treibt, bleibt seine Privatsache. Der uneheliche Sohn gerät in der Öffentlichkeit schnell in Vergessenheit. Umso mehr Aufmerksamkeit finden dafür Ernst Wilhelm und Gunter, wobei sich der Jüngere schnell ins Rampenlicht der Öffentlichkeit schiebt.

Vor den großen Auftritt stellt Gunter Sachs den entschiedenen Rückzug. Er musste innerhalb eines halben Jahres zwei Todesfälle in seiner nächsten Umgebung erleben. Schon ein halbes Jahr vor dem Vater ist seine Frau Anne-Marie Faure gestorben. Gunter Sachs erzählt nicht viel von diesem Verlust. Er spricht von einer harmlosen Operation, einem Routineeingriff, bei dem seine junge Frau in der Narkose stirbt. Die Erklärungen nennen einen Anästhesieschock ebenso wie einen ärztlichen Kunstfehler wegen Verwechslung zweier Atemschläuche. Statt Sauerstoff sei Betäubungsgas in die Lunge gepumpt worden. Auf den tragischen Tod von Anne-Marie Faure reagiert er auf seine Weise. Nein, er habe die Klinik nicht verklagt: »Kein Mensch tut so etwas aus Böswilligkeit.« Aber auf ihn sei es zurückzuführen, dass seitdem die Schläuche des Anästhesieapparats farblich klar unterschieden werden.

Der zweieinhalbjährige Sohn Rolf kommt nach dem Tod seiner Mutter zur Großmutter in Obhut. Elinor von Opel, die bei ihren Söhnen mit liebevoller Entschiedenheit die Erziehungsaufgabe wahrgenommen hat, wird im übertragenen Sinn noch einmal Mutter und gibt dem Kind ein Zuhause. Eine Schweizer Erzieherin wird engagiert, die auch nach Deutschland mitkommt, wenn Elinor von Opel sich in ihrer alten Heimat aufhält. Gunter Sachs verliert trotz seines eigenen stürmischen Lebenswandels nicht den Kontakt zu seinem Sohn, so dass dieser seinen Erzeuger zum 70. Geburtstag als bestmöglichen Vater würdigen wird.

Mit 26 Jahren wird Gunter Sachs nicht nur Witwer, sondern auch Millionenerbe. Dramatischer kann sich ein Leben in diesem Alter kaum verändern. Das private Idyll in Lausanne ist mit einem Schlag zu Ende. Der bisherige monatliche Wechsel von 1500 Mark hat zwar bereits ein gutes Auskommen beschert, doch verändern sich nun die Einkommensverhältnisse als Millionenerbe deutlich nach oben, auch wenn er bisher schon mit seinem Mercedes 300 SL nicht auf kleinem Fuß gelebt hat. Er konnte sich den Lebensstil leisten, von dem sich der spätere UN-Botschafter der Schweiz und damalige Zuozer Gymnasiast Jenö Staehelin noch immer beeindruckt zeigt, wenn er davon erzählt, was 1955 die zum 50-jährigen Bestehen des Instituts angereisten Ehemaligen auszeichnete: schöne Frauen und glänzende Autos.

Nahtlos könnte sich Gunter Sachs mit dem geerbten Geld in ein neues wildes Leben stürzen, durch das er vergangenes Unglück vergessen und neues Glück finden würde. Aber er zieht sich für zwei Monate mit einem Freund in einsame Berge zurück, um über Leben und Zukunft nachzudenken. In den Viten von Religionsstiftern gehen aus solchen Rückzügen Geläuterte und Gereinigte hervor. Gunter Sachs wird nicht zum Heiligen und ist nach Kontemplation und Abgeschiedenheit ein Mensch neuen Typs, ein Playboy.

Als Bühne für seine Auftritte wählt sich Gunter Sachs St. Moritz, das mit Platzhirschen wie dem Aperitiv-Produzenten Theo Rossi oder dem Industriellen-Erben Heinrich Thyssen bereits gut besetzt war. Großzügigkeit und jugendliches Ungestüm verschaffen dem genau beobachteten Neuling rasch Respekt und Ansehen, wobei ihm seine außerordentliche Sportlichkeit zugute kommt. Immer umgeben von einer Schar junger Männer und langmähniger Blondinen ist Gunter Sachs überall dabei und bald Spitze der Bewegung, wo Sport getrieben wird. Bäuchlings rast er auf dem Minischlitten die Cresta-Skeleton-Bahn hinunter, donnert im Bob zu Tal und gleitet auf Skiern über die Hänge rund um St. Moritz. Prophetische Züge gewinnt nun der Roman *Sport um Gagaly*, den 30 Jahre zuvor Kasimir Edschmid, Freund der Familie Sachs, geschrieben hat. Gunter Sachs handelt, als müsste er Edschmids Roman vom Rennfahrer Passari, der Skeletonfahrer und Mitglied im St. Moritz-Bobsleigh-Club ist, derart akribisch in die Wirklichkeit umsetzen, dass er selbst Präsident eben dieses Bobclubs wird. Wenn Nacht für Nacht gefeiert wird, dann gilt bei den Bobwettfahrten vor allem das olympische Prinzip: Dabei sein ist alles, wenn etwas übernächtigt das Gefährt bestiegen wird, für dessen technische Betreuung Mechaniker aus dem Schweinfurter Fichtel & Sachs-Werk herangefahren werden.

Selbst in dem an Extravaganzen gewöhnten St. Moritz versetzt Gunter Sachs abseits der Pisten in Erstaunen, weil er das Après-Ski auslebt, wobei schon mal ein Kronleuchter von der Decke des Palace-Hotels krachen kann. Vater Willy Sachs scheint in den Formen einer neuen Zeit lebendig zu werden. »Er tanzt wie ein Besessener, er flirtet für zehn, und er trinkt für zwanzig«, heißt es nun von Sohn Gunter, dem zumindest seine Freunde bei allen seinen Ausgelassenheiten »Stil« bescheinigen, der auf Kaviar-Schlachten oder Spaghetti-Kriege verzichtete, wie sie von anderen in St. Moritz betrieben wurden. Kritische Nachreden über exzessiven Alkohol- wie Frauenkonsum bleiben nicht aus und tragen vielleicht dazu bei, dass er das enge St. Moritz verlässt. Zum Fasching 1958 taucht Gunter Sachs in dem ihm vertrauten München auf und setzt in größerem Maßstab, nun ohne Sport, das ausgelassene Leben fort.

Zu viel getanzt, zu viel getrunken und zu viel geflirtet, lautet das kritische Selbsturteil über diese Wochen, doch ist »zu viel« gerade genug, um aufzufallen. Die neu gewonnene Lebenslust, ja Lebensgier der vom Wirtschaftswunder verzauberten Bundesrepublik findet in Gunter Sachs ihre Verkörperung. Es herrscht Unklarheit, wie dieses Treiben zu beurteilen ist. Bewunderung und Ablehnung halten sich die Waage für diesen neuen Typ von Mensch, den keiner so intensiv verkörpert wie Gunter Sachs. Mit der Sache stellt sich auch der Begriff ein: Playboy.

Niemand weiß so recht, wann das Wort für einen leichtlebigen jungen Mann geboren wurde, und niemand ist sich letztlich sicher, was darunter zu verstehen ist. Gunter Sachs nennt als Geburtsstunde des Begriffs »Playboy« eine Episode im Leben des Mannes, der diesen Lebensstil als Erster und derart perfekt verkörpert, dass er selbst einem Gunter Sachs zum Leitbild seiner Playboy-Existenz wird. 1953 anlässlich der Verlobung von Porfirio Rubirosa mit Barbara Hutton hat danach ein kalifornischer Journalist die verflossenen Lieben, die Autos, Freunde und Polosiege aufgezählt und resümiert: Well – he is a playboy. Diese Version hat einige Wahrscheinlichkeit für sich, da es Journalistenbrauch ist, ab- und nachzuschreiben. Erst das, was schwarz auf weiß in die Welt gesetzt ist, hat gute Chancen, getrost in die Öffentlichkeit getragen zu werden.

Was unter einem Playboy zu verstehen ist, ist mit dem Wort noch nicht gesagt und lässt selbst anerkannte Playboys rätseln. Alfonso Prinz zu Hohenlohe gesteht: »Ich habe nie ganz verstanden, was ein Playboy eigentlich ist.« Ein Unverständnis, das nicht schändet, wo doch auch Rubirosa noch als 50-Jähriger vor dem Wort kapituliert. In seinem letzten Interview räsoniert er: »Was heißt denn das, Playboy? Es heißt: Einer, der sich mit Spielen amüsiert. Natürlich amüsiere ich mich. Aber das heißt noch lange nicht, dass ich ein Playboy bin, ein leichtfertiger Mensch.«

Laut Lexikon ist der Playboy »ein Mensch, besonders ein wohlhabender Mensch, der darauf aus ist, sich zu erfreuen«. In der DDR musste er sich ein »Parasitendasein in der spätbürgerlichen Gesellschaft« vorwerfen lassen. Geld muss der Playboy haben und hat im Idealfall nicht zu arbeiten, um welches zu besitzen. Weltläufiger Lebensstil zeichnet ihn aus und ein Zug zum Extravaganten, das ihn von seiner bürgerlichen Umwelt unterscheidet. Damit ähnelt er den Dandys und Snobs, jenen Vorläufern, auf deren Schultern die Playboys stehen, wenn sie aus der Umwelt herausragen. Was sie zusätzlich auszeichnet, ist der Hang zur erotischen

Libertinage mit ständig wechselnden Partnern. Schon der Begriff »Playboy« verweist darauf. Im Slang ist »play« schlicht der Geschlechtsakt, »lover's playground« das weibliche, »plaything« das männliche Genital.

Auch bei Gunter Sachs sind es die immer neuen und offensiv der Öffentlichkeit präsentierten Gefährtinnen, die für Aufsehen sorgen, Protest wie Bewunderung auslösen. Gunter Sachs schaffte es nicht zu der anzüglichen Berühmtheit seines Idols Porfirio Rubirosa, nach dem in Pariser Lokalen besonders große Pfeffermühlen benannt wurden. Aber der Ruf des von Frauenblüte zu Frauenblüte taumelnden Liebhabers umgibt ihn von Anfang an und wird von ihm ebenso gefördert wie immer wieder bestritten. Leporello-Listen, auf denen jede Bettkameradin aufgeführt wird, führe er nicht, beteuert Gunter Sachs und verweist darauf, dass es in jedem Fall viel weniger Frauen waren, als ihm nachgesagt oder angedichtet werden.

Von den Namenlosen im Liebesleben von Gunter Sachs ist also nicht einmal die Zahl bekannt, dafür sind etliche mit Namen überliefert, die vom heutigen Standpunkt nicht mehr mit Namhaftigkeit aufwarten können, aber zu ihrer Zeit in einschlägigen Gazetten nicht unbekannt waren. Die Schauspielerin Mara Lane, zwei Jahre älter als Gunter Sachs, gilt als Erste seiner markanten und dauerhafteren Partnerinnen, die sich an die wilden Jahre anschließen. Von Mara Lane heißt es, dass sie sechs Sprachen fließend beherrschte und auch in Liebesdingen mit berückender Vielfalt aufwarten konnte. Mit kleineren Rollen in Filmen wie *Die letzten Tage von Pompeji* oder *Monpti* hat sie sich in die DVD-Unvergänglichkeit gespielt. Vergessen dagegen Paule Rizzo und Anke Hahn, die als Starmannequins reüssierten. Bis auf den heutigen Tag ist Marina Doria, Wasserskiweltmeisterin von 1957 in drei Disziplinen, Teil des glitzernden Gesellschaftslebens auf internationaler Bühne. Sie heiratet den italienischen Kronprätendenten Vittorio Emanuele, der zu den Spielgefährten von Gunter Sachs in seinen wilden Jahren gehörte, und hält sich auch mit 70 Jahren noch in den Klatschspalten präsent.

Von all diesen Frauen hat die Mit- und Nachwelt Kenntnis, weil Gunter Sachs für sie warme Worte der Erinnerung bereit hat, und in seiner Darstellung der abgelaufenen Verhältnisse Ähnlichkeiten mit des Vaters Großzügigkeit verrät. Für 20 000 Mark habe er der von der technischen Zeichnerin zum Mannequin aufgestiegenen Anke Hahn Kleider und Schmuck geschenkt, weil er die Freude genießen konnte, die Anke Hahn beim Erhalt der Geschenke zeigte. Eine damals neue Art von Journalismus sorgt neben den Eigenberichten dafür, dass die Affären von Gunter Sachs nicht unbeachtet bleiben. Mit Coca-Cola und Kaugummi kam auch der Typ des Klatschjournalisten aus den USA ins Nachkriegsdeutschland. Ihre Kolumnen sind der Humus, auf dem der Ruhm eines Playboys gedeiht, sein Ansehen erst zur öffentlichen Blüte bringt.

Gunter Sachs weiß geschickt auf der Klaviatur der öffentlichen Selbstdarstellung zu spielen. Er macht auf sich aufmerksam, nährt die Presse mit Meldungen in eigener Sache, zeigt sich aber indigniert, wenn ihm die Berichterstatter zu bedrängend und die Nachrichten nicht erfreulich genug sind. Als er nach einer relativ stabilen Beziehung zum Coco-Chanel-Mannequin Paule Rizzo sich wieder in wechselnde Abenteuer und ein tumultuöses Partyleben zwischen St. Moritz und St. Tropez stürzt, sind Berichte darüber nicht nur für ihn vielleicht ein wenig des Turbulenten zu viel, sondern auch für seinen Onkel Fritz von Opel. Der sieht, dass Gunter Sachs den Namen seines Taufpaten missbräuchlich führt.

Ob es die Meldung über eine Geschwindigkeitsübertretung oder über eine mit Spinat und Schlagsahne ausgetragene »Schlacht« am Strand von St. Tropez ist, immer ist von Gunter Sachs von Opel die Rede. Fritz von Opel weist einige Zeitungen darauf hin, dass »Herr Gunter Sachs nicht das Recht hat, den Namen ›von Opel‹ zu führen«. Ein Hauch von Hochstapelei umschwebt mit einem Schlag den aufstrebenden Playboy, der sich damit rechtfertigt, dass er nun mal der Sohn von Elinor von Opel und als Kind immer »der kleine Opel« genannt worden sei. Die Generosität von Gunter Sachs, er habe von einem ursprünglich beabsichtigten Prozess gegen seinen Onkel abgesehen, kehrt die Verhältnisse um. Denn nicht er hatte zu klagen, sondern Fritz von Opel – und er hat dies auch getan, vertreten durch den Sohn jenes Rechtsanwalts Anton Lardelli, der zwei Jahrzehnte zuvor Elinor von Opel im Streit mit

Willy Sachs um das Sorgerecht für Ernst Wilhelm vertreten hat. Mit den komplizierten Verhältnissen in der Familie von Opel bleibt Gunter Sachs trotz Distanz zum Patenonkel verbunden. Dessen Tochter Christina »Putzi« wird er in ihrem Prozess wegen Rauschgifthandel kräftig unterstützen.

Seinen ersten publizistischen Supercoup landet der namentlich auf seine Bürgerlichkeit zurückgeführte Gunter Sachs mit einer kaiserlichen Hoheit. Im Sommer 1962 kommt er ins Bild und ins Gerede mit der Über-Ikone der bunten Blätter. Gunter Sachs wird auf einer Party in Cannes mit Soraya Esfandiary Bachtiary gesehen, der persischen Ex-Kaiserin der Herzen. Wegen Kinderlosigkeit hatte sich Schah Mohammed Reza Pahlewi von Soraya getrennt, die von den einen als »mater dolorosa der versagenden Gynäkologie« verspottet, von den Leserinnen der Illustrierten mit fast exzessiver Anteilnahme verfolgt wird.

Männer, die sich in vertraut-amouröser Nähe der Ex-Kaiserin zeigen, dürfen mit höchster publizistischer Aufmerksamkeit rechnen. Genau darauf hat es Gunter Sachs offensichtlich angelegt, wenn er sich darum bemüht, in die Nähe von Soraya zu kommen. Ausgangspunkt ist seiner Erzählung nach eine Wette mit Freunden, die er abschloss, als er hörte, dass sich Soraya in München niederlassen will. »Wetten, dass ich demnächst ganz groß mit ihr ausgehe?«, hat er seinen Freunden angeboten, einen Brief an Sorayas Mutter geschrieben und tatsächlich den gewünschten Kontakt hergestellt. Mitte Juli 1962 treffen sich Ex-Kaiserin und Playboy relativ unauffällig in einem Club in St. Tropez, und es setzt jene virtuose, Spannung erzeugende Berichterstattung ein, die zu einem Markenzeichen von Gunter Sachs wird. Es erinnert an des Großvaters »Torpedo in Sicht«, wenn es an einem Tag heißt: »An seiner Seite saß – Soraya«, am nächsten Tag aber schon gemeldet wird, dass es nicht Soraya war. Es ist ein allzu flotter junger Mann, von dem da berichtet wird und der hier als Gunter Sachs von Opel firmiert. Nach einer »dramatischen Verfolgungsjagd« sei er von der französischen Polizei festgenommen worden, weil er mit seinem Sportwagen »in rasendem Tempo« zwischen St. Tropez und St. Raphael dahingedonnert sei. Pünktlich zum französischen Nationalfeiertag, zum 14. Juli, erscheint die Meldung, dass »Playboy

Gunter Sachs von Opel wegen zahlreicher Verkehrsdelikte von einem französischen Gericht zu einer Geldstrafe von 8250 Mark verurteilt wurde«.

Bei einem Sommerfest des Millionärs Barclay unter dem Motto »Die längste Nacht der Côte d'Azur« wird die Verbindung öffentlich, zeigen sich Soraya und Gunter Sachs in zärtlicher Verbundenheit. Die Photos des turtelnden Paares gehen um die Welt, und Gunter Sachs wird schlagartig eine Figur von internationalem Interesse. Die französische Illustrierte *Jours de France* erhebt ihn vom Playboy zum »Play-Gentleman«, und als er wenige Tage später in München aus dem Flugzeug steigt, erwartet ihn eine Schar von Journalisten, die selbst den publicitygewohnten Gunter Sachs irritiert und ihn mit der Frage nervt: »Werden Sie heiraten?« Seine diplomatische Antwort facht das Feuer nur weiter an: »Wir sind weder verlobt noch verheiratet. – Natürlich haben wir über Heirat gesprochen.« Genauestens wird verfolgt, wie oft Gunter Sachs die neue Gefährtin in deren Apartment in München-Bogenhausen besucht. Sorayas Mutter, von Journalisten bedrängt, erklärt schließlich: »Ja, die Kinder tragen sich mit Heiratsgedanken.«

Es ist ein ungewöhnliches Paar, über das nun eine Flut von Spekulationen hereinbricht. Soraya ist ein wenig älter als Gunter Sachs und wesentlich kleiner als der 1,81 Meter große Gefährte. Sie ist als Tochter eines Arztes durch die väterliche Abstammung aus der mächtigen Stammesfürstenfamilie der Bachtiaren-Nomaden sowie die Ehe mit dem Schah von einer solchen Dignität, neben der der Abkömmling deutscher Industrieller, sei er auch noch so reich und zum Teil geadelt, in den Augen persischer Höflinge als unstandesgemäße Partie zu betrachten ist. Viel ist von Geld die Rede, das Gunter Sachs im Fall einer Ehe zu zahlen hätte, soll doch eine kaiserliche Apanage aus Teheran an die Ehelosigkeit der Ex-Kaiserin gebunden sein.

Mit etlichen Dementis neigt sich die Affäre ihrem Ende zu. Viel ist von aufrichtiger Liebe die Rede, was die Frage nicht ganz aus der Welt schaffen kann, ob nicht doch zumindest ein wenig Kalkül beim Liebhaber im Spiel war, der sich schlagartig in den Brennpunkt eines fast weltweiten Interesses katapultiert hat. Es gehört zu Gunter Sachs, dass er immer dann, wenn die von ihm geweckte öffentliche Aufmerksamkeit den Siedepunkt erreicht, über die Aufdringlichkeit der Presse klagt. Auch wenn dies manchmal etwas kokett anmutet bei einem Mann, den es ins Rampenlicht drängt, so kann hier doch auch ein Wesenszug zum Vorschein kommen, der seinen Vater ausgezeichnet hat. Schon Willy Sachs vereinte forsches Draufgängertum mit unterschwelliger Verzagtheit.

Es wird noch Jahre dauern, bis Gunter Sachs aus dem Zwiespalt herausfindet, der mit seiner Rolle als erster und im Grunde einzig wahrer Playboy Deutschlands verbunden ist. Es ist die Gratwanderung zwischen dem unbürgerlichen, sich bewusst in Verhalten und Kleidung über Konventionen hinwegsetzendem Playboyleben und dem Wunsch, als respektable und honorige Persönlichkeit zu gelten. Dabei lässt sich eine heikle Frage, die besonders im Umfeld der Soraya-Affäre auftaucht, nicht unterdrücken: Wovon lebt der Playboy Gunter Sachs eigentlich?

Nach bestem Vermögen

Zum Wesen eines Playboys gehört es, Geld zu haben, aber nicht, zumindest nicht offensichtlich, arbeiten zu müssen. Porfirio Rubirosa ist auch hier der idealtypische Vertreter seiner Art. Von ihm ist nicht bekannt, dass er je einem ernsthaften Gelderwerb nachgegangen ist. Schnell geschlossene und ebenso schnell geschiedene Ehen mit Millionärinnen versorgten ihn mit der nötigen Barschaft. Umgekehrt kann und will jemand, der sein Geld durch herkömmliche Arbeit erwirbt, nicht als Playboy eingestuft werden. Oleg Cassini, ein Mann aus uraltem Geschlecht und Partner namhafter Damen, weist es von sich, ein Playboy zu sein. Schließlich habe er sein Leben lang als Modemacher gearbeitet und Zelebritäten wie Jaqueline Kennedy eingekleidet.

Gunter Sachs hält sich mit allzu konkreten Angaben über seine finanziellen Verhältnisse sehr zurück. Was die Mitwelt genau erfährt, sind seine Gewinne beim Roulette, die imagefördernd der Presse gemeldet werden, wobei Gunter Sachs später offen zugibt, nur seine Erfolge gemeldet, die Verluste aber verschwiegen habe.

Von 600 000 Mark Jahreseinkommen spricht *Der Spiegel* 1962. Je zur Hälfte summiert sich der Betrag danach aus den Einkünften als Teilhaber der Sachs-Holding und aus einer eigenen, seit 1959 betriebenen Aktiengesellschaft in der Schweiz, die vorfabrizierte Bauteile für Wohn- und Bürohäuser herstellt. Von dieser Firma ist später nicht mehr viel zu hören, mehr von dem Modelabel »Micmac« oder den Versuchen von Gunter Sachs, sich im Kunsthandel zu etablieren.

Der Zwiespalt ist für ihn nie völlig aufhebbar, auf der einen Seite der unbeschwerte, aus der Fülle der Finanzen schöpfende Playboy zu sein, auf der anderen Seite aber auch als fleißiger Unternehmer zu erscheinen, der zu eigenem wirtschaftlichen Erfolg imstande ist. Nicht zur Sprache kommt dabei, dass die sprichwörtlich am schwersten zu verdienende erste Million in vielfacher Weise als Erbe vorliegt und für alle weiteren Aktivitäten einen soliden Sockel darstellt. Was das gemeinsam mit dem Bruder ererbte Unternehmen betrifft, so ist sein Engagement zurückhaltend. Anders als Ernst Wilhelm Sachs verzichtet er auf einen Vorstandsposten in Schweinfurt. Von seinem Wohnsitz Lausanne aus, so seine Darstellung, kümmert er sich zunächst ums Auslandsgeschäft von Fichtel & Sachs und dürfte diesen Telearbeitsplatz in einem weiten Sinne verstehen, wenn er davon spricht, dass seine engen Kontakte mit dem Playboy-Freund Giovanni Agnelli schließlich auch der Firma zugute kommen. Als Fiat-Chef sei Agnelli für einen Kfz-Zulieferer von großer Bedeutung.

Das operative Geschäft von Fichtel & Sachs ist nach eigenem Eingeständnis nicht die Sache von Gunter Sachs, und so beschränkt er sich bald auf seine Funktion im Aufsichtsrat, betont aber, dass er sich dabei intensiv um strategische und personelle Entscheidungen kümmere. Dennoch ist nicht zu übersehen, dass er zum Werk von Großvater und Vater nur eine geringe innere Beziehung besitzt. Schweinfurt hat für den umtriebigen jungen Mann, dem die Welt zu klein für seinen Tatendrang zu sein scheint, keine Attraktivität. Das Image des Playboys und eines Großbetriebs der Metall verarbeitenden Industrie wollen sich für beide Seiten nicht recht vertragen. Die unzutreffende Bezeichnung »Kugellagerfabrikant« haftet Gunter Sachs an wie Schmierfett, auch wenn bei Fichtel & Sachs schon längst keine Kugellager mehr erzeugt werden und er nie als Fabrikant, sondern nur als Anteilseigner fungiert. Auch auf dem ureigensten Terrain des Liebeslebens muss er sich als »Zweitakt-Casanova« daran erinnern lassen, woher das Geld primär kommt, mit dem er sein aufwendiges Dasein finanziert.

Wenn selbst *Der Spiegel* vom Couponschneider Gunter Sachs spricht, so verwundert es nicht, wenn ihn die DDR-Presse genüsslich als Beispiel eines verschwenderischen Kapitalisten vorführt. Sie muss dafür kaum mehr tun, als aus einem *stern*-Interview zu zitieren, das der zum Playboy Nr. 1 Aufgestiegene im Umfeld der Soraya-Liaison gegeben hat. »Schmarotzerleben« übertiteln die Ostberliner Zeitungen ihre Berichte im vorwurfsvollen Ton. Danach »verprasst« und »verpulvert« Gunter Sachs 300 000 Mark im Jahr für »Liebschaften« mit »zweifelhaften Fotomodellen«. Empörung soll die seit einem Jahr hinter der Mauer lebenden Leser erfassen, wenn sie vom Jahreslauf eines Erzkapitalisten lesen: »Mitte Januar gehe ich nach St. Moritz. Dieses St. Moritz dauert vier bis fünf Wochen. Dann bin ich drei Monate ganz in Lausanne. Und dann geht es nach St. Tropez. Diese Wochen sind herausgenommen aus allem Normalen, sind intensiv, sie haben vielleicht keine Ordnung, aber sie haben Spannung. Mitte Oktober gehe ich für vier bis sechs Wochen nach Paris. Dort führe ich ein gesellschaftliches Leben...« Für die »›Arbeit‹ des Nichtstuers Sachs« haben diese Berichte nur noch verachtende Anführungszeichen übrig, bestehe sich doch darin, »in München an Sitzungen teilzunehmen, die mein deutsches Vermögen betreffen«, und ein paarmal nach Lausanne zu fliegen, um dort nach den internationalen Geschäften zu sehen. Was die DDR-Zeitungen nicht hinzuzufügen vergessen: 500 Mark beträgt zu dieser Zeit das monatliche Durchschnittseinkommen eines bundesdeutschen Arbeiters.

Selbst professionelle westliche Beobachter sind vom aufwendigen Lebensstil des Sachs-Teilhabers geblendet. Das *manager-magazin* ist über die gute Vermögenslage von Gunter Sachs verblüfft und weiß dafür nur eine Erklärung: Das Erbe war von solchem Ausmaß, dass es nichts schadet, wenn einiges davon mit Frauen,

Sport und Spiel verjuxt wird. Inzwischen herrscht die Ansicht vor, der Wohlstand von Gunter Sachs rühre daher, dass er ein opulentes Erbe geschickt zu vermehren wusste und dies, wie er betont, mit einer konservativen Anlagestrategie.

Immer wieder ist Gunter Sachs auch als eigenständiger Unternehmer hervorgetreten und das so sehr, dass es auf Unverständnis bei den Spielgefährten stößt. »Er arbeitet zu viel«, urteilt Playboy Porfirio Rubirosa, nach dessen Maßstab allerdings alles, was sich vom Müßiggang unterscheidet, bereits verdächtig nach Arbeit aussieht. Sogar Liebschaften von Gunter Sachs sollen an seinem Arbeitseifer zerbrochen sein, weil er nicht ausreichend das aufbringen kann, was der richtige Playboy den Gefährtinnen vor allem schenken kann: Zeit und Aufmerksamkeit.

Von Jugend auf ist bei Gunter Sachs zu beobachten, dass er sich nicht mit dem zufrieden gibt, was er hat. Mit einem sehr spezifischen Kunsthandel beginnt seiner Schilderung nach der Einstieg ins Erwerbsleben. Um die Einkünfte als Student aufzubessern, nimmt er zusammen mit seinem Bruder Stiche von Adolph von Menzel von der Wand der Villa der Großmutter von Opel und verkauft sie. Die Löcher werden mit Zahnpasta verklebt. Martha von Opel scheint nicht sehr an dem zu hängen, was sie in ihrem Haus aufgehängt hat, denn sie bemerkt den Bilderschwund nicht. Auch die weiteren Geschäftsideen haben jugendlich-leichtfertigen Charakter. Der Betrieb eines Kaffeeautomaten an der Uni scheitert an der Untreue eines prinzlichen Kommilitonen, der in die eigene Tasche wirtschaftet. Der Versuch, ein Buchstabieralphabet mit Markennamen für die Telefonbücher zu etablieren, wird durch väterlichen Einspruch beendet. Die Idee: Nicht länger soll »M wie Martha« buchstabiert werden, sondern »M wie Mercedes«, »N wie Nivea« und so fort. »A wie Asbach« kommt beim Schnapsbrenner gut an, während »E wie Esso« beim Ölmulti auf totales Unverständnis stößt. Bei »S wie Sachs« endet der kommerzielle Gang durchs Alphabet. »Studieren statt buchstabieren« soll der väterliche Imperativ gelautet haben.

Finanziell ist Gunter Sachs deswegen nicht in Not geraten. 1500 Mark monatlich liegen deutlich über dem, was die dem leichten Schwabinger Leben ebenfalls intensiv zugeneigten Enkel des

Großindustriellen Friedrich Flick bekommen. Ein Berufsjäger auf der Rechenau verdient um diese Zeit zwischen 300 und 400 Mark. Auch dürfte Willy Sachs nicht anders mit seinen Söhnen verfahren sein als Ernst Sachs, von dem der Sohn sagen konnte: »Ich brauche mich doch nur an meinen Vater zu wenden, um von ihm, wenn notwendig, Geldmittel zu erhalten.« Ein Luxusauto wie der legendäre Mercedes 300 SL mit seinen sich nach oben öffnenden Flügeltüren verweist bei einem jungen Mann von 25 Jahren auf besondere väterliche Zuwendung.

Jungunternehmer auf Zeit

Erstgeborener und doch ewiger Zweiter. Das Schicksal von Ernst Wilhelm Sachs scheint zur Tragik disponiert zu sein, weil er nach außen immer hinter dem Bruder zurückstehen muss, der Glanz verbreitet und Aufmerksamkeit auf sich zieht. Aber die Photos des älteren der beiden Söhne von Willy Sachs dokumentieren vor allem in seinen jüngeren Jahren Unbeschwertheit. Fröhliche Augen schauen aus einem offenen Gesicht, das wenig Ähnlichkeit mit dem des Bruders besitzt. Es ist von rundlicher Heiterkeit und unterscheidet sich grundsätzlich von dem länglichen Gesicht Gunters. Der Ältere ist der Kleinere, der fast chamäleonartig zu ganz verschiedenen Ausdrucksformen imstande ist. Korrekt im Anzug der 60er Jahre kommt er mit dunkler, zeitgemäß in »amerikanischer« Art mit gleichschenkeligem Knoten gebundener Krawatte zur Familienfeier, während Gunter nur schwarze Hose und offenes Hemd trägt. Mit ernstem Gesichtsausdruck im Kashmere-Mantel mit Aktenkoffer kann er ganz und gar den Manager geben, ist aber im nächsten Augenblick kumpelhaft-lachender Chef. Wie sein Vater Willy Sachs kennt auch Ernst Wilhelm den leicht wehmütigen, gemütvollen Blick, der auf jene an seinem Lebensende von Freunden beobachtete depressive Haltung hindeutet.

»Zu Anfang war es ein Muss«, sagt Ernst Wilhelm zur Entscheidung seines Vaters, ihn für die Tätigkeit im Familienunternehmen und für dessen spätere Leitung zu bestimmen. Aus dem unruhigen

Kind der Schweinfurter Schulzeit ist ein junger Mann geworden, der noch immer von einer bei ihm nie schwindenden Unrast und Umtriebigkeit erfüllt ist. Willy Sachs lässt seinem zum Kronprinzen erkorenen Sohn keine Ausflucht, wie Gunter Sachs sie für sich gesucht hat. Bei Daimler-Benz, einem der wichtigsten Geschäftspartner von Fichtel & Sachs, absolviert Ernst Wilhelm eine »technisch-kaufmännische Ausbildung«. Danach lernt er im väterlichen Betrieb die einzelnen Abteilungen des Hauses kennen und steigt bald zum stellvertretenden Vorstandsmitglied auf. Sein besonderes Interessensgebiet: Auslandskontakte. Transatlantische Geschäftsverbindungen, besonders nach Brasilien, sind seine Leidenschaft und geben ihm die Möglichkeit, die eigene Unruhe mit geschäftlichen Belangen zu verbinden.

Beim Tod seines Vaters muss Ernst Wilhelm Sachs nicht wie einst Willy Sachs schlagartig die Führung des Konzerns übernehmen. Ein festgefügtes Direktorium leitet die Geschäfte, und Ernst Wilhelm wird noch 1958 ordentliches Vorstandsmitglied. Außerdem ist er Geschäftsführer der Sachs-Holding, unter deren Dach die Sachs-Firmen zusammengefasst sind. Er wird Komplementär der Fichtel & Sachs Verkaufs KG und Aufsichtsratsvorsitzender diverser Zweigunternehmen.

Die Aufgabenfülle im ererbten Unternehmen hindert Ernst Wilhelm Sachs nicht daran, sich noch vor seinem Bruder und mit weniger Erfolg als dieser im Filmgeschäft zu versuchen. Mit einem Kompagnon peilt er 1959 ein sehr eigenwilliges Projekt an. Er will einen Film über die Prostituierte Rosemarie Nitribitt drehen, deren Ermordung Ende Oktober 1957 die Adenauer-Republik in Aufregung versetzt, weil Ab- und Hintergründe eines sich in vordergründigem Spießertum ergehenden Gemeinwesens sichtbar werden. Das Besondere am Vorhaben von Ernst Wilhelm Sachs: Der Hauptverdächtige in diesem Mordfall, der nach 326 Tagen Untersuchungshaft freigesprochene Heinz Pohlmann, soll in dem Film mitspielen. Schon wird an Probeaufnahmen mit ihm gedacht, als zwei andere Produzenten auftauchen und Pohlmann mit einem attraktiven Vertrag ködern. Der Film mit Heinz Pohlmann wird nie realisiert, doch sind die Maßstäbe im Mediengeschäft noch so festgefügt, dass selbst der liberale *Spiegel* die Idee skandalisiert, mit einem nach wie vor des Mordes äußerst Verdächtigen einen Film zu drehen.

Was nach der Marotte eines Jungindustriellen aussieht, der sich nicht immer nur mit Kupplungen und Stoßdämpfern beschäftigen will, ist alles andere als eine zufällige Idee. Vor dem geschäftlichen Interesse an der toten Rosemarie Nitribitt steht, wie sich später herausstellt, ein privates an der lebenden. Nach der Ermordung der Frankfurter Renommierprostituierten forscht die Kriminalpolizei nach Kontaktleuten, Bekannten und Kunden von Rosemarie Nitribitt. Bald ist von einem Notizbuch die Rede, in dem zahlende Herren vermerkt seien. Es wird davon gemunkelt, dass nicht zuletzt namhafte junge Herren der wirtschaftswunderlichen Jeunesse dorée die Dienstleistungen der jungen Frau in Anspruch genommen haben. Die Polizei verhält sich diskret. Sie will den Mörder finden und nicht Prominente bloßstellen.

1999 durchforstet die Frankfurter Journalistin Helga Dierichs die fast hundert Aktenordner des Falls Nitribitt. Zwar fehlen verdächtigerweise 800 Seiten, doch offenbaren die noch auffindbaren 5000 Seiten interessante Namen wie Harald von Bohlen und Halbach, Harald Quandt sowie Ernst Wilhelm und Gunter Sachs. In einem Interview bestätigt Gunter Sachs, Rosemarie Nitribitt kennen gelernt zu haben. In der Aussage einer Kollegin und Freundin von Rosemarie Nitribitt wird Ernst Sachs als »Bekannter« der Ermordeten bezeichnet und auf einem Photo identifiziert. Auch in Schweinfurt gibt es noch sehr diskret behandelte Erinnerungen an die stürmischen Beziehungen von Ernst Wilhelm Sachs nach Frankfurt. Zu Rosemarie Nitribitt als »Call-Girl« war telefonischer Kontakt zu halten, der in Zeiten handvermittelter Ferngespräche bei Telefonistinnen mit besonderem Interesse rechnen konnte.

Die Ehe mit einem erfolgreichen Mannequin beendet die extensive Junggesellenzeit von Ernst Wilhelm Sachs. 1957 heiratet er die Augsburger Anwaltstochter Eleonora Olschner, die meist nur kurz Lo Sachs genannt wird, womit Verwechslungen in der Familie Sachs vermieden werden, heißt doch die Schwiegermutter Elinor und eine der Töchter von Lo Sachs trägt den Vornamen Eleonore. Auf einer Schiffsreise nach Lateinamerika, wohin Ernst Wilhelm ambitionierte Geschäftsideen locken, lernt er seine zukünftige Frau kennen, die von dem Verehrer nicht sofort überzeugt ist. Wochenlang soll Ernst Wilhelm um die anerkannte Schönheit geworben haben und dabei ebenso wie sein Bruder Gunter gegenüber Brigitte Bardot die Zuneigung durch die Blume ausgedrückt haben. Wo Gunter Rosen aus dem Hubschrauber über dem Anwesen der Umworbenen regnen lässt, überbringt Ernst Wilhelm der Angebeteten seine floralen Grüße auf dem Landweg: Tag für Tag 30 rote Rosen.

In Schweinfurt wird aufmerksam registriert, dass es nun wieder eine Frau Sachs gibt. Nicht jeder Schweinfurterin fällt es leicht, damit zu leben, dass Lo Sachs bald als schönste Frau am Ort gerühmt wird. Es gibt auf einmal so etwas wie eine »First Lady« bei Fichtel & Sachs, die nicht nur mit ihrem Aussehen, sondern auch durch Charme und Stil Bewunderung auslöst. »Lo Sachs! Die hat sich nicht einfach hingesetzt. Die hat sich niedergelassen«, erinnert man sich noch heute.

Drei Kinder bringt Lo Sachs zur Welt – aber keinen Stammhalter. Zwischen 1959 und 1963 werden die Töchter Monika, Eva Eleonore und Carolin geboren. Das Ende des Traums ihres Urgroßvaters von der generationenübergreifenden Industriellendynastie dämmert mit den hübschen Mädchen herauf, die ihren Vater nur kurze Zeit und kaum bewusst als Unternehmer erleben.

1965 übernimmt Ernst Wilhelm Sachs den Vorstandsvorsitz der Fichtel & Sachs AG, schwingt sich damit auch faktisch zum Nachfolger seines Vaters auf. Aus dem »Müssen« der Berufstätigkeit im väterlichen Unternehmen scheint zumindest für einige Zeit ein Wollen zu werden. Mit 37 Jahren ist Ernst Wilhelm so alt wie sein Vater, als der die Firmenleitung übernahm. In einer Wirtschaftswelt, in der vor allem ältere Herren das Sagen haben, ist er eine jugendliche Ausnahmeerscheinung, die mit entsprechender Aufmerksamkeit und Sympathie rechnen darf.

Seinem unruhigen Wesen gemäß legt Ernst Wilhelm Sachs mehr Wert auf Veränderung, denn auf Beständigkeit. Expansion ins Ausland, vor allem nach Nord- wie Südamerika, steht auf seinem Programm. Er strebt nach einer breiteren Produktpalette und will sich nicht mit dem traditionellen Kfz-Zuliefergeschäft bescheiden.

Für Nordamerika erhofft er sich Erfolge mit Snow-Scootern und denkt daran, auch die europäischen Skiläufer zu motorisieren: »Es müsste doch möglich sein, jeden mit einem kleinen Motorschlitten unabhängig zu machen, mit so einem kleinen Ding, auf das man sich draufsetzt und den Berg einfach hinauffährt.« Wie das Gefährt wieder zu Tal kommt, ist für jemanden wie ihn keine Frage, da wohl auch hier das ihn immer umgebende dienstbare Personal vorausgesetzt wird. Sein Traum vom motorisierten Anstieg zur rauschenden Abfahrt wird für den begeisterten Skifahrer zehn Jahre später tödlich enden.

Als »Bestimmung seines Lebens« bezeichnet Ernst Wilhelm die Unternehmensleitung, die er intensiv, aber auch mit einer brennenden Unruhe wahrnimmt. Es hält ihn nicht im biederen Schweinfurt. Jenseits des Atlantiks sieht er wirtschaftliche Möglichkeiten, gründet Firmen, kauft welche dazu. Er versucht, das Vermächtnis seines Vaters zu erfüllen, will ein sozialer Arbeitgeber sein. Millionen fließen in freiwillige soziale Leistungen. Ein großer Casino-Bau mit Kantine und Kulturräumen wird auf dem Werksgelände errichtet und nach dem Vater Willy Sachs benannt. Eine mäzenatische singuläre Großtat wie das Schwimmbad oder das Stadion gibt es für die Vaterstadt nicht, aber hier eine Million für ein Polytechnikum, dort 100 000 Mark für das Stadttheater. Eine halbe Million kommt dem fernen Hockenheim zugute, wo der leidenschaftliche Autofahrer Ernst Wilhelm Sachs den Bau eines Clubhauses am dortigen Rennring unterstützt, wofür sich die Stadt revanchiert und eine Straße nach ihm benennt.

Eine innere Unruhe, die sich bis zu Hektik steigern kann, treibt Ernst Wilhelm Sachs um. Wird er nach Indien eingeladen, so wird schnell ein Englischlehrer engagiert, um vorbereitend die Sprachkenntnisse zu verbessern. Lo Sachs bleibt mit ihm und dem Diener allein, der dezent zum Unterricht den Drink auf dem leise klingelnden Getränkewagen herbeibringt. Ernst Wilhelm hat keine Zeit oder keine Geduld. Sitzt Lo Sachs am Steuer, und ihr Mann ist nach einem feucht-fröhlichen Abend nur Beifahrer, dann herrscht er sie an: »Was fährst du denn so langsam? Du fährst wie eine Schnecke!« Lo Sachs weiß sich nicht zu helfen, wo sie ohnedies bereits mit fast 200 Kilometern in der Stunde dahinrast.

Autos, schnell, stark und möglichst ausgefallen, sind die Leidenschaft von Ernst Wilhelm Sachs. Sein Prunkstück: Ein Ferrari-Superfast, für den er mit dem Designer Pinifarina persönlich die Karosserie entworfen und gefertigt hat. Weich wird seine Stimme, wenn er von den 400 PS unter der Motorhaube und ihrem sanften Dröhnen spricht, die möglichen 350 Kilometer in der Stunde erwähnt, die er aber, man hat als Großmanager Verantwortung, aus Sicherheitsgründen nie voll ausfahre. Der Sinn fürs Schöne, die Neigung zum Künstlerischen, die in fast allen Wirtschaftsdynastien nach einigen Generationen markant hervortreten, sind in der Familie Sachs schon bei den Enkeln des Firmengründers virulent. Autodesigner – das wäre ein Beruf, den er sich vorstellen könnte, wäre er nicht Industrieller, meint Ernst Wilhelm.

Alte Kunst ist Sammel- und Anlageobjekt von Ernst Wilhelm Sachs. Auf der Rechenau und in Schweinfurt hängen alte Meister, die – sensationell Mitte der 60er Jahre – aus in der Decke versenkten Leuchten angestrahlt werden. Unwidersprochen lässt Ernst Wilhelm Sachs munkeln, dass unter den Bildern eines sei, das schon in Görings »Carinhall« gehangen hat. Auch geschmacklich tritt er das Erbe seines Vaters an, kauft sogar ein Kunstwerk zurück, das ein amerikanischer Soldat beim Abzug aus Mainberg mitgenommen hat. Die besondere Liebe gilt holländischer Landschafts- und Marinemalerei.

Sie schmückt bevorzugt den ausgedehnten Landsitz, den sich Ernst Wilhelm Sachs auf Ischia durch Umbau eines ehemaligen Weingutes eingerichtet hat. Einen legendären Ruf erwirbt sich das Anwesen durch die dort gepflegte spezifische Gastlichkeit. Jedem Gast wird ein kleiner Fiat 500 zur Verfügung gestellt. Kurzaufenthalte werden nicht geduldet. Das Gift der Langeweile und des Überdrusses, das sich inmitten des Reichtums einnistet, wird mit Besuchern und Geselligkeit bekämpft. Dreht Peter Sellers zusammen mit Britt Ekland und Victor Mature auf Ischia den Film »Jagt den Fuchs!«, so wird das Team von Ernst Wilhelm Sachs eingeladen und exzessiv gefeiert. Einem jungen Gast aus Deutschland zeigt er seine Jacht und fragt, ob er nicht Lust auf eine Fahrt hätte. Hat das Schiff die Sichtweite des Ufers verlassen, stellt sich heraus, dass das Boot zwar unbemannt im Hafen gelegen hatte, aber aufgeschlossene Weiblichkeit an Bord hat. Bis Sardinien geht die Spritzfahrt, und bei der Rückkehr lässt Lo Sachs ihre berühmten smaragdgrünen Augen wütend blitzen, will nicht glauben, dass es sich um eine harmlose touristische Rundfahrt gehandelt haben soll.

Im März 1967 lässt sich Ernst Wilhelm Sachs vom Bayerischen Rundfunk in einem halbstündigen Hörfunkporträt als dynamischer Jungunternehmer würdigen. Auch als leidenschaftlicher Jäger wird er vorgestellt und als liebevoller Vater, der seinen Töchtern das Taschengeld zur freien Verfügung aushändigt und nicht weiß, ob es nun 10 oder 50 Pfennig sind, welche die zukünftigen Millionenerbinnen pro Woche bekommen. Mit großer Selbstverständlichkeit spricht Ernst Wilhelm Sachs über seine Tätigkeit an der Spitze des ererbten Unternehmens, und doch gibt er wenige Monate später überraschend den Vorstandsvorsitz ab. Von »Verbannung« ist die Rede, von einer »konzertierten Aktion seines Bruders und des Aufsichtsrats«. Ein Betriebsrat kommentiert: »Den haben sie auf den Mond geschossen.«

Wie sich nun herausstellt, war das Unternehmen unter Ernst Wilhelm Sachs etwas aus dem Lot geraten. 20,5 Millionen Mark Verlust mussten für die Jahre 1966 und 1967 registriert werden. Die Träume, »in die Elektronik vorzustoßen«, zerstieben. Der neue Vorstandsvorsitzende Helmut Spies ordnet das Unternehmen mit strenger Hand und einem kurz angebundenen Wesen, das nichts von der Umgänglichkeit und Generosität besitzt, die so typisch für Willy und Ernst Wilhelm Sachs waren. »In vielen Dingen meines Lebens zu verbindlich zu sein und nicht mit größter Kraft einmal gewonnene Meinungen direkt umzusetzen«, hat Ernst Wilhelm Sachs noch als Vorstandsvorsitzender als seinen größten Fehler bezeichnet. Der Wechsel in der Geschäftsleitung, der Abgang von Ernst Wilhelm Sachs ist mehr als eine Personalie; er bedeutet den Anfang des Abschieds der Familie Sachs von dem Unternehmen, das sich Gründer Ernst Sachs gar nicht anders denn als Familienunternehmen vorstellen konnte.

Ikonenehe – Gunter Sachs und Brigitte Bardot

Während Ernst Wilhelm Sachs versucht, sich als Chef des Familienunternehmens zu etablieren, verfolgt Bruder Gunter fernab davon geschäftliche und vor allem private Ziele. Beruflich weiß er sein Image als Freund des Schönen zu nutzen, den er mit ansehnlichen Frauen in seiner Begleitung ständig unter Beweis stellt. Gunter Sachs gründet Modegeschäfte, denen sofort der Ruf vorauseilt, dass hier geschmacklich Bemerkenswertes geboten wird. Getreu seinem Selbstbild wird auch das Kommerzielle bei ihm von einem Hauch von Leichtigkeit umweht. Als »Spielerei« beginnt er mit einem Kompagnon in München ein Herrenmodegeschäft, gliedert ihm eine Damenboutique an. Weil sich alles »überraschend erfolgreich« gestaltet, folgt ein Geschäft auf Sylt, das klimagerecht wärmende Mützen, Cordhosen und Pullover anbietet. Ende 1963 gibt es auch in Berlin ein Geschäft, für dessen Ausstattung Gunter Sachs persönlich dekorative Leuchter im Koffer aus Paris mitbringt. Er trägt selbst, was er verkauft, um damit, wie eine Reporterin in Respekt vor der Weltläufigkeit bemerkt, »bei seinen Reisen durch die Welt in seinen eigenen Sachen Reklame zu machen – in Acapulco, New York und an der französischen Riviera«.

In St. Tropez wird 1965 mit entsprechendem Aplomb der Modesalon »Micmac« von Gunter Sachs eröffnet. Diese Marke baut er aus, so dass er das Label schließlich erfolgreich an ein japanisches Unternehmen verkaufen kann. Zum Auftakt an der Côte d'Azur erscheint Prominenz von Françoise Sagan über Juliette Greco bis Marina Vlady. Unter den sechs »bezaubernden Mannequins«, welche die Modelle vorführen, befindet sich Mijanou Bardot, die Schwester der berühmten Brigitte.

Mit dem Filmstar ist Gunter Sachs schon geraume Zeit bekannt, aber es sind die »kleinen Bardots aus dem Volk«, wie *Der Spiegel* anmerkt, die in seiner Nähe zu sehen sind. Mit einer von ihnen, dem Mannequin Brigitte Laaf, wird sogar eine Hochzeit angekündigt. Sie ist blond, zehn Jahre jünger und Tochter eines Kölner Mineralölgroßhändlers. Gunter Sachs, um diese Zeit Träger eines ungewohnten Kinnbarts, zeigt sich mit ihr, spricht öffentlich von einer Heirat, bei der nur noch fraglich sei, ob sie in Paris oder Lausanne stattfindet. Danach wird es für längere Zeit still um das Paar, bis *France Dimanche* den ernsten Hintergrund der Medienabstinenz aufhellt. Brigitte Laaf ist schwer erkrankt. Eine Geschwulst am Rücken, die Lähmungserscheinungen bewirkt, wird für inoperabel gehalten. Obwohl er sich von Brigitte Laaf eigentlich schon getrennt hat, kümmert sich Gunter Sachs intensiv um die von den Ärzten bereits aufgegebene Gefährtin, fährt mit ihr von Klinik zu Klinik, bis er einen Arzt findet, der die Operation wagt und das Mannequin rettet. Eigenschaften, die von manchen bei Gunter Sachs unangenehm erlebt werden, bewähren sich: Sturheit und ein »Nur-auf-sich-selbst-Vertrauen«.

Mit dem für ihn neuen Titel eines »Witwentrösters« wird Gunter Sachs im Herbst 1965 von der Boulevardpresse geschmückt. Er wird mit Odile Rodin auf der griechischen Insel Hydra gesichtet. Sie war Mannequin und die fünfte und letzte Ehefrau von Porfirio Rubirosa, der wenige Monate zuvor einen in der Playboy-Spitzenklasse nicht seltenen Unfalltod in einem Sportwagen starb. Rubirosa ist für Gunter Sachs ein bis heute gepriesenes Vorbild in Stil und Eleganz, dem er umfassend die Treue hält.

Im Sommer 1966 elektrisiert Gunter Sachs mit Nachrichten, in denen er das Uraltgesetz außer Kraft setzt, dass Glück im Spiel Pech in der Liebe bedeutet. Wieder einmal geht eine Meldung von einem seiner spektakulären Casinogewinne durch die Gazetten. 350 000 Mark sind es diesmal, erspielt am Roulettetisch in Monte Carlo. Der versierte PR-Mann Gunter Sachs weiß die Geschichte pittoresk anzureichern. Eine junge Zigeunerin habe ihm aus der Hand geweissagt: »Sie werden dieses Jahr unglaubliches Glück haben. Profitieren Sie davon!« Neben dem Geld kann Gunter Sachs auch schon den zweiten Glücksfall präsentieren: An seiner Seite im Casino befindet sich Brigitte Bardot.

In ihren Worten ist es ein Treffen zweier »monstres sacrées«, zweier heiliger Monster, als sie und Gunter Sachs sich an der Côte d'Azur im Juni 1966 im Restaurant »Bonne Fontaine« begegnen. Sie sind füreinander keine Unbekannten, und Brigitte Bardot erinnert sich, dass er einmal ein Haus ihrer Mutter gemietet und in »miserablem Zustand« verlassen hat. Gunter Sachs befindet sich in der für ihn typischen Gesellschaft von hübschen Mädchen und jungen Männern – und sieht ständig zu Brigitte Bardot hinüber. »Ich fand ihn wunderbar«, schreibt sie Jahre später und spricht vom »stahlblauen Blick«, den er unverwandt auf sie richtet. »Eine seltsame, faszinierende Kraft ging vom ihm aus.«

Die bald 30 Jahre nach dieser Begegnung veröffentlichten Memoiren der Brigitte Bardot sind offenherzig, aber ungenau. Sie nimmt es mit der zeitlichen Abfolge von Ereignissen nicht sehr genau, stilisiert und übertreibt. Gunter Sachs spricht davon, dass sie zum »Flunkern« neige, und liefert zu der einen oder anderen Episode eine etwas abweichende Darstellung.

Die besondere Faszination, die Brigitte Bardot beschreibt, deckt sich mit den Erinnerungen anderer Frauen, die mit Gunter Sachs näher in Kontakt kommen. Immer ist von dem »starken, guten Gefühl« die Rede, das er verbreitet. Es ist eine Kraft, die aus einer Ruhe und Statur herrührt, wie sie inmitten von eher kleinen und quirligen Franzosen besonders hervorstechen muss. »Ein echter Seigneur! Seine graumelierten Schläfen, seine tollen, widerspenstigen und etwas zu langen Haare, sein energisches, gebräuntes Gesicht, seine riesige Statur und sein undefinierbarer Akzent, den er ausspielte, indem er sich in einem äußerst gewandten und gesuchten Französisch ausdrückte...« Brigitte Bardot geizt nicht mit Worten, um die von gegenseitiger Bewunderung erfüllte erste Zeit der stürmischen Liebe zu beschreiben. »Ich war wie hypnotisiert. Ich hatte schon etliche Männer kennen gelernt, hatte geliebt, Leidenschaft erlebt, doch an diesem Abend hob ich ab, von Gunter getragen, in eine märchenhafte Welt, die ich nie zuvor kennen gelernt hatte und die ich auch später nie wieder erleben sollte. Der verrückteste Abschnitt meines Lebens, die extravaganteste Zeit meines Daseins begann.«

Auch wenn Brigitte Bardot schon späteren Kummer andeutet, so zählt doch für die nächsten Wochen allein jene Kette von außergewöhnlichen Momenten, die nicht nur für Außenstehende zu Legenden geworden sind, sondern auch für Gunter Sachs bleibende und absolute Höhepunkte seines Lebens darstellen. Zuerst sein Auftritt in Frack auf einem Wasserski hinter seinem Super-Ariston-Motorboot. Dann das Erscheinen der beiden, barfuß, im Casino samt Riesengewinn. Gunter Sachs lässt aus dem Hubschrauber rote Rosen auf Brigitte Bardots Anwesen »La Madrague« regnen. »Wie viele Rosen waren es?«, fragen ahnungslose Interviewer noch immer, wo doch der Effekt alles, die Menge zweitrangig war und die wahre Sensation noch folgt. Gunter Sachs holt Brigitte Bardot mit dem Super-Ariston in einer Vollmondnacht ab. Er trägt Smoking und darüber ein schwarzes, rotgefüttertes Cape, das er wie die Flügel eines Raubvogels ausbreiten kann: Dracula – die Blut saugende Lieblingsfigur von Gunter Sachs, mit der er sich auf eine tiefenpsychologische Deutungen provozierende Weise identifiziert. Erst hinaus aufs offene Meer, das Steuer in Richtung Süden gestellt und dann geliebt. An einer Klippe hätte das Boot zerschellen, das Liebespaar den Tod finden können, doch das spielt in dem Wechselspiel von »amour fou – amour mourir« keine Rolle. Brigitte und Gunter als Tristan und Isolde von 1967, die in einer Nacht die erregende Nähe von Liebe und Tod erleben.

Wie in jedem gut gebauten Drama gibt es auch in diesem Schauspiel der Leidenschaft einen Moment der Verzögerung. Brigitte Bardot muss ihre Beziehung zum bisherigen Liebhaber Bob Zaguri beenden, während Gunter Sachs drei Tage lang dazu verurteilt ist, nicht bei ihr aufzukreuzen, und in der Ungewissheit leben muss, ob sich Brigitte Bardot nicht doch noch gegen ihn entscheidet. Im »Bonne Fontaine« hat er auf die Angebetete zu warten. Als sie endlich kommt, um bei ihm zu bleiben, lohnt er ihre Entscheidung gleich mehrfach. Er schenkt ihr drei Armbänder und vor allem drei Eheringe mit Saphiren, Diamanten und Rubinen. »In der Zeit unserer leidenschaftlichen Liebe«, trägt Brigitte Bardot dieses trikolore Zeichen der Verbindung, die sie als »vorschnell, aber tiefreichend« bezeichnet.

Als Gunter Sachs die Angebetete auch noch um ihre Hand bittet, schwebt sie »auf einer kleinen Wolke im siebenten Himmel«, während er sich daran macht, die nähere Zukunft zu planen und zu organisieren. Fototermine werden vereinbart, mit denen die ikonenhafte Vermarktung des Traumpaares beginnt und gleich den Höhepunkt erreicht. Brigitte Bardot ist vom »unaufhörlichen Exhibitionismus« irritiert, bei dem wieder das Wechselspiel von Gunter Sachs zu beobachten ist, sich auszustellen und die Beachtung zu beklagen, wenn sie von ihm nicht mehr zu kontrollieren ist. »Extrem publicitysüchtig« nennt ihn Brigitte Bardot und konzediert zugleich, dass er sie wie kein anderer Mann vor zu viel Öffentlichkeit zu beschützen versucht hat.

Beim Rückzug des Paares auf die Rechenau fordert Gunter Sachs zur Abschirmung Schutz bei der Grenzpolizei in Kiefersfelden an, der ihm nicht gewährt wird, aber zu politischen Querelen in München führt. Ein SPD-Abgeordneter moniert, dass Polizeibeamte in Uniform auf der Rechenau gesehen und damit Steuermittel missbraucht worden seien. Gunter Sachs solle doch besser eine Wach- und Schließgesellschaft zu seinem Schutz engagieren und, statt ein 10 000-Mark-Feuerwerk zu Ehren seiner Geliebten in die Luft zu schießen, dieses Geld für das Polizeiaufgebot abführen. Das Innenministerium dementiert: Das Ansuchen von Gunter Sachs sei abgelehnt, kein Polizist abgestellt worden. Wenn Polizisten auf der Rechenau gesichtet worden seien, dann höchstens, um den Filmstar privat zu besichtigen, »was man ihnen nicht unbedingt verübeln kann«.

Brigitte Bardot erlebt ihre Aufenthalte in Bayern höchst ambivalent. Sie schwärmt davon, hier einen Gunter Sachs zu erleben, der nicht der oberflächliche Playboy sei, sondern ein von seinen Untergebenen geachteter Herr. Wenn sie ihn als »Eigentümer von mehreren hundert Hektar Land« bezeichnet, erliegt sie einem Irrtum oder einer Falschinformation. Schon drei Jahre zuvor hatten die Brüder Sachs den Großteil des fast 700 Hektar großen Guts an den bayerischen Staat verkauft.

Über die auf der Rechenau reichlich zur Schau gestellten Jagdtrophäen ist Brigitte Bardot empört. »Mich schauderte beim Anblick dieser beklagenswerten Rehe, Wildschweine, Zehnender und Raubvögel, die mich mit ihren Glasaugen anstarrten und von mir forderten, sie zu rächen.« Sie ist zutiefst entgeistert, dass Gunter Sachs die Frechheit besitze, ihr »einen Friedhof mit ausgestopften Tieren zu zeigen«.

Die Aufregung wird durch das Erscheinen von Elinor von Opel gedämpft, die bei Brigitte Bardot eine mehrdeutige Einschätzung erfährt. Die Wertung der äußeren Erscheinung der Mutter von Gunter Sachs fällt wenig schmeichelhaft aus, wobei die konkrete Anschauung von den bei Brigitte Bardot ständig latent vorhandenen Ressentiments gegen Deutschland beherrscht wird.« So stellte ich mir Gunter im Rock vor, eine alternde Walküre, eine eindrucksvolle Schwiegermutter. Ich würde in ihrem Schoß sicher nicht jene Zärtlichkeit bekommen, die ich bei ihrem Sonn vermisste.« Durch die Gleichsetzung von Elinor von Opel mit der dominierenden, hochbrüstigen Sängerin Bianca Castafiore aus der in Frankreich sehr beliebten Comicserie *Tim und Struppi* (*Tintin*) gibt Brigitte Bardot die Schwiegermutter in ihrer Heimat der Lächerlichkeit preis.

Als »imposante, autoritäre Mutter« wird Elinor von Opel beschrieben. Bei ihr werde Gunter Sachs wieder zum Kind, das zu stammeln beginnt wie ein kleiner Junge, der bei einem Fehler entdeckt wird. Nur wenige Sätze auf Englisch werden zwischen Brigitte und der Mutter von Gunter Sachs gewechselt: »Mehr hatten wir uns nicht zu sagen.« Andere sprechen davon, dass Elinor von Opel sich später sehr freundlich über die Schauspielerin geäußert habe. In der Erinnerung von Brigitte Bardot geraten ihre Aufenthalte auf der Rechenau tatsächlich, wie sie schreibt, zur Operette. Auf Geheiß von Elinor von Opel wird ihr »bayerische Tracht« angefertigt, mit »Spitzenunterrock zu Russenstiefeln«. Gunter Sachs kommt angeblich zum Abendessen in einer kurzen Lederhose mit Tiroler Kniestrümpfen und Schuhen und trägt dazu »Jägerhut mit Federbusch«, womit ein Gamsbart gemeint sein dürfte.

Die Überlegungen von Gunter Sachs für die Hochzeitsvorbereitungen gehen dieweil in ganz andere Richtungen, wobei Brigitte Bardot darüber staunt, »wie rigoros diese deutsche Organisation funktioniert«. Als Hochzeitstermin wird der 14. Juli festgelegt, was ihr wenig gefällt, weil sie, obwohl Französin, den Nationalfeiertag nicht ausstehen kann. In Las Vegas soll die Trauung stattfinden. Brigitte Bardot fürchtet die fremde Umgebung jenseits des Atlantiks, wo sie sich doch nirgends so wohl fühlt wie in der tiefen französischen Provinz und am liebsten in einem kleinen heimatlichen Rathaus heiraten würde.

Sie bewundert die Entschlusskraft ihres zukünftigen Ehemanns und ist doch zugleich von seiner Konsequenz irritiert. Da ist nichts von der weichen Wankelmütigkeit, die an Bruder Ernst Wilhelm zu beobachten ist und als Erbteil von Vater Willy Sachs gelten darf. Hier offenbart sich beim Sohn jene Deutlichkeit des Wollens, wie sie Mutter Elinor von Opel bei ihrem Weggang in die Schweiz gezeigt hat und die sie auch in späteren Momenten unter Beweis stellt.

Der Flug nach Los Angeles wird geheim gehalten und unter den Tarnnamen »Monsieur Schar« und »Madame Bordat« angetreten. In Kalifornien wartet dennoch auf dem Flughafen eine Journalistenschar, die aber in die Irre geführt wird, weil das Traumpaar in einem Flugzeug von Ted Kennedy nach Las Vegas weiterreist. Um 1.30 Uhr nachts wird am 14. Juli die Trauung vollzogen – und gleich wiederholt. Für Photos und Filmaufnahmen hat die Zeremonie auf Wunsch von Gunter Sachs ein zweites Mal stattzufinden.

»Benommen, erschöpft, sterbensglücklich, lebensglücklich, Hand in Hand mit meinem Mann, meinem Geliebten, meinem Gebieter« durchstreift die frisch gebackene Ehefrau Las Vegas – und findet die Stadt scheußlich. Dieweil läuft die Meldung über die Eheschließung rund um die Welt und ist vor allem in Frankreich und Deutschland Thema Nummer 1. Obwohl die Hochzeit mit dem Trikolore-Ring und dem anspielungsreichen Datum 14. Juli von Gunter Sachs deutlich als Hommage an Frankreich gedacht ist, findet in der Heimat von Brigitte Bardot die Eheschließung mit einem Mann von jenseits des Rheins wenig Begeisterung. Ein Deutscher erobert ein zentrales Kulturgut der Grande Nation. Kaum verheilte Narben brechen auf, Reste von Erbfeindschaft werden lebendig. Es hilft nichts, dass Gunter Sachs im schweizerischen, aber französischsprachigen Lausanne zu Hause ist, in Paris eine repräsentative Wohnung besitzt und St. Tropez zu seinem bevorzugten Spielplatz erkoren hat: Er wird als erobernder Teutone wahrgenommen, obwohl er immer bemüht ist, einen allzu deutschen Eindruck zu vermeiden und als frühes Exemplar eines Globalplayers zu gelten. Dem zunehmend um Stil bemühten Gunter Sachs werden nun Geschmacklosigkeiten vorgeworfen. Ist es guter Stil, dass der eben erst verlassene Ex-Liebhaber der Frau ebenso wie die Eltern erst aus der Zeitung von der Hochzeit erfahren? Zeugt es von Geschmack, wenn sich das Paar in artifizieller Pose am Klippenrand photographieren lässt, Gunter Sachs dabei im Vordergrund steht und auch noch eine Raubkatze an der Leine führt?

Das Paar bekommt von der Aufregung wenig mit, weil es sich auf der Hochzeitreise befindet, zu der Aufenthalte auf Tahiti, auf Bora-Bora, auf dem Tubuai-Atoll sowie im mexikanischen Acapulco gehören. Folgt man den Darstellungen von Brigitte Bardot, gestaltet sich die Hochzeitsreise zu einer von sehr wenigen glücklichen Momenten durchsetzten tour de malaise. Gunter Sachs begeistert sie auf Tahiti durch seine Schönheit, durch Intelligenz und Humor. Aber die Verliebtheit nimmt ab, als sich auf den nächsten Stationen Misslichkeiten einstellen. Der Transport nach Bora-Bora klappt nicht so recht. Endlich im Hotel angelangt, erwartet sie ein deutscher Besitzer, mit dem Gunter Sachs zum Leidwesen von Brigitte Bardot in dem ihr unverständlichen und von ihr ungeliebten Deutsch zu sprechen beginnt. Bittere Erkenntnis nach wenigen Tagen Ehe: »Ich habe verstanden, dass Gunter ein Mann war, der Kumpel und Traditionen brauchte, und in seinem Leben die Frauen nur das schmückende, aber künstliche Beiwerk einer oberflächlichen Theaterinszenierung waren.« Polynesien mit Mücken und von Palmen fallenden Kokosnüssen erweist sich als völlig ungeeignete Gegend, um den Playboy und Millionär zu geben, so dass ins vertrautere Acapulco in Mexiko gewechselt wird, wo mit Skorpionen, Vogelspinnen und Schlangen trotz luxuriöser Bedingungen auch eine extreme Tierfreundin wie Brigitte Bardot an die Grenzen ihrer Zuneigung gerät.

Eine »düstere, leicht missmutige Stimmung« konstatiert sie bei der Rückkehr nach Paris. Diese hellt sich nicht auf, als sich Brigitte Bardot weigert, in die legendäre Wohnung von Gunter Sachs in der Avenue Foch einzuziehen, auf die in ihrer Schilderung nichts von den Lobeshymnen zutrifft, die in den bunten Blättern regelmäßig über dieses Playboydomizil zu lesen sind. Sie ist bestürzt über einen »vorgetäuschten Luxus mit falschem Marmor aus Stuck, einem falschen Kamin mit elektrischer Glut, die vorgetäuschte Bibliothek mit den prächtigen Lederbänden, die nicht etwa die Geheimnisse auch nur eines einzigen wundervollen Buches enthielten, sondern eine Bar kaschierten«. Fazit: »Es roch auf sieben Meilen nach Einrichtungshaus.« Brigitte Bardot meint darüber hinaus Spuren von Vorgängerinnen auszumachen, so dass sie sich weigert, hier einzuziehen.

Als sie sich schon vier Wochen nach der Eheschließung von ihrem Ehemann betrogen meint, droht die Ehe zu scheitern, ehe sie noch recht begonnen hat. Gunter Sachs beschwört seine Frau, »doch aus einer Mücke keinen Elefanten zu machen«. Man soll »das prächtige Bild eines außergewöhnlichen Paares« abgeben, gehöre man doch zur »Herrenrasse« – so die Darstellung von Brigitte Bardot – und müsse sich entsprechend verhalten.

Was in den drei Ehejahren folgt, entspricht wenig dem traditionellen Bild ehelicher Gemeinschaft. Es ist ein Wechsel von Miteinander, Nebeneinander und nicht zuletzt Auseinander. Episodisch kommt ab und zu die Leidenschaft zum Tragen, welche die ersten Begegnungen in den mondhellen Nächten bestimmt hat, doch stellen sich immer öfter Irritationen ein, Meinungsverschiedenheiten über Aufenthaltsorte und Vorhaben.

Der Wunsch von Gunter Sachs nach einem gemeinsamen Kind stößt bei Brigitte Bardot, die bei der Geburt ihres einzigen Sohnes große Probleme durchzumachen hatte, auf Ablehnung. »Madame, wenn Sie dazu nicht bereit sind, lasse ich mich scheiden!«, erklärt der Ehemann seiner Frau, die sich davon nicht beeindrucken lässt. Für sie bekommt der Kinderwunsch eine besonders negative Note, weil sie zu wissen meint, dass die ganze Beziehung zwischen ihr und Gunter Sachs auf einer Wette beruht. Der Playboy habe mit seinen Freunden darum gewettet, dass es ihm gelinge, Brigitte Bardot zu seiner Frau zu machen. Nie und nimmer, so ihre Meinung, dürfe ein Kind mit einem üblen Hasardspiel in Verbindung gebracht werden. Gunter Sachs bestreitet diese, und fast 40 Jahre später spricht auch Brigitte Bardot relativierend von einer »mysteriösen« Sache. Die Erinnerungen an die bis zur Trennungsdrohung gehenden Auseinandersetzung um den Kinderwunsch von Gunter Sachs werden von ihr im Rückblick zusätzlich und unzutreffend dramatisiert, indem sie davon spricht, dass es damals nur unsichere Verhütungsmethoden gegeben habe, wo doch bereits seit einigen Jahren die Antibabypille auf dem Markt war.

Zur Entfremdung des Filmstars von Gunter Sachs tragen seine

Filmpläne bei, die sie für dilettantisch hält und die ihr noch suspekter werden, weil sie zusammen mit einer für Gunter Sachs unentbehrlichen Männerentourage ausgeheckt werden. Die Klagen über die »scharwenzelnden, blasierten Nichtstuer« rund um den von ihr hartnäckig bewunderten Mann nehmen kein Ende und erinnern an die Ablehnung, die einst Elinor von Opel gegenüber den Jagdgesellschaften ihres Mannes empfunden hat.

Brigitte Bardot, die sich außerhalb ihres privaten Lebensraums unsicher und verletzlich fühlt, wird durch Gunter Sachs in eine ihr unbekannte Welt des Kunst-, Geld- und Gesellschaftsadels hineingezogen, was sie als Bereicherung empfindet. Sie lernt Zelebritäten wie Dalí, Georges und Claude Pompidou, den Schah von Persien und Farah Diba, Fürst Rainier und Fürstin Gracia Patricia kennen, mit denen Gunter Sachs in seiner Neugier auf neue Bekanntschaften, in seiner ausgeprägten Sucht nach Außergewöhnlichem Kontakt hält. Schwierig wird es, als Gunter Sachs von Brigitte Bardot verlangt, wieder einmal bei den Filmfestspielen in Cannes aufzutreten, um Aufmerksamkeit für einen Film von ihm zu wecken. Sie lässt sich, so ihre Darstellung, überreden, aber am Ende ist es nicht sie, sondern Gunter Sachs, dieser Freund der Publicity, der an der Croisette angesichts einer drängenden, sich prügelnden Journalisten- und Photographenmeute schwächelt.

Zunehmend werden Fragen von Treue und Untreue zu dominierenden Themen in dieser Beziehung. Brigitte Bardot klagt über rätselhafte Abwesenheiten und lange Unerreichbarkeiten ihres Mannes. Dieser wieder hat ihr sehr konkrete Affären vorzuwerfen, von denen jene mit dem Musiker Serge Gainsbourg die bedeutendste ist. Brigitte Bardot bestreitet nicht, dem besonderen Reiz dieses Mannes erlegen zu sein, der für sie das Chanson »Je t'aime, moi non plus« komponiert. Das vom Stöhnen und Seufzen eines Liebesakts beherrschte Lied wird mit Brigitte Bardot aufgenommen, doch auf Einspruch von Gunter Sachs nie veröffentlicht, später mit Jane Birkin allerdings ein Riesenerfolg.

Zu Beginn der Beziehung werden die Klatschreporter von der Frage elektrisiert, wo Brigitte Bardot und Gunter Sachs zusammen auftreten. Später lautet die Frage, ob sie gemeinsam zu sehen sind und zuletzt nur noch, mit welcher anderen Person sie sich zeigen. Die Ehe löst sich in der Darstellung von Brigitte Bardot in einer Kette von Affärchen und Affären auf, durchsetzt von Versuchen, doch noch zur Gemeinsamkeit zu finden. Sie wirft Gunter Sachs vor, ihr beim Aufenthalt in dem »Milliardärsloch« St. Moritz keine Aufmerksamkeit zu schenken und im Kreise »eines Hofstaates prachtvoller Blondinen, österreichischer oder deutscher Göttinnen in hochmodischen Skianzügen, Abfahrts- und Verführungskünstlerinnern« Ski zu fahren. Sie selbst habe nur noch abends als Staffage aufzutreten, um diesem »mondänen Gotha« zu beweisen, dass sie noch in Fleisch und Blut die Ehefrau von Monsieur Sachs sei.

Großes Entsetzen bei Brigitte Bardot, als sie sich von ihrem Dienstmädchen bei Gunter Sachs denunziert sieht, der ihr einen Seitensprung vorwirft und der Vorwurf – ausnahmsweise – nicht zutrifft. »Gewiß hatte ich Gunter schon einmal betrogen, er hatte es mir hundertfach heimgezahlt, aber diesmal stimmte es nicht, absolut nicht.« Am Ende machen beide Ähnliches, das doch grundverschieden aufgenommen wird. Gunter Sachs wie Brigitte Bardot verbinden sich mit etwa zehn Jahre jüngeren Gefährten. Während sich die Filmschauspielerin nachsagen lassen muss, mit Patrick einen Studenten auszuhalten und eine Gigolo-Jägerin zu sein, findet der Playboy für seine neueste, ebenfalls mehr als zehn Jahre jüngere Gefährtin freundliche Beachtung und Respekt. Mirja Larsson, Schwedin und Fotomodell, ist nunmehr die Frau an seiner Seite.

Im Schatten dieser Beziehung, die in der dritten Ehe von Gunter Sachs münden wird, vollzieht sich das unspektakuläre Ende der Verbindungen der beiden heiligen Monster. Drei Jahre nach der Hochzeit in Las Vegas wird vom Gericht in Albula in Graubünden die Ehe geschieden, in der sich die Partner nach Aussage von Brigitte Bardot alles in allem etwa drei volle Monate gesehen hatten. Die prominenten Partner sind zur Enttäuschung Neugieriger nur durch ihre Anwälte vertreten. Weitere 18 Jahre später berichtet *France Dimanche* über eine Auktion, bei der Schmuckstücke in den französischen Nationalfarben unter den Hammer kommen. Es sind die Ringe, die Gunter Sachs einst Brigitte Bardot zur Hochzeit geschenkt hat und nun für 80 000 Mark von einem kleinen Herrn ersteigert werden – dem Vernehmen nach im Auftrag des Ex-Ehemannes.

Das Erbe als Lust und Last

Seit dem Abschied aus der Geschäftsleitung ähnelt die Lebensweise von Ernst Wilhelm immer mehr der seines Bruders Gunter. Von der Last der Verantwortung für ein Großunternehmen befreit, kann er sich ganz und gar dem Hingeben, wonach ihm der Sinn steht. Er wird nicht Autodesigner, wovon er einmal geschwärmt hat, widmet sich auch nicht dem Journalismus, was er ebenfalls in Erwägung gezogen hat. All dies würde zwar den Neigungen entsprechen, aber auch Konsequenz und Mühe verlangen, die bei Ernst Wilhelm Sachs fortan keine Rolle spielen.

Er ist nun noch leidenschaftlicher als zuvor Jäger und vor allem Autofahrer. Auch Gunter Sachs hatte eine Neigung zum Motorsport, verzichtete dann aber auf das gefährliche Hobby, weil er meint, dass ihn Gedanken an schöne Frauen bei Autorennen zu sehr ablenken würden. Die tödlichen Unfälle von Playboy-Gefährten in ihren Ferraris konnten als abschreckendes Beispiel dienen, auch wenn sie weniger von besonderem Wagemut bedingt waren, sondern der damals noch völlig unterentwickelten Sicherheitstechnik der Fahrzeuge zuzuschreiben waren. Die Fahrten mit seinem gewaltigen, vor lauter PS-Kraft kaum zu bremsenden Münch-Motorrad genügten Gunter Sachs als motorischer Kitzel. Ernst Wilhelm aber wird Stammgast in Hockenheim, erfährt sich den Ruf, ein Leichtfuß mit Bleifuß zu sein. Dem Verlangen nach dem Rausch der Geschwindigkeit kann Ernst Wilhelm auch bei dem von ihm seit Kindertagen mit Eifer und Können betriebenen Skisport nachgeben.

Die Leidenschaft für die Jagd hat Ernst Wilhelm Sachs vom Vater mitsamt den Jagdgebieten in Franken und Oberbayern geerbt. Er bleibt bis 1974 Pächter des Jagdguts Hausen bei Mainberg und übt weiter das Jagdrecht auf der Rechenau aus. Zum Jäger kommt der Heger, indem Ernst Wilhelm in dem Revier am Fuß des

Brünnsteins die hier längst ausgestorbenen Steinböcke aussetzt, die heimisch werden und bis heute an den Jagdherrn Ernst Wilhelm Sachs erinnern.

Heftige Geselligkeit gehört neben der Jagd zu den Leidenschaften von Ernst Wilhelm Sachs. Auf der Rechenau veranstaltet er rauschende Fest, von denen jenes mit dem Titel »Im Winterquartier der Kaiserin Katharina« legendäre und im Kostüm von Gunter Sachs bleibende Züge besitzt. Der nutzt seine aufwendige Verkleidung als russischer Großfürst noch bei anderen karnevalesken Großereignissen. Als Teil der Münchner Gesellschaft ist Ernst Wilhelm auch Teil der Leichtfertigkeit in Beziehungsangelegenheiten. Im Unterschied zu Bruder Gunter spielt sich bei ihm alles vergleichsweise unspektakulär ab. Er bleibt bei seiner Abneigung, auf Seite eins der Zeitungen zu erscheinen, die ihn schon als Chef bei Fichtel & Sachs ausgezeichnet hat. Nicht so attraktiv wie sein Bruder und ohne dessen Sinn für Publicty, wird aus seinem durchaus intensiven, wie Freunde meinen sogar exzessiven Leben als Playboy keine annähernd so spektakuläre Angelegenheit wie bei Gunter Sachs. Aufmerksamkeit findet es aber natürlich doch, als die Ehe mit der schönen Lo geschieden wird. Als Scheidungsgrund gilt Marie-Laure Zoppas, geschiedene Frau des italienischen Kühlschrankmillionärs.

Nach der Scheidung sehen sich die Ex-Eheleute noch gelegentlich, ergehen sich zunächst nicht in Streitigkeiten, wie Lo Sachs beteuert, die aber das Scheitern der Ehe doch als Niederlage betrachtet. Zu Kontrahenten werden die einstigen Ehepartner, als Ernst Wilhelm und Gunter Sachs im Herbst 1975 die Absicht verlauten lassen, 74,99 Prozent der Sachs-Holding an den britischen Konzern GKN (Guest, Keen and Nettlefolds) zu verkaufen, und damit für einige Aufregung sorgen, obwohl schon seit einigen Jahren in Schweinfurt das Gerücht kursierte, dass sich die Brüder ganz oder teilweise vom Unternehmen der Väter trennen wollen. Jetzt, da es Wirklichkeit wird, reagiert man dennoch »überrascht und bestürzt«. Von Ferne erinnert die Unruhe an jene, die einst der Verkauf der Kugellagerfabrikation an SKF ausgelöst hat. Zwar kommt es in den 70er Jahren immer häufiger zur Veräußerung großer Unternehmen. Der Kaufhauskönig Helmut Horten wie der Verleger Richard Gruner etwa hatten sich schon vor den Brüdern Sachs von ihren Firmen getrennt und waren danach in die Schweiz gezogen. Für Schweinfurt bedeutet der sich anbahnende Verkauf von Fichtel & Sachs durch die Erben einen Traditionsbruch, der Ängste heraufbeschwört. Die Familie Sachs als Eigentümerin des Unternehmens stand immer in dem Ruf ausgeprägter sozialer Verantwortung und tiefer Verwurzelung nicht einfach nur mit dem Industriestandort Schweinfurt, sondern mit der Stadt und ihren Menschen. Ernst Sachs hatte beim Verkauf der Kugellagerproduktion an SKF darauf gedrängt, dass Schweinfurt die Hauptproduktionsstätte bleibt. Er hat die Ernst-Sachs-Hilfe zur sozialen Absicherung älterer Arbeiter gegründet, und Sohn Willy hat sie mit erheblichem Geldaufwand nach dem Krieg wieder aufgebaut. Mit solch väterlichem Wohlwollen darf nicht mehr gerechnet werden, wenn ein Großkonzern das Sagen hat, für den Fichtel & Sachs ein Betriebszweig neben vielen anderen ist.

Warum soll gerade jetzt verkauft werden, wo sich Fichtel & Sachs aus einem temporären Tief emporgearbeitet hat, die Autoindustrie wieder floriert? Die akuten Umstände können den Verkauf nicht erklären. Lukrativ war das Unternehmen für seine Eigner schon seit Jahren, nachdem diese die Dividende von traditionell bescheidenen vier Prozent auf zehn Prozent hinaufgesetzt haben. Zwischen vier und fünf Millionen betrugen zuletzt die jährlichen Einnahmen für jeden der Brüder. Die Transaktion war wohl schon länger geplant, doch berichten nun die Zeitungen, dass Willy Sachs eine zeitliche Sperre in sein Testament eingebaut hatte. Erst jetzt haben die Söhne freie Hand, sich von der Firma und der Mühsal der mit ihr verbundenen unternehmerischen Entscheidungen zu trennen.

Wie sich jetzt herausstellt, hat Willy Sachs in mehrfacher Weise testamentarisch einem allzu leichtfertigen oder eigenmächtigen Umgang seiner Söhne mit dem Erbe einen deutlichen Riegel vorgeschoben, so dass manche Kommentatoren von Misstrauen des Erblassers gegenüber seinen Söhnen sprechen. Ernst Wilhelm und Gunter Sachs sind nur als Vorerben bedacht, womit ihnen klar die Verpflichtung erteilt ist, den Besitz ungeschmälert für die Nacherben, die Söhne und Töchter, zu bewahren. Außerdem verfügte er noch eine Testamentsvollstreckung als Kontrolle für die korrekte Erfüllung seiner Erbverfügung. Seine Söhne sind nicht unter den Testamentsvollstreckern, doch räumt das Testament die in Anspruch genommene Möglichkeit ein, einen der Söhne in das Gremium aufzunehmen. Auch bei der Sachs GmbH, der Holding aller Sachs-Unternehmen, hat Willy Sachs eine restriktive Verfügung getroffen. Zum Geschäftsführer darf nur ein Testamentsvollstrecker, nicht aber ein Erbe bestellt werden. Dabei sei mit »peinlicher Sorgfalt zu verfahren«.

Einige Passagen des Testaments zeigen deutlich, dass sich Willy Sachs bis zuletzt darum bemüht, dem väterlichen Auftrag, das Unternehmen als Familienbesitz über Generationen zu erhalten, gerecht zu werden: »Es ist mir ein Herzensbedürfnis, dass das gesamte Nachlassvermögen für eine möglichst lange Reihe von Geschlechtern in seinem Bestand gesichert bleibt und die AG ihre Unabhängigkeit bewahren kann.« Jenen, die Willy Sachs noch kannten, ist es nicht unverständlich, dass Schwiegertochter Lo Sachs im Namen ihrer drei Töchter Klage gegen den Ex-Mann und seinen Bruder erhebt. Die ehernen Grundsätze von Ernst Sachs, dass allein die Familie Besitzer des Unternehmens zu sein hat und kein Fremdkapital die Unabhängigkeit einschränken darf, scheinen Lo Sachs und dem von ihr angerufenen Amtsgericht in Rosenheim mit dem geplanten Verkauf von fast drei Viertel der Sachs-Holding verletzt zu sein. Vor allem in der Umwandlung der Sachs-Holding von einer GmbH in eine Aktiengesellschaft sehen Lo Sachs und die von ihr vertretenen Nacherben eine Missachtung des letzten Willens von Willy Sachs. Formal werde dem Testament Genüge getan, weil keiner der Sachs-Brüder Geschäftsführer der GmbH sei, als Vorstandsmitglieder der neuen AG aber können sie in vergleichbarer Vollmacht handeln. Das Amtsgericht Rosenheim entspricht der Klage von Lo Sachs: Die Testamentsvollstrecker, zu denen auch Ernst Wilhelm Sachs gehört, werden ihres Amtes enthoben, weil sie »dem eindeutig kundgetanen Willen des Erblassers... zuwiderhandeln«.

Schon in der nächsten Instanz wird diese einstweilige Verfügung vom Landgericht Traunstein aufgehoben. In dieser wie in der von Lo Sachs bemühten letzten Instanz, dem Bayerischen Obersten Landesgericht, wird in dem Verkauf wesentlicher Geschäftsanteile kein Verstoß gegen die Verfügung von Willy Sachs gesehen, dass das »Vermögen im Familienbesitz« bleiben soll. Offensichtlich sehen die Richter das Vermögen durch den Verkauf nicht geschmälert und würdigen nicht, dass mit den von Willy Sachs beschriebenen »Werten wirtschaftlicher und sozialer Art« wohl das Unternehmen selbst, nicht aber dessen Kapitalwert gemeint war.

Damit könnte der Verkauf nun mit Billigung der wieder eingesetzten Testamentsvollstrecker über die Bühne gehen, gäbe es nicht einen weiteren Einspruch von anderer, ebenfalls privater Seite. Peter Sachs meldet sich zu Wort, und die Öffentlichkeit ist überrascht, dass es einen Stiefbruder der berühmten Sachs-Brüder gibt. Das »Peterle«, beim Tod seines Vaters acht Jahre alt, war in Vergessenheit geraten. Jetzt taucht der verschollene Sohn auf und fordert als 26-Jähriger ein Erbe, an dem er bisher keinen rechten Anteil hat. Auch er sieht den Willen seines Vaters mit dem beabsichtigten Verkauf missachtet und verlangt per Klage vor Gericht, dass seine Brüder auf das Pflichtteil zurückgesetzt und er selbst für den Rest des Vermögens als Erbe eingesetzt werde.

Kundige Juristen geben dem Begehren des unehelichen Sohnes von Willy Sachs zwar von Anfang an kaum Chancen, aber Peter Sachs weiß Aufmerksamkeit für sich und sein Anliegen zu erringen. Zwar hat er nicht einmal das Geld, um die absehbaren Prozesskosten zu bestreiten, und richtet dafür ein Spendenkonto ein, aber er kann publizistische Unterstützung auf der Habenseite verbuchen. Große Illustrierte bringen ausführliche Berichte, die, von Peter Sachs mit Informationen gespeist, die Geschichte vom sympathischen, zu kurz gekommenen Jungen erzählen, dem seine habgierigen Stiefbrüder nichts gönnen, wo er doch Unterstützung brauchen könnte. Schließlich hat er es mit einer nicht sonderlich geliebten Banklehre und Versuchen als Sportreporter nicht so weit gebracht, dass er auf zusätzliche Einnahmen verzichten möchte.

Die in Maßen geübte Bereitschaft der wohlhabenden Stiefbrüder, ihn zu unterstützen, erreicht ihre Grenze, als er im Oktober 1975 um Geld für ein größeres Auto bittet. Ernst Wilhelm Sachs teilt dem Bittsteller auch im Namen von Gunter Sachs mit: »Wir waren Deinen Wünschen gegenüber stets aufgeschlossen und haben sie Dir auch regelmäßig erfüllt. Wir wollen Dir gerne auch in Zukunft behilflich sein, die Dinge zu kaufen, die etwas über Deinem normalen Budget liegen. Wenn Du nun allerdings die Absicht hast, Dir ein Auto zu kaufen, das über DM 21 000 kostet, so scheint uns das ... eine Schuhnummer zu groß.«

Die mit Hinweis auf die Jugend von Peter begründete Ablehnung wirkt aus dem Mund seiner Stiefbrüder etwas befremdlich, wo sie in diesem Alter bereits Autos vom Kaliber eines Mercedes 300 SL fuhren. Erst recht muss ein grundsätzlicher Ratschlag von Ernst Wilhelm für Peter befremden: »Sicher ist es schön, einen ›großen Namen‹ zu tragen, wie Du es ausdrückst. Doch nicht der Name ist es, der in Deinem Leben zählen wird, sondern Deine eigene Tüchtigkeit.« Das ererbte Vermögen von Ernst Wilhelm und Gunter Sachs als Ergebnis »eigener Tüchtigkeit«? Allzu viel Respekt vor den Vorfahren, die dieses Vermögen geschaffen und an sie weitergegeben haben, schwingt hier nicht mit. Die PR-Aktion in eigener Sache – »Ich bin kein Playboy und doch ein echter Sachs« – verhilft Peter Sachs zu Aufmerksamkeit, aber so wenig zum erhofften Erbe wie seine Klage. Die wird abgewiesen, und der Sachs-Sohn, der seinem Vater verblüffend und weit mehr als seine Brüder ähnelt, muss selbst sehen, wie er zu Geld kommt. Er versucht es auf unterschiedliche Weise, unter anderem im Immobiliengeschäft, doch wollen sich die großen Erfolge nicht einstellen.

Aller familiären Klagen ledig können Ernst Wilhelm und Gunter Sachs Anfang 1976 in London den Kaufvertrag mit GKN über 330 Millionen Mark unterzeichnen, lassen aber die Champagnerkorken etwas zu früh knallen. Am 14. Mai meldet sich das Berliner Bundeskartellamt mit einem Bescheid unter dem Aktenzeichen B7-320000-U-67/76 zu Wort. Der Erwerb von Anteilen der Sachs AG durch GKN wird darin »untersagt«. Begründet wird die Entscheidung damit, dass durch den Zusammenschluss die marktbeherrschende Stellung vor allem bei Kupplungen verstärkt werden würde. Der Einspruch kommt unerwartet, weil die Brüder Sachs meinten, vom Bundeskartellamt vor dem Verkauf grünes Licht erhalten zu haben. Mit ihrem Einspruch gegen das Verkaufsverbot ernten sie Sympathie bei der Wirtschaft, welche die freie Verfügung über Vermögen gefährdet sieht, was Gunter Sachs auf die Formel bringt: »Wenn wir nicht verkaufen dürfen, können noch ganz andere Unternehmer nicht verkaufen.«

In der breiteren Öffentlichkeit finden die verhinderten Verkäufer weit weniger Sympathie, seit bekannt geworden ist, dass sie im Fall des Verkaufs in Deutschland vermutlich keine Steuern bezahlen werden. Die Sachs-Brüder erklären, dass sie schon längst in der Schweiz zu Hause seien. Möge es in Deutschland auf der Rechenau, in München, in Hamburg oder auf Sylt zwar Wohnungen und Häuser geben, die auf einen Wohnsitz hindeuten, so machen sie doch für sich den alten Sinnspruch geltend: Wo eine Mutter ist, da ist Heimat. In Valbella in Graubünden seien sie beide gemeldet; Ernst Gunter nahezu von jeher und Ernst Wilhelm seit 1967. Das Jagdhaus in der Rechenau sei ein Gästehaus der Firma, die Adresse in München ein Büro und die Wohnungen in Hamburg oder auf Sylt temporär von Freunden zur Verfügung gestellte Domizile. Die Steuerbehörden aber sind argwöhnisch, seit Ernst Wilhelm Sachs einen Jagdschein beantragt und dabei die Rechenau als Adresse angegeben hat. Fahnder machen sich auf die Suche nach der sprichwörtlichen Zahnbürste, die darauf hinweisen könnte, dass Ernst Wilhelm doch in Deutschland wohnhaft ist. Aber es fällt schwer, irrlichternden Gestalten, die nach Playboy-Art überall und nirgends zu Hause sind, einen für die Steuerbehörden relevanten Lebensmittelpunkt in Deutschland nachzuweisen.

Im Spätherbst 1976 erübrigt sich das Mühen der deutschen Ämter in der Wohnsitzfrage. Wieder einmal, 30 Jahre nach dem Weggang von Elinor von Opel und ihrer Söhne in die Schweiz, ist davon die Rede, dass Ernst Wilhelm und Gunter Sachs aus Deutschland fliehen und in der Schweiz Zuflucht finden. Die beiden werden Schweizer Bürger, womit sich in der Berichterstattung zu ihren vielen Bezeichnungen von Playboy bis Millionenerbe noch das Wort von den »Steuerflüchtigen« gesellt.

Nicht die eigentlich dafür in Frage kommende Gemeinde Vaz/Obervaz, in der das mütterliche Chalet in Valbella liegt, betätigt sich bei den Brüdern Sachs als Schweizermacher. Vaz/Obervaz nimmt grundsätzlich keine Einbürgerungen vor, doch findet der Anwalt Cahannes aus Chur eine andere Lösung. Cahannes, ein

Vertrauter der Familie Sachs und gelegentlich Jagdgast auf der Rechenau, wo er sich bei den Jägern mit dem Satz eingeprägt hat: »Wenn ich einen guten Hirschen schießen kann, dann tue ich mich freuen.« Nun macht er die 80 Bürger zählende Gemeinde Surcuolm im Bündner Oberland ausfindig, die dringendes Bedürfnis an finanzkräftigem Zuwachs hat.

Surcuolm liegt 1300 Meter über dem Meer, verfügt über einen wunderschönen alpinen Ausblick, bäuerliche Gebäude von Museumswert und eine zunehmende Zahl von »kalten Betten«, wie die den Großteil des Jahres leerstehenden Ferienapartments genannt werden. Vor allem hat Surcuolm Geldprobleme. Die Gemeinde leidet noch immer unter den Soziallasten aus jenen Zeiten, als in der Schweiz das herumziehende Volk zwangseingebürgert wurde. Neubürger sollen für dringend benötigtes Geld sorgen, denn von der Kanalisation bis zur Wasserleitung sind kostspielige Investitionen notwendig.

Ein warmer Geldregen kündigt sich für den kleinen Ort an, und es wird fleißig darüber spekuliert, wie viel Hunderttausend Franken in Zukunft die Brüder Sachs in Surcuolm pro Jahr an Steuer entrichten werden. Ein dörfliches Aschenputtel scheint mit einem Schlag gleich zwei Prinzen gefunden zu haben, die ihm Glanz und Reichtum bescheren. Zum Staunen gesellt sich bald der Neid. Böse Briefe treffen beim Gemeindesekretär ein, in denen von den »Nazi-Brüdern« die Rede ist. Im Opferstock der maroden und sanierungsbedürftigen Kirche findet sich ein mit »Gunter Sachs« unterschriebener Zahlschein über 10 000 Franken, der sich als Fälschung herausstellt. Ernst Wilhelm Sachs, wieder einmal der weichere der Brüder, nährt mit Versprechungen die Hoffnungen. Er werde seinen Wohnsitz in Surcuolm nehmen. Schon im Voraus spendet er schon mal 100 000 Franken für die Sanierung der Kirche. Gunter Sachs lässt nichts verlauten, wie er seine zukünftige Bürgerwürde wahrnehmen will.

Im Oktober 1976 zahlen die Brüder Sachs je 3000 Franken an den Kanton Graubünden und 6000 Franken an die Gemeinde Surcuolm und werden damit Schweizer Bürger. Für die kleine Oberland-Gemeinde bleibt es dabei. Keiner der Brüder nimmt seinen Wohnsitz in Surcuolm. Ein Jahr nach seiner Einbürgerung hat

Gunter Sachs in Ilanz, zu dem die Gemeinde Surcuolm gehört, einen viel beachteten Auftritt. Er tritt im Schulhaus vor die Musterungskommission, um auf seine Diensttauglichkeit untersucht zu werden. Als wehrtüchtig eingestuft, bekundet Gunter Sachs seinen Wunsch, bei einer Film- und Photokompanie Dienst zu tun. Auch wenn ein Offizier über den 45-jährigen Armeekandidaten urteilt, dass »die älteren Herren« nur im wirklichen Notfall gerufen werden, wird ein Jahr später von einem freiwilligen Einsatz berichtet, bei dem Gunter Sachs für den Armeefilmdienst weibliche Soldaten photographiert.

Seinen Wohnsitz behält Gunter Sachs in Valbella in der Gemeinde Vaz/Obervaz, von wo er sich im August 1979 nach London abmeldet, womit auch sein Heimatort auf den potenten Steuerbürger verzichten muss. Durch eine gemeinsam mit seiner Mutter gegründeten Stiftung, die bedürftigen Bürgern in Lenzerheide zu Wohnungen verhilft, bleibt er dem Ort verbunden.

Mit dem Zuschuss zur Renovierung der Kirche von Surcuolm hat sich Ernst Wilhelm Sachs durch ein Missgeschick kein bleibendes Verdienst erworben. Bei den Bauarbeiten wird ungeeignetes Material verwendet, so dass 30 Jahre danach schon wieder eine Renovierung dringend fällig ist. Im Inneren des von außen schmucken Kirchleins ist der weiße Anstrich heute von einem schwärzlichen Schleier bedeckt, als müsste das Gotteshaus Trauer über den Stifter Ernst Wilhelm Sachs tragen, der kein halbes Jahr nach seiner Einbürgerung ums Leben kommt.

Kurz vor seinem 48. Geburtstag ereilt Ernst Wilhelm Sachs ein ungewöhnlicher Tod. Am 11. April wird er bei der Skiabfahrt vom über 3000 Meter hohen Pointe du Bouchet bei Val d'Isère Opfer eines Lawinenunglücks. Am Ende eines mehrwöchigen Winterurlaubs besteht Ernst Wilhelm Sachs trotz nachhaltiger Lawinenwarnung auf einer Talfahrt durch unberührten Pulverschnee, wobei er seinen alten Gedanken vom motorisierten Aufstieg auf modernste, wenn auch problematische Weise verwirklicht. Er betreibt Heli-Skiing, eine Form des Skilaufs, die zu dieser Zeit von wohlhabenden und eiligen Läufern wie Herbert von Karajan geschätzt wird, weil sie lästige und Zeit raubende Lift- und Seilbahnfahrten erspart. Der Hubschrauberanstieg zu den Alpengipfeln ist umstritten und gefährlich. Der Läufer wird in kurzer Zeit auf große Höhen gebracht, ohne dass sein Körper Zeit hat, sich den veränderten Verhältnissen anzupassen. Das Fahren abseits der üblichen Pisten gilt als riskant.

Am Tag der Abfahrt von Ernst Wilhelm Sachs vom Pointe du Bouchet wird vom Wetterdienst wegen drohender Lawinen dringend vor Abfahrten gewarnt. Trotzdem lässt sich Ernst Wilhelm Sachs mit einem Alouette-Hubschrauber hochfliegen und macht sich mit einem Bergführer und einem Skilehrer an die Abfahrt. Diese beiden Läufer fahren vorneweg, Ernst Wilhelm Sachs hinterher, bis sich eine Lawine löst und ihn verschüttet. Hilflos gräbt einer seiner Begleiter mit bloßen Händen nach ihm, während der andere ins Tal fährt, um Hilfe zu holen. Wieder steigt ein Hubschrauber zum Pointe du Bouchet hoch, kann aber keine Rettung mehr bringen. Nach einer halben Stunde wird Ernst Wilhelm Sachs tot geborgen.

Billige Kleinigkeiten hätten geholfen, den Tod des Millionärs zu verhindern. Ein kleiner Sender am Körper oder eine farbige Lawinenschnur hätten es leichter gemacht, ihn zu finden und vor dem Ersticken zu retten, wenn er denn hätte gerettet werden wollen. Bekannte sprechen davon, dass Ernst Wilhelm Sachs in den Wochen vor seinem Tod bedrückt gewesen sei, angedeutet habe, sein Leben sei nichts mehr wert. Photos des Mitvierzigers zeigen nichts mehr von seiner offenen Jungenhaftigkeit, sondern dokumentieren Spuren seines intensiven Lebensstils. Die merkwürdigen Umstände dieses Todes, die Missachtung aller Warnungen, geben Raum für Interpretationen und Spekulationen und lassen gerade bei alten Vertrauten von Ernst Wilhelm Sachs etwas Absichtsvolles hinter der lebensgefährlichen Skifahrt in den Tod vermuten. Der Freund von Geschwindigkeit und Genuss stirbt einen Playboy-Tod, der auf den ersten Blick eher seinem draufgängerischen Bruder entsprochen hätte. Gunter Sachs hat im Sport oft Mut bewiesen, das Risiko nicht gescheut. Aber ihn, der etwa auf den gefährlichen Autosport verzichtet hat, zeichnet auch Überlegtheit aus, während bei Ernst Wilhelm oft Unbedachtheit im Spiel ist und am Ende möglicherweise Verzweiflung.

Die fast unvermeidlichen Überlegungen über Ähnlichkeiten und

Verschiedenheiten der beiden Brüder verkürzt die *Bild*-Zeitung am Tag nach dem Unfall in der ihr eigenen rücksichtslosen Form. In Millionenauflage wird mit den Ressentiments der Leser spekuliert: »Der Tote im Schnee ist an seinem Reichtum erstickt. Das Leben und Sterben war wirklich nur eine Frage des Kontos.« Damit nicht genug, wird noch unter die Gürtellinie gezielt: »Er war kleiner als Gunter, hatte nicht dessen große Nase, dessen behaarte Brust und was sonst noch an ihm groß sein soll.«

10 000 Mark gibt Gunter Sachs dafür aus, sich gegen diese Geschmacklosigkeit zu wehren. Er veröffentlicht einen »Offenen Brief an Axel Caesar Springer« als Großanzeige in der *Süddeutschen Zeitung*. Bei der gutgemeinten Aktion tappt er in die Falle aller Gegendarstellungen bei Beleidigungen und wiederholt, jetzt vor anderem Publikum, die Injurien des Kontrahenten. Auch riskiert er das gefährliche Wörtchen »nie« und schreibt: »Herr Springer, wir sind uns selten begegnet. Ich möchte Sie nie mehr wiedersehen.« Auch wenn 1977 die Anti-Springer-Parolen der 68er schon etwas schwächer klingen, trägt ein solches »J'accuse« dem sonst im linken Milieu als Kapitalist scheel angesehenen Gunter Sachs einige Sympathien ein. Das Wohlwollen bleibt erhalten, weil nicht bekannt wird, wie das »nie« seine Absolutheit einbüßt. Axel Springer ist wie so oft in seinen späten Jahren verstört darüber, auf welche Weise er mit der *Bild*-Zeitung sein Vermögen erwirtschaftet, und sucht den Kontakt zu Gunter Sachs. Als es beider Reise- und Terminpläne erlauben, kommt es auf der Insel Patmos, wo Axel Springer ein Domizil besitzt, zu einer versöhnenden Begegnung.

Rund um die Beerdigung von Ernst Wilhelm Sachs wird wieder die Frage aus Kindertagen virulent: Schweiz oder Schweinfurt? Die Pressestelle von Fichtel & Sachs teilt zunächst mit, dass die Beisetzung auf dem städtischen Friedhof in der Familiengruft erfolgen wird. Schon treffen in Schweinfurt die ersten Kränze für das Begräbnis ein, da wird überraschend mitgeteilt, dass Ernst Wilhelm Sachs doch nicht neben seinem Vater beerdigt werden wird. Lenzerheide wird einer testamentarischen Verfügung zufolge die letzte Ruhestätte sein, womit postum dem Vater Willy Sachs die endgültige Niederlage im Streit um seine Söhne zugefügt wird. Keines seiner Kinder, geschweige denn seiner Enkelkinder, wird in der Familiengruft die letzte Ruhe finden. Das Grabmal, als Ausweis familiärer Größe und Dauer geschaffen, wird zum Symbol der Abkehr einer Familie von ihren Ursprüngen.

Das Gesicht hinter einem breitkrempigen Hut fast verborgen, folgt Elinor von Opel dem Sarg ihres Sohnes. Es ist nicht nur das heftige Schneetreiben, das sie den Kopf derart tief senken lässt, dass sie kaum zu erkennen ist. Es ist auch nicht nur die besonders schmerzliche Trauer einer Mutter, die ihr eigenes Kind zu Grabe tragen muss. Elinor von Opel vermeidet generell die neugierige Öffentlichkeit und das ganz besonders in einem außerordentlich privaten Augenblick.

Nicht nur, dass sie Publicity, wie sie Sohn Gunter so perfekt beherrscht, wenig schätzt und dem Privaten vor allem Öffentlichen den Vorzug gibt. Auch aus Rücksicht auf ihre Enkelkinder hat sie immer große Auftritte vermieden. Sie will nicht, dass die Kinder, besonders der ihr anvertraute Rolf Sachs, Gegenstand allgemeinen Interesses werden, vielleicht als Millionärskinder gar Objekt von Entführern werden können.

In der Todesanzeige der Familie für Ernst Wilhelm Sachs ist zu lesen, was bis dahin meist unbeachtet geblieben ist. Elinor von Opel heißt nun Elinor Kirchner von Opel. Ihr Ehemann ist jener Carlo Kirchner, der zusammen mit seiner Frau Anna zu den Freunden des jungen Ehepaars Elinor und Willy Sachs gehörte. Bei einem Kuraufenthalt bringt eine gemeinsame Bekannte die Freunde aus früheren Tagen Anfang der 60er Jahre zu einer Wiederbegegnung zusammen. Derartig plötzlich wird die gegenseitige Zuneigung manifest, dass Carlo Kirchner noch aus der Kur seine Familie in Schweinfurt anruft, um mitzuteilen, dass er nicht wieder nach Hause komme, sondern sein Glück mit Elinor von Opel suche. Dies hat er nach allgemeinem Urteil auch gefunden. Carlo Kirchner wirkt wie ein Gegenbild zu Willy Sachs. Er verfügt über ausgezeichnete Bildung, die es ihm etwa erlaubt, Pflanzen und Bäume bei ihrem lateinischen Namen zu nennen. »Er wusste durch Sprache zu umschmeicheln«, heißt es von ihm, womit der Gegensatz zum ersten Ehemann von Elinor von Opel und seiner holzschnittartigen-derben Diktion deutlich wird.

Das späte Eheglück Kirchner – von Opel hat seinen Preis, den Anna Kirchner zu bezahlen hat. Ihre Vorstellung, mit dem Ehemann trotz mancher Differenz einen friedlichen Lebensabend zu verbringen, findet keine Verwirklichung. Elinor von Opel, der sie freundschaftlich verbunden war, darf die letzten Lebensjahre von Carlo Kirchner mit ihm teilen, während sie als verlassene Ehefrau verbittert zurückbleibt.

Die Söhne von Carlo Kirchner werden von Elinor von Opel gewissermaßen in die Familie aufgenommen. Auch für sie und ihre Frauen ist sie nun die »Ama«, wie sie von den eigenen Kindern genannt wird. Bei Zusammenkünften in Kronsberg, in Valbella oder auf der Rechenau ist Elinor von Opel ganz und gar glückliches Haupt einer Großfamilie, wie sie sich Ernst Sachs wohl einst gewünscht hat, die aber nun deutlich in Richtung von Opel tendiert.

Abschied vom Erbe

In einer unauffälligen zweispaltigen Nachricht meldet die *Frankfurter Allgemeine Zeitung* am 26. August 1986: »Sachs kein Familienunternehmen mehr.« Massenblätter personalisieren das Ereignis: »Gunter Sachs verkauft seinen Firmen-Anteil.« Die Vision des Ernst Sachs vom familiären Industrieunternehmen endet 90 Jahre nach der Firmengründung als Resteverkauf. Enkel Gunter trennt sich nahezu völlig von den Aktien der Sachs-Holding, behält noch einen Anstandsrest von 2,51 Prozent. Zehn Prozent erwirbt die Commerzbank, die damit ihren Anteil an der Sachs-Holding auf 35,01 Prozent erhöht. Ernst Sachs hatte einst Banken so weit wie möglich auf Distanz zu seinem Unternehmen gehalten, und Sohn Willy ist darin dem väterlichen Vermächtnis treu gefolgt. Nun gehört ein Drittel der noch immer den Namen Sachs im Titel führenden Firma einem Geldinstitut, die Salzgitter AG besitzt weitere 24,98 Prozent, so dass den verbleibenden Eignern aus der Familie Sachs, den Töchtern von Ernst Wilhelm, nur noch ein Minderheitenanteil von 37,5 Prozent verbleibt.

Das Gezerre um die Veräußerung von Fichtel & Sachs endet in einer für Gunter Sachs günstigen Weise, wobei er in den zurückliegenden Jahren mit einiger Konsequenz seine Absicht verfolgt hat, sich von der ererbten Firma zu trennen. Der Mitte der 70er Jahre geplante Verkauf an den britischen Konzern Guest, Keen and Nettlefolds (GKN) war durch Einspruch aus der Familie wie vom Bundeskartellamt ins Stocken geraten, und 1978 hatte der Bundesgerichtshof den Einspruch des Bundeskartellamts gegen die Übertragung von 74,99 Prozent der Anteile an GKN bestätigt. GKN durfte nur 24,98 Prozent von Sachs übernehmen. Dann aber verkaufte GKN diesen Anteil an die Commerzbank. Schließlich veräußerte Gunter Sachs weitere knappe 25 Prozent an den Salzgitter-Konzern. Experten meinen, dass Gunter Sachs auf diese Weise mehr als 70 Millionen Mark mehr für seine Anteile erzielte, als er beim ursprünglich geplanten Verkauf an GKN bekommen hätte. Mit seinem relativ geringen Anteil blieb Gunter Sachs ein bestimmender Mitbesitzer, weil er und mit ihm die anderen Testamentsvollstrecker das Vermächtnis von Willy Sachs derart interpretierten, dass seine Nichten als Erben von Ernst Wilhelm Sachs zwar knapp 40 Prozent der Aktien besitzen, bis 1988 aber die Testamentsvollstrecker darüber verfügen.

Wieder einmal fühlte sich Lo Sachs herausgefordert. 1980 nahm sie erneut einen Anlauf, im Namen ihrer Töchter die Testamentsvollstreckung aufheben zu lassen, diesmal mit noch weniger Erfolgsaussichten als beim ersten Mal. Der Richter am Amtsgericht München II äußerte von Anfang an Zweifel am Sinn des Prozesses, der sich aber nach seiner Meinung wie der der Prozessbeteiligten durch einen Vergleich nicht erledigen ließ. Die Positionen waren nicht nur konträr, sondern jene von Lo Sachs nach Meinung des Richters »in etwas wilden Anträgen« zu Papier gebracht, so dass das Gericht gar nicht wusste, was sie eigentlich wollte. Derart wichtig war Gunter Sachs dieser Prozess, dass er persönlich vor dem Gericht erschien, »braungebrannt, im hellgrauen Anzug«, wie die Presse vermerkte. Nicht unverständlich ist seine damalige Bemerkung: »Unverantwortlich, so jungen Mädchen schon jetzt so viel Geld zu geben.« Von Nichte Monika, damals 21, hieß es, sie sei ohne Beruf, sonne sich auf Ischia, sofern sie nicht in Münchner Schickeria-Discos tanze. Ihre Schwestern Eleonore und Carolin, 19 und 17 Jahre waren noch Studentin und Schülerin. Nach einem 15-monatigen Prozess wurde die Klage der Erben von Ernst Wilhelm Sachs abgewiesen. Es blieb dabei, dass gemäß der testamentarischen Verfügung von Willy Sachs die Erben des Ernst Wilhelm Sachs erst 1988, 30 Jahre nach seinem Tod, über ihren Anteil frei verfügen können.

Nie hatte Gunter Sachs ein Hehl daraus gemacht, dass er seine Nichten nicht nur wegen ihrer damaligen Jugendlichkeit für ungeeignet hielt, in Firmenangelegenheiten zu entscheiden. Offen bekennt er, dass im mangelnden Vertrauen in die Töchter des Bruders eines der Motive für seinen Rückzug aus dem Familienunternehmen zu suchen ist. Er will nicht an Unternehmensentscheidungen beteiligt sein, bei denen er »von vornherein 40 Prozent gegen sich weiß«. Mag es auch über Gunter Sachs in den Gazetten heißen, dass er sich »zeit seines Lebens wenig um das ererbte Unternehmen gekümmert hat«, so sieht Gunter Sachs seine Rolle als Unternehmer differenzierter: Auch wenn er nie ein Vollblutindustrieller gewesen sei und sich um den »täglichen Kram« nicht gekümmert habe, so sei er doch an langfristigen Strategien und personellen Entscheidungen beteiligt gewesen.

Keine Spur von Sentimentalität oder Verpflichtung zeigt Gunter Sachs beim Abschied von dem, was sein Vater und Großvater aufgebaut haben und das sie in der Familie halten und als ein fortdauerndes Zeugnis des Schöpfers des Unternehmens bewahren wollten. Gunter Sachs ist ein familienorientierter Mensch, aber »seine« Familie sind seine Mutter, seine Frau, seine Söhne, auch die Verwandten aus der Opel-Dynastie. Als seine Cousine Christina »Putzi« von Opel wegen Rauschgiftschmuggel angeklagt wird, tritt er als engagierter und besorgter älterer Vetter zur Entlastung vor die Schranken des Gerichts. Diese familiären Bindungen werden zunehmend der Angelpunkt des Daseins von Gunter Sachs; mit Frau und Kindern feiert er, mit ihnen zeigt er sich und ist stolz auf sie. Aber die Familie seines Vaters, seines Großvaters? Sie war ihm, der mit drei Jahren Schweinfurt verließ, nie ein wesentlicher Orientierungspunkt und ist ihm im Familienzweig seines Bruders nur noch Ärgernis. Lo Sachs? »Leider ist mit ihr kein persönliches

Gespräch möglich.« Monika, Eleonore und Carolin? »Ich fürchte, dass sie in der Firma drinbleiben.«

Fast verwundert es, dass sich Gunter Sachs nicht früher vom väterlichen Unternehmen getrennt hat, so distanziert wirkt sein Verhältnis zu Fichtel & Sachs. Der endgültige Zeitpunkt des Verkaufs mag durch Kartellamt, Familienstreit und testamentarische Verfügungen hinausgeschoben worden sein, aber die Trennung an sich war geradezu unvermeidlich. Nie hatten die Fabrik in Schweinfurt und ihr Erbe von ihrer Anmutung und ihrem Wesen her recht harmoniert. Keine der beiden Seiten konnte mit dem wechselseitigen Imagetransfer glücklich werden. Das Ansehen des Unternehmens »Sachs« drohte vom Bild des Eigentümers Sachs unangemessen überlagert zu werden. Es irritierte schon genug, dass Gunter Sachs in der Presse immer wieder als »Kugellagerfabrikant« firmiert. Das konnte ihm wie dem Unternehmen wenig Freude bereiten, wo Fichtel & Sachs längst aus der Kugellagerproduktion ausgestiegen ist. Es konnte in Schweinfurt aber auch nicht gefallen, immer mit einem leichtlebigen, umherschwirrenden Eigner in Verbindung gebracht zu werden, wo der eigene Ruf in Präzision und Zuverlässigkeit gründete. Nicht nur das Ansehen einer Firma stand immer wieder auf dem Spiel, sondern auch das Ansehen eines Standes, ja eines Systems. Als Kapitaleigner lieferte Gunter Sachs ein Bild des Kapitalismus – und dieser geriet nach dem Ende der Wirtschaftswundereuphorie ins Schussfeld neomarxistischer Kritik, wie sie als Folge der 68er Bewegung im Schwange war.

Unerheblich und selbstverständlich, dass im *Schweinfurter Rot*, dem Betriebsblättchen der DKP für Fichtel & Sachs, jede Eskapade der Sachs-Brüder und ihr aufwendiger Lebensstil mit den Verhältnissen der Arbeiter im Werk verglichen wurde. Stinkende Toiletten da, der Hauch der weiten Welt dort – der Gegensatz von Kapital und Arbeit lässt sich perfekt personalisieren, Systemkritik mit Ressentiment verbinden: »Playboy Gunter Sachs sollte mal einige Zeit im Stoßdämpferbau arbeiten. Ob er dann auch noch den Damen der ›high society‹ gefallen würde, wenn er nach Öl stinkt?«

Gewichtig wurde solche Kritik, wenn sie von so namhaften

Autoren wie Bernt Engelmann und Günter Wallraff vorgetragen und in Bestsellerauflage vertrieben wird. *Ihr da oben – wir da unten* heißt ihr Erfolgsbuch, das sich in einem der Unternehmerporträts Gunter Sachs und Fichtel & Sachs vornimmt. Engelmann skizziert den von ihm konsequent »Big Sexy« titulierten Gunter Sachs, während Wallraff aus dem Betrieb reportiert. Zur ernsthaften Auseinandersetzung mit dem Thema »Familie Sachs« taugen beide Texte mit ihren Ungenauigkeiten und Unstimmigkeiten nicht, wenn etwa das Engadin in der französischsprachigen Schweiz liegt, Fichtel & Sachs fälschlich als »nationalsozialistischer Musterbetrieb« bezeichnet wird und aus einer Kugelhalterfabrik eine Kugelschreiberfabrik wird. Interessant ist das Engelmann-Wallraff-Opus aber gerade wegen seiner Fehlerhaftigkeit, weil es vorführt, welches Bild in den frühen 70er Jahren von den Reichen der Republik entworfen und geglaubt wurde.

Wallraff lässt einen Arbeiter auftreten, der zur Zeit der schlimmsten Arbeitslosigkeit mit leerem Magen in der Schlange vor dem Arbeitsamt erlebt haben will, wie Willy Sachs Geld in die wartende Menge warf und »sich daran ergötzte, als sich die Ausgehungerten um das Geld balgten und prügelten«. Dass der Zeitzeuge damals noch nicht im arbeitsfähigen Alter war, stört den Autor so wenig, wie die Geschichte von Gunter und Ernst Wilhelm Sachs, die 1944 mit dem Luftgewehr Hühner in Mainberg erlegt haben sollen, obwohl beide zu dieser Zeit in der Schweiz lebten. Nicht die Wirklichkeit zählt, sondern das gewünschte Bild – und dieses ist eines von verkrüppelten Arbeitern, kasernierten griechischen Arbeitskräften und einem unmenschlichen Akkordsystem. Kein Wunder, dass eine Geschäftsleitung mit solchen Darstellungen Schwierigkeiten hat. Das medial vervielfältigte Wohlleben von Gunter Sachs lässt das Unternehmen in wenig günstigem Licht erscheinen, wenn die von Reichtum geprägte Privatexistenz des Erben nicht zuletzt von ihm selbst ins grelle Licht der Öffentlichkeit gerückt wird.

Es ist nicht ersichtlich, dass sich Gunter Sachs von der Kritik an seiner Person und seinem Playboyverhalten sonderlich beeindruckt gezeigt hätte. Wenn sein Lebensstil in den folgenden Jahren zunehmend gemäßigter und bürgerlicher wurde, so war dies gewiss mehr dem Alter als der Kritik zuzuschreiben, um die er sich nie sonderlich gekümmert hat. Die Ein-Mann-Playboy-Karawane des Gunter Sachs zog ungestört ihren Weg, ungerührt vom Bellen publizistischer Hunde. Von Klagen, Richtigstellungsbegehren gegenüber dem Team Engelmann/Wallraff ist nichts bekannt. Das Buch *Ihr da oben – wir da unten* ist in unveränderter Form ein Longseller und Wallraff gilt inzwischen als Klassiker der Industriereportage, der mit seinen Büchern zu Lehrplanwürden für den Deutschunterricht aufgestiegen ist.

Paradoxerweise wird Gunter Sachs letztlich erst mit dem Verkauf fast aller seiner Anteile an der Sachs-Holding vom Unternehmer zum lupenreinen Kapitalisten. Nun ist er, frei von unternehmerischen Aufgaben und Verpflichtungen, nur noch damit beschäftigt, sein Vermögen zu verwalten und zu vermehren. Zwischen sich und dem, was mit seinem Geld geschieht, liegt die Anonymität von Geldanlagen, Beteiligungen und Immobilienbesitz. Jetzt erst erreicht er die höchste Form des Playboydaseins, bei der von den Mühen des Gelderwerbs nichts mehr zu merken ist. Auf diese Stufe gelangt Gunter Sachs allerdings in einem Moment, wo sein Playboydasein nur noch ein, von ihm allerdings sorgfältig bewahrtes Stück Erinnerung bedeutet.

Künstler und Ehemann

»Seit er die Mirja hat, ist der Gunter nimmer so spinnert!« Im ländlichen Oberaudorf wird die Veränderung handfest benannt, die sich nach der dritten Eheschließung des Herrn auf der Rechenau einstellt. Die Hochzeit von Gunter Sachs mit der Schwedin Mirja Larsson im Herbst 1969 setzt eine Zäsur im Leben des Mannes, der nunmehr als Ex-Playboy und Ex-Ehemann von Brigitte Bardot auf eine abgeschlossene Phase seines Lebens zurückblicken kann. Auf die Epoche seines Sturms und Drangs folgt nun ein Lebensabschnitt der Reife, die letztlich im Stadium des Klassikers münden wird.

Zehn Jahre jünger als ihr Ehemann entspricht Mirja Larsson

äußerlich dem von Gunter Sachs bevorzugten Frauenbild. Sie ist blond und als Fotomodell von berufsspezifischer Ansehnlichkeit und Schlankheit. »Freunde des Paares« urteilen der Boulevardpresse zufolge: »In vielem eine Imitation von Brigitte Bardot!« Ein vorschnelles, bestenfalls partiell zutreffendes Urteil, das die Unterschiede zwischen einem gemäßigten Temperament aus Europas Norden und dem vulkanischen Geschöpf von mediterraner Natur übersieht. Mirja Larsson gibt schon vor der Eheschließung bekannt, dass sie, ganz anders als Brigitte Bardot, mit ihrer eigenen Karriere Schluss machen und nur noch für ihren Mann da sein werde.

Ohne Exaltationen wie einst beim halbanonymen Las Vegas-Hochzeits-Coup vollzieht sich diesmal die Eheschließung von Gunter Sachs in geradezu vorbildlicher Bürgerlichkeit. Fast altmodisch wird auf der Rechenau Verlobung gefeiert, nachdem schon vorher bei den zukünftigen Schwiegereltern in Tylösand bei Halmstad das Weihnachtsfest im Familienkreis begangen wurde. Der 37. Geburtstag von Gunter Sachs gerät unter dem Motto »Happening at Night« zu einem ausgelassenen Polterabend, bei dem kein Porzellan zerschmettert, sondern stattdessen eine zehn Meter lange und fünf Meter breite »Torte« aus Schaumstoff zerfleddert wird. Noch ist Gunter Sachs deutscher Staatsbürger, und das Fest wird zu einem Hochamt der Münchner Bussi-Gesellschaft von Uschi Glas über Willy Bogner hin zum Erbprinzen Johannes von Thurn und Taxis.

In der Wahlheimat Schweiz wird die standesamtliche Trauung vollzogen und gefeiert. Durch ein Spalier von Bobschlitten geleitet Gunter Sachs als Präsident des Bobsleigh-Clubs in St. Moritz seine Braut zur Trauung und wird anschließend mit ihr in einem Bob zum Hotel »Palace« gezogen, wo er sich von seiner Frau Mirja vor aller Augen einen Ehering über den Finger streifen lässt. Weiter geht es auf die Rechenau, wo in der familieneigenen Kapelle durch den schwedischen Geistlichen Bengt Benson die kirchliche Trauung vorgenommen wird. Etwas indigniert stellt die Kirchenleitung der bayerischen evangelischen Kirche nachträglich fest, dass dies ohne irgendeine Rücksprache mit dem Ortspfarrer erfolgt und damit die damals noch sehr restriktive Haltung der evangelischen Kirche in Bayern gegenüber der Eheschließung Geschiedener ignoriert worden sei. Wie zum Ausgleich erfüllt Gunter Sachs in den nun folgenden Ehejahren unerwartet vorbildlich das Gebot, dass der Mensch nicht scheiden soll, was Gott zusammengefügt hat.

Im Umfeld der Eheschließung erklärt Gunter Sachs, er wolle sich hinfort verstärkt seinen filmischen Ambitionen widmen. Nach den Erfahrungen, die Brigitte Bardot mit seinen cineastischen Ambitionen gemacht hat, ist dies keine ungefährliche Ankündigung im Blick auf das zukünftige Eheglück. Der französische Filmstar erinnert sich der filmischen Unternehmungen von Gunter Sachs nur mit Unbehagen, spricht von »Hirngespinsten und Phantasmagorien«, hält seine »wild durcheinander purzelnden« Ideen für nichts anderes als einen »Spleen«. Zwar war sie nicht bereit, für ihn vor der Kamera zu agieren, ließ sich jedoch, so ihre Darstellung, dazu überreden, ihm die Präsentation eines mit seiner Beteiligung entstandenen Films auf dem Festival in Cannes zu ermöglichen und mit ihrer Anwesenheit zu veredeln. Der Auftritt von Brigitte Bardot 1967 an der Croisette eskalierte zur Massenhysterie, in deren Gedränge Gunter Sachs nach Beobachtung von Brigitte Bardot vor Angst »kreidebleich« wurde. Der Film *Batouk*, der außerhalb des Wettbewerbs läuft, findet nicht annähernd die Aufmerksamkeit wie der Auftritt des Glamourpaars.

Gunter Sachs sieht die Cannes-Episode aus einem anderen Blickwinkel als seine Ex-Frau. Zwar hält er heute *Batouk* für einen der schlechtesten Filme, die je in Cannes als Eröffnungsfilm gezeigt wurden, schreibt sich dabei aber eine fast passive Rolle zu. Die Präsentation des Films beim Festival sei ein »Bubenstück« von Brigitte Bardot gewesen, die für »ihre Freunde« den Film beim Präsidenten von Cannes durchgesetzt habe. »Ihre Freunde« – dazu zählt in diesem Fall Gunter Sachs nicht sich selbst, sondern vor allem den Regisseur des Films, Jean-Jacques Manigot, der als späterer Liebhaber von Brigitte Bardot gilt. Seine eigene Rolle sieht Gunter Sachs darin, »leider« im Vorspann namentlich genannt gewesen zu sein.

Die Überlegungen von Gunter Sachs, mit Ehefrau Brigitte Bardot einen Film zu drehen, hält sie für »Hirngespinste eines Playboys«, für die sie nicht ihren Namen und ihre Bekanntheit herzugeben bereit war. Seine Pläne, sich »auf Teufel komm raus« als Regisseur betätigen zu wollen, müssen auf die angeheiratete Aktrice verzichten. Nicht zuletzt die Entourage ihres damaligen Ehemannes, die »Höflinge« verleideten ihr jeden Gedanken an ein solches Filmprojekt, dem sie eine erbarmungslose Absage erteilt: »Ich hatte die Nase voll von dieser Idiotensippschaft, den Speichelleckern, einer schlimmer als der andere, die sich in Champagner- und Weinseligkeit wie Weltverbesserer vorkamen.«

Ohne Brigitte Bardot sieht Gunter Sachs wieder allein im Dokumentarischen die Erfüllung seiner Kinoträume. Nach sechs teilweise prädikatsgeschmückten kürzeren Dokumentarfilmen dreht er *Happening in White*, wobei er seine Leidenschaft für den Film mit jener fürs Skifahren verbinden kann. Zu seinem 37. Geburtstag wird das Werk einer ausgewählten Öffentlichkeit vorgestellt, das bei den Winterspielen in Cortina d'Ampezzo zu olympischen Preisehren kommt Es ist ein Film von dialektischer Eigenart, bei dem die Rasanz des Skifahrens immer wieder in die Langsamkeit extremer Zeitlupenaufnahmen übersetzt wird, für die der französische Rüstungsindustrielle Marcel Dessault eine Spezialkamera bereitgestellt hat. Vergessen ist bei der mit gesellschaftlichem Aplomb begangenen Premiere der dunkle Moment des Filmtraums in Weiß.

Bei den Dreharbeiten war der norwegische Skifahrer Johann Taraldsen tödlich verunglückt. Er sollte nach sausender Schussfahrt am Pordoijoch (Sasso Pordoi) in Italien von einem Felsvorsprung abspringen und dann an einem Fallschirm in die Tiefe schweben. Nach einem Sturz konnte Johann Taraldsen jedoch den Fallschirm nicht öffnen und war eine 300 Meter tiefe Felsschlucht hinabgestürzt, in der seine Leiche nach fünfstündiger Suche gefunden wurde. »Er starb für Gunter Sachs« titelte eine Zeitung, was sich weniger auf den Ko-Produzenten Sachs, sondern vor allem auf den Darsteller bezog. Taraldsen war als Double für Gunter Sachs tätig, der bei Gelingen der Aufnahme im Film als der tollkühne Skifahrer erschienen wäre.

Die Meinungen über die künstlerische Qualität der Filme von Gunter Sachs divergieren, doch ist der Respekt vor dem geschäftlichen Erfolg einhellig, zu dem deutsche Gesetze und ein geschicktes Management beitrugen. Spielten die Kinobesitzer vor den Spielfilmen einen »Kulturfilm« im Vorprogramm, so wurde ihnen dies steuerlich belohnt. Wer Verleiher dazu brachte, seinen Dokumentarfilm mit einem Erfolgsstreifen zu koppeln, partizipierte an dessen Erfolg an der Kinokasse. Ein Gunter-Sachs-Film im Paket mit Unterhaltungsware wie den *Lausbubengeschichten* oder der *Frommen Helene* bedeutete einen schmerzlichen Abschied von cineastischen Ansprüchen, der aber durch satte Einnahmen kompensiert wurde.

Nicht im Film, sondern in der Photographie findet Gunter Sachs schließlich das ihm gemäße künstlerische Medium. Der erhebliche produktionstechnische Aufwand bei den Dreharbeiten, bei denen selbst der Regisseur nur als Teil des allgemeinen Getriebes agiert, ist nicht recht die Sache eines deutlich ichbezogenen Menschen. Die Unwägbarkeiten bei Dreharbeiten haben für ihn, der sich der Mathematik verbunden fühlt, etwas Verstörendes. Seinen künstlerischen Vorstellungen entspricht das mit raffiniertem Kalkül erstellte stehende Bild. Ein mütterliches Erbe darf beim Hang zur Photographie in Rechnung gestellt werden. Elinor von Opel hatte nicht nur auf Schloss Mainberg eine Dunkelkammer zur Verfügung, sondern photographierte bereits als junges Mädchen in Rüsselsheim mit genauem Blick Menschen ihrer näheren Umgebung, von Spielgefährtinnen bis zum elterlichen Chauffeur.

Gunter Sachs beweist in den Sujets seiner Photographie bei variierender Darstellung hohe Kontinuität. In unterschiedlichster, immer gefälliger Weise werden junge wenig oder gar nicht bekleidete Frauen abgelichtet und damit ein Sektor der »Mädchen-Photographie« besetzt, der zwischen der Weichzeichnerei eines David Hamilton und den brutalen Nackten eines Helmut Newton einzuordnen ist. Anders als Brigitte Bardot, die sich allen Filmplänen ihres Mannes widersetzte, ist Mirja Sachs eine verständnisvolle und hilfsbereite Partnerin, posiert für ihren Mann oder hilft, attraktive Modelle zu finden. Zum Dank darf sie mit Zuwendungen für ihre »Mirja-Sachs-Stiftung« aus dem Erlös von Büchern ihres Mannes rechnen.

Die Urteile über die Photographie von Gunter Sachs zeigen eine große Bandbreite nicht nur zwischen der grundsätzlichen Bewunderungsbereitschaft der bunten Blätter und der Skepsis professioneller Beobachter. Auch die Fachurteile weichen voneinander stark ab, wobei dem einen genau das missfällt, was den anderen entzückt. »Alles geklaut«, lautet das Urteil einer auf Aktphotos spezialisierten Photoredakteurin, die in den »Barbiepuppen-Photos« nicht sehen kann, was sie nicht bei anderen Künstlern wie Andy Warhol schon gesehen habe: Andere erkennen gerade in der Nähe der Photos zu Kunstwerken von Dalí oder Max Ernst, dass sich Gunter Sachs »mit vitaler Einbildungskraft« die Vorlagen zu Eigen macht.

Die Aneignung wichtiger Werke der bildenden Kunst ist bei Gunter Sachs nicht nur ein künstlerisch-ideeller, sondern auch ein materieller Akt. Ob als junger Wilder oder in der Zeit seiner Reife: Immer ist Gunter Sachs ein markanter Kunstsammler, dessen Geschmackssicherheit spätestens dann allgemeine Verblüffung auslöst, als er mit über 70 Jahren, nunmehr zum Klassiker avanciert, den wesentlichen Teil seiner Sammlung in Hamburg präsentiert. Zwar klappt der in den 60er Jahren von Gunter Sachs gestartete Versuch nur temporär, in einem von ihm präsidierten »Modern Art Museum München« Teile seiner Kollektion auszustellen, doch verblüfft er bereits damals durch die Qualität der von ihm gesammelten Werke. Auch bei ihm lässt sich fachkundige Beratung nachweisen, doch wird ihm weit mehr ein »eigener Blick« attestiert als etwa einem Friedrich Christian Flick, dessen ebenso umstrittene wie berühmte »Collection« auf intensive Beratung durch ausgewählte Kunsthändler zurückgeht.

Geradezu legendär ist der Misserfolg, den Gunter Sachs mit dem Versuch erleidet, sich 1972 als Galerist in Hamburg zu etablieren und Werke von Andy Warhol an wohlsituierte Hanseaten zu verkaufen. Die spätere Kultfigur der Pop-Art wird damals noch nicht als Inbegriff einer sich etablierenden neuen Kunstrichtung erkannt, und Gunter Sachs verkauft kaum ein Warhol-Werk. So behält er selbst die unverkäufliche Ware und wird später für seinen Kunstsinn wie für sein langfristiges kaufmännisches Geschick gewürdigt. Denn mit den Jahren ist der Wert jedes Warhol-Kunstprodukts in fast astronomische Höhen gestiegen, und die Mutmaßungen über die Wertsteigerung der Kunstsammlung von Gunter Sachs gehen in die Zigmillionen. Der immer gepriesene, aber lange Zeit als »unverkäuflich« apostrophierte Geschmack von Gunter Sachs ist nicht einfach Sammlerattitüde, sondern Element seines Lebens. Die Wohnung, die er sich im Turm des Palace-Hotels in St. Moritz eingerichtet hat, geriet ihm zur Sammlung all der neuen, verwirrenden Kunst der 60er Jahre. Sie darf solchen kunstgeschichtlichen Wert beanspruchen, dass er sie 2003 in Hamburg museal in der alten Anordnung präsentieren kann und die Kritiker mit dem Gezeigten von Tom Wesselmann, Allen Jones oder Roy Lichtenstein in andachtsnahe Bewunderung versetzt.

In seinem gegenwartsbezogenen, oft avantgardistischen und von hoher Stilsicherheit geprägten Kunsterwerb unterscheidet er sich grundsätzlich von Großvater, Vater und Bruder. Diese kauften Überkommenes, wie Großvater Ernst Sachs, der besonders altem Mobiliar zugewandt war und dabei ein Buch wie *Abhandlung über die Verwendung historischer Möbelstile in modernen Wohnräumen* zu Rate zog. Willy Sachs und sein Sohn Ernst Wilhelm erwarben alte Meister, und sie sind einander derart geschmacksverwandt, dass der Sohn sogar in den 60er Jahren mit erheblichem Finanzaufwand ein Bild zurückkauft, das einst sein Vater erworben, im Zuge der amerikanischen Besatzung aber verloren hatte.

Einig sind sich aber alle Sachs im Talent, den Wert der Sammlungen durch geschickten Ankauf zu vermehren – und sich am erworbenen Mehrwert zu freuen. Schon Willy Sachs musste sich von seiner Schwiegermutter Martha von Opel nachsagen lassen, das eine oder andere Gemälde primär unter materiellem Aspekt erworben zu haben, wobei ihm Schwager Fritz von Opel ab und zu Helfer war. Ein günstig erworbener El Greco oder Spitzweg erfreute Auge wie Geldsinn von Willy Sachs, so wie sein Sohn Ernst Wilhelm ganz besondere Freude über ein von ihm erworbenes Gemälde eines niederländischen Meisters zeigte, als ihm der zugezogene Experte bestätigte, dass es von ihm weit unter Wert gekauft worden sei.

Jagdsorgen und Sternenglauben

Das Gewehr im Anschlag, scharf über Kimme und Korn zielend, lässt sich Gunter Sachs 1966 mit Brigitte Bardot an seiner Seite photographieren. Die ernste Miene der Abgebildeten kann nicht darüber hinwegtäuschen, dass das Bild vom Waidmann ein inszeniertes Kunstprodukt ist, in dem der schöne Schein regiert, nicht aber die Wirklichkeit. Gunter Sachs bekundet nämlich immer wieder, »überzeugter Nicht-Jäger« zu sein, und die Tierschützerin Brigitte Bardot ist als Jagdbegleiterin denkbar unpassend. Die Pose des Jägers, die Willy Sachs neben der Beute so gerne eingenommen hat, weiß auch der Sohn zu schätzen und lässt sich in Kenia in Hemingway-Großwildjägerpose mit Flinte im Arm ablichten. Die Jagdlust selbst aber hat er nicht wie sein Bruder von den Vorvätern geerbt. Was Gunter und Ernst Wilhelm Sachs jedoch gemeinsam übernommen haben, sind die Jagdgründe von Vater und Großvater am Fuße des Brünnstein, von denen sie sich nach eingetretenem Erbfall bald trennen.

1964 verkaufen die Brüder rund 700 Hektar des Jagdguts Rechenau für 7,5 Millionen Mark an den Freistaat Bayern und entlasten sich damit von dem mühseligen und wirtschaftlich schwierigen Forstbetrieb. Mit dem Kaufvertrag wird ihnen das Recht eingeräumt, das nunmehrige Staatsjagdrevier bis zum Jahr 2064 gegen einen vertraglich festgelegten Betrag zu pachten, doch ist dieses Recht gar nicht so leicht in Anspruch zu nehmen. Als Ernst Wilhelm ums Leben kommt, können weder seine Erben noch Gunter Sachs ein Familienmitglied benennen, das als Jagdscheininhaber Pächter sein könnte. 1980 ist der Freistaat Bayern damit einverstanden, dass ein Münchner Bankdirektor als Treuhänder der Familie Sachs Pächter wird, wobei gleichzeitig die Pachtzeit um 24 Jahre gekürzt und das Ende der Pacht für das Jahr 2040 festgelegt wird. Im Gegenzug für das Recht, einen treuhänderischen Pächter bestellen zu dürfen, verpflichtet sich die Familie Sachs in zwei Erklärungen und in einem Brief an den Ministerpräsidenten Franz Josef Strauß, ihre Industriebeteiligungen im Sinn der Erhaltung des Ausbaus von Arbeitsplätzen in Bayern einzusetzen.

In der Folge kommt es zu Klagen über die Zustände im Jagdrevier Rechenau. 1987 stellt der bayerische Rechnungshof fest, dass die Schäden in den »Sachsjagden« durch Verbiss und Schälen derart bedrückend seien, dass eine geregelte forstliche Bewirtschaftung fast zum Erliegen gebracht werde. Forstamt wie Oberforstdirektion klagen über die unvertretbar hohe Belastung des Staatswaldes durch Rot-, Gams- und Rehwild. Nach einigem Hin und Her wird mit dem für die Missstände verantwortlichen Pächter vereinbart, den Pachtvertrag vorzeitig zum 31. März 1998 zu kündigen.

In der Öffentlichkeit wird Gunter Sachs für alle Missstände in dem Revier verantwortlich gemacht, sieht sich »zehn Jahre lang an den Pranger gestellt«, erscheint er doch in Presseberichten als Playboy-Jäger, der sein Jagdrevier verwahrlosen lässt. Gunter Sachs beteuert zwar immer wieder, dass nicht er, sondern der Treuhänder verantwortlich sei, rechnet aber zugleich vor, dass die von ihm zu verantwortenden Schäden von 1,65 Millionen Mark, denen 1984 eine Pachtgebühr von 30 000 Mark gegenübersteht, nicht so schlimm wie behauptet seien. Seiner Auffassung nach sei der Gesamtschaden im Laufe der vergangenen hundert Jahre entstanden. Der Mathematiker Gunter Sachs lässt es sich nicht entgehen, einen durchschnittlichen Jahresschaden von 14 000 Mark oder zehn Mark pro Hektar zu berechnen. Die Bayerischen Behörden sehen dies anders, und der Umstand, dass verantwortliche Berufsjäger wegen unstatthafter Manipulationen im Revier zur Verantwortung gezogen werden, zeigt, dass es sich um Misswirtschaft jüngeren Datums handelt.

Das bayerische Forstministerium lässt Gunter Sachs mit den Vorwürfen in der Presse nicht ganz allein, stellt manches richtig und verweist darauf, dass Gunter Sachs nicht Inhaber eines Jagdscheines sei. Zugleich wird aber festgestellt, dass es sich bei dem Pächter um einen Treuhänder der Familie Sachs gehandelt habe, »so dass sich Gunter Sachs aus der Verantwortung im weiteren Sinn nicht ›herausstehlen‹ kann«. Zu weiteren Richtigstellungen sehen sich die Ministerialen nicht bemüßigt, sei es doch nicht von ihrer Behörde verursacht oder gar provoziert, »dass die Presse den Streit um das Jagdrevier in Bezug zum ›Playboy-Leben‹ und seinen sonstigen Aktivitäten von Gunter Sachs sieht«.

Nachdem Rolf Sachs fern der Rechenau, in Hamburg, die Jagdprüfung abgelegt hat und Inhaber eines Jagdscheines ist, beantragt Gunter Sachs 1989, das Jagdrevier an seinen Sohn zu verpachten, doch stemmen sich nun die Töchter von Ernst Wilhelm gegen solche Ambitionen ihres Cousins. Da sich die zerstrittenen Familienteile nicht einigen können, verweigert das bayerische Landwirtschaftsministerium zunächst die Verpachtung an Rolf Sachs. Der Streit zwischen den Nichten Monika, Eleonore und Carolin auf der einen und dem Onkel Gunter auf der anderen Seite endet mit einem Urteil des Oberlandesgerichts Bamberg, das die Schwestern dazu verpflichtet, Rolf Sachs als »jagdpachtfähigen Familienangehörigen« zu benennen.

Dieser kommt damit aber noch lange nicht auf der Rechenau zum Schuss, weil nun das Landwirtschaftsministerium den Pachtvertrag vorzeitig kündigt. Gunter Sachs klagt dagegen, verliert vor dem Landgericht München und geht in die Berufung. Neben dem Streit um die »äußerst diffizile und juristische« Problematik um den als Rechtsgrundlage dienenden Paragraphen 567 des Bürgerlichen Gesetzbuches, geht es auch um die Zusage der Sachs-Brüder, sich für den Erhalt von Arbeitsplätzen in Bayern zu engagieren. Der Verweis, dies sei doch Teil des Pachtvertrages von 1980 gewesen, hilft dem Landwirtschaftsministerium beim Urteil 1996 überhaupt nicht, denn inzwischen ist das damals für unmöglich Gehaltene eingetreten: Die Sachs-Erben besitzen keine Sachs-Aktien mehr. Damit entfällt nach Meinung der letzten Instanz die Grundlage für das Versprechen, das also auch nicht eingehalten werden muss.

Mit deutlicher Genugtuung kann Gunter Sachs den Spruch des Oberlandesgerichts München entgegennehmen, nach dem der Pachtvertrag nicht gekündigt werden darf und die Rechenau an Rolf zu verpachten ist. Zähneknirschend muss der Freistaat Bayern auch noch hinnehmen, dass der Bundesgerichtshof die von ihm beantragte Revision nicht annimmt und lapidar konstatiert, diese habe keine Aussicht auf Erfolg. Rolf Sachs kann damit in einer Kette von 12-Jahres-Verträgen das Jagdrevier Rechenau bis zum Jahr 2040 pachten, womit zumindest auf einem Nebenschauplatz das Vermächtnis von Willy Sachs erfüllt wird, das Erbe so lange wie möglich im Besitz der Familie zu halten.

Obwohl für Verblüffungen in der Wahl seiner Partnerinnen bekannt, überrascht Gunter Sachs 1995 mit einer ganz besonderen Liaison. In einem ausführlichen Artikel in der *Zeit* bekennt er sich zu einem innigen Nahverhältnis zur Astrologie. Der Beginn dieser Zuneigung ist so romantisch, als hätte ein Joseph von Eichendorff die Feder geführt. Sternklar ist die Neujahrsnacht über den Schweizer Bergen, und die zu einem solchen Termin angesagten Gedanken, was die Zukunft bringen mag, verbinden sich mit dem Ausblick auf das bestirnte Firmament. Mit seinem Freund, dem Journalisten Claus Jacobi, gerät Gunter Sachs ins Philosophieren, ob die Gestirne Einfluss auf das Schicksal der Menschen haben könnten. Kaum ist die Zuneigung zu der »geheimnisvollen, schönen Gefährtin«, der Astrologie, erwacht, rückt ihr Gunter Sachs auf unorthodoxe Weise zu Leibe. Er will den Sternenglauben wissenschaftlich erforschen, den Zusammenhang zwischen Sternzeichen und menschlichem Verhalten mit exakten Methoden ergründen.

Nun kommt zum Tragen, dass er sich in jungen Jahren »eingehend mit dem kleinen Einmaleins der höheren Mathematik« befasst hat. Gunter Sachs besinnt sich auf seine mathematischen Studien und versucht mit statistischen Berechnungen der Bestimmtheit menschlichen Verhaltens durch die Sterne auf die Spur zu kommen. Eine »Sternschnuppe der Erkenntnis« erhellt ihm den Weg, nicht irgendwo, sondern in Key West (Florida), wo er auf den Spuren von Ernest Hemingway wandelt. Er sieht in einer Buchhandlung zwölf Bände einer astrologischen Buchreihe und überlegt, ob jeder Band gleich gut verkauft werde. Gunter Sachs besorgt sich von einem deutschen Verleger entsprechende Zahlen, lässt sie nach allen Regeln der mathematischen Kunst auswerten und registriert markante Abweichungen von der Normalverteilung. Angespornt von dem Ergebnis weitet er die Untersuchungen aus, gründet das langnamige »Institut zur empirischen und mathematischen Untersuchung des möglichen Wahrheitsgehalts der Astrologie im Bezug auf den menschlichen Charakter« (IMWA). Mit der adäquaten Adresse im Briefkopf wird Gunter Sachs bei Ämtern und Versicherungen vorstellig und beschafft sich nach seinen Angaben »Millionen von Daten über Geburtstage von Straftätern und Verkehrssündern, von Brautpaaren und Geschiedenen, Kranken und Selbstmördern, Berufstätigen und Astro-Interessierten«. Die Datenflut wird aus arbeitstechnischen Gründen, aber auch zur Erhöhung des Renommees vom Statistischen Institut der Ludwig-Maximilians-Universität in München ausgewertet und berechnet, so dass Gunter Sachs 1997 *Die Akte Astrologie* vorlegen kann.

Das über 300 Seiten starke Buch mit seinen vielen Tabellen unternimmt den Nachweis, dass zwischen den nach den Sternzeichen geordneten Geburtsdaten und bestimmten Verhaltensweisen, Lebens- und Todesumständen auffällige Zusammenhänge bestehen. Danach sind Fische-Männer über die Maßen heiratsfreudig, Stiere besonders häufig in Autounfälle verwickelt. Ungewöhnlich viele unter dem Sternzeichen der Fische, des Stiers oder Krebs Geborene finden sich unter den Selbstmördern, während Waage-Menschen sich unterdurchschnittlich häufig das Leben nehmen.

Aufmerksamkeit ist der *Akte Astrologie* schon durch ihren Autor sicher, der seine Bekanntheit gezielt einsetzt, sich sogar Fernsehauftritten unterzieht, obwohl ihm die elektronische Form der Öffentlichkeit wenig liegt. Gunter Sachs wird bei diesem Thema weniger als sonst von dem Wunsch nach persönlicher Aufmerksamkeit getrieben. Auch kommerzielle Motive stehen bei dem Projekt zurück, dessen Einnahmen der Stiftung von Ehefrau Mirja zufließen. Es ist ein nahezu obsessives Interesse an der Sache, das Gunter Sachs antreibt. Wo bei ihm sonst immer ein Moment des Schauspielerischen und der Selbstdarstellung im Spiel ist, da agiert er beim Thema Astrologie als Überzeugungstäter. Im privaten Kontakt kann es zu Irritationen bei seinen Gesprächspartnern kommen, weil er mit nachhaltigem Interesse nach deren Sternzeichen fragt und die Auskünfte als Anlass für intensive Erklärungen und Belehrungen nimmt.

Höchste Intensität und wenig Nachsicht zeigt Gunter Sachs, wenn seine Erkenntnisse kritisch befragt oder gar ernsthaft bezweifelt werden. Zwar weiß er von seinem Freund Francis Crick, Zellbiologe und Nobelpreisträger, dass es des Wissenschaftlers Freizeitbeschäftigung sei, neue Theorien zu Fall zu bringen, doch lehrt ihn dies nicht Gelassenheit, wenn seine Astrologiethesen in

Zweifel gezogen werden. Immer wieder melden sich Wissenschaftler zu Wort, die von Denkfehlern und unrichtigen Annahmen in den Analysen von Gunter Sachs sprechen oder bestreiten, dass er der Erste gewesen sei, der mit mathematischen Methoden die Relevanz der Astrologie untersucht hat. Unermüdlich hält Gunter Sachs dagegen, und noch zehn Jahre nach Erscheinen der *Akte Astrologie* meldet er sich zu Wort, wenn im *stern* Zweifel an seinen Erkenntnissen angemeldet werden. Immer wieder betont er, dass seine Forschung von mathematisch-statistischen Autoritäten abgesegnet und für richtig erkannt worden seien. Die Erklärung für die Kritik sieht er in seinem Image, und so hält er den Kritikern entgegen: »Ist es denn so beängstigend, dass ein Playboy, mit Lob von höchster Stelle, etwas Fundamentales entdeckt haben könnte?«

Bei der intensiven Auseinandersetzung von Gunter Sachs mit der Astrologie ist nie davon die Rede, dass er auch hier ein Erbe sein dürfte und seine geistigen Interessen auf Mutter Elinor von Opel verweisen. Deren Bibliothek auf Schloss Mainberg hatte einen sehr spezifischen Charakter, der sich deutlich vom Bücherbesitz ihres Mannes unterschied. Willy Sachs gehörten Bücher wie *Bremsklötze weg*, *Der rote Kampfflieger*, *Faltboote auf hoher See* oder *Das Bauerntum als Lebensquell der nordischen Rasse* in einem von Heinrich Himmler persönlich gewidmeten Exemplar.

Dagegen finden sich unter dem zum literarischen und künstlerischen tendierenden Buchbestand von Elinor von Opel auffällig viele Bücher von philosophisch-esoterischem Gehalt. Die in der Zwischenkriegszeit geschätzten einschlägigen Autoren wie Prentice Mulford oder Rabindranath Tagore finden sich und vor allem die fast kompletten Werke von Bô Yin Râ, der gleich mit 30 Bänden vertreten ist. Bô Yin Râ will in seinen Schriften »Mitteilung geben von der Verwurzelung des Erdenmenschen in einem mit physischen Sinnen unfassbaren, aber gleichwohl nur ›sinnenhaft‹ durch geistige Sinne erfahrbaren, substanziellen ›geistigen‹ Kräftebereich«. Die hohe Präsenz dieses Autors, der mit bürgerlichem Namen Joseph Anton Schneiderfranken hieß, lässt sich kaum anders als mit einschlägigen Interessen der Besitzerin erklären.

In eine ähnliche Richtung weisen Bücher, die, mit der Sprache der *Akte Astrologie* ausgedrückt, in der Bibliothek von Elinor von Opel in einer deutlich von der statistischen Normalverteilung abweichenden Zahl vorhanden sind und damit signifikanten Charakter besitzen. Es sind Werke zur Sternenkunde, überwiegend verfasst von Elsbeth Ebertin. Sie gilt als die bedeutendste deutsche Astrologin der Zeit nach dem Ersten Weltkrieg, die ein *Himmlisches Kursbuch* herausgegeben oder jährlich einen *Blick in die Zukunft* getan hat. Diese Werke wie auch *Sterndeuter, Hellseher, Wahrsager und Zunftgenossen* besaß Elinor von Opel ebenso wie das Standardwerk *Die Botschaft der Sterne* von Max Heindel. Besonders die Bücher von Elsbeth Ebertin haben mit ihren »kosmobiologischen« Theorien einen außenseiterhaften esoterischen Gehalt, der weniger spirituell orientierten Menschen unzugänglich ist und oft etwas merkwürdig erscheint. Bewusst oder unbewusst leistet Gunter Sachs mit seinen mathematischen Beweisen für die Gültigkeit astrologischer Aussagen einen Dienst für seine Mutter. Indem er sich daran macht, den Sternenglauben rechnerisch zu begründen, holt er nicht nur eine umstrittene Welt- und Himmelsicht aus dem Zwielicht wissenschaftlicher Unseriosität, sondern adelt zugleich die astrologischen Neigungen der Mutter durch die Rationalität der Mathematik.

Playboydämmerung

Mit dem Eintritt ins achte Lebensjahrzehnt darf Gunter Sachs erleben, in den Stand des Klassikers erhoben zu sein. Nicht nur die obligaten bunten Blätter ergehen sich rund um den 70. Geburtstag in Lob- und Gedenkartikeln. Auch die hochseriösen Feuilletons der deutschen Qualitätszeitungen würdigen ein Lebenswerk, dessen Inhalt das gelebte Leben selbst ist. Auch da, wo vom Kunstsammler und Photokünstler Gunter Sachs die Rede ist, wird dies vor der Folie seiner spezifischen Biographie gesehen, in der sich für etwa zehn Jahre das Lebensgefühl einer Epoche fokussierte. »Nur seine Person«, heißt es in der *Süddeutschen Zeitung*, reichere seine Bilder mit dem Sehnsuchtsfaktor an, »der uns mit der untergegangenen Epoche der Riviera-Nichtstuer verbindet«. Die mit ihm Gealterten finden bei Gunter Sachs ihr gelebtes wie nicht gelebtes Leben, bedauern wie der Schriftsteller und Verleger Michael Krüger, nicht so gewesen zu sein wie der Jubilar: »Während wir am Schreibtisch saßen oder erschöpft in der Sonne lagen, war er en mouvement. Wir wären auch gerne so gewesen wie er, wenigstens manchmal, ein wenig.«

Mit seinem schon seit Jahren schlohweißen Haar erinnert der 70-Jährige nur mehr begrenzt an den jungen Wilden, der als Playboy zum Inbegriff einer jugendlichen Lebenskultur der 60er und 70er Jahre geworden war. Beobachter konstatieren ein Gesicht, das »von einem entspannten und manchmal sorglosen Umgang mit sich selbst« erzählt, und Gunter Sachs, der Ästhet, weiß selbst, dass er für Photographen nicht mehr in allen Lebenslagen die beste Vorlage abgibt. Bei der Eröffnung einer Fotoausstellung in München wird beobachtet, wie er sich dagegen verwahrt, von unten photographiert zu werden – »Sieht schrecklich aus!« – und sogar von Sicherheitsleuten ist die Rede, die aufpassen, dass keine unerfreulichen Photos von ihm gemacht werden.

Zum Klassiker gehört es, zu denkmalgleichen Höhen erhoben zu werden, und Gunter Sachs lässt es sich mit leichter Ironie gefallen, auf den Sockel gestellt zu werden und von dort die Lobreden entgegenzunehmen, die seine Größe ins fast Übermenschliche steigern. »Er war es, der die Deutschen nach dem Krieg wieder gesellschaftsfähig machte. Der als Erster den braunen Sumpf vergessen ließ und so etwas wie Stil in unser Land brachte«, textet ein großes Magazin. Den Nachgeborenen gerät das Vergangene etwas durcheinander, wenn Gunter Sachs zum »Schocker« der 50er Jahre erklärt wird, wo doch die 60er Jahre die Epoche seiner frühen Vollendung waren. Was einst schiere Lebensfreude war, die sich mit einer üppigen Erbschaft im Hintergrund grenzenlos ausleben ließ, wird nun zum Mythos. Die sanfte Revolte, die in der gestylten Postille *twen* ihr Zentralorgan fand, feiert nachträglich einen ihrer hervorragenden Protagonisten.

Gunter Sachs begegnet den öffentlichen Preisungen und dem anhaltenden Interesse an seiner Person mit der von ihm immer geschätzten Freude an Aufmerksamkeit für die eigene Sache, doch mischt sich ein leichter Ton des Ennui und des Überdrusses in sein Reden. Verständlich, dass ihn die immer gleichen Fragen nach seinen Liebesbeziehungen, vor allem nach Brigitte Bardot, langweilen. Was er sagen will, hat er gesagt – und nur er weiß, was er noch sagen könnte, aber lieber für sich behält. Mit der ihm immer wieder attestierten Neigung zur Ironie gibt er mit den Jahren kleine Geheimnisse preis, kratzt selbst ein wenig am Goldlack, wenn der von den Porträtisten allzu dick aufgetragen wird. Am Image des ewigen Glückskindes will er nichts verändern, aber kleine Andeutungen gestattet er sich, dass auch ihm nicht das Midas-Händchen gegeben ist, mit dem alles zu Gold wird, was er anfasst. Seine Erfolge im Casino? Natürlich hat er nur diese bekannt gegeben und nicht jene Momente, wo ihn die Verluste auf den Boden der Tatsachen zurückgeführt haben. Das von ihm erworbene Hotel in Velden am Wörthersee? Das hat Fernsehruhm geerntet, seinem Eigner aber keinen Gewinn gebracht. Bei diesem Objekt gestattet sich Gunter Sachs sogar das Eingeständnis von Sentimentalität. Erinnerungen an frühe am Wörthersee genossene Lieben ließen ihn das Hotel kaufen, das ihm die Einsicht bescherte, viele Talente, nicht aber das zum Hotelier zu besitzen.

Älterwerden heißt Abschied nehmen – und Gunter Sachs macht da keine Ausnahme. Er gibt seine legendäre Pariser Wohnung in der Avenue Foch auf, die bis zur Toilette auf Außerordentlichkeit hin angelegt war. Die Ausstattung ging über die Notdurft hinaus und verschaffte dem Nutzer des intimen Ortes mit trompe-l'oeil-Malerei und einem Spiegel den Eindruck, sich im Innenraum eines florentinischen Palazzo zu befinden. Nur noch wenig genutzt, wogen die Kosten des Domizils in teuerster Wohngegend dem nüchtern kalkulierenden Gunter Sachs die damit verbundenen teuren Erinnerungen nicht mehr auf.

Mit Anwesen in Palm Springs, Gstaad, Ramatuelle bei St. Tropez und Oberaudorf bleiben genug Örtlichkeiten, an denen sich auf weltläufige Weise in den eigenen vier Wänden leben lässt – und dies immer häufiger. In Gstaad klagen die Hoteliers, dass sich die hier angesiedelten Reichen wie Gunter Sachs seltener öffentlichen Vergnügungen hingeben. Zeigt sich Gunter Sachs in der Öffentlichkeit, dann überwiegend familiär, auch wenn er sich gerne nachsagen lässt, noch immer in Gesellschaft gut aussehender blonder Weiblichkeit gesichtet zu werden, und dies auf eine Weise, die den erworbenen Ruf eines Homme à femmes bewahrt und zugleich das Eheglück nicht stört. Immer wieder betont das Ehepaar Sachs die andauernde Harmonie ihrer seit 1969 bestehenden Verbindung.

Zur Familie gehören die Söhne Christian Gunnar und Claus Alexander aus der Ehe mit Mirja sowie Sohn Rolf aus der Ehe mit der früh verstorbenen Anne-Marie. Dieser älteste Sohn hat 1985 die Perserin Maryam geheiratet, was Gelegenheit zu einem der legendären Sachs'schen Familienfeste samt prominenter Gästeschar gab. Rolf, seinerseits inzwischen schon selbst Vater, würdigt Gunter Sachs als den bestmöglichen Vater, und nicht nur die gemeinsame Leidenschaft für das gewaltige Münch-Mammut-Motorrad verbindet die beiden, so verschieden sie auch vom Äußeren sind. »Er würde sich die Haare raufen, wenn er welche hätte«, schreibt ein Klatschkolumnist über Rolf und spielt damit auf den charakteristischen Kahlkopf von Rolf Sachs an, der ihm jede Ähnlichkeit mit seinem von dichtem weißem Haar gezierten Vater raubt und ihn doch als echtes Familienmitglied ausweist. Über drei Generationen hinweg gleicht er einem Wiedergänger des Ururgroßvaters Wilhelm Höpflinger, der einst Ernst Sachs seine Tochter zur Frau und den nötigen Kredit für den Aufbau von Fichtel & Sachs gegeben hat.

Die Unähnlichkeit mit dem Vater mag es Rolf Sachs erleichtern, mit dem übergroßen Vaterbild zu leben. Gunter Sachs zeigt Verständnis für die Probleme seines Sohnes und verteidigt ihn, wenn sich Journalisten ein wenig über die künstlerisch-geschäftlichen Aktivitäten von Rolf Sachs mokieren: »Der Erbe hat es heute schwer: Geht's schief, wird er mit Spott bedacht; geht's gut – hat's der Vater gemacht; geht's normal, wird er als Drohne verlacht.« Beruflich versucht Rolf Sachs als Art-Designer eigene Wege zu gehen. An seinem Hauptwohnsitz London zeigt er in Galerien selbst entworfene Hocker und Liegen, in denen der Brückenschlag zwischen funktionalem Design und Kunst versucht wird. In der britischen Presse wird den Werken »Sachs appeal« bescheinigt und daran erinnert, dass hier einer am Werk ist, der von jung an von Picassos, Warhols und Dalís umgeben war.

Über dem Künstlerischen kommt das Geschäftliche nicht zu kurz. Rolf Sachs kümmert sich weitgehend um die Vermögensverwaltung und -vermehrung des familiären Kapitals. Außerdem führt er den von seinem Vater gegründeten »Dracula Club« in St. Moritz weiter und übernimmt damit das vielleicht schwerste Erbe, weil diese Vergnügungsinstitution ganz besonders mit dem Namen von Gunter Sachs verbunden ist. Was heute als exklusive Alpen-Disco besonders, aber nicht einmalig ist, war in den Gründungstagen ein Playboy-Cercle mit strengen Aufnahmeregeln. In apostolischer Nachfolge waren es genau zwölf Gründungsmitglieder, die auf Anregung von Gunter Sachs zusammenfanden und sich »Dracula's Ghostriders« nannten. Die Neuzugänge wurden in genau jener Weise geregelt, die einst über die Aufnahme von Großvater Ernst Sachs in der Freimaurer-Loge entschied. Mit weißen und schwarzen Kugeln findet eine »Ballotage« statt, bei der für den Kandidaten keine schwarze Kugel abgegeben werden darf, soll es zur Aufnahme kommen. Abwandlung zum Freimaurerritus: Die Kugeln werden im »Dracula-Club« nicht in eine Urne, sondern in einen rot ausgekleideten Sarg geworfen.

Auf ein 30-jähriges Bestehen kann der Club im Februar 2003 zurückblicken, und Gunter Sachs kann beobachten, wie sich die Sitten seit den Gründungstagen gelockert haben. Die Kleidervorschrift, nach der die Herren in Schwarz und die Damen in Weiß erscheinen sollen, wird kaum eingehalten. Immerhin: Mirja Sachs kommt korrekt in Weiß – und sorgt dennoch für Ärger. Ihr Schneeleoparden-Cape provoziert Umweltschützer, weil der Handel mit Fellen des vom Aussterben bedrohten Schneeleoparden streng verboten ist.

Das Jubiläum des »Dracula Clubs«, zu dem Gunter Sachs dem Vernehmen nach ursprünglich gar nicht kommen wollte, bedeutet für ihn ein tiefes Eintauchen in seine Playboy-Vergangenheit, zu der er ein differenziertes Verhältnis besitzt. Nicht nur mit seinen künstlerischen Aktivitäten will er die Erinnerungen an die einstige Leichtlebigkeit überlagern und sich als aktive und kreative Persönlichkeit darstellen. Auch in seiner Geschäftstätigkeit zielt er darauf ab, den »homo faber«, den schaffenden Menschen zu verkörpern. Besucher auf seinem Anwesen bei St. Tropez können beobachten, wie Gunter Sachs, darin seinem Vater Willy Sachs sehr ähnlich, bereits in den frühen Morgenstunden aktiv ist, eingegangene Nachrichten über Geschäftsvorgänge auswertet und Entscheidungen trifft.

So überzeugend ist der Auftritt von Gunter Sachs als Businessman, dass seine Geschäftsideen von Beobachtern an Originalität sogar jenen gleichgesetzt werden, mit denen der Großvater das Vermögen erwirtschaftet hat. Der Unterschied ist dabei unübersehbar. Bei Ernst Sachs kreiste die schöpferische Kraft um den Drehpunkt des Rades schlechthin, beim Enkel dreht sich alles um ihn selbst, und als Produkt hat er vor allem sich selbst zu offerieren. Nie aber hat sich seine Dynamik stärker entfaltet als in jenen Jahren, in denen er mit seinem lockeren Lebensstil zur Legende geworden ist, so dass Gunter Sachs trotz aller anderen Aktivitäten letztlich doch vor allem als nunmehr in die Jahre gekommener Playboy wahrgenommen wird.

Mit den seit den wilden Tagen verstrichenen Jahren rückt diese Epoche in eine Ferne, die sie den nachwachsenden Generationen erklärungsbedürftig macht. Immer wieder wird Gunter Sachs dazu gedrängt, darüber Auskunft zu geben, wie denn das Leben zwischen St. Moritz und Acapulco gewesen sei, und immer mehr drängt es ihn, die eigene Vergangenheit gegenüber der epigonenhaften Gegenwart abzusetzen.

Es ist für ihn kein einfaches Unterfangen, die Besonderheiten einer Playboy-Existenz darzustellen, wenn deren Wesentlichkeiten längst Allgemeingut geworden sind. Wechselnde Partner sind eine Selbstverständlichkeit. Der globale Lebensstil mit der Besonderheit eines Jetset wirkt banal, wo Billigflieger ein Heer von Schnäppchenjäger über den Erdball transportieren und es sich für einen Sozialhilfeempfänger in Florida gut leben lässt. Die Orte des einstigen Vergnügens haben an Exklusivität verloren. Acapulco ist vor allem Ziel für US-Massentourismus, St. Moritz wächst und wächst, und St. Tropez wird von Tagestouristen überschwemmt, die das berühmte Flair suchen und es nicht finden, weil sie selbst dieses Flair zerstören.

Es ist nicht nur das unvermeidliche Räsonieren eines älteren Mannes, dass früher alles anders und das meiste besser war, wenn

Gunter Sachs darüber klagt, dass er bei jenen, die sich heute als Playboys gerieren, Weltgewandtheit, Bildung, Takt, Humor und einen Schuss Selbstironie vermisst, die einst ihn und seinesgleichen ausgezeichnet haben. Er verschafft sich damit auch eine Aura unwiederholbarer Einmaligkeit. Als letzter der »wahren« und legendären Playboys darf er die Deutungshoheit über das Wesen dieser Spezies in Anspruch nehmen, das sich für ihn im »Stil« erschließt, den er und seinesgleichen hatten und die Nachfolger vermissen lassen. Selbst die Karl-May-Lektüre der Kindertage, die er mit Vater und Großvater teilt, wird ihm rückblickend durch die Feierlichkeit des Tons zwischen Old Shatterhand und Winnetou zur frühen Stilschule. Beim Blick auf die Flut stillosen Entertainments einer »überspaßten« Gesellschaft wird Gunter Sachs zum Zauberlehrling, der entsetzt sieht, wie das von ihm Heraufbeschworene durch Massenhaftigkeit zur Plage wird. Vor allem bei den Deutschen konstatiert er den extremen Wandel. Als er »la douceur de vivre«, die Süßigkeit des Lebens, vorführte, tat er dies vor dem Hintergrund einer Wirtschaftswunderwelt, die sich in Pflichterfüllung und Arbeitswut erging. Jetzt aber erlebt Gunter Sachs dasselbe deutsche Engagement beim Spaßen und offenbart bei allem Europäertum, bei allem helvetischen Grundgefühl seinen deutschen Wesenskern: »Wir sind eben gründlich!«

Dem immer wieder betont Unzeitgemäßen entspricht es, dass Gunter Sachs kein Mann für das allgegenwärtig gewordene Fernsehen ist. Seine wenigen TV-Auftritte zeigen, dass ihm für den gewinnenden Live-Auftritt die nötige spezifische Präsenz und Geschwindigkeit fehlt. Selbst Schlagfertiges verfehlt in dem auf Tempo und Spannung abzielenden Medium seine Wirkung. Gunter Sachs weiß um diese Schwäche, und so reiht er sich nicht ein in die Schar der durch alle Kanäle tourenden Prominenz und erteilt Talkshow-Redakteuren eine Absage, selbst wenn sie ihn bei exquisitem Essen und gutem Wein noch so sehr zur Teilnahme zu überreden versuchen. Die ihm angemessene Medienwelt war und ist die der Magazine und Illustrierten, mit ausgesuchten Bildern und treffenden Worten. Dazu trägt er selbst ab und zu mit einem eigenen, geschickt formulierten Text bei, wobei die Thematik etwa mit dem Vorschlag einer Vergrößerung der Fußballtore zwecks Erhöhung der Trefferzahl von markanter Eigenwilligkeit sein kann.

Was macht der ehemalige Playboy heute in der veränderten Welt? »Ich unterhalte mich mit klugen Freunden und lebe in der Familie.« In dieser Familie ist er heute der Älteste, der unter den Lebenden in der Generationenfolge keinen mehr vor sich weiß, seit 2001 Mutter Elinor von Opel hochbetagt gestorben ist. Sie lebte zuletzt in St. Gallen, wo Besucher sie in einer stilvollen, aber nicht auftrumpfenden Wohnung erlebten, in der Erinnerungsstücke an ihre Söhne davon Zeugnis ablegten, wie wichtig ihr bis ans Ende ihres Lebens die einst zwischen ihr und Willy Sachs so schwer umkämpften Kinder geblieben waren. Gegen Ende ihres Lebens erwägt sie, zusammen mit Sohn Gunter Schloss Mainberg zu besuchen, doch bleibt es bei Vorgesprächen mit dem Kastellan. Es kommt nicht mehr zur Rückkehr an den Ort der turbulenten Ehezeit mit Willy Sachs.

Zweifellos war Elinor von Opel von den vielen Frauen im Leben von Gunter Sachs die wichtigste und prägendste. Kommt er auf sie zu sprechen, wird er nie versäumen, ihre Entschiedenheit, aber noch mehr ihre Wärme und Zuneigung zu würdigen, die er in ganz besonderem Maße erleben durfte. Wer Mutter und Sohn gekannt hat, ist sich darin einig, dass Gunter ihr über alles geschätzter Liebling war, dessen unruhiges Leben sie mit strenger Zuneigung und großer Bewunderung begleitete. Zu ihrem 80. Geburtstag durften die Gäste der Geburtstagsfeier auf der Rechenau Zeuge der wechselseitigen Liebe werden. Gunter Sachs erfüllte seiner Mutter den Wunsch, einmal den von ihr so geschätzten Harald Juhnke fast für sich allein zu erleben. Die Tenne im alten Gutshaus der Rechenau war mit rötlicher Beleuchtung in einen nostalgischen Nachtclub verwandelt, und Juhnke sang für die Jubilarin – über den Sohn: »Du hast Glück bei den Frauen, Belami…«

Bei der Beerdigung von Elinor von Opel im Familienmausoleum in Rüsselsheim zeugt ein großes Blumenherz vor dem Sarg von der Zuneigung des Sohnes, der mit der engsten Familie vor der eigentlichen Trauerfeier von seiner Mutter Abschied nimmt. Die Gedenkrede für die Familie hält Enkel Rolf, der für Elinor von Opel fast ein Sohn war. Verständlich, dass Gunter Sachs diesmal die sonst von ihm geschätzte öffentliche Aufmerksamkeit als lästig empfindet, schnell den Friedhof verlässt, während die Neugierigen die letzte Chance nutzen, das Opel-Mausoleum von innen zu besichtigen. Nach Elinor von Opel, der Letzten aus der Enkelgeneration des Firmengründers Adam Opel, wird niemand mehr in der Familiengrabstätte beigesetzt werden.

Das »Chalet Gentiane« in Valbella, das zum Mutterhaus für die Familie Sachs geworden ist, wird drei Jahre nach dem Tod von Elinor von Opel durch Enkel Rolf verkauft. Im Sommer 2004 erfolgt der Abriss des im Laufe der Jahre ausgebauten und um ein Schwimmbad erweiterten Hauses. Die Söhne von Elinor Kirchner und die Enkel hatten hier ihre eigenen Räume, die Mädchen von Ernst Wilhelm ihr spezielles »Rosenzimmer«. Es ist ein 14. Juli, an dem das Gebäude von schwerem Räumgerät gestürmt wird, so dass es noch am Abend desselben Tages dem Erdboden gleichgemacht ist. Zum bleibenden Andenken wird die »Elinor Kirchner von Opel-Stiftung«, die Rüsselsheimer Jugendliche unterstützt und daran erinnert, wie sehr die Verstorbene mit ihrer Heimatstadt verbunden war.

Was bleibt?

Anders als bei seiner Mutter lässt sich bei Gunter Sachs keine tiefere Bindung an die Stadt seiner Väter erkennen, die ihm nie Heimat war. Ungewöhnlich und damit Aufsehen erregend ist es, wenn er zum 75-jährigen Bestehen der Fichtel & Sachs-Werke nach Schweinfurt kommt und an der Sachs-Gruft einen Kranz niederlegt. Bei den Feierlichkeiten im Stadttheater nimmt er im Parkett Platz, begleitet nicht nur von seiner Frau Mirja, sondern auch von Mutter Elinor von Opel. Aber bei der Feier des 100. Firmengeburtstags lässt er sich durch seinen Sohn Gunnar Christian vertreten. Gibt es Angriffe gegen seinen Vater wegen dessen NS-Verstrickungen, so stellt er sich vor ihn, ohne sich doch grundsätzlich damit auseinander zu setzen. Das Wirken von Willy Sachs für das Dritte Reich und seine Teilhabe an der Rüstungsproduktion? »Ob Kugellager oder Jacken – alles war für den Krieg. Wie hätte ein Kugellagerhersteller seine Produktion einstellen können gegen die Forderungen des Reiches? Wer das tat – der hat das Recht auf den ersten Stein.« Ein schriftliches Bekenntnis zum Vater findet sich, künstlerisch gestaltet, auf der Rechenau. Die von einem entfernten Verwandten der Familie malerisch gestaltete Kapelle trägt die Inschrift »Dem Jäger Willy Sachs von seinen dankbaren Söhnen Ernst Wilhelm und Gunter«.

Seinem Geburtsort Mainberg scheint Gunter Sachs mehr Sympathie entgegenzubringen als dem von ihm nie recht gemochten Schweinfurt. Erreicht ihn eine Bitte um Unterstützung aus der Schlossgemeinde, so ist mit einem wohlwollenden Echo zu rechnen. Beim Jubiläum der örtlichen Blasmusik, bei deren Gründung 1933 seine Großmutter die Instrumente gestiftet hatte, übernimmt Gunter Sachs die Schirmherrschaft. Der Bitte des Festausschusses für die 750-Jahr-Feier des Ortes nach einem Zuschuss zu den Druckkosten eines repräsentativen Bildbandes entspricht er mit einer Überweisung von 1000 Mark. Offensichtlich von dem durch ihn geförderten Werk überzeugt, ordert Gunter Sachs zusätzlich zu den übersandten drei Belegexemplaren noch zehn Stück und stellt für die Jubiläumstombola zehn seiner Kunstkalender zur Verfügung. Schweinfurt dagegen konnte nicht mit Unterstützung rechnen, als es sich wegen eines problematisch gewordenen Sachs-Erbes an ihn wandte. Das Ernst-Sachs-Bad, einst Stolz der Stadt und der Familie Sachs, ist mit den Jahren zu einem Problemfall geworden. Die Technik ist überholt und mit zunehmendem Alter kann es das Wasser immer weniger halten. Für Gunter Sachs ist die Sanierung kein Thema, weil er in größeren Dimensionen denkt, in denen Schweinfurt zur Stecknadel auf dem Globus wird. Vom Salk-Institut in La Jolla bei San Diego um Unterstützung gebeten, findet Gunter Sachs, es sei klüger, der amerikanischen Einrichtung Geld zukommen zu lassen, »als einer Kleinstadt ein modernes Schwimmbad zu spendieren«. Schließlich kämen die Erkenntnisse des Salk-Instituts der ganzen Welt zugute »und das Schwimmbad eben einer Kleinstadt«.

Ausgerechnet Lo Sachs, nicht gebürtige, sondern angeheiratete und inzwischen geschiedene Trägerin des Namens »Sachs« zeigt sich gegenüber Schweinfurt spendabel. Sie gibt 1983 für die Sanierung des Ernst-Sachs-Bades 300 000 Mark und lässt den Scheck, weil selbst verhindert, durch ihre hübschen Töchter überreichen. Einige Monate später kommt sie selbst nach Schweinfurt, um ihre Verbundenheit mit der Stadt unter Beweis zu stellen. Es ist nicht die reine Selbstlosigkeit oder die Anhänglichkeit an die Stadt ihrer Auftritte als Industriellengattin, die hinter der Großzügigkeit von Lo Sachs stehen dürften. Um diese Zeit tobt der Streit um die Rechtmäßigkeit des Erbes von Willy Sachs. Eine 300 000 Mark-Spende darf in diesem Konflikt als Beweis dafür dienen, dass sich hier jemand dem Vermächtnis des Erblassers verbunden fühlt, der Schweinfurt dezidiert als seine »Vaterstadt« bezeichnet hat und dem Niedergang des von seinem Vater gestifteten Bades gewiss nicht tatenlos zugesehen hätte.

Die großzügige Dotation kann letztlich weder das marode Schwimmbad retten noch die für Lo Sachs und ihre Töchter ungünstige Entwicklung aufhalten. Längst ist ihr ohnedies schon München zur Heimat geworden, wo sie in Grünwald in der ihr bei der Scheidung überlassenen Villa künstlerischen Neigungen nachgeht und zu einer ob ihrer Schönheit nach wie vor bewunderten festen Größe im bunten gesellschaftlichen Leben der bayerischen Hauptstadt geworden ist. In die Schlagzeilen gerät Lo Sachs im Zusammenhang mit dem Mord, den die Filmschauspielerin Ingrid van Bergen an ihrem Lebensgefährten Klaus Knaths begeht. Staranwalt Rolf Bossi lädt Lo Sachs vor die Schranken des Gerichts, weil sie es war, die mit Knaths vor dessen Ermordung zu Abend gegessen hat. Das von ihr als geschäftlich deklarierte Gespräch hatte derart lang gedauert, dass die darüber von Eifersucht geplagte Ingrid van Bergen den verspäteten Heimkehrer mit einigen Schüssen tödlich niederstreckte. Lo Sachs verbirgt beim Gerichtsauftritt ihre schönen Augen hinter einer großen Sonnenbrille. Zum Mordfall kann sie nichts beitragen, weist aber das Gerücht zurück, zwischen ihr und Klaus Knaths sei »mehr« gewesen. Für den *Spiegel* wird mit dem Auftritt deutlich, dass das so genannte Münchner Liebesdrama in einer »eher abgetakelten Besetzung« stattfand, und einen Klüngel betraf, »der mit Visitenkarten ins Bett steigt und sich ›Lo‹ und ›Do‹ nennt«.

Als »beste Freundin« des »Modezaren« Rudolph »Mosi« Moshammer taucht Lo Sachs danach immer wieder in Klatsch- und Gesellschaftskolumnen auf und ist bei dessen Tod entsprechend betroffen. »Meiner Mutter geht es sehr schlecht«, teilt Tochter Monika mit. »Sie ist ohnedies schwer krank. Durch den Tod ihres besten Freundes ist sie nun noch angeschlagener.« Auch Monika Sachs findet gelegentlich das Interesse der bunten Blätter, etwa wenn davon die Rede ist, dass sie nach sechs Ehejahren dem von ihr geschiedenen Maurizio Ambrosio zwei Millionen Euro Abfindung gezahlt haben soll. Schwester Eleonore erregt Aufmerksamkeit und Mitleid mit einem Bericht über ihre kleine zuckerkranke Tochter Giulia, für deren Leid die Mutter die pharmazeutische Industrie verantwortlich macht. Was den Töchter von Ernst Wilhelm Sachs immer wieder in einschlägigen Journalen Aufmerksamkeit beschert, ist der vor allem durch den Onkel berühmte Name und das von den Vorfahren ererbte Vermögen.

Fast spiegelbildlich verhält es sich bei Peter Sachs, dem »Peterle«. Bei ihm sind es die ausgebliebenen Millionen, die das Interesse von Journalisten wecken. Merklich angestrengt ist Peter Sachs von den ewigen Fragen, wie es sei, wenn der Halbbruder so reich ist, er aber, Sohn desselben Vaters, vergleichsweise leer ausgegangen ist. Er hat damit zu leben gelernt, ein »echter Sachs« zu sein und doch kein richtiger Erbe. Er wohnt in dem stattlichen Haus, das Willy Sachs seiner Mutter testamentarisch zugesprochen hat, nicht allzu weit von der Rechenau entfernt, in der sich Gunter und Rolf Sachs mit ihren Familien häufig aufhalten und die am ehesten als so etwas wie ein Sachs-Stammsitz gelten kann. In Schweinfurt lässt sich Peter Sachs beim FC 05 sehen und als Träger des Namens »Sachs« respektieren, aber er kann dem in eine totale finanzielle Schieflage geratenen Verein nicht mehr als Beifall und Sympathie spenden. Anders als Gunter Sachs ist Bruder Peter an der väterlichen Familie interessiert, überspringt aber dabei die schwierige Vergangenheit seines Vaters, konzentriert sich auf Ernst Sachs und bemüht sich, dem Großvater zu einer ihm angemessenen Anerkennung und Aufmerksamkeit zu verhelfen.

In Schweinfurt steht »Sachs« in großen, neuen Lettern über dem Werk an der Ernst-Sachs-Straße. Nur noch ein mächtiger Schornstein trägt zur Erinnerung die Aufschrift »Fichtel & Sachs«, sonst ist von »Fichtel« keine Rede mehr. Der neue Zusatz »ZF« im Firmentitel gibt Kunde von den eigentlichen Besitzverhältnissen und davon, dass »Sachs« wieder zu den Ursprüngen zurückgekehrt ist. Der jetzige Eigner, der ZF-Konzern, hat seinen Hauptsitz am Bodensee. Schweinfurt ist nur noch einer von 119 Standorten des weltweit agierenden Unternehmens. Mit seinen Produkten ist »Sachs« beim globalen Formel-1-Zirkus dabei und in Autobaukreisen ein geschätzter Markenname, was sich in erfreulichen Wirtschaftszahlen niederschlägt.

Von der Familie Sachs sind Erinnerungen bei den älteren Schweinfurtern geblieben, die noch den »Konsuul« erlebt und ihn weitgehend in gutem Gedächtnis behalten haben. Ohne größeres Echo blieb der Aufruf einer Initiative, das Willy-Sachs-Stadion umzubenennen, Ruf und Ansehen des Spenders sind so ungebrochen, dass ein Politiker urteilt: »Eine Abstimmung über eine Namensänderung würde 48:1 für die Beibehaltung enden.« Das Ernst-Sachs-Bad schloss im Sommer 2005 seine Pforten, um als Kunsthalle wieder eröffnet zu werden. Im Standesamt von Schweinfurt wird in einem Saal geheiratet, der mit zwei imposanten Leuchtern geschmückt ist, die aus dem Schloss Mainberg stammen, so dass ehemaliges Eigentum des glücklosen Ehemannes Willy Sachs nun junge Paare bei ihrem Schritt in die Ehe begleitet.

In Oberaudorf ist die Familie Sachs auf der Rechenau präsent, ohne jene Dominanz zu beanspruchen und zu behaupten, die einst einen Ernst oder Willy Sachs auszeichnete. Rolf Sachs zeigt eine besondere Zuneigung zu dem Anwesen, und auch Vater Gunter hält sich immer wieder hier auf. Die Feiern und Gesellschaften auf der Rechenau haben auch dann, wenn sie in größerem Rahmen stattfinden, privaten und familiären Charakter. Vorbei die Zeiten, da Willy Sachs seinen Geburtstag in ausladender Weise beging, jeder mitfeiern konnte und, wer am Morgen als Alkoholleiche aufgestöbert wurde, versehen mit einer Flasche Wein nach Hause transportiert wurde. Sportveranstaltungen, bei denen ein Willy-Sachs-Pokal vergeben wird, erinnern bis heute in Oberaudorf an den Mann, der als »der Konsul« längst Legende geworden ist.

Als auftrumpfendste Erinnerung an die Familie Sachs, an das, was sie für Schweinfurt an Größe war und ihrem eigenen Anspruch nach sein wollte, bleibt das Grabmal auf dem Schweinfurter Friedhof. Für eine Dynastie gedacht, birgt die Gruft nur zwei Generationen, Vater und Sohn. Die Grabplatten sind von grünem Moos überzogen und nehmen den in scharfer Fraktur geschriebenen Namenszügen von Ernst und Willy Sachs etwas von ihrer Härte. Die Rangfolge ist klar: Der Vater liegt im Mittelpunkt, der Sohn ihm zur Seite. Über ihnen steht mit weit ausgebreiteten Armen die Statue des segnenden Christus. Die Witterung und die Zeit haben der Figur des Gottessohnes ein merkwürdig doppeldeutiges Aussehen verliehen. Schwarze Bahnen hat der Regen im Lauf der Jahrzehnte unter den Augen hinterlassen und den tröstlich gemeinten Zügen die Düsternis einer Schreckgestalt aus einem Stummfilm verliehen, womit das Denkmal auf bizarre Weise von Heil und Unheil zugleich erzählt.

Danksagung

Bei der Entstehung der Biographie der Familie Sachs musste ich auf die Unterstützung durch die maßgeblichen Mitglieder der Familie verzichten. Persönliche Dokumente in ihrem Besitz konnte ich daher nicht einsehen, doch ist es ein Charakteristikum der Sachs'schen Familiengeschichte, dass sie sich in ungewöhnlichem Maße öffentlich vollzogen hat und in mancherlei bleibender Form ihren Niederschlag gefunden hat. So existiert ein bisher freilich weitgehend unbeachtetes Quellenmaterial in verschiedenen Archiven. Ferner ist die Erinnerung an die Mitglieder der Familie Sachs noch bei vielen Zeitzeugen in so lebhafter und anschaulicher Erinnerung, dass aus einer Fülle von schriftlichem und mündlichem Quellenmaterial geschöpft werden konnte.

Beim Zugang zu den Unterlagen ist den Mitarbeitern aller benutzten Archive für Entgegenkommen, Hilfsbereitschaft und Einfallsreichtum zu danken. Ausdrücklich genannt seien Dr. Christoph Bachmann und Dr. Herbert Schott (Bayerisches Hauptstaatsarchiv), Dr. Wolfram Heitzenröder (Archiv Rüsselsheim) und Georg Löhner (Gemeindearchiv Schonungen). Für fachliche Ratschläge, Korrekturen und Hinweise, im Besonderen zu Fragen des Dritten Reichs, danke ich Dr. Gerd Wolf und Professor Cornelia Rauh-Kühne. Im »Fall Nitribitt« hat Frau Helga Dierichs großzügig Informationen und Material zur Verfügung gestellt. Ein besonderer Dank gilt Dr. Thomas Horling (Mainberg/München), der als sach- und ortskundiger Historiker mit entscheidenden Informationen zu Quellen und Menschen maßgeblich zum Gelingen beigetragen hat.

Zu groß ist die Zahl der Menschen, die mir für Gespräche zur Verfügung standen und Auskünfte erteilten, als dass ihnen einzeln gedankt werden könnten. Ob in Mainberg, Schweinfurt, Valbella, Rüsselsheim, Zuoz, Oberaudorf oder an anderen mit der Familie Sachs verbundenen Orten – überall durfte ich mit Auskunftsfreude und Hilfsbereitschaft rechnen. All diesen Helfern sei für die Informationen wie für menschlich interessante und bereichernde Begegnungen gedankt.

Texthinweise

Seite
16 In Zeiten von... Allmers, Robert: Ernst Sachs – Leben und Wirken, Berlin 1937, S. 5 ff.
24 Schon 1889... Bäumler, Ernst: Fortschritt und Sicherheit. Der Weg des Werkes Fichtel & Sachs, München 1961, S. 18
25 Dass Gunter Sachs... *Frankfurter Allgemeine Zeitung (FAZ)* – 28. 4. 1985
27 »Das Kugellager hatte...« Allmers, S. 16
28 Bei Ernst Sachs laufen... Lessing, Hans-Erhard: Patente Kugeln und Kugelpatente. Schweinfurter Kugellager und der Firmengründer Ernst Sachs. In: Kultur & Technik, Zeitschrift des Deutschen Museums, 2/1996, S. 62
30 Nach zehn Jahren... a.a.O., S. 32
32 »Ich will die Lenkstange...« Bäumler, S. 33
33 Kein Gegenstand... Lessing, S. 60 ff.
33 »Der ›Freilauf‹ ist nichts...« Bäumler, S. 35
33 Jede Zeit, die... Ich fahr' so gerne Rad... hg. von Hans-Erhard Lessing, München 1995
34 »Es sprach Jung-Ernst...« Memminger, Anton: Schloß Mainberg, Würzburg 1917, S. 406
36 Souverän und mit... Bäumler, S. 125
36 Fachleute wie... *Schweinfurter Tagblatt (STB)* – 28. 10. 2003
37 Denn schon gibt es... Lessing, Hans-Erhard: Patente Kugeln und Kugelpatente. Schweinfurter Kugellager und der Firmengründer Ernst Sachs. In: Kultur & Technik, Zeitschrift des Deutschen Museums, 2/1996, S. 33
37 Karl Wütschner ist... Bäumler, S. 42
41 Als 1942 die 50-millionste... Bäumler, S. 45
46 Am 18. Juni 1911 machen... Geheimes Preußisches Staatsarchiv, Akten der Freimaurerloge »Brudertreue am Main«
51 Bis heute ist... Wehler, Hans-Ulrich: Deutsche Gesellschaftsgeschichte, 4 Bde. München 1987–2003, Bd. 3, S. 52
54 Die Karriere des Soldaten... Bayerisches Hauptstaatsarchiv – Kriegsarchiv, Akte Willy Sachs
55 Eine Aussage von Gewicht... Statistisches Jahrbuch für das Deutsche Reich, Berlin 1914, S. 94
63 Im Übrigen beweise... Memminger, S. 408 ff.
63 Aber er zeigt Nachsicht... Allmers, S. 49
67 Der freundschaftliche Biograph... Allmers, S. 27
68 Ihre Produkte sind... Bäumler, S. 68 u. S. 102
70 Als am 1. August 1920... Allmers, S. 40

70 Im September kommt... Benno Merkle. Oberbürgermeister von Schweinfurt 1920–1933, bearbeitet von Kathi Petersen, Schweinfurt 2003
71 Der sieht zwar zu... Staatsarchiv München, Spruchkammerakte Willy Sachs
71 In aller Ruhe... Allmers, S. 58
72 In ihren Kreisen... Lang, Jochen von: Der Adjutant. Karl Wolff: Der Mann zwischen Himmler und Hitler, München 1985, S. 21f.
74 Sein Lieblingssport... *Der Abend* (Berlin) – 4. 6. 1960
76 »Ein Prachtweibstück...« Allmers, S. 58
76 Anfang 1924... Politisches Archiv des Auswärtigen Amtes Berlin, Konsularakte Willy Sachs
78 »Für solche Spielereien...« Staatsarchiv Würzburg, Spruchkammerakte Rudolf Baier
80 Die Väter mit ihren Überlegungen... Geschichten- und Anekdotensammlung derer von Opel, gesammelt von Carlo v. Opel, Frankenthal 1999, S. 255
81 Geschenke von »Tante Geiß«... Staatsarchiv Würzburg, Akte LG Schweinfurt Zivilsachen »Sachs gegen Sachs«
82 Damit dies auch... alle Angaben zum Streit um Vermögenswerte in Schloss Mainberg a.a.O.
84 »Liebe und Leidenschaft...« Sachs, Gunter: Die Akte Astrologie, München 2003, S. 66
88 Wo die Gefühle schwinden... Staatsarchiv Würzburg, Akte LG Schweinfurt Zivilsachen »Sachs gegen Sachs«
91 Mit einer offiziellen... zum »Kugellagerkrieg«: Bäumler, S. 100ff.
93 »Die Schweden sind...« *Fränkische Zeitung* – 31. 12. 1929
95 15 Jahre später... Staatsarchiv München, Akte Stanw 29 970
95 Ernst Sachs sagt... Bäumler, S. 99
96 Ein schmückendes Nebenprodukt... Politisches Archiv des Auswärtigen Amtes Berlin, Konsularakte Willy Sachs
97 Die dort erzeugten... Bäumler, S. 67
99 »Schweinfurt hat...« Bäumler, S. 112
99 Geschickt nutzt Schweinfurts... Benno Merkle, S. 136f.
103 Ernst Sachs aber... Allmers, S. 43
105 In der hoch angesehenen... *Frankfurter Zeitung* – 6. 6. 1932
110 Willy Sachs sei... Staatsarchiv München, Spruchkammerakte Willy Sachs
111 Damit aber trotzdem... *Die Zeit* – Nr. 38/2003
112 Diese Behauptung taucht... Skrentny, Werner: Das große Buch der deutschen Fußballstadien, Hamburg 2001, S. 316
113 Das verwundert... Staatsarchiv München, Spruchkammerakte Willy Sachs
114 Im Anschluss... Geheimes Preußisches Staatsarchiv, Akten der Freimaurerloge »Brudertreue am Main«
116 Noch auf dem Sterbebett... Staatsarchiv München, Spruchkammerakte Willy Sachs

117 »Ich habe mich ...« a.a.O.
118 Die Hierarchie war... Starke, Gerhard: Die deutsche Arbeitsfront, Berlin 1940
119 Im Mai 1933 ... *Schweinfurter Tagblatt* – 16. 5. 1933–27. 5. 1933
119 Eine Parteimitgliedschaft... Archiv des schwedischen Außenministeriums, Konsulate Willy Sachs
119 »Herr Sachs...« Staatsarchiv Schweinfurt, Spruchkammerakte Willy Sachs
120 Und wie verhielt... Hauptstaatsarchiv Wiesbaden, Spruchkammerakte Wilhelm v. Opel
122 Im Entnazifizierungsverfahren... Staatsarchiv München, Spruchkammerakte Willy Sachs
124 Am 18. August ... Bundesarchiv Berlin, SS-Personalakte Willy Sachs
125 Wie bei Willy Sachs... Staatsarchiv München, Spruchkammerakte Willy Sachs
130 Die von Max Goldschmidt... zum »Fall Goldschmidt«: Wolf, Gerhard: »To start new industry« – Mac Goldsmith. A Study in Technology Transfer and Forced Migration, Diplomarbeit FU Berlin 2001 – sowie persönliche Auskünfte und Unterlagen von Gerhard Wolf
132 Derart stetig schreitet... Bundesarchiv Berlin, SS-Personalakte Willy Sachs
133 Er ist ein Mann... Staatsarchiv München, Spruchkammerakte Willy Sachs
134 Eigentlich ist sie... Bundesarchiv Berlin, NS 19, Adjutantur Reichsführer SS
137 Am 23. Juli 1936... Stadtarchiv Schweinfurt, Akten des Stadtrats
142 Diener Rähmisch formuliert... *stern* – 50/1976
144 Auf einen nachhaltigen... Gemeindearchiv Schonungen, Gemeinderatsprotokoll Mainberg
145 Ausdrücklich verbittet er... Staatsarchiv Würzburg, LG Schweinfurt Zivilsachen, Akte »Sachs gegen Sachs«
145 Das Sorgerecht wird... Bundesarchiv Bern, Akten des Eidgenössischen Departements (EDP), Dossier »Sachs«
145 Zwei Monate nach... alles Folgende: Staatsarchiv Würzburg, Akte LG Schweinfurt Zivilsachen »Sachs gegen Sachs«
153 Willy Sachs wurde... a.a.O.
154 Es ist davon... *stern* – 47/2002
154 Es heißt gar... *Der Tagesspiegel* – 17. 11. 2002
154 Eine internationale Lesart... Daniel Peres in *W* – Mai 1999
154 Gunter Sachs unterstreicht... *Der Tagesspiegel* – 17. 11. 2002
156 Am 9. Juni 1936... Bundesarchiv Berlin, Akte Wilhelm von Opel
156 Was hier reportiert... *Weltwoche* – 18. 12. 2003
157 Danach war dem... Staatsarchiv München, Akte Stanw 29 970
159 Unstrittig ist... Bundesarchiv Bern, Akten des Eidgenössischen Departements (EDP), Dossier »Sachs«
159 Nach Einschätzung seiner... vor allem Lang, Jochen von: Der Ad-

jutant. Karl Wolff: Der Mann zwischen Himmler und Hitler, München 1985
161 Noch Jahrzehnte später... Heydrich, Lina: Leben mit einem Kriegsverbrecher, Pfaffenhofen 1976, S. 50
162 So kann er... Staatsarchiv München, Akte Stanw 29 970
163 Schon Vater Ernst... Allmers, S. 45
163 Sehr fündig werden... Staatsarchiv München, Spruchkammerakte Willy Sachs
164 Willy Sachs erzählt... Nach dem Krieg war keiner Nazi gewesen, Schweinfurt 1988, S. 268f.
168 Denn die Herren... Bütow, Tobias und Bindernagel, Franka: Ein KZ in der Nachbarschaft. Das Magdeburger Außenlager der Brabag und der »Freundeskreis Himmler«, Köln 2004, S. 47
177 Sein Mentor... Staatsarchiv München, Spruchkammerakte Willy Sachs
179 »Ernst Wilhelm...« alles Folgende: Bundesarchiv Bern, Akten des Eidgenössischen Departements (EDP), Dossier »Sachs«
185 Personal umgibt... Böhm, Wilhelm: Meine Jugend in Schweinfurt während des Dritten Reiches, Schweinfurt 1999, S. 103ff.
188 Eine eigenständige Disposition... Scholtyseck, Joachim: Robert Bosch und der liberale Widerstand gegen Hitler 1933 bis 1945, München 1999, S. 360
192 Im Fall von... Jungbluth, S. 225
197 Ein als Fragment... Staatsarchiv München, Spruchkammerakte Willy Sachs
199 Nach dem Krieg... Golücke, Friedhelm: Schweinfurt und der strategische Luftkrieg 1943. Der Angriff der US Air Force vom 14. Oktober gegen die Schweinfurter Kugellagerindustrie, Paderborn 1980, S. 83 u. S. 365
199 Wird die deutsche... Archiv ZF Sachs
200 Das Schriftstück liegt... Staatsarchiv Schweinfurt, Spruchkammerakte Willy Sachs
200 »Herr Sachs hat...« a.a.O.
201 über Hans Walz: Scholtyseck, Joachim: Robert Bosch und der liberale Widerstand gegen Hitler 1933 bis 1945, München 1999, S. 386
202 Bomben auf Schweinfurt... im Folgenden: Golücke
206 So schildert Willy... *Süddeutsche Zeitung* – Nr. 276/58
209 Da weckt das... Staatsarchiv Würzburg, NSDAP Stimmungsberichte
209 Beim Besuch von... Spruchkammerakte Willy Sachs
210 Generalfeldmarschall Eberhard Milch... Scholtyseck, S. 363
210 Ihr Zweck wird... Archiv des schwedischen Außenministeriums, Konsulatsakte Willy Sachs
211 Im Ort wird... Kloo, Hans: Erinnerung an eine dunkle Zeit. In: Audorfer Anzeiger Nr. 43, Mai 2001, S. 59
212 Um die Festnahme... Auskunft William G. O'Brien, Oregon, USA
214 Robert Allmers stellt... Staatsarchiv Würzburg, Spruchkammerakte Heinz Kaiser

214 Ein Bild des... Staatsarchiv München, Spruchkammerakte Willy Sachs
217 Der Anwalt von... Staatsarchiv Würzburg, Spruchkammerakte Betty Sachs
218 Die Aussicht auf... Staatsarchiv München, Akte Stanw 29 970
220 Albert Speer nennt... Fest, Joachim: Der Untergang, Berlin 2002
220 »Außerordentlich beweglich« ... im Folgenden: Bundesarchiv Berlin, SS-Akte Hanns Jacobsen
224 Denn für die Entnazifizierung... Rauh-Kühne, Cornelia: Wer spät kam, den belohnte das Leben – Entnazifizierung im Kalten Krieg. In: Die USA und Deutschland im Zeitalter des Kalten Krieges 1945–1968, hg. von Detlef Junker, Stuttgart 2001, S. 120
228 Die Weißwäsche beginnt... zu den Entnazifizierungsverfahren: Staatsarchiv Würzburg, Spruchkammerakten Staatsarchiv Heinz Kaiser, Rolf Baier; Staatsarchiv München, Spruchkammerakte Willy Sachs; Bundesarchiv Berlin, NS-Akten Willy Sachs, Hanns Jacobsen
241 Mutter Sachs und die Entnazifizierung... im Folgenden: Staatsarchiv Würzburg, Spruchkammerakte Betty Sachs
246 Er berichtet am... Unterlagen zu Mac Goldsmith: Archiv Gerhard Wolf
253 Er erzählt davon... *Süddeutsche Zeitung* – Nr. 276/1958
261 Im März 1945... Moser, Hans: Chronik von Kiefersfelden, Kiefersfelden 1959, S. 704
261 Katharina Hirnböck beschreibt... *stern* – Nr. 50/1976
263 Noch ehe die Entnazifizierung... Staatsarchiv München, Akte Stanw 29 970
263 Mit 18 Jahren... *Schweinfurter Tagblatt* – 18. 8. 2001
263 Eine Luftaufnahme von Valbella... Ludescher, Fritz: Lenzerheide-Valbella. Vom Maiensäss zum Kurort, Vaz/Obervaz 1985, S. 60
264 Will sie die Kinder... *stern* – 14. 11. 2002
265 Der mütterliche Wille... *Playboy* – Nr. 7/2004
265 Ein Dutzend Königskinder... *Der Spiegel* – Nr. 40/1997
267 »Söhne sehen...« *Schweinfurter Tagblatt* – 18. 8. 2001
267 »Meine Mutter erzählte...« a.a.O.
267 »Ich habe in der französischen Schweiz...« Sachs, Gunter: Die Akte Astrologie, München 1997, S. 12
268 Als die Wochenzeitung... *Die Zeit* – 3. 1. 1997 und 10. 1. 1997
268 1955 heiratet Gunter Sachs... *Der Spiegel* – Nr. 39/1962
269 Der bedrohliche Anwalt... im Folgenden: Staatsarchiv München, Akte Stanw 29 970
273 Ernst Wilhelm Sachs... *Der Spiegel* – Nr. 42/1966
280 Es findet sich... *Quick* – Nr. 39/1962
282 Schatten der Vergangenheit... im Folgenden: Staatsarchiv München, Akte Stanw 29 970
291 Auf den tragischen Tod... *stern* – Nr. 47/2002
292 Aber er zieht sich... *Quick* – Nr. 39/1962

293 Selbst in dem... Hohenlohe, Alfonso Prinz zu: Unglaublich aber wahr. Mein bewegtes Leben, München 1997, S. 328
293 Er tanzt wie ein Besessener... *Quick* – Nr. 39/1962
295 Von den Namenlosen... im Folgenden vor allem: »Was ist schon dran an mir« – Die Geschichte des umschwärmten Junggesellen und Playboys von ihm selbst erzählt, *Quick* – Nr. 39 u. 40/1962
296 Die Generosität... *Der Spiegel* – Nr. 39/1962
297 »Wetten, dass ich...« *Quick* – Nr. 39/1962
297 Pünktlich zum französischen... *Der Tagesspiegel* – 14. 7. 1962
298 Seine diplomatische Antwort... *Der Spiegel* – Nr. 39/1962
300 Von 600 000 Mark... a. a. O.
301 Wenn selbst *Der Spiegel*... a. a. O., *Der Morgen* – 28. 9. 1962, *Neue Zeit* – 29. 9. 1962
302 »Er arbeitet zu viel...« *Quick* – Nr. 39/1962
302 Mit einem sehr spezifischen... *stern* – Nr. 47/2002
304 Der Film mit Heinz Pohlmann... *Der Spiegel* – Nr. 57/1959
305 In einem Interview... *Bunte* – Nr. 24/1999
305 In der Aussage... Hauptstaatsarchiv Wiesbaden, Akte Nitribitt
307 Für Nordamerika... *Der Spiegel* – Nr. 41/1966
309 Von »Verbannung« ...Bössenecker, Hermann: Bayern, Bosse und Bilanzen. Hinter den Kulissen der weiß-blauen Wirtschaft, München 1972, S. 256
310 Als »Spielerei«... *BZ* – 17. 11. 1963
310 Mit dem Filmstar... *Der Spiegel* – Nr. 33/1968
311 Eigenschaften, die von... *stern* – Nr. 47/2002
311 In ihren Worten... im Folgenden: Bardot, Brigitte: BB Memoiren, Bergisch Gladbach 1996
314 Beim Rückzug des Paares... *Frankfurter Allgemeine Zeitung* – 5. 7. 1966
318 Gunter Sachs bestreitet... *Gala* – Nr. 40/2004
320 Es sind die Ringe... *BZ* – 30. 6. 1987
322 Nach der Scheidung... *Die Welt* – 20. 12. 1975, *Bild* – 20. 12. 2002, *Schweinfurter Tagblatt* – 29. 11. 1975
323 Die Transaktion... *Die Welt* – 29. 11. 1975, *Schweinfurter Tagblatt* – 28. 11. 1975
323 Wie sich jetzt herausstellt... im Folgenden: *Schweinfurter Tagblatt* – 22. 11. 1976 u. 26. 11. 1976; *Die Welt* – 20. 12. 1975 u. 2. 4. 1976
325 Die in Maßen... *stern* – Nr. 50/1976
326 Am 14. Mai meldet... *Welt am Sonntag* – 20. 6. 1976
334 Das Gezerre um... im Folgenden: *Welt am Sonntag* – 12. 11. 1978, *Süddeutsche Zeitung* – 24. 7. 1980, *Bild* – 18. 9. 1989, *Der Spiegel* – Nr. 36/1986, *Süddeutsche Zeitung* – 10. 10. 1979, *Bild* – 19. 9. 1980
336 Playboy Gunter Sachs... *Schweinfurter Rot* – 10/1970
337 Gewichtig wurde solche Kritik... Engelmann, Bernt – Wallraff, Günter: Ihr da oben, wir da unten, Berlin 1975, S. 147 f.

339 »Freunde des Paares...« *BZ* – 5. 11. 1969
339 Etwas indigniert... *Frankfurter Rundschau* – 4. 12. 1969
340 Der französische Filmstar... im Folgenden: Bardot S. 635 ff. u. *Playboy* – Nr. 7/2004
342 Nicht im Film... Sachs, Gunter: Gunter Sachs, München 2003, o. S.
343 »Alles geklaut...« *Der Tagesspiegel* – 7. 9. 1993
345 Im Gegenzug... Urteil des Oberlandesgerichts München vom 21. 4. 1988
348 Obwohl für Verblüffungen... im Folgenden: *Zeit* – Nr. 24/1995, *Der Spiegel* – Nr. 40/1997, Sachs, Gunter: Die Akte Astrologie, München 1997
350 Immer wieder melden... *Süddeutsche Zeitung* – 4. 12. 1977
350 Unermüdlich hält... *stern* – Nr. 37/2004
352 Die mit ihm Gealterten... Sachs, Gunter: Gunter Sachs, München 2003, o.S.
352 Beobachter konstatieren... im Folgenden: *stern* – Nr. 47/2002, *Süddeutsche Zeitung* – 17. 6. 2004 u. 2. 8. 2003, *Der Tagesspiegel* – 17. 11. 2002, *Der Spiegel* – Nr. 39/1962
354 Gunter Sachs zeigt... *Der Spiegel* – Nr. 19/1998
354 In der britischen... *Financial Times* – 30. 1. 2004
356 Es ist nicht nur das unvermeidliche... im Folgenden: *doin' fine* – Nr. 3–4/2004
360 Vom Salk-Institut... *Frankfurter Allgemeine Zeitung* – 2. 8. 2004
361 Für den *Spiegel*... *Der Spiegel* – Nr. 32/1997

Quellenverzeichnis

Archive

Archiv des Schwedischen Außenministeriums
Bayerisches Hauptstaatsarchiv
Bayerisches Hauptstaatsarchiv – Kriegsarchiv
Bundesarchiv Berlin
Bundesarchiv Bern
Geheimes Staatsarchiv Preußischer Kulturbesitz
Gemeindearchiv Schonungen
Hauptstaatsarchiv Wiesbaden
Politisches Archiv des Auswärtigen Amts Berlin
Staatsarchiv Würzburg
Stadtarchiv Friedrichshafen
Stadtarchiv Rüsselsheim
Stadtarchiv Schweinfurt

Literatur

Allmers, Robert: *Ernst Sachs – Leben und Wirken,* Berlin 1937
Aly, Götz: *Rasse und Klasse. Nachforschungen zum deutschen Wesen,* Frankfurt/M. 2003
Badel, Doris: *Schweinfurt in der NS-Zeit. Studien zu den politischen und gesellschaftlichen Verhältnissen in den Jahren 1933 bis 1939,* Schweinfurt 1985
Bajohr, Frank: *Parvenüs und Profiteure, Korruption in der NS-Zeit,* Frankfurt/M. 2001
Bardot, Brigitte: *BB Memoiren,* Bergisch Gladbach 1996
Bäumler, Ernst: *Fortschritt und Sicherheit. Der Weg des Werkes Fichtel & Sachs,* München 1961
Benno Merkle. Oberbürgermeister von Schweinfurt 1920–1933, bearbeitet von Kathi Petersen, Schweinfurt 2003
Berghoff, Hartmut u. Rauh-Kühne, Cornelia: *Fritz K. – Ein deutsches Leben im zwanzigsten Jahrhundert,* Stuttgart 2000
Binder, Dieter A.: *Die diskrete Gesellschaft. Geschichte und Symbolik der Freimaurerei,* Graz 1995
Böhm, Wilhelm: *Meine Jugend in Schweinfurt während des Drittes Reiches,* Schweinfurt 1999
Bössenecker, Hermann: *Bayern, Bosse und Bilanzen. Hinter den Kulissen der weiß-blauen Wirtschaft,* München 1972
Bütow, Tobias und Bindernagel, Franka: *Ein KZ in der Nachbarschaft.*

Das Magdeburger Außenlager der Brabag und der »Freundeskreis Himmler«, Köln 2004

Das Deutsche Reich und der Zweite Weltkrieg, Bd. 4: Der Angriff auf die Sowjetunion, hg. von Horst Boog, Jürgen Förster u.a., Stuttgart 1983

Daul, Anton: *Illustrierte Geschichte der Erfindung des Fahrrades und der Entwicklung des Motorfahrradwesens*, Dresden 1906 (Nachdruck Leipzig 1990)

Der Widerstand gegen den Nationalsozialismus. Die deutsche Gesellschaft und der Widerstand gegen Hitler, hg. von Jürgen Schmädecke und Peter Steinbach, München 1985

Deutsche Wirtschaftsführer, Hamburg 1929

Die SS. Elite unter dem Totenkopf, hg. von Ronald Smelser, Enrico Syring, Paderborn 2000

Edschmid, Kasimir: *Sport um Gagaly*, Zürich 1928

Eglau, Hans Otto: *Fritz Thyssen. Hitlers Gönner und Geisel*, Berlin 2003

Engelmann, Bernt – Wallraff, Günter: *Ihr da oben, wir da unten*, Berlin 1975

Entnazifizierung – Politische Säuberung und Rehabilitierung in den vier Besatzungszonen 1945–1949, hg. von Clemens Vollnhals, München 1991

Erker, Paul: *Industrie-Eliten in der NS-Zeit. Anpassungsbereitschaft und Eigeninteresse von Unternehmern in der Rüstungs- und Kriegswirtschaft 1936–1945*, Passau 1993

Fendrich, Anton: *Mainberg. Aufzeichnungen aus zwei Welten*, München 1922

Fest, Joachim: *Der Untergang*, Berlin 2002

Franke, Jutta: *Illustrierte Fahrrad-Geschichte*, Berlin 1990

Frech, Stefan: *Clearing. Der Zahlungsverkehr der Schweiz mit den Achsenmächten*, Zürich 2001

Friedrich, Jörg: *Die kalte Amnestie. NS-Täter in der Bundesrepublik*, München 1984

Geschichten- und Anekdotensammlung derer von Opel, gesammelt von Carlo v. Opel, Frankenthal 1999

Gesetz zur Befreiung von Nationalsozialismus und Militarismus vom 5. März 1946, hg. von Erich Schullze, München 1948

Golücke, Friedhelm: *Schweinfurt und der strategische Luftkrieg 1943. Der Angriff der US Air Force vom 14. Oktober gegen die Schweinfurter Kugellagerindustrie*, Paderborn 1980

Graetz, Hans: *Vereinslazarett Schloß Mainberg (1914–1916)* – in: Schweinfurter Mainleite, Nr. II, 1995

Henke, Klaus-Dietmar: *Die amerikanische Besetzung Deutschlands*, München 1995

Henke, Klaus-Dietmar: *Die Grenzen der politischen Säuberung in Deutschland nach 1945* – in: Westdeutschland 1945–1955, hg. von Ludolf Herbst, München 1986

Heydrich, Lina: *Leben mit einem Kriegsverbrecher*, Pfaffenhofen 1976

Höhne, Heinz: *Die Zeit der Illusionen. Hitler und die Anfänge des Dritten Reiches 1933–1936,* Düsseldorf 1991
Hohenlohe, Alfonso Prinz zu: *Unglaublich, aber wahr. Mein bewegtes Leben,* München 1997
Horn, Christa: *Die Internierungs- und Arbeitslager in Bayern 1945–1952,* Frankfurt/M. 1992
Klopf, Reinhard: *Juden in Poppenlauer* – Privatdruck Poppenlauer 2004
Jacobs, Constantin: *Lyceum Alpinum Zuoz 1930–1945 unter dem Einfluss der NS-Ideologie,* Lizentiatsarbeit Universität Freiburg (CH), Zürich 2003
Jungbluth, Rüdiger: *Die Quandts – Ihr leiser Aufstieg zur mächtigsten Wirtschaftsdynastie Deutschlands,* Frankfurt/M. 2002
Koch, Peter-Ferdinand: *Die Dresdner Bank und der Reichsführer-SS,* Hamburg 1987
Kocka, Jürgen: *Klassengesellschaft im Krieg. Deutsche Sozialgeschichte 1914–1918,* Frankfurt/M. 1988
Kocka, Jürgen: *Unternehmer in der deutschen Industrialisierung,* Göttingen 1975
Kuhtz, Christian: *Das große Fahrradbuch,* Kiel 1986
Lachmann, Günter: *Der Nationalsozialismus in der Schweiz 1931–1945,* Berlin 1962
Lang, Jochen von: *Der Adjutant. Karl Wolff: Der Mann zwischen Himmler und Hitler,* München 1985
Lewandowski, Jürgen: *Opel – Das Unternehmen, die Automobile, die Menschen,* Bielefeld 2000
Ludescher, Fritz: *Lenzerheide-Valbella. Vom Maiensäss zum Kurort,* Vaz/Obervaz 1985
Mainberg – Das Dorf und sein Schloss in historischen Aufnahmen, hg. von Thomas Horling und Volker Martin, Mainberg 1995
Memminger, Anton: *Schloss Mainberg,* Würzburg 1917
Moser, Hans: *Chronik von Kiefersfelden,* Kiefersfelden 1959
Nach dem Krieg war keiner Nazi gewesen, Schweinfurt 1988
Neuberger, Helmut: *Winkelmaß und Hakenkreuz. Die Freimaurer und das Dritte Reich,* München 2001
Niethammer, Lutz: *Entnazifizierung in Bayern. Säuberung und Rehabilitierung unter amerikanischer Besatzung,* Frankfurt/M. 1972
Niethammer, Lutz: *Was wissen wir über die Internierungs- und Arbeitslager in der US-Zone?* – In: Internierungspraxis in Ost- und Westdeutschland nach 1945, Erfurt 1933
Ohlsen, Manfred: *Milliarden für den Geier oder Der Fall des Friedrich Flick,* Berlin 1985
Opel, Ludwig: *Adam Opel und sein Haus. Fünfzig Jahre der Entwicklung. 1862–1912,* Darmstadt 1912
Rauh-Kühne, Cornelia: *Wer spät kam, den belohnte das Leben – Entnazifizierung im Kalten Krieg.* In: Die USA und Deutschland im Zeitalter des Kalten Krieges 1945–1968, hg. von Detlef Junker, Stuttgart 2001

Richter, Ludwig: *Die Deutsche Volkspartei 1918–1933*, Düsseldorf 2002
Rubner, Heinrich: *Deutsche Forstgeschichte 1933–1945. Forstwirtschaft, Jagd und Umwelt im NS-Staat*, St. Katharinen 1997
Sachs, Gunter: *Die Akte Astrologie*, München 1997
Sachs, Gunter: *Gunter Sachs*, München 2003
Scholtyseck, Joachim: *Robert Bosch und der liberale Widerstand gegen Hitler 1933 bis 1945*, München 1999
Schumpeter, Joseph A.: *Theorie der wirtschaftlichen Entwicklung*, Berlin 1936/1987
Skrentny, Werner: *Das große Buch der deutschen Fußballstadien*, Göttingen 2001
Steffan, Franz: *Bayerische Vereinsbank 1869–1969. Eine Regionalbank im Wandel eines Jahrhunderts*, München 1969
Strauß, Christof: *Kriegsgefangenschaft und Internierung. Die Lager in Heilbronn-Böckingen 1945–1947*, Heilbronn 1998
Thomas, Georg: *Geschichte der deutschen Wehr- und Rüstungswirtschaft (1918–1943/45)*, Boppard/Rhein 1966
Trojan, Heinz u. Hintze, Kurt: *Beschäftigungsverbot, Vermögenssperre und Sühnemaßnahmen nach dem Gesetz zur Befreiung von Nationalsozialismus und Militarismus vom 5. März 1946, Kommentar f. d. Praxis*, Wiesbaden 1947
Unabhängige Expertenkommission Schweiz – Zweiter Weltkrieg: *Die Schweiz und die Flüchtlinge zur Zeit des Nationalsozialismus*, Bern 1999
Ultsch, Paul: *Damals in Schweinfurt. Entwicklung zur Industriestadt*, Schweinfurt o.J.
Unger, Hans: *Wälzlager-Handbuch*, Berlin 1957
Vollnhals, Clemens: *Entnazifizierung. Politische Säuberung unter alliierter Herrschaft* – In: Ende des Dritten Reiches – Ende des Zweiten Weltkriegs, hg. von Hans-Erich Volkmann, München 1995
Wächter, Katja-Maria: *Die Macht der Ohnmacht. Leben und Politik des Franz Xaver Ritter von Epp (1868–1946)*, Frankfurt/M. 1999
»Was ist schon dran an mir« – Die Geschichte des umschwärmten Junggesellen und Playboys von ihm selbst erzählt, *Quick*, Nr. 39 und 40/1962
Wege in die Vernichtung. Die Deportation der Juden aus Mainfranken 1941–1943, München 2003
Wehler, Hans-Ulrich: *Deutsche Gesellschaftsgeschichte*, 4 Bde. München 1987–2003
Wer leitet? Die Männer der Wirtschaft und der einschlägigen Verwaltung – 1941/42, Berlin 1942
Wiener, Ludwig: *Schweinfurt sollte sterben. Untergang und Wiedergeburt einer Stadt*, Schweinfurt 1961
Wildt, Michael: *Himmlers Terminkalender aus dem Jahr 1937*. In: Vierteljahreshefte für Zeitgeschichte, Jg. 52/Heft 4, S. 671–691
Willi, Jost Nikolaus: *Der Fall Jacob-Wesemann (1935/1936). Ein Beitrag*

zur Geschichte der Schweiz in der Zwischenkriegszeit, Bern/Frankfurt/M. 1972

Wolf, Gerhard: »To start new industry« – Mac Goldsmith. *A Study in Technology Transfer and Forced Migration,* Diplomarbeit FU Berlin 2001

Zorn, Wolfgang: *Bayerns Geschichte im 20. Jahrhundert,* München 1986

Bildnachweis

Archiv Nicolaus von Gerrisson: 9 u.
Archiv Rolf Kirchner: 12 o., 12 u., 22 o.
Archiv Eva Rokos: 22 u. re.
Archiv Renate Wiener: 11 o.
Keystone: 17 o. li., 17 o. re.
Picture-alliance/dpa: 14 u., 18 o., 19 o., 19 u., 20 u., 23 o.
Hans Rost: 21 o.
Stadtarchiv Schweinfurt: 1, 2 u., 3 o., 3 u., 4 o., 7 o., 7 u., 9 o., 10 u., 13 u., 21 u., 22 u. li.
Ullstein-Bild: 14 o., 15 o., 15 u., 16 o., 16 u., 17 u., 18 u., 20 o., 23 u., 24 o.
ZF-Sachs AG., Schweinfurt: 4 u., 5 u., 6 o., 6 u., 8 o., 8 u., 10 o., 13 o.